STEIDL

taschenbuch 99

W0230865

Jonathan Steinberg, geboren 1934 in New York, lehrt Geschichte an der Universität von Cambridge.

Jonathan Steinberg

Deutsche, Italiener und Juden

Der italienische Widerstand gegen den Holocaust

Aus dem Englischen von Ilse Strasmann

Steidl

Titel der englischen Originalausgabe: »All or Nothing – The Axis
and the Holocaust 1941–1943«
© Copyright by Routledge, London 1990

Wir senden Ihnen gern unser kostenloses Gesamtverzeichnis zu:
Steidl Verlag, Düstere Straße 4, D-37073 Göttingen

97 98 99 00   9 8 7 6 5 4 3 2 1

© Copyright: Steidl Verlag, Göttingen 1994, 1997
Alle Rechte vorbehalten
Umschlaggestaltung: Klaus Detjen
unter Verwendung eines Fotos von AKG
Satz, Druck, Bindung:
Steidl, Düstere Straße 4, D-37073 Göttingen
Printed in Germany
ISBN 3-88243-505-4

Für Jacob M. Kaplan
1891–1987

INHALT

Mehrere Institutionen haben diese Arbeit großzügig unterstützt. Der Leverhulme Trust wählte mich für 1987–1988 zum *Research Fellow* und half mir, die Reise- und Forschungsspesen zu decken. Das Shelby Collum Davis Center for Historical Studies an der Princeton University lud mich zu einem Vortrag vor der wahrscheinlich anspruchsvollsten und seriösesten historischen Jury der Welt ein. Ihre Kommentare und ihre Kritik haben meine Beweisführung beeinflußt, und ich danke den Professoren Lawrence Stone und Harold James vom Historischen Institut für diese Einladung. In Amerika hielt ich Vorlesungen in Harvard, Brown, an der University of Pennsylvania, der University of Connecticut und der State University of New York in Stony Brook. Ich möchte den Professoren Wallace MacCaffrey, Volker Berghahn, Thomas Childers, James O. Robertson und der Professorin Kim Reynolds, meinen Gastgebern an diesen Universitäten, meine Dankbarkeit ausdrükken.

Der Deutsche Akademische Austauschdienst hat mir ein Reisestipendium gewährt, damit ich die Universität Tübingen aufsuchen und in den Archiven in Freiburg/Breisgau arbeiten konnte. Dr. Peter Alter vom Deutschen Historischen Institut lud mich zu einem der Vorträge im Rahmen seiner Reihe nachmittäglicher Seminare ein. Dr. Wilhelm Deist, Direktor des Militärgeschichtlichen Forschungsamts in Freiburg, schenkte mir seine Hilfe, seine Freundschaft und, zusammen mit seiner Frau Ursula, seine Gastfreundschaft. Fregattenkapitän Dr. Gerhard Schreiber vom MGFA ließ mir wertvolle Dokumente zukommen und teilte seine Sachkenntnis großzügig mit mir. Das British Council bezahlte eine Reise nach Australien, wo ich als Gast der Frederick May Foundation an der University of Sydney und in den historischen Instituten an der University of Western Australia und The Flinders University of South Australia über die italienische Verschwörung zur Rettung von Juden sprach.

Professor R.J.B. Bosworth von der University of Western Australia bin ich zutiefst dankbar, weil er die Reise veranlaßt hat. Ich danke den Kollegen an all diesen Orten, die sich meine Theorien angehört und Kommentare und Kritik geäußert haben. Wenn ich je Zweifel gehabt habe, ob Forschung und Lehre zusammengehören, hat die Erfahrung der vergangenen Jahre sie zerstreut. Was ich dem Rektor und den Collegemitgliedern von Trinity Hall für die fast fünfundzwanzig Jahre des Zusammenlebens und der Unterstützung schulde, ist kaum zu ermessen. The Hall ist mir eine *Alma mater* gewesen.

Meine Dankesschuld einzelnen gegenüber ist im Laufe all der Jahre, die ich an diesem Projekt gearbeitet habe, gewachsen. In Rom hätte ich ohne Piero und Joan Fitzgerald Boitani, die mich als nahezu ständigen Gast im Hause hatten, nicht überstehen können, und ich hätte die Forschung nicht ohne die Hilfe von Staatsrat Professor Guglielmo Negri, Botschafter Umberto Vattani, Professor Pietro Pastorelli und Professor Pino Arlacchi durchführen können. Ich danke auch dem Senatspräsidenten, Senator Giovanni Spadolini, und Exzellenz Bruno Bottai, dem Generalsekretär des italienischen Außenministeriums, daß sie mir Empfehlungsbriefe geschrieben haben.

Besonderen Dank schulde ich Herrn Imre Rochlitz und seinem Sohn Joseph Rochlitz. Begonnen hatte es als ein Ausflug der Familie Rochlitz auf die Insel Rab: Man wollte sehen, wo Herr Rochlitz 1943 von den Italienern interniert worden war. Es wurde daraus schließlich Joseph Rochlitz' bewegender Dokumentarfilm *The Righteous Enemy*. Joseph Rochlitz half mir auf alle erdenkliche Art und Weise; er führte mich bei Menschen ein, die er gefilmt hatte, er schuf eine unschätzbare Sammlung von Dokumenten, die er mir schickte, und er veröffentlichte die Merci-Tagebücher.

Dr. James Walston wurde zu einem eifrigen historischen Mittelsmann in Rom für mich; er besorgte mir die Namen und Adressen ehemaliger italienischer Offiziere, damit ich sie interviewen konnte, und ging unermüdlich Hinweisen nach, wenn ich nicht in Italien war. Martin Brown lenkte meine Aufmerksamkeit auf die erbeuteten italienischen Akten in Washington, und die Archivarin Linda Brown von den National Archives, Washington D.C., besorgte mir wichtige Mikrofilme postwendend. Michael Ryder vom Außenministerium war mein Gastgeber während einer außerordentlich produktiven Woche im Berlin Document Centre und überwand so manches bürokratische Hindernis für mich.

Ich bin all den Menschen dankbar, die mir ein Interview gaben: Paul Bandler, Camillo Boitani, General Carlo Casarico, Evi Eller, Dr. G. C. Garguso, Professor Salvatore Loi und Botschafter Guelfo Zamboni. Ich danke auch Seiner Exzellenz Botschafter Antonello Pietromarchi für die Erlaubnis, aus seines Vaters unveröffentlichten Tagebüchern zu zitieren, und Dr. Gianludovico de Martino für seine Hilfe bei einem schwierigen Text aus der Senatsbibliothek.

Folgende Menschen waren mir jede(r) auf seine oder ihre Weise behilflich: Giacomo Becattini, Piero Bevilacqua, Steven Bowman, Francesco und Barbara Calvo, Andrew Cohen, Joe Cremona, Ginny Crum-Jones, Anne de Bruyne, Miri Erez, Peter Fluck, Rita Goldberg, Lothar Hilbert, Sir Harry Hinsley, Patricia Hilden, Dganit Iserles, Priscilla Dale Jones, Tanya Luhrmann, Toni Meier, Richard Mitten, Jonathan Morris, Milivoje Panic, Luise Rinser, Alessandro Vaciago, Anita Warburg, Eric Warburg, Ingrid Warburg-Spinelli und Morton Yarmon. Ich erinnere mich mit Dankbarkeit der Gespräche, die ich mit den inzwischen verstorbenen Professoren A. D. Momigliano und Uberto Limentani und mit Dr. Wolfgang von Tirpitz führen durfte. Frau C. B. A. Behrens, die im Januar 1989 starb, hörte sich eine ganze Vorlesungsreihe zu den Problemen dieses Buches an und legte strenge Maßstäbe logischer Stichhaltigkeit an.

Ich danke auch den Mitarbeitern des Ufficio Storico, Stato Maggiore dell'Esercito (besonders Ten. Col. Fernando Frattolillo), des Archivio Storico Diplomatico des italienischen Außenministeriums, des Archivio Centrale dello Stato, des Istituto Gramsci, des Centro di Cultura Ebraica in Rom, der Bibliothek der Associazione Nazionale dei Partigiani Italiani, des Berlin Document Centre, des Bundesarchiv-Militärarchivs (besonders Frau Müller und Herrn E. Moritz, die mir den Lesesaal so großzügig zugänglich machten), der University Library Cambridge (besonders Herrn A. G. Parker von der Akquisitionsabteilung) und Frau A. C. Cunninghame von der Seeley Historical Library, Cambridge.

Andrew Wheatcroft von Routledge, Chapman and Hall machte mir Mut, als ich ihn brauchte. Jill Steinberg las das Manuskript in allen Stadien und hätte mir viel Arbeit und Unannehmlichkeiten erspart, wenn ich auf sie gehört hätte.

Herr Jacob M. Kaplan und der J. M. Kaplan Fund bestärkten mich 1961 in meinem tollkühnen Entschluß, den Beruf des Bankkaufmanns an den Nagel zu hängen und eine akademische Karriere zu beginnen. Jack Kaplan unterstützte mich fünfundzwanzig Jahre lang mit großem Enthusiasmus. Er wußte, daß dieses Buch »sein« Buch werden sollte. Es tut mir leid, daß es so lange dauerte, daß er die Veröffentlichung nicht mehr erlebte. Ich widme ihm dieses Buch in Dankbarkeit und liebevoller Erinnerung.

Die folgenden Abkürzungen wurden in den Anmerkungen benutzt.
Im einzelnen siehe die Bibliographie.

ACS	Archivio Centrale dello Stato
B	Busta
BA	Bundesarchiv
BDC	Berlin Document Centre
CC	Control Commission (Allied)
CR	Carteggio riservato
DS	Diario storico
f.	fascicolo
GAB	Gabinetto Armistizio e Pace
HGr	Heeresgruppe
Kdo	Kommando
KTB	Kriegstagebuch
MA	Militärarchiv
NA	National Archives, Washington, DC
NMT	Nuremberg Military Tribunal
PS	Pubblica Sicurezza
OB	Oberbefehlshaber
OKW	Oberkommando der Wehrmacht
sf	sotto-fascicolo
SME	Stato Maggiore del Esercito
SPD	Segreteria particolare del Duce
TWC	Trials of War Criminals (Nuremberg Tribunal)
US	Ufficio Storico

Die Vergangenheit ist in die Gegenwart eingeschlossen, ist untrennbar eins mit ihr. Gegenwart und jene andere Gegenwart, die wir Zukunft nennen, sind nichts anderes als das Ergebnis unserer Vergangenheit. Sie sind das Gericht über alles Geschehene. Man kann sich eine Weile einbilden, man sei aller Vergangenheit ledig. Doch eines Tages richtet sich die Vergangenheit vor einem auf und erweist sich als ein Engpaß, durch den – und nirgendswo sonst – der Weg in die Zukunft führt. Scheut man die enge Pforte, gewinnt man nie das Freie.

Luise Rinser

Bisogna scrivere questi fatti ... Gli uomini sono uomini. Bisogna cercare di rendergli migliori e a questo scopo per prima cosa giudicarli con spregiudicato e indulgente pessimismo. In quasi tutte le mie azioni sento un elemento più o meno forte di interesse personale, egoismo, viltà, calcolo, ambizione, perchè non dovrei cercarlo anche in quelle degli altri? Perchè ritrovandolo dovrei condannarlo severamente?

Emanuele Artom

Names which hoped to range over kingdoms and continents shrink at last into cloisters and colleges. Nor is it certain that even of these dark and narrow habitations, these last retreats of fame, the possession will long be kept.

Dr. Samuel Johnson

»Das ist einfach nicht möglich. Sie [die Juden] haben sich unter unseren Schutz gestellt. Die Kroaten haben uns gebeten, sie ihnen wieder zu übergeben. Natürlich habe ich das rundweg abgelehnt. Sie sagten, sie würden die Deutschen bitten müssen, sie von uns zu erbitten. Jetzt gibt es einen Befehl vom Duce.«[1]

Im Spätsommer des Jahres 1942 beschloß eine kleine Gruppe von italienischen Diplomaten und hohen Offizieren, einigen tausend Juden das Leben zu retten. Die Juden stammten überwiegend aus Kroatien und waren in die 1941 von der italienischen Armee besetzten Teile Jugoslawiens geflüchtet, wo sie seitdem friedlich unter dem Schutz der königlich italienischen Armee lebten. Sie waren vor dem wahllosen Gemetzel der kroatischen Faschisten, der *Ustascha,* geflohen; aber Mitte des Jahres 1942 drohte ihnen die systematische Vernichtung, die ihnen die Nationalsozialisten unter der »Neuen Ordnung« in Europa zugedacht hatten. Im August 1942 bat die deutsche Regierung die italienische Regierung förmlich um Auslieferung der Juden. Mussolini war einverstanden; eine Handvoll italienischer Diplomaten und Generäle jedoch sagte nein.

Die Verschwörer steuerten einen gefährlichen Kurs, als sie sich der deutschen Forderung widersetzten und einen eindeutigen Befehl des Duce mißachteten; sie durchkreuzten damit nicht nur die mörderischen Absichten einer garstigen kleinen Achsen-Marionette, sondern auch die von Hitler, Himmler und der SS. Sie hatten anfangs keinen eindeutigen Beweis für das, was wir heute die »Endlösung« nennen, aber das italienische Außenministerium hatte doch einen deutlichen Wink erhalten. Am 18. August 1942 hatte Fürst Otto von Bismarck, Geschäftsträger an der deutschen Botschaft in Rom, sich an den Marchese Lanza d'Ajeta vom italienischen Außenministerium gewandt. Er sollte die italienische Regierung auffordern, ihre Militärbehörden anzuweisen, »die Maßnahmen in Gang zu setzen, die von Deutschen und Kroaten zur Massendeportation von Juden aus Kroatien in Gebiete im Osten entwickelt wurden«[2].

Bismarck ließ durchblicken, daß die Maßnahmen zur »Auflösung und Vernichtung« dieser Juden führen würden. Tatsächlich hat d'Ajeta in seinem Originaltext das Wort »Liquidierung« überliefert. Mussolini war durchaus bereit, seinem nationalsozialistischen Verbündeten mehrere tausend kroatische Juden zu überlassen. In seiner großen Handschrift schrieb er »Nulla osta – M« (Kein Einwand – M.) über das Memorandum (siehe Dokument 1)[3]. Dem Duce war es offenbar egal, was mit den kroatischen Juden geschah, oder er wollte den Wink Bismarcks nicht verstehen. Diesen Befehl Mussolinis beschlossen die Verschwörer zu mißachten.

Erst Anfang November 1942 bekamen die Verantwortlichen in Italien die nötigen Beweise. Der General der Carabinieri Pièche war mit dem Geheimauftrag unterwegs gewesen, die Lage auf dem Balkan zu erforschen; er berichtete am 4. November 1942, daß »die aus der deutschen Besatzungszone in Gebiete im Osten deportierten kroatischen Juden durch die Verwendung von Giftgas in dem Zug, in dem sie eingeschlossen waren, ›eliminiert‹ worden« seien (s. Dokument 2, S. 107).[4]

Der Chef der Abteilung »Vertrauliche Angelegenheiten« im italienischen Außenministerium, Luigi Vidau, schrieb »Beweise« auf das Memorandum, und der Stempel zeigt, daß der Duce das Papier gesehen hat. Zwei Tage später machte Mussolini einen seiner rohen Scherze gegenüber dem Industriellen Alberto Pirelli, der in seinem Tagebuch vermerkte: »›Was die Juden angeht‹, sagte Mussolini, ›so lassen sie die ausreisen… in eine andere Welt.‹«[5]

Die italienischen Verschwörer behinderten, als sie im August 1942 die Wünsche der Kroaten nicht erfüllten, die glatte Abwicklung des Massenmordes an den Juden, und schließlich waren sie gezwungen, das gleiche auch zugunsten der Juden im italienisch besetzten Griechenland und in Südfrankreich zu tun.

Wie und warum sich die Verschwörer so verhielten, ist das eigentliche Thema dieses Buches. Warum setzten ranghohe Persönlichkeiten in der faschistischen Regierung ihre Karriere aufs Spiel, um Juden zu retten, die noch nicht einmal Italiener waren? In Vichy ließ ein verblüffter Pierre Laval, Premierminister des französischen Marionettenregimes, am 14. Januar 1943 den italienischen Botschafter kommen. »Laval brachte zum Ausdruck, daß er zwar unser Interesse zugunsten der Juden mit italienischer Staatsbürgerschaft verstehe, sich aber unser Interesse ›zugunsten‹ ausländischer Juden nicht erklären könne.«[6]

Die Deutschen konnten es noch weniger verstehen und dulden. Die SS beklagte sich; deutsche Zivilisten und Wehrmachtsoffiziere beklagten sich. Ribbentrop nannte den Gouverneur von Dalmatien, Giuseppe

Ministero degli Affari Esteri
Gabinetto

APPUNTO PER IL DUCE

Bismarck ha dato comunicazione di un telegramma a firma Ribbentrop con il quale questa Ambasciata di Germania viene richiesta di provocare istruzioni alle competenti Autorità Militari italiane in Croazia affinchè anche nelle zone di nostra occupazione possano essere attuati i provvedimenti divisati da parte germanica e croata per un trasferimento in massa degli ebrei di Croazia nei territori orientali.

Bismarck ha affermato che si tratterebbe di varie migliaia di persone ed ha lasciato comprendere che tali provvedimenti tenderebbero, in pratica, alla loro dispersione ed eliminazione.

L'Ufficio competente fa presente che segnalazioni della R.Legazione a Zagabria inducono a ritenere che, per desiderio germanico, che trova consenziente il Governo ustascia la questione della liquidazione degli ebrei in Croazia starebbe ormai entrando in una fase risolutiva.

Si sottopone, Duce, quanto precede per le Vostre decisioni.

Roma, 21 agosto 1942-XX

Dokument 1: Mussolini gestattet 1942 die Deportation von Juden aus der italienischen Besatzungszone

Bastianini, einen »Ehrenjuden«[7]. Die Italiener reagierten ausweichend. Sie taten so, als wollten sie sich den deutschen Wünschen fügen. Im November 1942 holte die italienische Armee die jüdischen Flüchtlinge zusammen, die sich in die von Italien besetzten Gebiete Jugoslawiens geflüchtet hatten. Als die Lastwagen voller Juden an der dalmatinischen Küste entlangfuhren, fragten sich die meist kroatischen Juden unruhig, ob sie an einer Gabelung rechts oder links abbiegen würden. Rechts bedeutete, daß der Konvoi die Küste verlassen und nach Kroatien und in den sicheren Tod fahren würde. Links hieß, daß die Juden unter italienischem Schutz bleiben und überleben würden.[8] Die Lastwagen bogen nach links ab und brachten sie in italienische Konzentrationslager. Was würde dort mit ihnen geschehen?

Um ihnen das mitzuteilen, besuchte am 27. November Seine Exzellenz, General Mario Roatta, kommandierender General der italienischen Streitkräfte in Slowenien und Dalmatien, das Internierungslager in Kraljevice (italienisch Porto Re) an der dalmatinischen Küste, in das die meisten Juden gebracht worden waren. Am folgenden Tag schickten fünf Führungspersönlichkeiten unter den Internierten, ehemalige jugoslawische Bankiers oder Industrielle, dem General ein Schreiben, in dem sie ihre Dankbarkeit bekundeten.[9] Imre Rochlitz, ein überlebender Anwesender, der zu der Zeit siebzehn Jahre alt war, erzählte mir, daß General Roatta gesagt hatte, wenn ihm U-Boote zur Verfügung stünden, dann würde er die Juden alle nach Italien bringen, wo sie wirklich in Sicherheit seien.[10]

Man bedenke den Zeitpunkt, den Ort, die beteiligten Personen. Die Internierten waren Juden, und dies war das Europa des Massenmordes an den Juden. Im Sommer und Herbst 1942 war die Vernichtung der Juden intensiviert worden. Mitte August wurden die Juden von Sarajevo abgeholt[11], und im Osten wurden in der gleichen Woche Juden aus zwanzig Gemeinden Ostgaliziens deportiert, darunter mehr als 40 000 allein aus Lwow (Lemberg), das damit »zu einer Stadt von Alpträumen und Blut« wurde.[12]

Was als Mißachtung eines Befehls Mussolinis begonnen hatte, hatte sich zu einer weitreichenden Verschwörung entwickelt, mit dem Ziel, die Absicht NS-Deutschlands zur Vernichtung der Juden Europas zu durchkreuzen und zu vereiteln. Im März 1943 bekam der deutsche Botschafter eine Privataudienz beim Duce, in der Mussolini versprach, er würde in Zukunft bei seinen Generälen energischer durchgreifen.[13] Es änderte sich nichts. Bis der plötzliche Waffenstillstand am 8. September

1943 die Partnerschaft der Achsenmächte beendete, wurde kein Jude unter dem Schutz der italienischen Streitkräfte an die Deutschen oder die Franzosen oder die Kroaten oder sonst wen ausgeliefert.

Pierre Laval war nicht der einzige Zeitgenosse, den dieses Paradoxon verwirrte. Italien, daheim ein auf antisemitische Politik festgelegter Staat, außenpolitisch mit NS-Deutschland verbündet und bei Rohstoffen vollständig von Deutschland abhängig, hintertrieb mehr oder weniger offen Hitlers Wünsche. Was bewegte Mussolini? Duldete er das Verhalten seiner Generäle und Diplomaten stillschweigend, oder war es eine echte Meuterei?

Juden, die von der italienischen Protektion profitiert hatten, versuchten als erste, diese Fragen zu beantworten. Isaac Schneerson, erster Vorsitzender des inzwischen weltberühmten *Centre de Documentation Juive Contemporaine* in Paris, beschrieb dessen Anfänge:

> »Unter italienischer Besetzung in Grenoble sammelte ich die
> ersten Mitarbeiter. Im Hochsommer 1943, also in dem Augen-
> blick, als Italien so gut wie niedergeworfen war und Deutschland
> im Begriff stand, es zu übernehmen... wurde bei mir die erste
> Vollversammlung unseres *Centre* abgehalten.«[14]

Es überrascht mich kaum, daß zu den frühen dokumentarischen Veröffentlichungen des *Centre* 1946 Leon Poliakovs Buch *La condition des Juifs en France sous l'occupation italienne* gehörte und daß das *Centre* seine Forschungen bald auf die beiden anderen Besatzungszonen ausdehnte (in: *Jews under the Italien Occupation* [1954] von Leon Poliakov und Jacques Sabille). Poliakov und Sabille bewiesen anhand von Dokumenten, daß sich die Italiener so verhalten hatten, wie man es von ihnen behauptete. Seitdem haben Historiker, die in englischer, italienischer oder hebräischer Sprache schrieben, immer wieder diese grundlegende Frage gestellt: Warum retteten die Italiener Juden?[15]

Es ist eine erstaunliche Geschichte, die gelegentlich erzählt, aber nie zufriedenstellend erklärt wird. Susan Zuccotti hat in ihrem Buch *The Italians and the Holocaust* noch einmal den Versuch unternommen. Am Schluß muß sie eingestehen: »Nachdem alles gesagt ist, scheint doch noch etwas zu fehlen.«[16] Die offizielle Geschichte des Vatikans im Zweiten Weltkrieg unterstreicht das ebenfalls: »Berlin stieß auf einen Widerstand, den die offiziellen Dokumente nie hinreichend haben erklären können.«[17]

Zu den Gründen für das Gefühl, daß »etwas fehlt«, gehört, daß die Frage nur halb gestellt ist. Warum retteten die Italiener Juden? Warum ließen die Deutschen es zu? Wenn die Deutschen wirklich gewollt hätten, hätten sie Druck ausüben können, etwa beim Nachschub, ohne den die Italiener ihre Kriegführung nicht hätten fortsetzen können. Wir wissen, wozu Hitler fähig war, wenn er wütend wurde, und wir wissen, wie er nach dem 8. November 1942 mit Vichy-Frankreich umsprang und nach dem 8. September 1943 mit Italien und nach dem 19. März 1944 mit Ungarn. Was hielt Hitler, Himmler und die deutsche Wehrmacht davon ab, Italien zu zwingen, diese Handvoll Menschen auszuliefern? Denn mehr Gerettete waren es nicht im Vergleich zu den Millionen Verdammten.

Die Frage zielt auf den Kern des größten Verbrechens in der Geschichte der Menschheit, aber auf eine Weise, die den Massenmord direkt mit der Partnerschaft in der Achse sowie dem Verlauf des Krieges verknüpft. Um das Geflecht von Umständen zu begreifen, die es maximal 50 000 Juden in den drei italienischen Besatzungszonen ermöglichten, den Gaskammern (in manchen Fällen nur für eine Weile) zu entgehen, muß der Historiker die Verknüpfungen und gegenseitigen Abhängigkeiten im Zweiten Weltkrieg berücksichtigen. Die Vernichtung der Juden war kein Zufallsbestandteil der nationalsozialistischen Kriegsanstrengungen, sondern stand im Mittelpunkt und war *Raison d'être*. Zu verstehen, wie und warum diese Juden überlebten, heißt, das Wesen dieses Kriegs zu begreifen.

1962 veröffentliche F. W. Deakin seine großartige Untersuchung der Achsen-Partnerschaft *The Brutal Friendship*[18]. Er zeigte die Grundzüge der persönlichen Beziehungen, die unterschiedlichen Ziele und die unausweichlichen Reibungen einer Kriegsallianz zwischen den beiden, oberflächlich betrachtet, so ähnlichen, aber strukturell so verschiedenen totalitären Diktaturen. Doch den Holocaust als wesentliches Moment in den nationalsozialistisch-faschistischen Beziehungen erwähnte er nicht. Er übersah den Zusammenhang zwischen der Vernichtung der Juden und dem Zusammenbruch der Achse, denn die wahre italienische Haltung gegenüber dem Massenmord an den Juden blieb ein Geheimnis. 1943 wurde den Italienern klar, daß ihre Verschwörung zur Vereitelung des Massenmordes sie das Leben kosten konnte, deshalb versteckten sie die Dokumente, in denen ihre Beteiligung verzeichnet war. Deakin erfaßte das Wesen der Achse, übersah aber die bemerkenswerteste Nebenhandlung, den italienischen Entschluß, sich an der deutschen »Endlösung« nicht zu beteiligen.

Zur gleichen Zeit, als Deakin seine *Brutale Freundschaft* veröffentlichte, enthüllte der Eichmann-Prozeß in Jerusalem vieles, wenn auch nicht alles, über das italienische Verhalten gegenüber den Juden in den italienischen Besatzungszonen. Zeugen erzählten von italienischen Offizieren, Diplomaten und Beamten, die im Herzen des nationalsozialistisch besetzten Europa, mitten in der Zerstörungswut, sich einfach geweigert hatten, sich an dem Verbrechen zu beteiligen: Konsuln hatten Pässe gefälscht, Generäle Vorschriften umgangen, Botschafter Anweisungen nicht befolgt, Bürger die strengen »Rassengesetze« ihres Landes übertreten. Hannah Arendt, die den Prozeß verfolgte, schrieb in ihrem berühmten *Eichmann in Jerusalem:*

> »Was in Dänemark das Ergebnis eines echten Sinnes für Politik war, eines anerzogenen Verständnisses für die Voraussetzungen und die Verpflichtungen, die Bürgertum und Unabhängigkeit garantieren, das war in Italien Ausfluß einer fast automatisch gewordenen, alle Schichten erfassenden Humanität eines alten und zivilisierten Volkes.«[19]

Arendts Buch ist wie das von Deakin ein Klassiker geworden. Ihm verdanken wir den inzwischen vertrauten Begriff der »Banalität des Bösen«, die sie in den Tausenden von bürokratischen deutschen Entscheidungen, das ganze jüdische Volk zu ermorden, offenbart sah. Aber so wie Deakin den Holocaust ausließ, so überging Arendt die Achse. Tatsächlich bemerkte sie die »Banalität des Guten« nicht, das halboffizielle Wesen des italienischen Verhaltens. Sie sah die Dunkelheit und übersah das Licht. So konnte sie die bemerkenswerte Geschichte erkennen, nicht aber das taktische Problem dabei. Armeen handeln auf Befehl. Beamte geben und empfangen Anweisungen. Botschafter führen die Anordnungen ihrer Vorgesetzten durch. Das faschistische Italien war ein totalitärer Staat und eine Säule der Achse. Die italienische Politik gegenüber den Juden wurde mitten in einem Krieg und unter einem Regime angewendet, das sich in dem Gewirr seiner eigenen komplexen und widersprüchlichen Natur verfangen hatte und an einen Partner gebunden war, der noch komplexer und noch brutaler war. Die Geschichte insgesamt muß das italienische Verhalten, die Achse und den Holocaust in den Kontext des Krieges und des Laufs der Ereignisse stellen.

Ein großer Teil dieses Buches versucht diese Geschichte zu berichten: Wie die Italiener beinahe zufällig dazu kamen, Juden zu beschützen, zunächst in Kroatien, später in Griechenland und Frankreich; wie die Unruhen infolge ethnischer Auseinandersetzungen in Jugoslawien dazu führten, daß die italienische 2. Armee zum Beschützer jüdischer Flüchtlinge in Kroatien und Dalmatien wurde, und wie die Deutschen ihrerseits mehr und mehr Druck auf ihre Verbündeten ausübten, damit sie ihnen ihre Handvoll Juden auslieferten. Diese Geschichte, ein lichter Moment in der finstersten Nacht der Menschenseele, verdient um ihrer selbst willen erzählt zu werden, aber sie wirft auch weiterreichende, dringende und kompliziertere Fragen auf. Warum handelten die führenden italienischen Verschwörer so, wie sie handelten?

Kein anderes faschistisches Regime verhielt sich so. Es stimmt, daß die rumänische Regierung zu Eichmanns Bestürzung im Oktober 1942 plötzlich die Deportation von Juden stoppte; aber die rumänische 2. Armee hatte in Südrußland so wahllos Juden ermordet und Juden so brutal aus ihrer Besatzungszone vertrieben, daß selbst ein deutscher Schlächter wie Martin Luther vom Außenministerium von »illegal« und von »wilden Judenabschiebungen«[20] sprach. Das bulgarische Regime weigerte sich ab März 1943, »seine« Juden auszuliefern, nämlich die Juden aus dem »alten Bulgarien«; aber die Juden aus bulgarischen Besatzungszonen in Thrakien und Makedonien, also ausländische Juden, waren ohne Protest der SS übergeben worden. Admiral Horthy in Ungarn unterschied deutlich zwischen magyarischen Juden, »die genauso gute Ungarn sind wie Sie oder ich«[21], und ausländischen Juden, die deportiert werden konnten. Andere Regime und ethnische Gruppen beteiligten sich mehr oder weniger begeistert an der Vernichtung der Juden. Die Nazis brauchten Hilfe, um sechs Millionen Menschen abholen und ermorden zu können, und sie bekamen sie von Letten und Litauern, von französischen Polizisten und kroatischen Priestern, von rumänischen Obersten und ungarischen Edelleuten. Die Italiener weigerten sich nicht nur, sie machten auch keinen Unterschied zwischen »ihren« und anderen Juden. Tatsächlich brachte die italienische 4. Armee in Frankreich im Frühling 1943 jüdische Flüchtlinge zum Teil in den besten Badeorten an der Riviera unter, während das eher antisemitische italienische Innenministerium in Rom Listen italienischer Juden für die Zwangsarbeit aufstellte.

Arendt sieht in dem italienischen Verhalten das Ergebnis einer »fast automatisch gewordenen, alle Schichten erfassenden Humanität eines alten und zivilisierten Volkes«, und es steckt viel Wahrheit in dieser Bemerkung. Aber sie ist zu einfach. Für italienische Sozialisten, Gewerkschafter, Liberale und andere Opfer seiner Gewalttätigkeit, für Tausende von Gefangenen in den Gefängnissen, für die Menschen in Äthiopien, für spanische Dorfbewohner, für slowenische Zivilisten, die interniert oder als Geiseln erschossen wurden, und für die Opfer der italienischen Vergeltungsmaßnahmen in Griechenland sah das faschistische Regime ganz anders aus. Viele von denen, die bei der Rettung von Juden aktiv waren, taten Dinge, die später als Kriegsverbrechen angesehen wurden. Nach dem Oktober 1943 setzte Hitler Mussolini mit einer Marionettenregierung in Norditalien ein, die als »Italienische Sozialrepublik von Salò« bekannt ist. Das neue Regime nahm ein Staatsgesetz an, das den Juden die Staatsbürgerschaft aberkannte und sie zum »Feindvolk«[22] erklärte. Italienische Polizei und Miliz holten Juden mit der gleichen Grausamkeit wie die wütendsten Antisemiten in Ungarn zusammen. Fossoli war ein italienisches Konzentrationslager, und zwar ein richtiges. Es gab Italiener, die Juden haßten; Salò gab ihnen die Macht.

Schon vor Salò gab es Paradoxa bei der italienischen Behandlung der Juden. Die von Italienern in ihren Besatzungszonen geretteten Juden verdankten ihr Leben einem faschistischen Staat, der sich selbst seiner Brutalität rühmte und eine totalitäre Diktatur zu sein vorgab und in mancher Hinsicht auch war. Der Staat, der patriotischen und angesehenen italienischen Juden unter den »Rassengesetzen« von 1938 skrupellos ihre Rechte, ihr Vermögen und ihre Stellung raubte, war 1941 zum Retter ausländischer Juden geworden. Die Geschichte ist viel, viel komplizierter, als Hannah Arendt glaubte, und man darf sie nicht mit einem dicken Pinsel malen.

Eine angemessene Erklärung muß einen einzelnen Handlungsfaden – das Schicksal einer Handvoll Juden unter italienischem Schutz – zu einem viel allgemeineren Gewebe wirken, in dem viele Dinge eine Rolle spielen: die Art der Beziehungen zwischen Hitler und Mussolini, die große Strategie auf den Kriegsschauplätzen in Rußland und im Mittelmeerraum, der Fortgang des Krieges in Nordafrika und an der Ostfront, die verwickelten und blutigen Rivalitäten zwischen den Balkanvölkern, die Instabilität der nationalsozialistischen und faschistischen Marionettenregierungen, die Entwicklung miteinander konkurrierender Partisanen- und Widerstandsbewegungen, Maßnahmen der Alliierten und Gegenmaßnahmen, die Tätigkeit und die Untätigkeit christlicher und muslimischer Gemeinden, die Haltung des Vatikans und der katholischen Hierarchie und ihre Intervention, die ständigen Streitigkeiten zwischen Generälen, Diplomaten, Bürokraten, Parteibonzen und Günstlingen um Macht und Positionen an den Höfen der beiden faschistischen Diktatoren. Vor allem muß der zeitliche Ablauf stimmen. Alles Handeln, auch das rechtschaffene, ist abhängig von Tag und Stunde.

Die Deutschen hatten die gleiche Zeitrechnung wie ihre italienischen Bündnispartner. Ihre Streitkräfte operierten in den gleichen Gebieten und oft, wie in der Sowjetunion oder Afrika, unter einem gemeinsamen Kommando. Auf dem Balkan hatten die Achsenmächte deutlich getrennte Einflußgebiete, aber die Kämpfe gegen die Partisanen erforderten doch gemeinsame Planung der Stäbe. Ich habe deutsche und italienische Quellen benutzt und bin immer wieder über deren Gegensätzlichkeit gestolpert. In den Akten des deutschen Generals, der die Wehrmacht in Kroatien vertrat, fand ich viele, meist private, Briefe, in denen deutsche Offiziere und Zivilisten das Verhalten der Italiener gegenüber den Juden im italienisch besetzten Jugoslawien beschrieben. Ich habe kein einziges Dokument, nicht einmal eine private handschriftliche Notiz gefunden, in der ein deutscher Offizier oder Unteroffizier auch nur die geringste Sympathie mit dem Verhalten der Italiener gegenüber Juden geäußert hätte. In dem ganzen riesigen Aktenberg der deutschen Armeen auf dem Balkan fand ich nur ein einziges deutsches Dokument, in dem das Wort »ethisch« erscheint. In italienischen Dokumenten tauchen solche Vokabeln ständig auf. Und schließlich gab es die schlichte Tatsache, daß jeder Jude, der der Wehrmacht in die Hände fiel, in ein Konzentrationslager geschickt wurde. Das geschah keinem Juden unter italienischer Herrschaft.

Ein Vergleich zwischen deutschem und italienischem Verhalten muß angestellt werden – tatsächlich läßt sich die Geschichte, wie Italiener Juden retteten, während Deutsche sie ermordeten, gar nicht anders erzählen –, aber oberflächliche Verallgemeinerungen über den Volkscharakter reichen nicht aus. Die »Judenpolitik« in Italien und Deutschland war, wie alle übrige Politik, hervorgegangen aus einem komplexen System von Institutionen, Traditionen, Gewohnheiten, Bräuchen, stillschweigenden Voraussetzungen, strukturellen und persönlichen Konflikten, Gesetzen und ihrer Umgehung, Führung, Ordnung und Chaos, kurz, aus der fast unendlichen Vielfalt jener Wechselbeziehungen, die wir Realität nennen.

Die Forschungsarbeit für dieses Buch war nicht leicht. Sie kam mir vor wie ein großes Puzzle, bei dem der Spieler ohne die Vorlage auf dem Kartondeckel arbeitet, ohne eine Ahnung von der Zahl der Teile und ohne auch nur zu wissen, ob alle Teile vorhanden sind. Selbst jetzt beim Schreiben bin ich sicher, daß immer Puzzleteile fehlen werden. Jener Teil der politischen Praxis, der auf stillschweigenden Voraussetzungen beruht, auf Zwinkern und Zunicken, auf einem Blickwechsel, läßt sich nicht einfangen. Ich bin überzeugt, daß das allmähliche Erkennen der deutschen Absicht, das ganze jüdische Volk zu vernichten, den entscheidenden Unterschied bewirkte in der Art, wie sich die politisch Verantwortlichen Italiens verhielten, nicht zuletzt, wie ich zu zeigen versuchen will, weil dies Wissen sie zu einem Zeitpunkt erreichte, als eine Serie von Krisen in Nordafrika und an der Ostfront plötzlich die Möglichkeit einer Niederlage und des Endes des Regimes ins Blickfeld rückte. Solche Empfindungen mußte man nicht zu Papier bringen. Alle Eingeweihten wußten, was los war.

Auch das Buch zu schreiben war nicht einfach. Die gegenseitige Beeinflussung so vieler Faktoren auf verschiedenen Ebenen stellt höchste Anforderungen an die historische Schilderung. Jeder Faktor wirkt sich auf alle anderen aus, aber nicht immer zur selben Zeit, nicht auf die gleiche Art und Weise und nicht mit derselben Stärke. Die Dinge sind ineinander verschlungen. Es müßte eine Art historischer Polyphonie geben, in der sich alle Themen unabhängig voneinander entwickeln, aber vom Hörer als ein Ganzes wahrgenommen werden. Statt dessen muß ich, wie alle Autoren, ein Wort ans andere reihen. Ich muß jeden Strang von Ereignissen und Folgen einzeln darstellen und sie Zeile für Zeile und Satz für Satz nachzeichnen.

Die Geschichte einfach zu erzählen reichte nicht aus. Immer wieder ertappte ich mich dabei, daß ich italienisches oder deutsches Verhalten interpretierte oder Dokumente las im Lichte dessen, was ich über italienische und deutsche Geschichte schon wußte. Kultur, im weitesten Sinne verstanden, machte mir klar, warum sich die beiden Verbündeten gegenüber denselben Krisen und Verbrechen so verschieden verhielten. Kultur ist nicht einfach jenes Stück Leben, das auf den Feuilletonseiten der Tageszeitungen beschrieben ist; sie ist eine dichte, wenn auch nicht sichtbare Mischung von geschichtlicher Erfahrung, politischen Institutionen, gesellschaftlicher Wirklichkeit, eigenen Gewohnheiten, von Sprache, Werten und Normen.

Nach etlichen Fehlstarts beschloß ich endlich, das Buch aufzuteilen in »Das Problem«, »Die Ereignisse«, »Erklärungen« und »Schluß«. »Die Ereignisse« zeichnen, wie der Name schon sagt, den Verlauf des Krieges nach, die Entwicklung der Achse und die italienische Behandlung der

Juden vom Juni 1940 bis zum 8. September 1943, dem Tag, an dem die Alliierten den Waffenstillstand mit dem Königreich Italien verkündeten. »Die Ereignisse« enden mit dem Tag nach dem Waffenstillstand, dem Tag, an dem Roberto Ducci, Chef der Abteilung Kroatien und einer der ersten, ursprünglichen Verschwörer im italienischen Außenministerium, den Befehl mißachtete, die Akten zum Thema Juden zu verbrennen, und sie statt dessen in seinem Haus in Verwahrung nahm. Diese Tollkühnheit hätte den Tod für seine Mitverschwörer bedeutet, wenn die Gestapo die Unterlagen gefunden hätte; sie machte es aber möglich, diese Geschichte zu erzählen. Die handelnden Personen in großen historischen Dramen wenden sich oft um und fragen nach dem Urteil der Geschichte; wenige sind so freundlich, auch die Dokumente dazu zu liefern.

Es liegt eine gewisse Künstlichkeit in der scharfen Trennung zwischen der Schilderung der Ereignisse und ihrer Erklärung, denn Schilderungen erklären auch. Im täglichen Leben beantworten wir eine Frage nach dem Grund für eine Sache, indem wir sagen, »also das kam so«, und die Geschichte erzählen, wie es »dazu kam«. Aber ich erkannte schnell, daß diese natürliche Vorgehensweise nicht funktionieren würde. Ich wußte, daß mein Bericht unvollständig war. Wesentliche Akten hatten den Krieg nicht überlebt; wesentliche Akteure hatten keine Tagebücher oder Privatbriefe hinterlassen, und einige der wichtigsten Dinge wurden gar nicht überliefert, vor allem die Art von Wissen, Fühlen oder Annehmen, die die Leute zu der Zeit als selbstverständlich betrachteten. Daher beruht mein Bericht zu einem Teil – und ich weiß nicht, wie groß dieser ist – auf Mutmaßen und »Meinen«. Das gilt für alle chronologische Geschichte und ist an sich nicht ungewöhnlich.

Mich beunruhigte etwas ganz anderes. Ich konnte das nagende Gefühl nicht loswerden, daß es nicht damit getan war, die Geschichte einfach zu erzählen – egal wie gut. In meiner ersten Fassung versuchte ich, den erzählenden Bericht mit Kommentaren anzureichern, aber das hemmte den Fluß der Erzählung und war für die Leser lästig. Bei diesem »angedickten« Bericht wurde weder die Geschichte klar erzählt, noch die Ursachen herausgearbeitet. Ich wollte den Vergleich zwischen deutschem und italienischem Verhalten gegenüber denselben Reizen nutzen. Die herkömmliche Schilderung eignet sich nicht zur vergleichenden Analyse.

Schließlich erkannte ich, daß dies Buch in Wirklichkeit, wenn auch indirekt, ein Buch über die Verfolgung und Ermordung der Juden ist und daß das Buch und die darin eingegangene Forschungsarbeit und sogar das Leben des Autors der Frage gewidmet sind: Wie hatten der Nationalsozialismus und der Massenmord an den Juden geschehen können? Seit jenem bitterkalten Februarmorgen 1956, als ich vom Deck eines amerikanischen Truppentransporters aus durch den eisigen Dunst die Turmspitzen von Bremerhaven wahrnahm, bin ich von Europa besessen, bin fasziniert von seinen Kulturen, seinen Sprachen, seiner Vielfältigkeit, seinen Kriegen und Katastrophen. Ich lernte schnell Deutsch, und als GI und später als Trainee in einer Bank in Deutschland las ich, lauschte und nahm in mich auf. Das alles gehörte nicht zu meiner eigenen Vergangenheit. Ich hatte die Kriegszeit sicher in den Vereinigten Staaten verlebt. Meine Großeltern waren rechtzeitig aus Osteuropa emigriert. Aber jetzt war ich, ein amerikanischer Jude, in Deutschland, in einem Land, wo man mir das Recht auf Leben nur wenige Jahre zuvor abgesprochen hatte. Auch mehr als dreißig Jahre danach quält mich noch die gleiche Frage. Das Motto meines Lebens ist der Heine-Vers geworden:

> »Denk ich an Deutschland in der Nacht,
> dann bin ich um den Schlaf gebracht.«

Aus dem gleichen Grunde lernte ich Italienisch und befaßte mich mit dem Faschismus, um zu begreifen, »wie es hatte geschehen können«. Ich nahm die Forschungen auf, weil sie mir ermöglichten, Antworten auf diese Frage zu suchen. Hier gab es eine kleine Gruppe von Menschen, die »nein« gesagt hatten. »Das ist einfach nicht möglich«, hatte General Roatta geäußert. Warum sagte er »nein«, und warum sagte sein deutsches Gegenstück, Generaloberst Löhr, »ja«? Lag das an ihren Persönlichkeiten, an den Staaten, denen sie dienten, den Uniformen, die sie trugen? Wenn ich die Antwort auf diese kleineren Fragen fände, wüßte ich vielleicht auch mehr über die großen.

Aufmerksame Leser haben vielleicht ein unbehagliches Gefühl, weil ich einerseits die eigenartige Anlage dieses Buches mit dem Verweis auf den Massenmord an den Juden rechtfertige und andererseits das Modell historischer Diskussion und Auseinandersetzung als den Weg zum Verstehen anbiete. Der Massenmord an den Juden, werden sie sagen, ist doch kein Thema wie alle anderen. Die angemessene Reaktion ist scheue Ehrfurcht, Trauer und Reue. Der Rest sollte Schweigen sein. Ich lehne das ab. Die Kontroverse – die kenntnisreiche, menschliche, offene Meinungsverschiedenheit – ist eine der wenigen angemessenen Reaktionen, mit denen diese Generation auf die Schrecken des »Holocaust« eingehen kann. Seiner bestialischen Verachtung für alles Helle, Freie, Spielerische und damit Menschliche kann man nicht nur durch Trauern begegnen. Wir müssen eben jene Eigenschaften bejahen und sichern, die Hitler und seine finsteren Legionen zerstören wollten, den freien Gebrauch unseres Geistes und unserer Phantasie.

Zum Zeugen meiner Verteidigung rufe ich Primo Levi an, der für Millionen von Menschen, Juden wie Nichtjuden, zum Interpreten der Judenverfolgung geworden ist. In seinem Buch *Ist das ein Mensch?* gibt es ein Kapitel, das »Der Gesang des Odysseus« überschrieben ist, wo Levi und ein junger französischer Jude, Jean, genannt »Pikkolo«, die Suppe für die Mittags-»Mahlzeit« eines Arbeitskommandos holen müssen. Sie lassen sich Zeit, und auf dem langen Weg zur Küche ist Levi besessen von dem Bedürfnis, sich an die wunderbare Passage in Dantes *Inferno*, die letzte Reise des Odysseus, die für alles menschliche Streben und Trachten steht, zu erinnern und sie seinem französischen Kameraden zu übersetzen:

»Aber es ist spät geworden, spät, wir sind schon vor der Küche, ich muß zum Schluß kommen:

> *Tre volte il fe' girar con tutte l'acque,*
> *Alla quarta levar la poppa in suso*
> *E la prora ire in giù, come altrui piacque.*

Ich halte Jean zurück, es ist so wichtig und dringend, daß er jetzt zuhört, daß er dieses ›come altrui piacque‹ versteht, ehe es zu spät ist, denn morgen schon kann er oder ich tot sein, vielleicht sehen wir uns auch nie wieder, ich muß ihm vom Mittelalter Bericht und Erklärung geben, von dem so menschlichen, so notwendigen und doch unerwarteten Anachronismus dieses Verses, und da ist noch etwas anderes, Gigantisches, was ich in der Intuition eines Augenblicks eben erst erkannt habe, vielleicht das Warum unseres Schicksals, unseres heutigen Hierseins... «[23]

Mir scheint, diese Passage, eine der größten Hymnen auf die Literatur, die je geschrieben wurden, steht als dauerhaftes Denkmal für die Kraft des menschlichen Geistes. Dichtung, Kunst, das Denken an sich überleben die Mörder von Auschwitz. Indem er sich an Bruchstücke von Dante erinnerte, an ein mittelalterliches episches Gedicht, bewahrte sich Primo Levi, ein italienischer Jude, dem man eine Nummer in den Unterarm tätowiert hatte, sein Menschsein in der finsteren Nacht der Geschichte.

Ich bin Historiker geworden und pflegte, ein Seminar über die Machtergreifung der Nationalsozialisten zu halten. Jeden Mai übernahmen die Nationalsozialisten, trotz all meiner Bemühungen, erneut die Macht. Ich konnte den »Marsch auf Rom« nicht aufhalten, egal wie beredt ich darüber sprach. Alles, was ich tun konnte – und in diesem Buch versucht habe –, ist, Verstehen zu entwickeln und dann an andere weiterzugeben, nicht weil ich glaubte, daß wir aus der Vergangenheit, die einzigartig ist und sich nicht wiederholt, lernen, noch auch, weil großartige Gesetzmäßigkeiten im menschlichen Charakter von einer genauen Untersuchung vergangener Ereignisse abgeleitet werden könnten, sondern weil der Akt des Verstehens ein Wert an sich ist. In den größten Tragödien der Menschheit, in dem Stoff der Geschichte selbst, die Gibbon einst als »wenig mehr denn ein Verzeichnis der Verbrechen, Torheiten und Mißgeschicke der Menschheit« abtat, kann ich einen Sinn zu sehen, zu erfassen und zu begreifen versuchen. Dieses Buch berichtet schließlich, was ein paar anständige Menschen in einer bösen Zeit taten. Es setzt ihnen ein bescheidenes Denkmal, ihnen und denjenigen, die sie nicht retten konnten; aber es ist auch ein Werk der Geschichte. Nützt Geschichte etwas? Sie ist vielleicht so nützlich, wie es nach Audens Ansicht die Dichtung ist. Er schrieb in »Zum Gedenken an W. B. Yeats«:[24]

> »Denn Dichtung bewirkt nichts: sie überdauert
> Im Tal ihrer Erzeugung, wo die Exekutive
> Ihre Finger einzieht, fließt nach Süden weiter
> Von Gehöften der Isolation und des emsigen Kummers,
> Rauhen Dörfern, wo wir glauben und sterben; sie überdauert,
> Eine Art Zufall, einen Mund.«

Phase 1
Unsystematisches Morden: Krieg auf dem Balkan
April 1941 bis Juni 1942

Deutschland marschierte am 1. September 1939 in Polen ein, ohne mit seinem Achsenpartner darüber beraten zu haben. Italien blieb neutral. Es war keine heroische Pose, und der Duce fand die Situation höchst peinlich. Der schnelle deutsche Sieg über Polen machte aus dem Gefühl von Peinlichkeit Demütigung. Deutschland war auf Unterstützung aus Italien nicht angewiesen, und Europa brauchte die Vermittlungsdienste des Duce nicht mehr. Am 31. März 1940 sagte er zu seinen Generälen:

> »Zu glauben, daß sich Italien bis zum Schluß aus dem Krieg heraushalten kann, wenn er weitergeht, ist absurd und unmöglich ...
> Italien kann nicht während der ganzen Dauer des Krieges neutral bleiben, ohne seine Rolle aufzugeben, ohne sich zu disqualifizieren, ohne sich auf das Niveau der Schweiz mal zehn zu begeben.«[1]

Was genau Italien im Krieg wollte, war nicht näher erwogen worden. Im August 1939 teilte Mussolini seinen Militärführern mit, daß er im Falle eines englisch-französischen Angriffs auf Italien eine Verteidigungsstellung um das italienische Mutterland herum befehlen würde, verbunden mit einer zweifachen Offensive: einer »bestimmt« gegen Griechenland und einer »wahrscheinlich« gegen Jugoslawien. Fortunato Minniti bemerkt in einem neueren Artikel nachsichtig: »Diese Orientierung ist schwer zu erklären ... Man reagiert mit einer Offensive, aber diese Offensive ist gegen Drittländer gerichtet und nicht gegen die Angreifer.«[2]

Italien war nicht auf einen Krieg vorbereitet. Oberst Antonio Gandin nahm am 9. Mai 1939 an der Militärparade zum Geburtstag des Staates teil und kehrte tief deprimiert in seine Dienststelle zurück:

> »Infanterie: Von vier Grenadier- und Infanterieregimentern ist nur eins (das 81.) ganz mit neuem Gerät ausgerüstet.

Motorisierte Infanterie: Ein Regiment mit Fahrzeugen des neuen Typs für die Infanterie, eins mit alten Fahrzeugen ... Artillerie: Praktisch alles altes Material ... Dementsprechend läßt sich leicht zusammenfassen: Die veraltete Ausrüstung überwiegt, es mangelt an neuem Material.«[3]

Die italienischen Kriegsvorbereitungen liefen auf Bluff und Prahlerei hinaus. Mussolini sprach von »acht Millionen Bajonetten«. Ciano verzeichnete am 29. April 1939 nach einer Sitzung des Ministerrats in seinem Tagebuch:

»Man [das Militär] bläht die Mannschaftszahlen auf, man vermehrt die Zahl der Divisionen, aber in Wirklichkeit sind diese so schwach, daß sie die Stärke eines Regiments kaum überschreiten. Die Vorratslager sind leer. Die Artillerie ist veraltet. Bei der Fliegerabwehr und bei der Tankabwehr fehlt es an allem. Auf militärischem Gebiet ist viel geblufft worden, und sogar der Duce selbst wurde betrogen. Aber es ist ein tragischer Bluff. Von der Flugwaffe wollen wir lieber nicht sprechen. Valle meldet 3 006 kampftüchtige Flugzeuge, aber der Nachrichtendienst der Flotte erklärt, es seien nicht mehr als 982.«[4]

Drei Tage, bevor die Italiener im Rausch der deutschen Siege vom April und Mai 1940 Frankreich und Großbritannien den Krieg erklärten, hielt General Quirino Armellino seine bösen Vorahnungen fest:

»Also sollen wir in einen Krieg hineingezogen werden, mit der Aussicht, daß er morgen mit einem siegreichen Frieden enden oder aber auch lang und hart werden könnte – in einer unglaublich schrecklichen Lage, die uns alle schließlich ganz verschlingen könnte. Wenn die Geschichte je geschrieben wird, werden unsere Nachkommen sehen, was für schlechte Karten wir haben, und streng über uns urteilen.«[5]

Strategische Überlegungen waren bis zum April 1940 nicht weit über allgemeinen Trübsinn hinausgekommen. Italien war noch immer nicht zu einem Krieg bereit. Der Chef des Generalstabs schätzte, daß Italien etwa zu 40 Prozent die Voraussetzungen für eine militärische Mobilmachung erreicht hätte, aber Mussolini wurde ungeduldig. In den Jahren 1939 und 1940 hatte der Duce ganz den Befehl über die italienischen Streitkräfte übernommen und im Mai 1940 eine Kommandostruktur

»nach deutschem Muster (aber italienischen Traditionen fremd)«[6] errichtet. Mussolini als Erster Marschall des Staates kommandierte die königlich italienischen Streitkräfte als Vertreter des Königs und hatte zu diesem Zweck einen Chef des Generalstabs, der die Stäbe der drei Waffengattungen koordinierte. Mussolini stand zu Badoglio und seinen Nachfolgern wie Hitler zu Keitel.

Am 11. April machte Marschall Badoglio Mussolini gegenüber die Situation deutlich:

>»Unsere Streitkräfte wären, selbst nach abgeschlossenen Vorbereitungen, immer noch unzureichend für einen entscheidenden Schlag, auf welchem Gebiet auch immer... Es sei denn, eine bedeutende deutsche Unternehmung hätte die gegnerischen Kräfte so weit geschlagen, daß Waghalsigkeit gerechtfertigt wäre. Eine solche Entscheidung, das ist klar, ist Ihnen vorbehalten, Duce. Wir führen Ihre Befehle aus.«[7]

Ende Mai schienen die Gegner geschlagen genug; Mussolini wagte ein paar Tritte beizutragen. In einer Serie von Blitzangriffen, wie es sie in der Geschichte der Kriegführung noch nicht gegeben hatte, hatte die deutsche Wehrmacht Dänemark, Norwegen, Holland, Belgien und Luxemburg überrannt und die unüberwindlichen französischen Verteidigungslinien durchbrochen. Mussolini beschloß zu handeln, bevor die Deutschen den Krieg ohne italienische Beteiligung gewannen. Am 29. Mai 1940 erklärte der Duce seinen hohen Generälen die »geometrische Logik«, die ihm, dem großen Strategen, offenbart hatte, daß »wir den Krieg absolut nicht vermeiden können«.[8] Mussolinis Biograph, Renzo De Felice, schreibt: »Niemand erhob Einwände. Den Worten des Duce folgte eine sehr kurze Diskussion, die sich aber auf ein paar technische Aspekte beschränkte.«[9]

Italien trat ohne klare Ziele, ohne angemessene Vorbereitung und ohne Würde in den Zweiten Weltkrieg ein. Am 10. Juni 1940 erklärte Italien den Alliierten den Krieg, was der französische Präsident Paul Reynaud in einer Radiosendung als »Dolchstoß in den Rücken« bezeichnete und andere mit noch weniger schmeichelhaften Ausdrücken bedachten.

Die zweiwöchigen Feindseligkeiten steigerten die Verlegenheiten für die Italiener. Die italienischen Streitkräfte kamen gegen die von den Deutschen geschlagene und demoralisierte französische Armee nicht voran. Die Franzosen hielten die Grenze an Alpen und Riviera und drohten sogar durch die italienischen Linien zu brechen. Die offizielle deutsche Geschichte des Zweiten Weltkriegs beschreibt die zweiwöchigen Kämpfe an der Alpenfront als »Debakel«. Die Zahlen der Toten und Verwundeten sprechen für sich: Italiener: 631 Tote, 2 631 Verwundete, 616 Vermißte und 2 151 an Erfrierungen leidende Soldaten; Franzosen: 37 Tote, 42 Verwundete und 150 Vermißte.[10] Trotzdem deckte Hitler – und nicht zum letzten Mal – die Schmach seines Verbündeten und gewährte den Italienern eine offizielle Beteiligung an den Waffenstillstandsverhandlungen, zu der ihre militärischen Erfolge sie nicht berechtigten.

Hitler überließ seinem Achsenpartner auch bedeutende Gebiete mit der Großzügigkeit eines Spielers, der gerade das große Los gezogen hat. Als Ciano Anfang Juli Berlin besuchte, teilte der Führer, wie Ciano berichtet, ihm mit: »Alles das Mittelmeer betreffende, einschließlich der Adria, ist eine rein italienische Frage, mit der er [Hitler] sich nicht befassen will; er ist a priori mit jeder Entscheidung und jeder Unternehmung des Duce einverstanden.«[11]

Im Juli 1940 konnte man sich großzügige Gesten leisten. Der vollständige deutsche Sieg schien nahe. Keine vernünftige britische Regierung würde nach dem Fall Frankreichs den Kampf fortsetzen. Es kostete wenig, Italien Einflußgebiete zu überlassen, die der Achse in jedem Fall zufallen würden. Andererseits hatte Hitler seine eigene Ansicht über die italienische Stärke; eine Woche nach Cianos Rückkehr aus Berlin lehnte er das Angebot eines italienischen Expeditionskorps für die Invasion in Großbritannien »in liebenswürdiger und bestimmter Weise« ab. Der Duce war »ziemlich betroffen«, konnte aber nichts tun.[12]

Der Sommer und Frühherbst 1940 waren eine aufreibende Zeit des Wartens für die beiden Diktatoren. Trotz ständiger Prahlereien kamen die italienischen Streitkräfte in Nordafrika auf dem Weg zum Suezkanal nur langsam voran. Russische Truppenbewegungen beunruhigten Hitler, und die Luftschlacht um England begann sich langsam, aber merklich gegen die deutsche Luftwaffe zu wenden. Der deutsche Marine-Attaché in Rom berichtete nach Berlin, daß es der italienischen Kriegsmarine an Kampfgeist mangelte, und die ersten Gefechte mit der *Royal Navy* hatten nicht dazu beigetragen, ihn zu entwickeln. Am 19. September 1940 besuchte der deutsche Außenminister Joachim von Ribbentrop Rom und teilte Mussolini mit, bei Griechenland und Jugoslawien handelte es sich um »ausschließlich italienische Interessen«. Dafür versprach Mussolini Ribbentrop, daß er »militärisch zunächst… nichts unternehmen werde«.[13] Bei einem Treffen zwischen Hitler und dem Duce auf dem Brenner am 4. Oktober boten die Deutschen den

Italienern gepanzerte Verbände für den Angriff auf Ägypten an. Badoglio reagierte ausweichend. Er wollte diesen Kriegsschauplatz einem
ausschließlich italienischen Triumph an den Ufern des Nils vorbehalten.[14]

Am 6. Oktober befahl Mussolini die Demobilisierung von 600 000
der 1 100 000 Soldaten, die er zu den Fahnen gerufen hatte.[15] Am 15. Oktober informierte Mussolini, während die Armee ihre Einheiten auf-
löste, seine Oberbefehlshaber und die kommandierenden Generäle im
italienisch besetzten Albanien über seine Absicht, Griechenland anzugreifen. Im offiziellen Protokoll der Sitzung im Palazzo Venezia heißt es:

> »Zweck dieses Treffens ist es, die Mittel und Wege für die Unter-
> nehmung gegen Griechenland, zu der ich mich entschlossen
> habe, ganz allgemein zu bestimmen... Nachdem das Problem
> solchermaßen umrissen ist, habe ich das Datum festgesetzt, das
> nach meiner Ansicht nicht um eine einzige Stunde überschritten
> werden darf: nämlich den 26. dieses Monats.«[16]

Mussolini ließ seinen Generälen weniger als zwei Wochen, um eine
Operation vorzubereiten, die in schwierigem, gebirgigem Gelände
durchgeführt werden sollte, zur falschen Jahreszeit, ohne ausreichende
Transportmittel, und das bei unzureichenden Hafenanlagen für die
Abfertigung der großen Zahl von Menschen, Pferden und Geschützen –
vorgesehen waren 70 000 Mann gegenüber den angenommenen 30 000
griechischen Soldaten –, während zu Hause die Armee demobilisierte.
Keine militärische Operation ist je so gegen alle Vernunft geplant und so
katastrophal schlecht durchgeführt worden wie der italienische Angriff
auf Griechenland. Bei der Sitzung im Palazzo Venezia sagten die Generäle, die die Wahrheit kannten, nichts, und die, die etwas sagten, konnten Wahrheit nicht mehr von Rhetorik unterscheiden. Es gab keine
Opposition, keine strategische Planung und vor allem keine deutsche
Hilfe. Mussolini wollte seine Revanche. Diesmal würde es Hitler sein,
der aus den Zeitungen von Mussolinis kühnem Streich erfuhr.

Das Ergebnis war ein Chaos. Typisch war, was die Elite-Division
»Pusteria« der Alpini mitmachen mußte, die übereilt Befehl bekam, sich
am 16. Oktober der 9. Armee in Albanien anzuschließen. Sie kam am
24. November endlich an und wurde der 11. Armee unter General
Geloso zugeteilt. Am 2. Dezember 1940 berichtete Geloso dem stellvertretenden Generalstabschef, General Soddu, von der »Pusteria«:

»Ihr Oberkommandierender und der gesamte Führungsstab fehlten, ebenso der größte Teil vom Troß, die Lasttiere, alle Versorgungseinheiten ... Aber durch ein wahres Wunder an Einsatz der wenigen zur Verfügung stehenden Fahrzeuge ist sie doch an die Front gekommen.«[17]

In den viereinhalb Monaten nach dem Überfall auf Griechenland, Ende Oktober, setzten die Italiener schließlich mehr als 300 000 Mann ein, und es gelang ihnen mit Mühe und Not, die albanischen Gebiete zu halten, von denen aus sie angegriffen hatten. Die Griechen, ihnen an Zahl und Ausrüstung unterlegen, kämpften bis zum blutigen Stillstand gegen die italienische Armee und fügten der nationalen Psyche tiefe Wunden zu. Die *Royal Navy* fügte reale Wunden zu, als sie in der Nacht des 11. November die italienischen Großschiffe *Littorio, Duilio* und *Cavour* torpedierte, die bei Tarent vor Anker lagen. Und am 9. Dezember starteten die Briten bei Sidi Barrani einen Gegenangriff, der einen hastigen Rückzug der Afrika-Armee des Marschalls Graziani auslöste.

Mussolini reagierte hysterisch auf die Niederlagen. Am 10. November gab er »Befehl, jede griechische Stadt mit mehr als 10 000 Einwohnern dem Erdboden gleichzumachen«.[18] Es war der erste einer Reihe aus Frustration entstandener Terror-Befehle, die den Balkan zu einem blutigen Alptraum machten. Sowohl die deutschen als auch die italienischen Streitkräfte gaben solche Befehle. Der Unterschied war, daß die Deutschen sie auch ausführten.

Dann feuerte Mussolini in der ersten Phase dessen, was später als »Wachablösung« bekannt wurde, jeden, der ihm einfiel, und schließlich verlor er völlig die Nerven. Seine einzige Hoffnung sah er darin, Hitler um Hilfe zu bitten. »Wir können hier nichts tun. Es ist grotesk und absurd, aber so ist es nun mal.«[19]

Hitler hatte »getobt«, als er von dem italienischen Angriff auf Griechenland hörte, und mitgeteilt, daß er nunmehr »jede Neigung zu einem engen militärischen Zusammengehen mit Italien verloren« habe.[20] Großadmiral Raeder, der Hitler eine Woche später traf, teilte seinem Stab mit: »Bei keiner Gelegenheit hat der Führer dem Duce die Ermächtigung zu einer solchen unabhängigen Aktion gegeben.«[21] Goebbels war angewidert von dem Schauspiel. »Unsere Bundesgenossen geben Fersengeld. Ein schauerlicher Anblick ... Die Engländer triumphieren.«[22]

Während Hitler und die Wehrmacht zusahen, wie sich die Italiener in den Bergen Albaniens quälten, wurde aus ihrer Verachtung Bestürzung. Weder das deutsche noch das italienische Oberkommando hatten ernsthaft über die geographischen Implikationen der italienischen Kriegserklärung im Juni 1940 nachgedacht. Vor 1939 hatte die Achse nur auf dem Papier und in Fensterreden bestanden. Gemeinsame Unternehmen waren nie vorgesehen. Es hatte nur eine ernsthafte Begegnung der Stäbe gegeben: am 19. März 1940 am Brenner. General Enno von Rintelen, deutscher Militärattaché in Rom von 1936 bis 1943, erklärte den Amerikanern, die ihn gefangengenommen hatten, nach dem Krieg:

> »Die Deutschen hatten offensichtlich nicht genau bedacht, daß durch den Eintritt Italiens in den Krieg das gesamte Mittelmeergebiet automatisch betroffen und der Kriegsschauplatz dementsprechend stark erweitert sein würde ... Bezeichnend dafür ist die Tatsache, daß Italien am 10. Juni 1940 in den Krieg eintrat, ohne daß die Folgen eines solchen Schrittes vorher diskutiert worden waren und ohne daß der deutsche Generalstab etwas von den italienischen Absichten wußte.«[23]

Vor Mussolinis plötzlichem Angriff auf Griechenland im Oktober 1940 suchte von Rintelen Marschall Badoglio und General Roatta auf, um sich zu erkundigen, was die Truppenbewegungen zu bedeuten hätten, die die Deutschen in Albanien beobachtet hatten. Beide logen über die italienischen Absichten. Roatta entschuldigte sich später und bemerkte: »Mussolini hatte uns streng verboten, der deutschen Wehrmacht irgend etwas über die italienischen Absichten mitzuteilen.«[24]

Italien marschierte am 28. Oktober 1940 in Griechenland ein: Am Tag darauf landeten die ersten britischen Truppen auf griechischem Boden. Damit hatte die *Royal Air Force* vorgeschobene Basen, die den rumänischen Ölfeldern von Ploesti näher waren. Das konnte, wie Luftwaffengeneral Alexander Löhr erklärte, für Deutschland »katastrophal« werden, »da diese die wichtigsten, ja, die einzig leistungsfähigen Ölquellen für uns waren, nachdem in jener Zeit die Industrie für synthetischen Brennstoff erst im Ausbau begriffen war«.[25]

Bis zum Oktober 1940 hatte Hitler ohnehin begonnen, seine Aufmerksamkeit mehr nach Osten als nach Westen zu richten. Die deutsche Luftwaffe hatte die *Royal Air Force* nicht bezwungen. Im Winter 1940 eine Armee in Großbritannien anzusetzen war undenkbar, deshalb faßte Hitler einen Angriff auf die Sowjetunion ins Auge. Seit September 1940 hatte General Friedrich Paulus, Erster Generalquartiermeister im OKH, die Aufgabe, die deutsche strategische Planung für einen Krieg gegen Rußland zu koordinieren, und am 5. Dezember berichtete er über die Ergebnisse. Hitler ergriff die Gelegenheit zu einer großen Beurteilung der strategischen Lage. Die Vorherrschaft in Europa erfordere den Kampf gegen Rußland, allerdings noch nicht sofort. Zunächst müsse am Mittelmeer aufgeräumt, Gibraltar erobert und Griechenland besetzt werden. Die Generäle schlossen daraus, daß Hitler sich noch nicht endgültig entschieden habe.[26] Wenige Tage später gab er die Weisung Nr. 20 zum »Unternehmen Marita« heraus:

> »1. Der Ausgang der Kämpfe in Albanien läßt sich noch nicht übersehen. Angesichts der bedrohlichen Lage in Albanien ist es doppelt wichtig, daß englische Bestrebungen, unter dem Schutz einer Balkanfront eine vor allem für Italien, daneben für das rumänische Ölgebiet, gefährliche Luftbasis zu schaffen, vereitelt werden.
>
> 2. Meine Absicht ist daher:
> a) in den nächsten Monaten in Südrumänien eine sich allmählich verstärkende Kräftegruppe zu bilden
> b) nach Eintreten günstiger Witterung – voraussichtlich im März – diese Kräftegruppe über Bulgarien hinweg zur Besitznahme der Ägäischen Nordküste und – sollte dies erforderlich sein – des ganzen griechischen Festlandes anzusetzen ... «[27]

Hitler versicherte seiner Heeresführung, daß die griechische Unternehmung nur eine Nebenhandlung sei und die Planung des Rußlandfeldzugs nicht stören würde.

Ende Dezember 1940 war die griechische Gegenoffensive zum Stillstand gekommen. Hitler atmete auf. Wenn die Italiener diese Front halten konnten, dann würde sein Angriff auf Griechenland sie entlasten und die britischen Flugzeuge von den Ölfeldern fernhalten. Unglücklicherweise waren die Italiener in Nordafrika zusammengebrochen, während sich Hitler Sorgen um Griechenland machte. Sidi Barráni fiel am 10. Dezember, und am 5. Januar 1941 nahmen die Engländer Bardia ein. Das italienische Oberkommando hatte die Deutschen bereits um Luftunterstützung in Libyen gebeten, aber nach dem Fall von Bardia bat es auch um ein Panzerkorps.[28] Am 11. Januar gab Hitler die Weisung Nr. 22 heraus, die Hilfeleistung versprach.[29]

Mussolini hatte auch zu Hause Probleme. Die Demütigung in Albanien »überraschte die italienische öffentliche Meinung um so mehr«, schrieb der Polizeiinspektor von Forli, »als die Illusion von einem leichten Krieg sehr stark gewesen war«.[30] Der Zusammenbruch in Afrika begann Mussolinis Selbstachtung zu untergraben. Resigniert sagte er zu seinen Generälen in Albanien: »Die Lage ist nicht rosig und kann es nicht sein ... Was uns angeht, so ist es nicht möglich, viel zu tun, wegen unserer Ausbildung. Andererseits wird der Krieg die Truppen ausbilden.«[31]

Das Schlimmste war: Er mußte Hitler gegenübertreten. Die beiden Diktatoren trafen sich am 19. Januar 1941 an der Bahnstation Puch und fuhren dann zusammen zum Obersalzberg. Mussolini war in Panik wegen der Aussicht, daß er wegen seiner Mißerfolge gescholten werden würde, und gestattete dieses eine Mal einer Militärdelegation unter dem stellvertretenden Generalstabschef General Alfredo Guzzoni, ihn zu begleiten. Ciano war entsetzt: »Ich liebe diesen Mann nicht, der nur Verwirrung schafft und nicht vertrauenswürdig ist, und dann ist es demütigend, den Deutschen einen so kleinen General mit einem so dicken Bauch vorzustellen und noch dazu mit gefärbten Haaren.«[32]

Guzzoni hatte noch einen weiteren peinlichen Makel, eine ungarisch-jüdische Geliebte, die »defätistische Bemerkungen«[33] machte, aber das scheint seine Karriere im faschistischen Italien nicht behindert zu haben. Trotz seiner Erscheinung und seiner kompromittierenden Gewohnheiten war er nach General von Rintelens Ansicht »ein praktischer Soldat, der bei den Besprechungen durchaus seinen Mann stand«.[34]

Mussolinis Befürchtungen schwanden schnell. Ciano konnte es kaum glauben:

> »Die Begegnung ist herzlich, sogar von einer ganz unmittelbaren Herzlichkeit, was mich sehr wundert; nichts von versteckten Beileidsbezeugungen, vor denen Mussolini so große Furcht hatte ... Hitler spricht ungefähr zwei Stunden über seine baldige Intervention in Griechenland ... Ich muß sagen, daß er das mit einzigartiger Meisterschaft tut. Unsere Militärs sind beeindruckt ... Guzzoni mit seinem übermäßigen Bauch und seiner gefärbten Perücke hat einen mittelmäßigen Eindruck auf die Deutschen gemacht (so berichtet Alfieri) ... Bei der Rückkehr ist Mussolini berauscht wie nach jeder Unterredung mit Hitler.«[35]

Hitler mochte Mussolini wirklich. Ein paar Monate später, als die Leistung des italienischen Verbündeten sich keineswegs gebessert hatte, sagte er zu den ihn Umgebenden: »Eine besondere Freude ist stets eine Begegnung mit dem Duce; er ist eine ganz große Persönlichkeit.«[36]

Diese Zuneigung wurde während der folgenden Wochen auf eine harte Probe gestellt. Anfang Februar 1941 ließ der britische General R. N. O'Connor seine 7. Panzerdivision 200 Kilometer Wüste durchqueren und schnitt am 7. Februar der italienischen 10. Armee den Rückweg an der Küste der Cyrenaika ab. Die Italiener kämpften verbissen, um den Ring zu durchbrechen. Die Briten hatten am Ende noch genau zwölf einsatzfähige »Cruiser«-Panzer, aber die italienische 10. Armee war vernichtet. Seit dem 9. Dezember 1940 hatte das aus zwei Divisionen bestehende britische XIII. Korps zehn italienische Divisionen zerschlagen, 130 000 Gefangene gemacht sowie 180 mittlere und 200 leichte Panzer erbeutet. Die eigenen Verluste betrugen 500 Tote, 1373 Verwundete und 55 Vermißte.[37] General Rommel, der am 13. Februar mit den ersten deutschen Truppen in Libyen eintraf, faßte die italienische Niederlage schlicht so zusammen:

> »Die Mißerfolge Grazianis sind hauptsächlich darauf zurückzuführen, daß ein großer Teil der nicht motorisierten italienischen Armee in der Weite der Wüste den Briten ausgeliefert war, die zwar schwächer, aber vollständig motorisiert waren.«[38]

Am gleichen Tag schrieb Goebbels trübsinnig:

> »Berichte aus Italien sprechen von stärkstem Defätismus. Man verläßt sich heute nur noch auf den Führer. Ciano ist ganz abgetan, der Duce fast vor dem Nichts in seiner Popularität. Dazu Desorganisation, Korruption, kurz und gut, fast das Chaos. Es muß bald wieder eine Offensive von uns kommen, sonst rutscht Italien ins Nichts hinein.«[39]

Mitte Februar 1941 hatte Italien aufgehört, eine Großmacht zu sein; es konnte keine unabhängige Außen- oder Militärpolitik mehr betreiben. Wenn das faschistische Italien den Krieg gewinnen wollte, mußte Nazi-Deutschland ihn gewinnen. Jeder in Italien, auf jeder Stufe der Gesellschaft, wußte das, ob er darüber sprach oder nicht. Es stellte die meisten Italiener vor ein Dilemma, das sich verschlimmerte, als der Krieg immer brutaler wurde und Informationen über von Deutschen begangene Greuel durchzusickern begannen. War es nicht besser, den Krieg zu verlieren und NS-Deutschland loszuwerden, als ihn zu gewinnen und unter der »Neuen Ordnung« der Nationalsozialisten zu leben? Marschall Caviglia faßte dies im April 1941, während die Deutschen weitere große Siege in Jugoslawien und Griechenland errangen, zusammen:

»Eine eigenartige Situation in Italien. Der größere Teil der Bevölkerung außerhalb der faschistischen Clique, also 99 Prozent der Italiener, wünschen, daß die Achse den Krieg verliert, und drückt diesen Wunsch in dem Wortspiel aus: ›*Se la va male, la va bene; se la va bene, la va male.*‹ [Wenn es gutgeht, ist das schlecht; wenn es schlechtgeht, ist es gut.]«[40]

In jeder Gemeinschaft betrachten die Mitglieder gewisse Dinge als selbstverständlich, oft die wichtigsten. Die Generation von Engländern, die im Zweiten Weltkrieg kämpfte, hat nie ernsthaft in Betracht gezogen, daß sie den Krieg verlieren könnte. Sie wußte, daß sie allen Ausländern überlegen war und schließlich siegen würde. Die Generation von Italienern, die in demselben Krieg kämpfte, hatte diese Überzeugung nicht; seit dem Februar 1941 war ihnen klar, daß Italien in jedem Fall verlieren würde.

Am 6. April 1941 morgens um 5.15 Uhr überschritt die Wehrmacht die Grenzen Jugoslawiens und Griechenlands von Norden und Osten. Die 2. Armee unter Generaloberst von Weichs marschierte von Norden in Jugoslawien ein; die 12. Armee unter Feldmarschall List und die Panzergruppe 1 unter Generaloberst von Kleist kamen aus Bulgarien und marschierten westwärts nach Jugoslawien und südwärts nach Griechenland ein; die ungarische 3. Armee besetzte das Banat im Norden, während die deutsche 4. Luftflotte unter General Alexander Löhr mit ihren 400 Bombern, 210 Jagdflugzeugen und 170 Aufklärern die jugoslawische Luftwaffe am Boden zerstörte. Die italienische 2. Armee unter General Ambrosio rückte von Istrien aus an der dalmatinischen Küste entlang nach Süden vor, während die italienische 9. und 11. Armee von ihren unsicheren Stellungen an der griechisch-albanischen Front aus sich bereit machten, der kämpfenden griechischen Armee in den Rücken zu fallen.[41]

Zagreb fiel am 10. April, Belgrad am 12., und sechs Tage später kapitulierte Jugoslawien. Am 27. April marschierten deutsche Truppen nach unerwartet heftigem Widerstand der griechischen und britischen Streitkräfte schließlich in Athen ein.[42]

Die Deutschen und ihre Verbündeten zeichneten die Balkankarte neu (siehe Karte 1, S. 44). Jugoslawien gab es nicht mehr. Am 10. April 1941 wurde der Unabhängige Staat Kroatien mit der Hauptstadt Zagreb ausgerufen; seine Grenzen reichten von Drau und Donau im Nordosten bis zu den Teilen der dalmatinischen Küste im Süden, die die Italiener ihm ließen. Eine von Nordwesten nach Südosten verlaufende Grenzlinie spaltete den neuen Staat in ein deutsches und ein italienisches Einflußgebiet. Slowenien wurde ebenso aufgeteilt; der Südteil mit der Hauptstadt Ljubljana wurde Italien angeschlossen, der Norden Deutschland. Ungarn annektierte Batschka, Baranja und das Medjimurjegebiet. Bulgarien »befreite«, was es immer für seine alten Provinzen Makedonien und Thrakien gehalten hatte. Serbien wurde direkt der deutschen Militärverwaltung unterstellt, und die Serben und ihre Offiziere sollten nach einem OKW-Befehl »ausgesucht schlecht behandelt werden«.[43]

Für die Balkanländer begann eine Zeit schrecklichen Leidens mit einem Durcheinander von demoralisierten, aber nicht entwaffneten Militäreinheiten, veränderten Grenzen, neuen Machthabern, Gesetzen und Sprachen und dazu fatalen Fehlentscheidungen. Hitler traf die erste und verhängnisvollste. Wie immer sorgsam darauf bedacht, das Ansehen seines Freundes Mussolini zu stützen, überließ er Italien große Gebiete auf dem Balkan zur Verwaltung; er glaubte, daß für die Wehrmacht nichts mehr zu tun sei, nachdem die jugoslawischen und griechischen Armeen einmal geschlagen waren. Er drückte das, als er am 10. Mai über Griechenland sprach, so aus:

> »Unser Bestreben muß darauf gerichtet sein, so bald und mit so vielen Kräften wie möglich, Griechenland wieder zu räumen und die Sicherung des ganzen Raumes Italien zu belassen ... Ob die italienischen Besatzungstruppen mit der griechischen Regierung zu Rande kommen oder nicht, geht uns nichts an. Eine militärische Gefahr, die den erneuten Einfluß deutscher Truppen zur Folge haben könnte, besteht nach der Beseitigung der griechischen Armee und ihrer Waffen nicht mehr.«[44]

Hitler nahm an, daß die Italiener, die sonst zu wenig zu gebrauchen waren, wenigstens ein besiegtes Volk niederhalten und damit die deutschen Truppen für den eigentlichen Kampf um die europäische Vorherrschaft in Rußland entlasten könnten; außerdem gab das Mussolini den Anschein stattlicher Errungenschaften. Sicher, es gab peinliche Zwischenfälle wie etwa die griechische Weigerung, den Waffenstillstand mit einer italienischen Armee zu unterzeichnen, vor der Griechenland nicht kapituliert hatte, sowie absurde Ansprüche Mussolinis, wie Goebbels notierte: »Mussolini veröffentlicht ein Telegramm an General Cavallero, in dem er den griechischen Sieg für sich in Anspruch nimmt ... Unser Volk hat gegen die Italiener geradezu einen Haß.«[45]

Hitler irrte sich aus zwei Gründen. Die italienischen Kräfte waren in jedem Fall zu schwach, so große Gebiete zu beherrschen, und der Krieg auf dem Balkan hatte gerade erst begonnen. An demselben Tag, an dem Hitler mit großzügiger Geste über die Landkarte fuhr und Griechenland an Italien vergab, begann ein jugoslawischer Oberst namens Draza Mihajlović, der die Kapitulation der jugoslawischen Armee nicht akzeptiert hatte, im Distrikt Rawna Gora im südwestlichen Serbien mit Partisanenunternehmungen. Mihajlovic und seine *Tschetniks* (serbokroatisch für Schar, Bande) sollten weiter gegen Deutsche, Italiener, andere *Tschetniks,* Partisanen (nach dem Einmarsch in Rußland am 22. Juni 1941) und gegeneinander kämpfen, bis der Krieg aus war. Die heillose Unordnung, die Uneinigkeit und die Kompliziertheit der Politik auf dem Balkan führten zu einem offenen Krieg unter bewaffneten Banden. Das Gelände war für einen Partisanenkrieg sehr geeignet. Es gab eine alte Tradition von *Heiducken* (türkisch: *haydud,* Bandit) und *Uskoken* (Piraten), die in die Wälder gegangen waren, um gegen die Türken zu kämpfen. Sie waren nie ausgestorben, nicht zuletzt, weil reaktionäre Regime solche Leute immer brauchten und mißbrauchten. Jetzt verwandelten sie das ehemalige Jugoslawien in einen Unruheherd.

Den zweiten Fehler machten die Italiener. Italien hatte gar keine andere Möglichkeit, große, von Slawen bewohnte Gebiete zu annektieren, als mit einer Politik der Täuschung und des Bluffs. Eigenartigerweise war Slowenien von Slowenen bewohnt, und nicht einmal d'Annunzio, der Dichter grenzenloser italienischer Forderungen, hatte je angenommen, daß Ljubljana eine italienische Stadt wäre. General Mario Roatta zufolge hatten Ciano und Ribbentrop bei einem Treffen in Wien am 21. April 1941 Slowenien aufgeteilt und die Grenze zwischen Italien und Kroatien auf einer großen Karte festgelegt:

»Die Karte zeigte eine mit Bleistift nicht sehr deutlich markierte Grenze; ein kleines Stück Papier mit ein paar ebenfalls mit Bleistift geschriebenen Anmerkungen war darangeheftet. Das war alles. Dementsprechend war die italienisch-kroatische Grenze an bestimmten Stellen absurd ... Es war ein Fehler von seiten Italiens, die ihm zugesprochenen Regionen Jugoslawiens zu ›annektieren‹, und ein noch größerer Fehler, sofort zivile Verwaltungen und faschistische Institutionen einzusetzen ... Um für Rom ein bißchen Schaum zu schlagen, griff die faschistische Hierarchie auf Bluff zurück, so sehr, daß im Kampf gefangengenommene

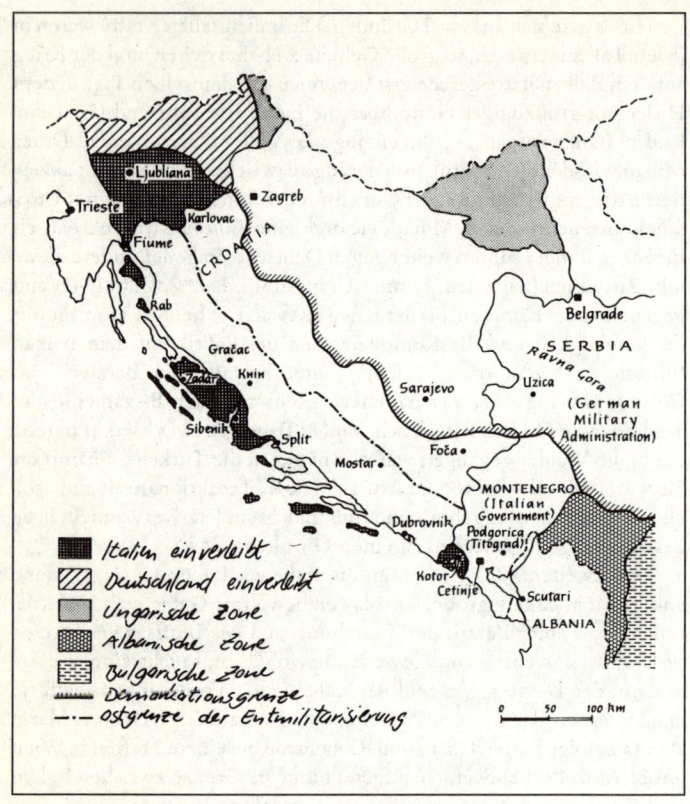

Karte 1: Die Besatzungszonen in Jugoslawien 1941 bis 1943

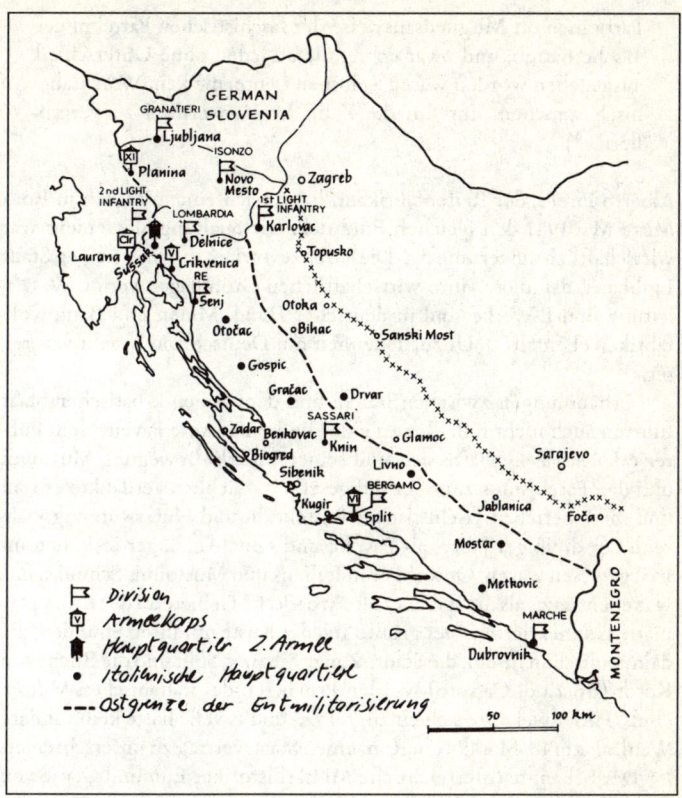

Karte 2: Italienische Armee-Einheiten in Jugoslawien 1941

45

Partisanen oft Mitgliedsausweise der faschistischen Partei in der Tasche hatten, und zwar echte, die an jeden ohne Unterschied ausgegeben worden waren, selbst an Leute, die kein Wort Italienisch sprachen, nur um die Zahl der Konvertiten zu vergrößern.«[46]

Alberto Pirelli, der Reifenfabrikant, hatte nach einem Besuch in Rom Mitte Mai 1941 den gleichen Eindruck. Die Spaltung Sloweniens war wirtschaftlich unvernünftig. Die Grenze verlief so nahe an der Stadt Ljubljana, daß diese »ihre wirtschaftlichen Grundlagen verlor. Wasserleitung und E-Werke sind in deutscher Hand. Minen und Baumwollfabriken ebenfalls... Unzufriedenheit mit Deutschland ist sehr verbreitet.«[47]

Verhandlungen zwischen Italien und dem neuen kroatischen Staat führten auch nicht mühelos zu einer Einigung. Ante Pavelić, sein Führer oder *Poglavnik,* hatte sich und seiner *Ustascha*-Bewegung Mussolini und den Faschismus zum Vorbild gesetzt; tatsächlich verdankte er sein und ihr Überleben faschistischer Protektion und Unterstützung während der dreißiger Jahre, als Pavelić und seine Anhänger in Italien im Exil gewesen waren. Obwohl er in Italiens und Mussolinis Schuld stand, war er entsetzt, als die Italiener alte kroatische Gebiete an der Küste Dalmatiens annektierten. Der größte Teil der Küste mit ihren Stränden, die dalmatinischen Inseln, die Städte Zadar, Sibenik, Split und die Bucht von Kotor (Bocca di Cattoro) wurden Provinzen des italienischen Mutterlands. Hitler weigerte sich einzugreifen, und Pavelić hatte keine andere Wahl, als am 18. Mai 1941 in Rom einen Staatsvertrag zu unterschreiben.

Der bekannte österreichische Militärhistoriker Edmund Glaise von Horstenau hatte das OKW davon überzeugt, daß es einen Experten brauchte, um die deutsch-kroatischen Beziehungen zu regeln, und wurde zum »bevollmächtigten deutschen General in Agram [Zagreb]«[48] ernannt; er war einer von vielen noch kaisertreuen österreichischen Offizieren, die auf dem Balkan Dienst taten. Er verachtete die Italiener und bezeichnete sie im privaten Gespräch als »Signori cazzolini«. Er kannte jeden und führte eine umfangreiche offizielle und private Korrespondenz. Italienische Forderungen erfüllten ihn von Anfang an mit Sorge. An dem Tag, als der Vertrag zwischen Italien und Kroatien unterschrieben wurde, berichtete er, das Abkommen wirke »in ganz Kroatien niederschmetternd... mit dem bis zum Äußersten gesteigerten Haß gegen die neue Hegemonie... Es gab Drohungen gegen die Italiener...

zu einer geschlossenen Aufstandsbewegung bestehen die Voraussetzungen wohl nicht.«[49]

Ulrich von Hassell, ehemals deutscher Botschafter in Rom, kannte die Italiener. Aus seinem Ruhestand beobachtete er, welche absurden Positionen sie einnahmen, und machte sich Gedanken über Hitlers Motive:

>»Die Grenzkonstruktionen im Südosten nähern sich nun dem Ende. Ihre Gestalt und die Italien zugesprochenen Protektorstellungen spotten jeder Beschreibung. Es bestätigt sich, daß Hitler ihnen alle Wünsche erfüllt und dabei wohl bewußt den Hintergedanken hat, es werde später Mord und Totschlag zwischen Italienern und Slawen folgen, außerdem aber wahrscheinlich auch ein deutsches Vorgehen gegen die Italiener (gegen die er geladen ist) nötig werden.«[50]

Was immer Hitlers Gründe waren, die Italiener hatten einen schweren Fehler gemacht. Der größte Teil des Gebiets, das sie jetzt für italienisch erklärten, hatte keinerlei italienische Bevölkerung. Es war einst venezianisch gewesen, in den Zeiten, als Herrschaft noch keinen nationalistischen Beiklang hatte. Wie ein Witz es ausdrückte: »In Dalmatien sind nur die Denkmäler italienisch.« Die Politik der Illusion verzeichnete einen weiteren, letzten Trimph.

Das Abkommen zwischen dem Königreich Italien und dem neuen kroatischen Staat forderte den Rückzug der italienischen Besatzungstruppen auf den schmalen Küstenstreifen, den Italien annektiert hatte. Ab 20. Mai hörten die italienischen Streitkräfte auf, »die Macht und Privilegien einer Besatzungsmacht zu genießen, und nehmen den Charakter von Truppen an, die auf dem Territorium eines befreundeten und verbündeten unabhängigen Staates Kroatien stehen«.[51] Niemand hatte ernsthaft über die Konsequenzen dieser Abmachung nachgedacht. Die Italiener würden einen Streifen Land halten, der an einigen Stellen nur ein paar Kilometer breit war. Die wichtigsten Eisenbahn- und Straßenverbindungen verliefen auf lange Strecken außerhalb ihrer Kontrolle. Wenn die Kroaten Schwierigkeiten machten, konnten sie die Italiener in die größte Verlegenheit bringen.

Anfang Juni 1941 kamen Giuseppe Bastianini und sein Stab in Zadar an, um die großartig so genannte Statthalterschaft Dalmatien zu übernehmen. Bastianini, ein gutaussehender und energischer Mann Anfang vierzig, war ein Faschist »der ersten Stunde« und stand in dem Ruf,

Mussolini die Wahrheit zu sagen, was 1941 nur noch wenige taten. Wie Dino Grandi und einige andere führende Faschisten hatte er sich ein wenig aus der Partei zurückgezogen in den diplomatischen Dienst und im Ausland gute Arbeit geleistet. Bastianini befahl seinem Stab, die Paradeuniformen aus *Orbace,* kostbarster sardinischer Wolle, anzuziehen, um den Einheimischen zu imponieren, und organisierte eine Parade, um seine Ankunft zu einem Ereignis zu machen. Aber das alles zerstreute die Befürchtungen der winzigen italienischen Minderheit am Ort nicht. Egidio Ortona, Bastianinis außenpolitischer Experte, bemerkte in seinem Tagebuch, daß sein italienischsprechender Wirt voll des »Pessimismo«[53] sei – zu Recht, wie die Ereignisse zeigen sollten.

Ein Balkanreich war ein armseliger Ersatz für den Verlust Afrikas, aber Mussolini übernahm seinen Gebietsanteil begierig. Weder die griechische noch die jugoslawische Armee waren angemesen entwaffnet worden, und die Italiener hatten nicht die Truppen, einen eventuellen Aufstand zu unterdrücken. Was weder Hitler noch Mussolini noch sonst jemand hatte voraussehen können, war, daß die erste Bedrohung nicht von Feinden der Achse, sondern von ihren Freunden in dem neuen kroatischen Staat ausging. Glaise von Horstenau schätzte die Aussichten in einem langen Bericht vom 12. Mai 1941 so ein:

> » ... die kroatische Revolution ist weitgehend die Revolution der alten Männer und der ehemaligen kaiserlichen Offiziere ... Eine besondere Last ist – neben der italienischen Hypothek – der tiefe Gegensatz zum Serbentum, zu nicht geringem Teil Erbschaft der unseligen magyarischen Politik in den letzten Jahrzehnten der Donaumonarchie.«[53]

Dem neuen Staat fehlte es an allem. Es gab kaum genug Wagen, um die Kabinettsmitglieder zu fahren. Aber er entwickelte schnell eine Gesetzgebung, die Hitler zufriedenstellen sollte. Innerhalb von drei Wochen nach seiner Proklamation verabschiedete der junge Staat Gesetze, in denen Juden nach »rassischen« Gesichtspunkten definiert waren. Im Mai und Juni 1941 wurden eilig die Gesetze in Kraft gesetzt, die auszuarbeiten die Nazis Jahre gebraucht hatten; sie verboten »Mischehen« und die Beschäftigung weiblicher »arischer« Hausangestellten durch Juden, sorgten für die Kennzeichnung jüdischer Geschäfte und Personen, Anmeldung des Vermögens, Entlassung von Juden aus dem Staatsdienst und freien Berufen und »Arisierung« von jüdischem Kapital. Schon im Mai 1941 wurde ein Teil der Juden in Zagreb abgeholt und ins

Lager Danica und später im Sommer in das berüchtigte kroatische Lager Jasenovac deportiert. Die achtzigtausend kroatischen Juden waren ebenso zum Tode verurteilt wie die dreißigtausend Zigeuner.[54]

Kroatien schloß sich der nationalsozialistischen Neuen Ordnung an und kam seinen Verpflichtungen bereitwillig nach. Als der *Poglavnik* Ante Pavelić Anfang Juni Hitler auf dem Obersalzberg besuchte, wurde er herzlich willkommen geheißen.[55] Das war in Hitlers Reich nicht ungewöhnlich. Aber was dann in Kroatien geschah, war einzigartig. Anfang Juni meldeten Carabinieri in Split serbische und jüdische Flüchtlingsströme, die über die Grenze auf italienisches Gebiet flüchteten und von Greueln und Massakern erzählten, die die *Ustascha,* die Miliz der kroatischen Revolution, verübte.[56] Am 28. Juni berichtete Glaise von Horstenau: »Die *Ustasche* haben, nach übereinstimmenden Meldungen unzähliger deutscher militärischer und ziviler Beobachter, in den letzten Wochen in Stadt und Land unsinnig gewütet.«[57]

Serbische und jüdische Männer, Frauen und Kinder wurden buchstäblich in Stücke gehackt. Ganze Dörfer wurden dem Erdboden gleichgemacht, und die Menschen in Scheunen getrieben, die die *Ustascha* in Brand setzte. Im Archiv des italienischen Außenministeriums gibt es eine Sammlung von Fotos von den Schlachtermessern, Haken und Äxten, die beim Zerstückeln serbischer Opfer benutzt wurden. Es gibt Fotos von serbischen Frauen, denen man mit Taschenmessern die Brüste abgeschnitten hatte, von Männern mit ausgequetschten Augen, die entmannt und verstümmelt worden waren.[58] Einmal hatte bei Metković die *Ustascha* so viele Leichen in den Fluß Neretva geworfen, daß die Regierung den Bauern 100 *Kune* für jede herausgefischte Leiche bezahlte, damit sie nicht stromabwärts in die italienische Zone trieben.[59] Ein serbischer Freund von mir erinnert sich, daß er als Kind auf einer Fähre über die Save die zerstückelten Leichenteile gesehen hat, die von Jasenovac stromabwärts trieben.

Nachbarn ermordeten Nachbarn, wie Menahem Shelach zeigt, Menschen, deren Familien über Generationen Seite an Seite gelebt hatten.[60] Die kroatische Miliz entfesselte eine Kampagne planlosen Mordens, zu dem örtliche Priester oft aufhetzten. Als ein junger italienischer Offizier einen kroatischen Priester fragte, woher er die Berechtigung dazu nehme, antwortete dieser: »Ich habe eine Berechtigung und nur eine: Ich muß die serbischen Hurensöhne töten.«[61]

Bis heute kann niemand sagen, wie viele Serben die *Ustascha* ermordete, aber es müssen Hunderttausende gewesen sein, und niemand weiß, warum. Traian Stoianovich meint, daß die Angehörigen der *Ustascha,* wie viele andere nationalistische Extremisten auf dem Balkan, »Randexistenzen aus allen Klassen« gewesen seien, während ihre Führung aus den »mittleren Bereichen«[62] stammte. Die Soziologie ist vertraut, die extreme Brutalität nicht.

Beobachter innerhalb der deutschen Wehrmacht mißbilligten, was sie sahen, als unkontrollierte Gewalttätigkeit. Anfang Juli berichtete Glaise entsetzt, daß die Kroaten alle serbischen Intellektuellen aus Zagreb vertrieben hätten. Als er den *Poglavnik* aufsuchte, versprach Pavelić, sie menschlich zu behandeln. Die Tatsache, daß sie nur 30 Kilogramm Gepäck mitnehmen durften, machte Glaise mißtrauisch.[63] Er hatte allen Grund dazu. Am 10. Juli berichtete er über die »ganz unmenschliche Behandlung der in Kroatien lebenden Serben«; über die Betretenheit der Deutschen, die »mit sechs nur in Fußmarsch beweglichen Bataillonen viel zu schwach« seien und das »blinde, blutige Wüten der *Ustascha*« mit ansehen mußten.[64] Am 19. Juli schrieb er:

> »Selbst unter den Kroaten fühlt sich in diesem Lande kein Mensch sicher... Die kroatische Revolution [ist] die überragend härteste und grausamste unter den verschiedenen Revolutionen, die ich seit 1918 aus größerer oder geringerer Nähe im mitteleuropäischen Raum mitgemacht habe.«[65]

Der italienische Repräsentant in Zagreb, Casertano, berichtete entsetzt: »Die Verfolgung der Juden dauert an. Ausländischer [nämlich deutscher] Einfluß zeigt sich deutlich in der kürzlich erlassenen Verordnung, die Juden verbietet, sich vor zehn Uhr morgens in der Stadt sehen zu lassen und sich überhaupt auf Märkten oder in Banken aufzuhalten.«[66]

Kleine Gemeinden wurden nicht verschont. Der Adjutant des in Bileca stationierten 32. Infanterieregiments verzeichnete im Kriegstagebuch seiner Einheit unter dem 16. Juni: »Durchsuchungen und Festnahmen werden Tag und Nacht fortgesetzt. Es wurden zahlreiche Morde verübt. Juden und Serben werden all ihrer Habe beraubt von den Leuten der *Ustascha,* die das in ihrer Habgier zur persönlichen Bereicherung nutzen.«[67]

Wenige Tage später berichtete er einen Zwischenfall, der bald nur zu alltäglich werden sollte. Zwei Lastwagen mit faschistischen Milizionären, 55 Schwarzhemden, zwei Offizieren und einem Arzt fuhren von Bileca nach Gacko. 35 Kilometer von Bileca entfernt, gerieten sie plötzlich in einen Geschoßhagel aus automatischen Waffen. Die Milizionäre warfen sich zu Boden und riefen: »Siamo Italiani! Siamo Italiani!« (Wir sind Italiener!), worauf das Feuer plötzlich eingestellt wurde und verlegene Serben aus dem Unterholz auftauchten und sich entschuldigten: sie hatten die Faschisten für die *Ustascha* gehalten. Sie berichteten außerdem, daß sie im nächsten Dorf 200 serbische Leichen gefunden hätten.[68]

Die Situation wurde schnell unerträglich für die italienischen Besatzungstruppen. Als sich die Serben in die Berge zurückzogen und zurückschossen, saßen die italienischen Truppen im Kreuzfeuer fest. Derweil mußten sie zusehen, wie der »befreundete und verbündete unabhängige Staat Kroatien« vor ihren Kasernen Greueltaten verübte. Am 24. Juni schrieb Bastianini einen scharfen Brief nach Rom. Die italienischen Truppen seien

> »gezwungen, untätig dabeizustehen, während solche Untaten vor ihren Augen verübt werden... Ich kann nicht garantieren, daß es in Reaktion auf eine in unserer Gegenwart ausgeübte Gewalttat nicht ein energisches Eingreifen geben wird, das im Widerspruch zu den Empfindungen und Gefühlen der hiesigen ›Herren und Meister‹ stehen dürfte.«[69].

Das unsystematische Morden erreichte soeben ein sehr viel größeres Gebiet Europas, mit Auswirkungen auf den Balkan und die gesamte Menschheit. Am Morgen des 22. Juni 1941 um 3.15 Uhr begann das Unternehmen Barbarossa: deutsche Truppen überschritten die Grenzen zur Sowjetunion. Die kommunistischen Parteien aller Balkanstaaten schlossen sich nun der antifaschistischen Front an und brachten diese Bewegungen nach und nach unter ihre Kontrolle.

Hinter den vorrückenden deutschen Linien begann der Massenmord. Innerhalb von zwei Tagen waren die ersten Juden in Litauen ermordet worden, als auf Befehl von Reinhard Heydrich die berüchtigten »Einsatzgruppen« ausschwärmten.[70] In der ostgalizischen Stadt Drogobytsch schrieb SS-Unteroffizier Felix Landau in sein Tagebuch:

> »... Dinge, die man nicht beschreiben kann... Achthundert Juden sind zusammengetrieben worden; morgen sollen sie erschossen werden. Wir fahren weiter die Straße hinunter. Hunderte von Juden mit blutigen Gesichtern, mit Schußwunden am Kopf, mit gebrochenen Gliedern und ausgestochenen Augen laufen vor uns her. Einer der Juden trägt einen anderen, der verblu-

tet … Blutüberströmt brechen sie übereinander zusammen – sie schreien wie die Schweine – wir stehen und sehen zu.«[71]

Hitlers größtes Verbrechen war zweifellos der vorbedachte Versuch der »Ausrottung« der Juden, aber nicht weniger böse war seine zynische Manipulation der menschlichen Bestialität in allen ihren Formen. Die »Neue Ordnung« sanktionierte die Ermordung eines Volkes durch ein anderes. Er setzte Juden, Russen, Serben – »ein Rattenvolk« nannte SS-Gruppenführer Meyszner sie[72] – und Zigeuner auf die Stufe von Tieren herab und ermutigte die vorhandenen historischen Abneigungen. Hitler erhob nie ein *Ustascha*-Messer gegen ein serbisches Kind, aber seine Hände waren nicht weniger blutig als die des kroatischen Mörders. Die Schuld der »guten Deutschen« wie Edmund Glaise von Horstenau, der nach den Worten von Hassells »bemerkenswerten Mannesmut«[73] zeigte, als er beim *Poglavnik* gegen die kroatischen Morde protestierte, besteht darin, daß sie nicht gegen die Morde protestierten, die sie selbst zuließen. Von Hassell hoffte, daß

> »… die nunmehr bei den Armeeführern angelangten … Befehle bezüglich brutalen … Vorgehens der Truppe … endlich ausreichen, um der militärischen Führung über den Geist des Regimes, für das sie fechten, die Augen zu öffnen … Brauchitsch und Halder haben sich nun bereits auf das Hitlersche Manöver eingelassen, das Odium der Mordbrennerei von der bisher allein belasteten SS auf das Heer zu übertragen; sie haben die Verantwortung übernommen und durch einige an sich gar nichts ändernde, aber den Schein wahrende Zusätze (über die Notwendigkeit, die Disziplin zu wahren usw.) sich selbst und andere getäuscht. Hoffnungslose Feldwebel!«[74]

Die Juden, unbewaffnet und von feindlich gesinnten Bevölkerungen umgeben, konnten wenig zu ihrer Rettung tun. Russische Kriegsgefangene starben zu Zehntausenden auf die gleiche Weise. Die Völker Jugoslawiens waren anders; die alten Traditionen der Banden, der *Tschetniks,* und der heldenmütigen Briganten, der *Heiducken,* waren immer lebendig geblieben. Waffen gehörten zum Gerätebestand eines Bauern wie Hacke und Harke. Die Gebirge waren hoch und nur von Saumpfaden durchzogen. Gelegentliche Gefechte waren bereits ausgebrochen, als sich die Serben gegen die Kroaten wehrten. Jetzt begann, zum Teil unter dem Einfluß organisierter kommunistischer Kader, offiziell der Aufruhr, am 13. Juli in Montenegro und am 27. in der Lika, der Zone zwischen der dalmatinischen Küste und den Bergen.

In Montenegro verlor der italienische Gouverneur schnell die Kontrolle über die Situation. Er äußerte, Italien hätte genauso gute Chancen, die Revolte zu unterdrücken, wie, »das Meer zu pflügen«.[75] Örtliche Garnisonen wurden überrannt, und in den Hochtälern wurden Militäreinheiten aus dem Hinterhalt angegriffen. In der Lika verzeichnete das Hauptquartier der Division Sassari zur eigenen Überraschung, daß »es scheint, als versuchten die *Tschetniks* jede Maßnahme zu vermeiden, die eine Reaktion oder Intervention unsererseits rechtfertigen könnte«.[76] Zwei Tage später berichtete es noch Erstaunlicheres:

> »Die Bevölkerung der Lika bittet die italienische Armee, umgehend das gesamte Gebiet der Provinz zu besetzen, weil sie wegen der kroatischen Greuel weder Widerstand leisten noch hier leben kann. Das Volk und die *Tschetniks* betrachten uns als Freunde.«[77]

Selten sind strategische Fehler so schnell bestraft worden wie die von Hitler und Mussolini im April 1941 begangenen. Hitlers Träume von einem friedlichen Rückzug und Mussolinis Träume von einem Reich ohne Anstrengungen waren zerbrochen. Graf Luca Pietromarchi, der im italienischen Außenministerium für die besetzten Gebiete verantwortliche Diplomat, schrieb privat an seinen Freund Raffaele Casertano, den italienischen Repräsentanten beim kroatischen Staat, Mussolini sei »außerordentlich schlechter Laune ob der dalmatinischen Frage«.[78]

Auch im jetzt unter deutscher Militärverwaltung stehenden alten Serbien hatten die Serben zu revoltieren begonnen. Am 21. Juli besuchte Feldmarschall List Serbien und forderte, es müsse etwas geschehen. Das OKW befahl dem dortigen Militärbefehlshaber, daß man ... »durch brutales Einschreiten und schärfste Repressalien die Unruheherde ausbrennt«.[79] Die Wehrmacht begann eine Politik der Repression und erschoß eine große Zahl von Geiseln für jeden erschossenen oder verwundeten Deutschen.

Der deutsche Militärhistoriker Wißhaupt schrieb, selbst mit uneingeschränkten Vergeltungsmaßnahmen – bis Ende August wurden insgesamt rund 1000 Kommunisten und Juden erschossen oder öffentlich gehängt und die Häuser der »Schuldigen« niedergebrannt – sei es nicht möglich gewesen, das ständige Wachsen des bewaffneten Aufstands zu verhindern.[80]

Am 4. September befahl Feldmarschall List eine Politik unbarmherziger Vergeltung. Christopher Browning zeichnet ein faszinierendes Porträt dieses kultivierten deutschen Generals, der ein Opernliebhaber und Hellenophiler war, der den Erzbischof Roncalli (später Papst Johannes XXIII.) durch die Schlichtheit und Vornehmheit seines Benehmens beeindruckte, der seine Truppen in Polen daran gehindert hatte, Synagogen zu plündern, der aber dennoch eine brutale Kampagne der Vergeltungsmaßnahmen gegen die serbische Zivilbevölkerung anordnete, für die er später im 7. Nürnberger Folgeprozeß, dem sogenannten Geisel-Prozeß, vor Gericht gestellt wurde. Browning meint, der Befehl, Geiseln zu erschießen, spiegelte teilweise »die Frustration eines Berufssoldaten ohne politisches Gespür«.[81] Fast zwei Generationen später, nach zahllosen Beispielen für die Brutalität der Armeen, die sich solcher Frustration gegenüber sahen – Franzosen in Indochina, Amerikaner in Vietnam, Russen in Afghanistan und Israelis im Gazastreifen –, sehen wir, wie verbreitet solches Verhalten heute ist. In Europa hatten 1941 nur wenige aktive Soldaten Erfahrungen mit Guerillakrieg. Wie General Roatta Anfang 1942 scharfsinnig bemerkte, sahen sich die italienischen und deutschen Streitkräfte mit dem gleichen unkonventionellen Feind und der gleichen Art Krieg konfrontiert, »wie Napoleonische Truppen in Spanien 1808 und später«[82], nämlich unter genau den Bedingungen, in denen das Wort *Guerilla,* »kleiner Krieg«, erfunden worden war.

Es gab noch ein weiteres Motiv für Lists Haltung zur Unterdrückung des serbischen Aufstands. Für List war klar, daß die Serben, wenn nicht von Natur aus, dann durch ihre Geschichte, ein primitives und gewalttätiges Volk waren, das nur Gewalt verstehen wollte und konnte.

> »... der einzelne in Serbien ist offensichtlich unter normalen Umständen genau wie jeder andere Bauer, aber sobald es Uneinigkeit gibt, bricht, ausgelöst durch das heiße Blut in ihren Adern, die von Jahrhunderten türkischer Herrschaft hervorgerufene Grausamkeit aus.«[83]

Diese Ansicht teilten viele der italienischen Kommandeure auf dem Balkan. General Pirzio Biroli, Gouverneur von Montenegro, behauptete, die Mentalität auf dem Balkan lasse nur Gewalt gelten, und drängte auf extreme Repressions- und Vergeltungsmaßnahmen.[84] Der gescheite und vielseitige General Mario Roatta, der die Juden schützte, wie wir gesehen haben, teilte bei einer Konferenz in Kočevje im August 1942 seinem Stab mit, der Duce beabsichtige, die Partisanen in Kroatien und

Slowenien mit allen Mitteln zu beseitigen. Roatta kannte die Probleme der Berufssoldaten im Partisanenkrieg:

>Ich weiß sehr wohl, daß wir lieber einen richtigen Krieg führen würden… Ich denke an einen Satz, den jemand kürzlich benutzte, in dem unsere Arbeit mit der eines Metzgers verglichen wurde. Nichtsdestoweniger bin ich überzeugt, daß wir sie tun müssen, nur auf eine viel strengere und blutigere Art und Weise.«[85]

Dann umriß Roatta eine neue, schonungslose Politik in Slowenien mit der massenhaften Internierung slowenischer Dorfbewohner, die im Verdacht standen, Partisanen zu verbergen, und zwar sollte das Männer, Frauen und Kinder betreffen, selbst wenn »wir beim Verhör den Eindruck gewinnen, daß sie nicht gefährlich sind«.[86] Und er schloß, indem er betonte, die Internierung sei kein Ersatz für das »Erschießen all jener, die sich kommunistischer Aktivitäten schuldig oder verdächtig gemacht haben«.[87] In ganz Jugoslawien, und nach 1942 in Griechenland, brannten italienische Truppen Dörfer nieder, erschossen unschuldige Menschen und internierten oder vertrieben Zivilisten.

Der Unterschied zwischen der italienischen und der deutschen Armee lag jedoch nicht nur im Ausmaß der Brutalität. Die Italiener erhoben die Repression nicht zum starren System. Kommandierende Generäle, wie General Geloso in Griechenland, hatten die Besonnenheit und die Autorität, die Durchführung umfangreicher Vergeltungsmaßnahmen zu verweigern: sie seien »nicht nur nutzlos, sondern schädlich, und insofern absolut verboten«.[88] Diejenigen, die nachdrücklicher zu Repressionen griffen, wie General Mario Robotti, Kommandeur des XI. Armeekorps, boten ihren Offizieren die Möglichkeit der Wahl:

>Entweder sind Sie in der Lage, zu verfahren, wie ich es vorhabe, und ohne falsches Mitleid meine und damit Ihre Befehle auszuführen; oder Sie sehen sich nicht in der Lage, so zu verfahren, dann sagen Sie das, damit Sie für andere Aufgaben vorgesehen werden können.«[89]

Viele deutsche Generäle waren genauso überzeugt wie Geloso, daß Vergeltungsmaßnahmen bei der Zivilbevölkerung den Interessen der Besatzungsarmee zuwiderliefen. Sie trieben bisher neutrale und gemäßigte Leute den Partisanen in die Arme. General Glaise von Horstenau drängte wiederholt örtliche Kommandeure, aber auch das OKW selbst, bei den Vergeltungsmaßnahmen vorsichtig zu sein. Im Dezember 1941 erfuhr er, daß General Franz Böhme, ein Österreicher wie Glaise, befohlen hatte, 650 Geiseln nach Sarajevo zu bringen und dort zu exekutieren, als öffentliche Vergeltungsmaßnahme für von den *Tschetniks* getötete Deutsche. Die Geiseln sollten aus den Konzentrationslagern bei Sabac und Niš kommen, aus »altserbischen Beständen«, wie es hieß; gemeint waren Menschen aus dem alten serbischen Königreich. Glaise war entsetzt, aus politischen wie aus moralischen Gründen:

> »Man mag über die moralische und reale Nützlichkeit von Geiselhinrichtungen denken wie immer – im vorliegenden Fall wird die Sache durch Bestellung von Geiseln aus einem anderen Staatsgebiet ins Groteske verzerrt … Was (würde) es für die Bewohner von Sarajevo bedeuten … wenn deutsche Soldaten zum Erschießen einer Masse von Menschen anträten, die nicht nur nichts mit dem Tatbestand, sondern sogar – mindestens nach der vom Führer vorläufig bestimmten Ordnung – auch mit dem Lande, in welchem die sühnebedürftigen Untaten geschehen sind, nicht das geringste zu tun haben?«[90]

Der Unterschied zwischen Glaise und Geloso bestand darin, daß Glaise mit einem System konfrontiert war, Geloso mit gelegentlichen Exzessen. Als Böhme seine »serbischen Bestände« in Sarajevo erschießen ließ, hatten sich deutsche Kommandeure auf dem Balkan schon seit einigen Monaten mit solchen Maßnahmen beschäftigt. Mit den Worten der Anklageschrift gegen Feldmarschall List, Feldmarschall von Weichs, General Böhme und zehn andere höhere Befehlshaber in Nürnberg 1947:

> »Sie hatten nach willkürlich aufgestellten Quoten von 50 bis 100 für jeden getöteten deutschen Soldaten und 25 bis 50 für jeden verwundeten deutschen Soldaten Nichtkombattanten exekutiert, die willkürlich bestimmt wurden, ohne Recht auf eine Untersuchung oder Verhandlung … ungerecht und nicht durch militärische Notwendigkeit gerechtfertigt.«[91]

Die »Bestände« für derartige »Aktionen« kamen aus den nahegelegenen Lagern, in denen es nie an Menschen mangelte, die man ermorden konnte. Die »Verwendung« solcher »Bestände« war indirekt sanktioniert worden von Feldmarschall Keitel in einem Befehl vom 16. September

1941, der eine Quote von 50 bis 100 Geiseln für jeden getöteten Deutschen vorgab. Böhme dehnte den Befehl aus auf »alle Kommunisten, als solche verdächtigten männlichen Einwohner, sämtliche Juden«, und setzte die Quote auf 100 : 1 fest.[92] Selbst SS-Gruppenführer Turner, der der deutschen Wehrmacht die »Bestände« für die Geiselerschießungen aufzutreiben half, hatte seine Zweifel, wie er in einem Brief an seinen Gönner und Freund, SS-Gruppenführer Richard Hildebrandt, schrieb:

> » ... zwischendurch habe ich dann in den letzten 8 Tagen 2 000 Juden und 200 Zigeuner erschießen lassen nach der Quote 1 : 100 für bestialisch hingemordete deutsche Soldaten, und weitere 2 200, ebenfalls fast nur Juden, werden in den nächsten 8 Tagen erschossen. Eine schöne Arbeit ist das nicht! Aber immerhin muß es sein, um einmal den Leuten klar zu machen, was es heißt, einen deutschen Soldaten überhaupt nur anzugreifen, und zum anderen löst sich die Judenfrage auf diese Weise am schnellsten. Es ist ja eigentlich falsch, wenn man es genau nimmt, daß für ermordete Deutsche, bei denen ja das Verhältnis 1 : 100 zu Lasten der Serben gehen müßte, nun 100 Juden erschossen werden, aber die haben wir nun mal im Lager gehabt, – schließlich sind es auch serbische Staatsangehörige und sie müssen ja auch verschwinden.«[93]

Im April war Turners Laune dann soweit wiederhergestellt, daß er unerwartete Konsequenzen der Erschießung von Juden entdeckte. In einem Brief vom 11. April 1942 an SS-Obergruppenführer Karl Wolff bemerkte er:

> »Schon vor Monaten habe ich alles an Juden im hiesigen Lande greifbare erschießen und sämtliche Judenfrauen und -kinder in einem Lager konzentrieren lassen und zugleich mit Hilfe des SD einen ›Entlausungswagen‹ [Anführungen im Original] angeschafft, der nun in etwa 14 Tagen bis 4 Wochen auch die Räumung des Lagers endgültig durchgeführt haben wird ... Dann ist der Augenblick gekommen, in dem die unter der Genfer Konvention im Kriegsgefangenenlager befindlichen jüdischen Offiziere nolens volens hinter die nicht mehr vorhandenen Angehörigen kommen und das dürfte immerhin leicht zu Komplikationen führen. Werden nun die Betreffenden entlassen, so werden sie im Augenblick der Ankunft ihre endgültige Freiheit haben, aber wie

ihre Rassegenossen nicht allzulange und damit dürfte dann diese ganze Frage endgültig erledigt sein. Das einzigste Bedenken könnten Rückwirkungen auf unsere Gefangenen in Canada sein, falls herauskommt, daß die Freigelassenen hier nicht frei herumlaufen... Ich persönlich teile diese Bedenken nicht.«[94]

Man bemerke den scherzenden, selbstgefälligen Unterton in dem Brief. Schließlich hatte SS-Obergruppenführer Wolff als persönlicher Adjutant Himmlers nicht wenig Einfluß darauf, wer in der SS aufstieg und wer fiel. Die kleine Geistreichelei über die Juden kam mitten in einer juristischen Auseinandersetzung zwischen Turner und Meyszner, dem höheren SS- und Polizeiführer in Serbien, und sollte Turner als noch brutaler und entschlossener als Meyszner zeigen.

Wir erwarten jetzt, daß solches Verhalten der SS von zivilisierten Menschen offiziell als unmenschlich bezeichnet wird, obwohl noch heute viele ältere Mörder friedlich in Paraguay, Syrien und Österreich leben. Die Rolle der Wehrmacht bei der Erschießung der »menschlichen Bestände« erfordert einen Augenblick des Nachdenkens. Die Wehrmacht beging Greuel während des Zweiten Weltkriegs und duldete noch mehr. Auf dem Balkan wurde sie in einen ausschließlich politischen Krieg verwickelt, den Hitler als Österreicher auf seine Weise verstand. General Löhr erzählte nach dem Krieg den Jugoslawen, die ihn gefangengenommen hatten, Hitler habe ihn zum Oberkommandierenden Südost ernannt, obwohl er General der Luftwaffe war, eben weil er Österreicher war.[95] Es kann auch kein Zufall sein, daß so viele der ihm untergebenen Armee-, Korps- und Territorialkommandeure ebenfalls Österreicher waren. Sie brachten die traditionelle Verachtung der Habsburger für die »unhistorischen« Völker des Reiches, besonders die Serben, in die Politik der Region. Den Anspruch des kroatischen Staates auf Unabhängigkeit taten sie ab. Glaise, der sie bat, den Schein der kroatischen Souveränität zu wahren, bekam selbst von seinem alten Schulfreund Löhr die kalte Schulter gezeigt.

Es war der kultivierte und charmante General Alexander Löhr, der dem ruchlosen Befehl des Führers vom 18. Oktober 1942, alle alliierten Kommandos zu töten, auch wenn sie die Uniform trugen, eine Klausel hinzufügte und ihn auf Partisanen ausdehnte:

»Alle auftretenden Feindgruppen sind unter allen Umständen bis auf den letzten Mann niederzumachen. Erst wenn jeder Aufständische weiß, daß er *in keinem Falle* mit dem Leben davonkommt,

ist zu erwarten, daß die Besatzungstruppen Herr jeder Aufstandsbewegung werden. Es geht in diesem Ringen ums Ganze. Eine
Zwischenlösung gibt es nicht. Etwaige Auffassungen wie: ›Hel-
dentum eines freiheitliebenden Volkes‹ usw. sind fehl am Platz.
Wertvolles deutsches Blut steht auf dem Spiel. Ich erwarte von
jedem Vorgesetzten, daß er *unter Einsatz seiner ganzen Person* dafür
Sorge trägt, daß dieser Befehl *ausnahmslos* mit brutaler Härte von
der Truppe zur Anwendung kommt. Jeden *Verstoß* hingegen
werde ich nachprüfen lassen und den oder die Verantwortlichen
unnachsichtlich zur Rechenschaft ziehen.« [Hervorhebungen im
Original][96]

Es ist fast, als hätte eine Art Zentrifugalkraft die deutschen Kommandeure von der Mittelachse unserer gemeinsamen Humanität fortge-
schleudert. Sie übertrafen einander an Brutalität und Repressionsmaß-
nahmen und mühten sich, eine Bewegung zu unterdrücken, die durch
eben diese Unterdrückung wuchs.

Kroatische Greuel und deutsche Vergeltungsmaßnahmen veranlaß-
ten die nichtkommunistischen Serben und einen großen Teil der Zivilbevölkerung, bei den milderen Italienern Schutz zu suchen. Im Herbst
1941 setzte eine seltsame Umwandlung der Beziehungen ein. Aus den
Verbündeten der Italiener, den Kroaten, wurden Feinde, und ihre
Feinde, die Serben, die gegen die deutsche und italienische Besetzung
rebellierten, wurden zu Verbündeten. Die deutsche Brutalität gegenüber serbischen Zivilisten beschleunigte den Prozeß. Die alten Regeln
der Politik auf dem Balkan setzten sich wieder durch; der Freund meines Freundes ist mein Freund; der Freund meines Feindes ist mein
Feind, aber der Feind des Freundes meines Feindes ist mein Freund.

Das wurde nicht sogleich deutlich, vielleicht überhaupt nie ganz.
Die Italiener mußten immer noch einen Aufstand unterdrücken und
begannen, Truppen nach Jugoslawien zurückzuschicken, die sie nach
dem Staatsvertrag vom 18. Mai 1941 abgezogen hatten. Am 1. August
bekam das 6. Regiment der Bersaglieri auf dem Heimweg Befehl, nach
Jugoslawien umzukehren und nach Gračac zu gehen. Oberst Umberto
Salvatores, sein kommandierender Offizier, empfand Gračac als dante-
sche Hölle, mit Schießereien, schreienden Frauen und Kindern und
»arroganten und provozierenden Männern mit Henkersgesichtern in
Ustascha-Uniform«.[97] Seine Vorgesetzten gaben Befehle, die die Verwirrung noch steigerten. Am 17. August schickte General Ferrari Orsi ein

Telegramm an alle Befehlsbereiche: »Die Serben sind unsere Feinde ...
die Kroaten sind unsere Freunde ... In einer Situation wie der gegenwärtigen kann man leicht Fehler machen.«[98]

Ein junger Leutnant der Bersaglieri, Salvatore Loi, hatte schon einen
gemacht. Er, ein Korporal und zwei Soldaten hatten eingegriffen, um
400 Serben zu retten, die in einer Scheune außerhalb von Gračac umge-
bracht werden sollten, und sie hatten eine Gruppe Serben und Juden
beschützt, die auf eine Straßensperre zu flüchteten, die sie errichtet hatten.[99] Jüngere Offiziere schwärmten aus, um sogenannte Feinde vor
sogenannten Freunden zu retten. Loi zufolge übersah Oberst Salvatores,
dessen Befehle deutlich das Gegenteil von ihm verlangten, diese Akte
humanitärer Insubordination geflissentlich.[100]

Die italienische Politik war ein einziges Durcheinander. Am 10. August fuhr Gouverneur Bastianini nach Rom, wo er Pietro Marchi im
Außenministerium aufsuchte. Die Lage, so meinte er, sei »inzwischen
ein echter Guerillakrieg ... Die einzige Lösung ist, daß wir die Eisen-
bahnlinie nach Split unter unsere militärische Kontrolle bringen und
unsere Verteidigungslinien über die gegenwärtigen Grenzen hinaus vor-
schieben.«[101]

Am folgenden Tag bekam er eine Privataudienz beim Duce und
umriß seine Vorschläge. Der Aufstand der Serben in der Lika hätte den
von Italien annektierten Küstenstreifen unhaltbar gemacht. Italien
müßte größere Gebiete besetzen. Die Kroaten würden aufschreien,
aber der *Poglavnik* und sein Regime würden nicht lange Bestand haben.
Außerdem verwandelte sich Kroatien schnell zu einem Klein-Öster-
reich, einem Lehen Berlins. Mussolini akzeptierte das Argument und
bemerkte:

> » ... es stimmt. Manchmal frage ich mich selbst, ob ich nicht auf
> die falsche Karte gesetzt habe ... Ich möchte die Deutschen fra-
> gen, was für ein Spiel da gespielt wird, wenn man bedenkt, daß
> sie alles an sich reißen. Wir reden dauernd über die Kamerad-
> schaft der bewaffneten Streitkräfte, aber wenn es um Taten geht,
> lassen sie uns mit leeren Händen stehen. Zum Beispiel haben wir
> nicht ein einziges Bergwerk in Kroatien behalten.«[102]

Am 25. August trafen General Fulvio Monticelli, kommandierender
Offizier der Division Sassari, General De Blasio, Stabschef der 2. Armee,
und Oberst Salvatores in Otric, wenige Kilometer von Zrmanje entfernt, mit einer serbischen Delegation zusammen; sie einigten sich dar-

auf, daß die italienische 2. Armee die volle militärische, zivile und politische Kontrolle in einem riesigen Gebiet des inneren Kroatien übernehmen würde, die bald als »zweite Zone« oder »Zone B« bezeichnet wurde. Am 7. September 1941 veröffentlichte General Vittorio Ambrosio, kommandierender General der italienischen 2. Armee, eine Bekanntmachung, in der mitgeteilt wurde, daß Italien die Macht in der Region übernommen habe. Zwischen Fiume und Montenegro kontrollierte die italienische Armee ein Gebiet, das von der dalmatinischen Küste 50 bis 80 Kilometer ins Land reichte.[103] (Siehe Karte 2, Seite 45).

Italien versank immer tiefer im Balkan-Sumpf. Die Annexion weiterer kroatischer Gebiete brachten den *Poglavnik* und seine Anhänger auf. Die *Ustascha* schwor fürchterliche Eide, und es wurden antiitalienische Demonstrationen organisiert. Tatsächlich hatte Italien jetzt die Seiten gewechselt. Die römisch-katholischen Italiener unterstützten die griechisch-orthodoxen Serben gegen die römisch-katholischen Kroaten und ihre protestantischen und katholischen deutschen Verbündeten. Die muslimische Bevölkerung suchte ihren Vorteil, wo sie ihn fand, und schlug sich einmal auf die Seite der Italiener und Serben, ein andermal auf die der Kroaten und Deutschen. Der serbische Aufstand wurde zum Bürgerkrieg, als *Tschetniks,* die auf der Seite von Mihailović und den Alliierten standen, gegen *Tschetniks* kämpften, die die Achsenmächte unterstützten, oder genauer, die Italiener. In beiden Kategorien befanden sich Stammeshäuptlinge, die unter dem Deckmantel der größeren Sache ihre privaten Vendettas ausfochten und sich mit atemberaubender Behendigkeit verbündeten, verrieten und abermals verbündeten. Beide Gruppen von *Tschetniks* bekämpften die immer zahlreicher werdenden und besser ausgebildeten kommunistischen Partisanen unter Tito und eine andere kommunistische Bewegung in Slowenien, die, wie ihr Führer Edward Kardelje Tito erklärte, eine »besondere slowenische Empfindlichkeit«[104] hätte, mit anderen Worten, ebenso nationalistisch wie kommunistisch gesinnt war. Die Russen hatten oft nur eine verschwommene Vorstellung von den Persönlichkeiten und übten wenig Kontrolle aus. Dann gab es noch die »grünen *Tschetniks*« oder montenegrinischen Separatisten, nicht zu vergessen die überlebenden Politiker und politischen Gruppierungen des alten jugoslawischen Staates, der nie ein Muster an Einigkeit und Selbstdisziplin war.

Der Aufstand breitete sich aus, und die Partisanentätigkeit trieb Deutsche wie Italiener in die Defensive. Hitler machte sich ernsthaft Sorgen über ein Gebiet, das er als rechte Flanke der Ostfront betrachtete. Ende September 1941 beauftragte er den deutschen Militärattaché, den Italienern einen neuen Plan zu unterbreiten. Die Italiener sollten, so teilte ihnen General von Rintelen mit, ihre Besetzung bis zu der Demarkationslinie ausdehnen, die das deutsche vom italienischen Einflußgebiet in Kroatien trennte. Der Duce, der weder Hitlers Schmeichelei noch seiner eigenen Habgier widerstehen konnte, wies General Ambrosio an:

> »In Serbien haben die Deutschen eine umfangreiche Operation zur Unterdrückung der kommunistischen Rebellion eingeleitet. Da die Aufständischen ins nichtbesetzte Kroatien eindringen könnten, werden Sie mit ihren Truppen das Gebiet zwischen der entmilitarisierten Zone und der Demarkationslinie zur deutschen Besatzungsmacht besetzen, bis Sie Kontakt mit den Deutschen haben.«[105]

Ambrosio gab Einheiten des V. und VI. Armeekorps' Befehl, in das später »dritte Zone« oder »Zone C« genannte Gebiet einzumarschieren, aber das Oberkommando hatte keine Reserven mehr. Um ein so großes Gebiet zu besetzen, wie die Zonen A und B (die überdies besonders gebirgig waren) zusammengenommen, bekam die 2. Armee drei Bataillone Alpini und ein Bataillon Gebirgsartillerie. Auf dem Papier kontrollierten sie halb Kroatien; in Wirklichkeit hielten sie eine Reihe isolierter Festungen. Ende Oktober 1941 war die Besetzung formell abgeschlossen.

Der Abbruch der Einigungsgespräche zwischen Tito und Mihailović entlastete die Italiener ein wenig. Wenigstens kämpften sie gegen einen gespaltenen Feind; vielleicht ließen sich Vereinbarungen treffen. Hitler wurde ungeduldig. Bei einem Gipfeltreffen im Dezember drängte er den Duce, sich ihm bei einer ernsthaften kombinierten Operation anzuschließen, um den Aufstand zu beenden. Mussolini hatte keine Wahl, er mußte akzeptieren, denn die Italiener hatten sich in eine ausweglose Lage manövriert.

Italienische Einheiten sahen sich beim Kampf unglaublichen Schwierigkeiten gegenüber. Sie hatten Befehl zum *Rastrellamento,* das heißt, sie sollten ihre Zone regelrecht nach Guerillas durchkämmen. Oberst Antonio Pignatelli, kommandierender Offizier des 55. Infanterieregiments der Division Marche, berichtete von einem typischen *Rastrellamento* im Sommer 1942. Drei Truppenteile rückten aus, um die Gegend um Ljubomir von einer Partisaneneinheit zu »säubern«, die auf 300 Mann geschätzt wurde. Das 55. Regiment brach in großer Stärke auf. Jede der drei Einheiten zählte mehr als 700 Mann, 20 Offiziere und mehr als 120 Pferde und Maultiere. Das Gelände war felsig und schwierig: »Von Jangac bis Dubroman ist der Weg kaum gebahnt und fällt steil zur Ebene hin ab. Die Vierfüßer mußten äußerst langsam laufen und an Seilen gezogen werden.«[106]

Als sie Ljubomir erreichten, waren die Kommunisten längst verschwunden; aber sie würden bald wiederkommen. Die Bevölkerung war freundlich, aber vorsichtig. Die Italiener konnten nicht für ihre Sicherheit garantieren. Die Rache der Partisanen an Kollaborateuren war schnell und blutig. Ohne Luftunterstützung und vor dem Gebrauch von Hubschraubern kämpften konventionelle Armee-Einheiten frustrierende Geistergefechte gegen feindliche Guerilleros, die einfach in die Berge verschwanden oder sich mit der einheimischen Bevölkerung vermischten. In den Tälern legten die Partisanen ihnen oft Hinterhalte; auf den Bergen warteten sie hinter dem nächsten Kamm.

Unsere Generation kennt die Sinnlosigkeit und Frustration des Guerillakrieges. Sie hat gesehen, daß es den Vereinigten Staaten und der Sowjetuion, beide technologisch auf dem höchsten Stand, nicht gelang, Rebellionen von Vietnamesen in ihren Dschungeln und afghanischen Stämmen in ihren Bergen zu unterdrücken. Hubschrauber, Radar, elektronische Erfassung und Überwachung, chemische Kriegführung und im Vergleich zur Zahl der Guerillas riesige Mengen von Truppen konnten die demütigenden Niederlagen der Großmächte nicht abwenden. Die langsame, schwerfällige italienische Infanterie, die nicht beweglicher war als ihre Maultiere, hatte keine Chance.

Die Deutschen hofften, die Guerillas durch Terror unterdrücken und durch sorgfältig geplante Operationen einkreisen und vernichten zu können. Die Italiener, die zu schwach, zu langsam und zu skeptisch waren, suchten Verbündete. Im Januar 1942 wurde General Mario Roatta Nachfolger von Ambrosio als Oberbefehlshaber der italienischen 2. Armee in Kroatien und Dalmatien. Roatta, zweifellos einer der klügsten und erfahrensten italienischen Befehlshaber, war Chef des militärischen Nachrichtendienstes gewesen, kommandierender Offizier eines Expeditionskorps'in Spanien und Stabschef einer Armee. Marschall Caviglia schrieb in seinem Tagebuch: »Roatta ist agil, aktiv und einfallsreich; vielleicht hat er sich manchmal als nicht ausgeglichen genug und zu aggressiv gegenüber seinen Untergebenen erwiesen.«[107]

Seine deutschen Kollegen beeindruckte er. Major von Plehwe hielt ihn für »ungewöhnlich scharfsinnig« und beschrieb ihn als geschickten

Verhandlungspartner.[108] Glaise von Horstenau beobachtete ihn und lieferte in einem Privatbrief an seinen alten Schulfreund Generaloberst von Löhr, den Oberbefehlshaber Südost, eine lebendige Beschreibung von einer gemeinsamen italienisch-deutschen Stabskonferenz:

> »Nach einem Glase Vermouth versammelten wir uns um den Kartentisch: 5 Italiener, Roatta an ihrer Spitze, und 4 Deutsche. Roatta setzte sich sogleich in die Positur eines die Dinge zwar durchschauenden aber nachsichtigen und auf die Wünsche des Schülers eingehenden Schulmeisters und spielte diese Rolle glänzend bis zum Ende. Seine eigenen Absichten streute er im Verlaufe des ›Examens‹ wie etwas Nebensächliches ein. Er verstand es meisterhaft, seinen Finger immer auf die empfindliche Stelle zu legen und nahm die Antworten mit der Miene eines Mannes entgegen, der wohl alles besser weiß, sich aber mit den ihm aufgedrängten Pflichten bescheiden wolle. Er beherrscht die Geographie des Raumes bis zum kleinsten Nest vollendet, prunkt auch gern mit diesen Detailkenntnissen und versteht zweifellos vom Gebirgs- und Bandenkriege recht viel. Seine Dialektik war, wie immer, auch beim Gebrauch der deutschen Sprache nicht zu überbieten. Gerade in der letzteren Hinsicht war ihm… unser braver Soldat Lüters nicht durchwegs gewachsen. Dieser bekam mehr als einmal ›minus genügend‹ als Note…«[109]

Nach den Maßstäben der italienischen Armee war Mario Roatta mit 55 Jahren ungewöhnlich jung für den Oberbefehl über eine Armee. Der Geheimdienst äußerste sich über den »luxuriösen Lebensstil« des Generals und seiner Gattin, über die Tatsache, daß die Signora sich selbst für »gut informiert« hielte und »viel über Politik redet«. Im Ministerium sei sie »gefürchtet«, fährt der Bericht fort, und ein Wort von ihr »öffnete Türen«. Das Paar lebte privat »nach freien Prinzipien«. Der General hatte einem Freund erzählt, daß er nach den ersten fünf Jahren Ehe seine Frau für »veraltet« erklärt habe.[110]

General Roatta bewegte sich in der High-Society. Als ehemaliger Leiter des militärischen Nachrichtendienstes und als Attaché in Berlin kannte er sich in den Fluren und Vorzimmern der Macht und ihren geheimen Winkeln aus. Nach dem Krieg wurde er beschuldigt, Kriegsverbrechen begangen zu haben. Unter anderen Anklagepunkten legte man ihm zur Last, er habe als Chef des militärischen Geheimdienstes einen politischen Mord angeordnet. 1937 waren in Bagnoles-de-l'Orne

Carlo und Nello Rosselli ermordet worden, die beiden italienischen Juden, die die führende nichtkommunistische antifaschistische Widerstandsgruppe »Gerechtigkeit und Freiheit« gegründet hatten; Roatta, so wurde behauptet, habe den Befehl dazu gegeben.[111] Kurz, Roatta war ein politischer General.

Roatta verstand von Anfang an, was Glaise dem deutschen Oberkommando vergebens predigte: »Politik und Kriegführung lassen sich, besonders in Angelegenheiten des Balkans, nicht trennen. Jeder kleinste Zug auf dem einen Gebiete berührt zugleich das andere.«[112]

Bevor er am 20. Januar 1942 das Kommando offiziell übernahm, machte Roatta eine längere Inspektionsreise durch die von der 2. Armee besetzten Zonen in Kroatien, Slowenien und Dalmatien. Was er sah, bedrückte ihn. Zum einen hatten die Italiener ihre Besatzungszone aufgespalten in die Provinz Ljubljana, die Provinz Fiume, das Gouvernement Dalmatien und das Gouvernement Montenegro und die zwei Zonen B und C unter militärischer Besetzung:

> »Wenn man die diplomatischen, politischen und militärischen Missionen sowohl der Deutschen als auch der Italiener in Zagreb zusammen nimmt und dazu die ›Missi dominici‹, die von Zeit zu Zeit kommen… ist es nicht überraschend, daß die ohnehin von Rasse, Religion und Neigungen so unterschiedliche Bevölkerung desorientiert ist.«[113]

Das Gelände stellte einen Kommandeur im Guerillakrieg vor das klassische Dilemma. Roatta erkannte deutlich, daß er, um das Land zu halten, die wichtigsten Zentren besetzen mußte, die »zahlreich, weit voneinander entfernt und nur durch Gebirgsstraßen miteinander verbunden«[114] waren. Um die Nachrichtenverbindung offenzuhalten, mußte er die Straßen und die kostbaren Eisenbahnlinien bewachen. Starke Partisanenabteilungen überrannten dann die kleinen Garnisonen, die die Verbindungswege bewachten, und bis die schwerfälligen größeren Einheiten aus ihren befestigten Plätzen kamen, wie das 55. Infanterieregiment in Ljubomir, waren die Kommunisten verschwunden, und Straße oder Bahnlinie waren so oder so beschädigt. Wenn er mehr Männer die Straßen patrouillieren ließ, schwächte das die befestigten Stützpunkte (die die Italiener *Presidios* nannten) und forderte Partisanenüberfälle geradezu heraus. Kurze Zeit vorher hatten die Rebellen die schweren Schneefälle in den Bergen bei Korenica zu einem Doppeltreffer genutzt, einem Angriff aus dem Hinterhalt auf eine Garnison und auf die Entsatztruppe, und dann hatten sie die Festung belagert, die die Überlebenden gerade noch erreicht hatten, nachdem sie sich den Weg durch brusthohen Schnee gebahnt hatten. Korenica wurde von Ende Dezember bis zur Schneeschmelze im März belagert.

Es gab drei Möglichkeiten: erstens, große kombinierte Operationen durch gemeinsame deutsch-italienisch-kroatische Sonderkampfverbände; zweitens, Rückzug auf Linien, die sich verteidigen ließen, wobei man zuließ, daß die Berge zu einem sowjetischen Staat würden; drittens, »die Zahl der *Presidios* entscheidend zu verringern, unsere Kräfte zu konzentrieren und nur die wichtigsten und unabdingbaren Verbindungswege offenzuhalten«.[115]

Lyndon Johnson oder Michail Gorbatschow würden Roattas Möglichkeiten erkannt haben. Ein Partisanenkrieg stellt die politische Führung des Besatzungsstaates immer vor Probleme. Mit Waffen allein läßt sich eine Rebellion nicht unterdrücken, wenn das Gelände für sie günstig ist und die Partisanen von der Bevölkerung unterstützt werden; es muß eine politische Lösung gefunden werden. Die Besatzungsmacht braucht eine Weile, um das zu erkennen. Zunächst schickt sie nur viel mehr Menschen. Dann arbeitet sie komplizierte Pläne für gemeinsame Operationen aus, wie die Deutschen und die Italiener im Sommer 1942. Schließlich gibt sie ihre Niederlage zu und versucht sich unter möglichst wenig demütigenden Bedingungen zurückzuziehen.

Die Achse geriet in doppelte Bedrängnis. Die Italiener konnten die eine Möglichkeit nicht ergreifen, die Deutschen nicht die andere. Den Italienern fehlten Männer, Munition und Transportkapazitäten für kombinierte Operationen, und die Deutschen dachten nicht an eine politische Lösung. Nach Hitlers Ansicht mußte es immer *alles oder nichts* sein, und das ist keine Verhandlungsposition. Außerdem machte sein blinder Rassismus es ihm unmöglich, das Vorhandensein und gar die Rechte gewisser Völker wie der Serben oder Juden zu akzeptieren.

Italien hatte in Wirklichkeit nur eine einzige schwache Möglichkeit: einen einheimischen Verbündeten zu suchen, entsprechend der Armee der Republik Vietnam. Es gab einen, bereit, bewaffnet, nur allzu erpicht aufs Kämpfen – die *Tschetniks.* Ende Februar 1942 berichtete Glaise von Horstenau dem OKW:

»Die Tschetnici [paradieren] in den von den Italienern besetzten Orten im vollen Waffenschmuck... In der Herzegowina ist es sogar vorgekommen, daß eine kroatische Militärlastwagenkolonne durch die Italiener den Tschetnici ausgeliefert wurde. Die kroatische ›Selbständigkeit‹ wird mit den Füßen getreten.«[116]

Um den Kampf gegen die überwiegend serbischen Kommunisten in Titos Bewegung fortzusetzen, bewaffneten die Italiener nichtkommunistische Serben und ermutigen sie, an ihrer Seite zu kämpfen. Aber diese Serben hatten ihre eigenen Kämpfe auszufechten – gegeneinander, aber vor allem gegen die *Ustascha* und das verhaßte kroatische Regime. Die Italiener unterminierten die politischen Strukturen, auf die ihre deutschen Verbündeten ihre Hoffnung setzten, und das taten sie, indem sie die »menschlichen Bestände« nutzten, die Hitler zur Vernichtung vorgesehen hatte.

Es gab ständig irritierende Reibungen zum Thema *Tschetniks* zwischen Italien und Deutschland. Dagegen traten Meinungsverschiedenheiten zur »Judenfrage« nur unregelmäßig auf. Außerdem taten die Italiener so, als wollten sie den Wünschen ihres Verbündeten bei jüdischen Angelegenheiten nachkommen. Beim Thema *Tschetniks* ging das einfach nicht. Die Tatsache, daß sie Kroatien besetzt hatten, bewirkte, daß die Kroaten sie haßten. Da auf dem Balkan »der Feind meines Feindes mein Freund« ist, mußten die Serben Verbündete werden.

Aber welche Serben? Die königlich jugoslawische Exilregierung hatte im Dezember 1941 Draza Mihailović zum Brigadegenerel ernannt und seine *Jugoslavenska vojska u otadžbini* als offizielle jugoslawische Heimatarmee anerkannt. Die *Tschetnik*-Bewegung hatte sich über Altserbien, Montenegro, Bosnien, Herzegowina, den Sandjak von Noivipazar, die Lika, kurz alle Orte ausgebreitet, wo sich Serben fanden; oft waren es »eher Banden, von Briganten statt Offizieren geführt, undiszipliniert und ohne klare Weisungen«.[117] Tatsächlich beabsichtigten die Italiener, sich mit den Verbündeten der Briten zu verbünden. Die Freunde meines Feindes sind meine Feinde, und die Italiener waren nie ganz sicher, welche *Tschetniks* welche waren. Der zurücktretende Kommandeur der italienischen 2. Armee, Vittorio Ambrosio, sah nur eine Lösung:

Es sei lebenswichtig, »… die Zahl der Feinde auf ein Minimum zu reduzieren, in der Hoffnung, daß es schnell genug gelingt, *Tschetniks* von Kommunisten zu trennen. Ich halte es für angebracht zu versuchen, durch reguläre zentrale Verhandlungen eine Vereinbarung mit den *Tschetniks* zu erreichen.«[118]

Was Mihailović nicht gelang, konnten auch die Italiener nicht erreichen. Das Wesen der Guerillaeinheiten machte zentrale Vereinbarungen unmöglich. Jede *Tschete* oder Bande hatte eigene Gesetze. Die Deutschen hätten Verhandlungen mit den *Tschetniks* jedenfalls niemals zugestimmt. Im Sommer 1942 schickte das Hauptquartier der Kampfgruppe Bader, der Sondereinheit, die in dem sogenannten Unternehmen Trio Titos Partisanen einkreisen und vernichten sollte, zwei Offiziere, von denen einer »Balkan-Spezialist« war, damit sie die Kommandeure der italienischen Divisionen einen nach dem anderen davon überzeugten, daß die *Tschetniks* eine »latente Bedrohung für die Achse darstellten«.[119] Diese eigenartige Vertreterreise der Deutschen scheiterte.

Ebenso scheiterten andere Versuche auf jeder Ebene bis hinauf zum »Führer«. Der *Poglavnik,* Pavelić, ließ im September 1942 Roatta zu sich kommen und versuchte ihn zu überzeugen, daß er die *Tschetniks* entwaffnen müsse, aber Roatta antwortete, er brauche sie, »trotz der erwähnten Gefahren«.[120] Bei einem entscheidenden Gipfeltreffen im Dezember 1942, als die Russen am Don durch die italienischen Linien gebrochen, die 6. Armee von General Paulus bei Stalingrad eingeschlossen und das Afrika-Korps aus Libyen vertrieben worden waren, fanden Hitler und seine Generäle immer noch Zeit, das Problem der *Tschetniks* zu behandeln. General Ugo Cavallero, Chef des italienischen Generalstabs, schrieb in sein Tagebuch: »Roatta ist das Ziel einer erbarmungslosen Offensive wegen der *Tschetniks.* Sie wollen sie entwaffnen und aus dem Weg schaffen.«[121]

Ribbentrop sprach das Problem bei einem Treffen mit dem Duce am 25. Februar 1943 an; bei diesem Treffen drängte er den Duce, er sollte seine Offiziere zwingen, die Juden nicht weiter zu beschützen.[122] Es brachte nichts. Im Juni 1943 beklagte sich der Oberbefehlshaber Südost, Generel Löhr, daß die Italiener trotz ihrer Versprechen die *Tschetniks* nicht entwaffnet hätten.

> »OB Südost hat geantwortet, daß dies den grundsätzlichen Weisungen des OKW widerspricht und eine Zusage deutscher Truppen für das beabsichtigte gemeinsame Unternehmen nicht gegeben werden könne, solange nicht die Entwaffnung der dort befindlichen Tschetniks vor Beginn dieser Operation erfolgt ist.«[123]

Die *Tschetniks* wurden nicht vor Beginn der Operation entwaffnet; sie wurden nie entwaffnet. Wie Roatta es bei einer Konferenz mit höheren Stabsoffizieren in Rom Anfang Januar 1943 ausdrückte, »sind die *Tschetniks* unsere einzigen Murmeln auf diesem Gebiet, und wir sollten sie in der Hand behalten«.[124]

Die Juden waren keine »Murmeln«, aber die italienischen Militärbehörden behielten sie trotzdem. Als die italienische Armee in die Zone B vorrückte, um die Greuel der *Ustascha* zu unterdrücken und die Ordnung wiederherzustellen, erließ General Ambrosio als kommandierender General der 2. Armee eine Proklamation, in der er verkündete, Italien habe die militärische, politische und zivile Macht übernommen. Der letzte Absatz erklärte: »Alle, die aus verschiedenen Gründen ihr Land verlassen haben, werden hiermit aufgefordert, dorthin zurückzukehren. Die italienischen bewaffneten Streitkräfte sind die Garanten ihrer Sicherheit, ihrer Freiheit und ihres Besitzes.«[125]

Dieser Satz wurde zur Magna Charta italienischer Politik gegenüber den Juden. Er bekam den Rang eines heiligen Eides. Als im Verlauf des Jahres 1942 deutscher Druck die kroatische Forderung nach Auslieferung der Juden, die unter der italienischen Flagge Schutz gesucht hatten, unterstützte, betonte das Büro für Zivilangelegenheiten im Hauptquartier der 2. Armee den »moralischen Aspekt« und argumentierte mit Bezug auf die Proklamation vom 7. September 1941:

> Die Auslieferung von Juden wäre »ein Bruch unseres gegebenen Ehrenworts und hätte schädliche Auswirkungen im Verhältnis zu all denen, die, nachdem sie ihr Vertrauen in uns gesetzt hatten, mit Recht fürchten, von einem Augenblick zum anderen im Stich gelassen zu werden. Unser Ansehen würde ernsthaft erschüttert werden.«[126]

Je mehr die Deutschen insistierten, desto mehr versteiften sich die Italiener auf die Verteidigung ihrer Ehre. Vielleicht hatte die Serie von militärischen Niederlagen und Demütigungen 1941–1942 ihnen wenig sonst gelassen – Ehre hatten sie wenigstens. Offiziere aller Ränge in der 2. Armee richteten sich nach Ambrosios Proklamation.

Während die italienischen Truppen Zone B wieder besetzten, konnten die Deutschen mit Befriedigung melden, daß die »Lösung der Judenfrage« in ihrem Teil Kroatiens Fortschritte machte. In Belgrad war sie, wie Glaise von Horstenau schrieb, »verschiedentlich gelöst, gründlich in Agram, dagegen fast gar nicht in Sarajevo und Ostbosnien, wo zumal wohlhabende Juden noch frei vorhanden sind«.[127] Der unabhängige

Staat Kroatien mit seinen *Ustascha*-Schlächtern und Konzentrationslagern hatte das Zeug zu einem musterhaften Verbündeten.

Das konnte man von den Italienern nicht behaupten. Während der letzten Monate des Jahres 1941 erreichten Zagreb beunruhigende Geschichten. Der deutsche Botschafter in Kroatien, Siegfried Kasche, ein hoher NS-Funktionär[128], schrieb nach einem Gespräch mit dem kroatischen Bürgermeister von Karlovac nach Berlin:

>»Bei einem Besuch teilt mir Dr. Deak mit, daß in Karlstadt [Karlovac] etwa 500 Juden leben. Bei einer großen Anzahl von ihnen liegen italienische Offiziere im Quartier. Maßnahmen gegen die Juden werden seitens der Italiener im allgemeinen ver- und behindert. Dadurch ist er nicht in der Lage, die notwendigen Maßnahmen gegen das Judentum durchzuführen.«[129]

Ein angesehener deutscher Geograph auf Forschungsreise in der italienischen Zone war entsetzt, als er sah, wie die italienische Armee kroatische Miliz entwaffnete und Serben und Juden unter militärischem Schutz wieder nach Hause führte.[130] Im Dezember 1941 berichtete Oberleutnant Weiss vom Wehrwirtschaftsamt aus der italienischen Zone:

>»Der Verkehr italienischer Offiziere nur mit Serben und Juden ist eine absolut feststehende Tatsache. Italienische Offiziere wurden wiederholt im Café Grodska mit jüdischen Frauen gesehen... In Dubrovnik befinden sich z. Zt. etwa 500 Juden. Die meisten Juden kamen aus Sarajevo und wurden durch italienische Hilfe dorthin gebracht. Beträge von 10 bis 50 000 Kune sind der übliche Preis für den Schmuggel mit falschen Pässen... In Mostar liegt der Fall noch viel krasser, da die Italiener alle Anordnungen der kroatischen Behörden aufheben und die Stadt mit ungefähr 5–6000 Juden überschwemmen... Der Rektor der Deutschen Akademie in Dubrovnik, Herr Arnold, wurde zusammen mit kroatischen Behördenmitgliedern anläßlich eines italienischen Festtages von dem italienischen Divisionsgeneral zur Teilnahme eingeladen. Arnold, der Italienisch spricht, war über die Überheblichkeit des italienischen Generals sehr entrüstet... Gegenüber Kroaten fiel die Bemerkung, die Italiener wären auch dazu da, um die armen Verfolgten – Juden und Serben – vor Brutalität und Terror zu schützen.«[131]

Der SS-Offizier an der deutschen Botschaft in Zagreb berichtete am 30. Mai 1942, daß sich General Amico kürzlich bei einem Gespräch noch deutlicher geäußert habe. Einem Zeugen zufolge sagte der General öffentlich: »Die Gesetze der Kroaten gegen die Juden sind streng, die der Deutschen noch strenger. Die armen, nach Ragusa [Dubrovnik] geflüchteten Juden nach Sarajevo zurückzuschicken hieße ja, die Juden in den Tod zu schicken.«[132]

General Glaise von Horstenaus Ordner begannen sich mit Berichten aus der italienischen Besatzungszone zu füllen, die die gleiche Geschichte erzählten. Im Juli 1942 erhob Ministerialrat Schnell vom Reichsministerium für Bewaffnung und Munition offiziell Protest. Der Stabschef der Division Murge hatte sich geweigert, eine vernünftige Bitte Dr. Schnells zu erfüllen und in Mostar Juden aus ihren Häusern zu vertreiben, damit deutsche Bergbauingenieure dort untergebracht werden konnten; es sei »mit der Ehre der italienischen Armee nicht vereinbar, gegen die Juden Sondermaßnahmen zu ergreifen«.[133]

Die Juden, die das konnten – nur wenige hatten das Glück –, gingen in die italienische Zone. Die Deutschen nahmen verächtlich an, die Italiener ließen sich bestechen, ehe sie Juden hereinließen. Warum sonst würde jemand einem Juden helfen? Viele Italiener nahmen tatsächlich Geld, aber wie Imre Rochlitz mir erzählte, benutzten er und seine Familie einen Trick, der der Marx-Brothers würdig gewesen wäre. In Dubrovnik stieg jedes Mitglied der Familie aus dem Zug und sagte, daß das Familienmitglied mit den Papieren weiter hinten käme, und der letzte sagte, der erste hätte sie. Die Carabinieri zuckten nur die Achseln und ließen sie alle aussteigen.[134]

Das Büro für Zivilangelegenheiten der italienischen 2. Armee schätzte im Sommer 1942, daß es vor dem Krieg in Dubrovnik etwa 150 und in Mostar 50 Juden gegeben hätte. Nach der deutschen Besetzung Serbiens 1941 und den kroatischen Pogromen überstieg ihre Zahl in Dubrovnik 1 000 und erreichte in Mostar fast 200. Anfang Januar 1942, kurz bevor er sein Kommando übergab, versicherte General Ambrosio den Juden, daß sie »nicht belästigt werden« würden.[135] Generalkonsul Mammalella begrüßte sogar den Zustrom der meist sephardischen Juden, »die wegen ihrer Tradition, Kultur, Beziehungen und Kenntnis der romanischen Sprachen – alle Sephardim sprechen Spanisch als offizielle Sprache – ein manipulierbarer Haufen Menschen [wären]...für den Fall einer Volksabstimmung«.[136]

Die Achsenpartner hatten sich bis zum Winter 1941–1942 auseinan-
derentwickelt, aber nicht so sehr, daß Hitler Maßnahmen gegen die Italiener in Erwägung zog. Der Ärger in Afrika konnte ja vielleicht noch
repariert werden. An der Ostfront würde es eine Frühjahrsoffensive
geben, und da jetzt Japan Amerika angegriffen hatte, hatten die beiden
englischsprechenden Länder einen mächtigen neuen Feind in Fernost.
Die Unannehmlichkeiten auf dem Balkan waren natürlich sehr ärgerlich. Die Achsenmächte waren in einer ganzen Reihe von Fragen uneins,
von der Verwendung *Tschetnik*-Freiwilliger bis zur Taktik im Feld, aber
es bestand immer noch Hoffnung auf Einigung. Tatsächlich bot Hitler
Mussolini Mitte Dezember ganz Kroatien an, zum Entsetzen von
Kasche und Glaise von Horstenau in Zagreb. Aber die Italiener machten
sich zur Abwechslung einmal keine Illusionen und lehnten ab.[137] Im
März 1942 trafen hohe deutsche und italienische Offiziere in Sussak
zusammen, um eine riesige gemeinsame Operation zu planen, die die
Partisanenbedrohung ein für alle Mal beenden würde.[138] Am 20. April
begann das Unternehmen Trio; General Roatta war Gesamtbefehls-
haber, aber der deutsche General Paul Bader hatte das taktische Kommando über eine spezielle Kampfgruppe.[139]

Die Beziehungen zwischen Italienern und Kroaten besserten sich.
Wie Glaise dem OKW telegrafisch berichtete, war der Besuch Marschall Cavalleros, des Chefs des italienischen Generalstabs, in Beglei
tung von General Roatta, beim *Poglavnik* am 25. April 1942 »feierlich
und in liebenswürdigsten Formen« verlaufen. Und Cavallero, der fließend Deutsch sprach, hatte am gleichen Abend eine »kameradschaft-
liche« private Unterhaltung mit Glaise, bei der er zum Ausdruck
brachte:

> »... große Zuversicht, zumal hinsichtlich der Lage im östlichen
> Mittelmeer. Besonderes Lob für Rommel... Kriegsentscheidung
> werde noch in diesem Jahr erfolgen. Vorbedingungen: Nieder-
> werfung Rußlands, Liquidierung brit. Herrschaft im östl. Mittel-
> meer...«[140]

Cavallero hatte recht. Für Italien war der Krieg Ende 1942 entschieden.
Allerdings war es Italien, das niedergeworfen und dessen Herrschaft
beseitigt war. Im Frühling schien die Niederlage fern. Die italienische
Armee konnte es sich einstweilen leisten, auf dem Balkan ihre eigene
Politik zu verfolgen. Der Zusammenbruch in Afrika und später im Jahr
in Rußland, der den italienischen Schutz der Juden hätte erschüttern

müssen, hatte die entgegengesetzte Wirkung. Der Grund für die Veränderung lag außerhalb der italienischen Kontrolle und im Frühjahr 1942 außerhalb auch der ausschweifendsten italienischen Phantasie.

Um Berlin herum gibt es wunderschöne Seen. Am Großen Wannsee liegt eine ruhige Villa in einigem Abstand von der Straße, *Am Großen Wannsee 58*. In diesem komfortablen, aber unauffälligen Haus fand am 20. Januar 1942 unter dem Vorsitz von SS-Gruppenführer Reinhard Heydrich, dem Chef des Reichssicherheitshauptamts, ein Treffen mit Vertretern verschiedener deutscher Ministerien zur Planung der »Endlösung der Judenfrage« statt.[141] Die Konsequenzen dieses Treffens zwangen die Italiener, sich mit einer neuen Frage zu beschäftigen. Es war eine Sache, sich den primitiven Brutalitäten der Kroaten zu widersetzen, eine ganz andere Sache war es, sich den geordneten Aktivitäten der Deutschen zu verweigern. Anfang 1942 ging Europa von einer Ära des unsystematischen Mordens zur systematischen, bürokratisch organisierten Vernichtung eines ganzen Volkes über. Ein solches Verbrechen war in der Geschichte der Menschheit noch nie geplant worden. Es gibt nichts Vergleichbares. Selbst heute noch ist der Massenmord an den Juden einzigartig; der einzige Fall, in dem eine technisch fortgeschrittene Gesellschaft darauf ausgerichtet wurde, eine ganze menschliche Gemeinschaft zu vernichten. Die Ära systematischen Mordens hatte begonnen.

P h a s e   2
Systematischer Mord: Die Italiener behindern die »Endlösung«
Juni 1942 bis November 1942

Die Kunde vom Massenmord an den Juden verbreitete sich nur langsam
während des Jahres 1942, zum Teil deswegen, weil Hitler und seine
Umgebung das Geschehen sorgfältig zu verbergen trachteten. Sie verwendeten Euphemismen und sorgten dafür, daß nur die davon erfuhren,
die es wissen »mußten«. Die Ermordung der Juden zu erwähnen war
ausdrücklich verboten. Im Juli 1943 gab Martin Bormann, Leiter der Par-
teikanzlei, »im Auftrage des Führers« eine Weisung an alle Parteioberen
aus: »Bei der öffentlichen Behandlung der Judenfrage muß jede Erörterung einer künftigen Gesamtlösung unterbleiben. Es kann jedoch davon
gesprochen werden, daß die Juden geschlossen zu zweckentsprechen-
dem Arbeitseinsatz herangezogen werden.«[1]

Die Kunde vom Massenmord an den Juden verbreitete sich auch deshalb langsam, weil sich die Leute schlicht weigerten, die Informationen
zu glauben. So etwas hatte es noch nie gegeben. Sicher, Kroaten hatten
Serben ermordet. Das war traurig, aber normal. Die Menschen hatten
immer das Schwert gegeneinander erhoben. Der Massenmord an den
Juden war etwas anderes. Die Leute hielten es nicht für möglich, daß der
blutleere Apparat eines modernen Staates zu einer Maschine geworden
war, die ein ganzes Volk sammelte, abfertigte, abtransportierte und dann
ermordete. Selbst Goebbels konnte es zunächst kaum glauben. Am
27. März 1942 schrieb er:

> »Aus dem Generalgouvernement werden jetzt, bei Lublin beginn-
> nend, die Juden nach dem Osten abgeschoben. Es wird hier ein
> ziemlich barbarisches und nicht näher zu beschreibendes Verfah-
> ren angewandt, und von den Juden selbst bleibt nicht mehr viel
> übrig… Keine andere Regierung und kein anderes Regime
> konnte die Kraft aufbringen, diese Frage generell zu lösen…
> Gottseidank haben wir jetzt während des Krieges eine ganze
> Reihe von Möglichkeiten, die uns im Frieden verwehrt wären.«[2]

Aufzeichnungen über den »Holocaust« zeigen, daß die Juden selbst es
oft nicht glauben wollten, obwohl sie sahen, was geschah. Vor allem ita-

lienische Juden gingen weiterhin davon aus, daß ihnen das nicht passieren könnte, auch nachdem sie gewarnt worden waren. Evi Eller berichtete mir, daß am 8. September 1943, nachdem die Regierung Badoglio mit den Alliierten Frieden geschlossen hatte, ihre in Triest lebende Mutter die örtliche Synagoge aufgesucht und die Vertreter der jüdischen Gemeinde gebeten hätte, die Mitgliedslisten zu vernichten. Sie weigerten sich.[3] Die Unterlagen der römischen jüdischen Gemeinde waren nicht versteckt, als am »schwarzen Sabbat«, dem 16. Oktober 1943, die SS kam, um die Juden des römischen Ghettos abzuholen. Der Rabbi von Florenz, Nathan Cassuto, gehörte zu den wenigen, die sofort begriffen, daß der 8. September den Tod für die Juden bedeutete; wie seine Schwester beim Eichmann-Prozeß bezeugte, ging er »von Haus zu Haus, um sie zu warnen; sie sollten sich unter falschem Namen in Klöstern oder kleinen Dörfern verbergen«.[4]

Wenn die Juden selbst im Herbst 1943 nicht glauben konnten, daß ihnen Gefahr drohte, kann man der italienischen Armee, dem Außenministerium und dem diplomatischen Korps keinen Vorwurf machen, daß sie mehr als ein Jahr vorher die Zeichen nicht zu deuten wußten. Irgend etwas war im Gang, aber was? Das Material weist darauf hin, daß vom August 1942 an Hinweise von Deutschen und Kroaten, Berichte von Augenzeugen aus dem Osten und Untersuchungen durch den italienischen Geheimdienst kaum mehr daran zweifeln ließen, daß die Zeit des wahllosen Mordens durch etwas noch Verhängnisvolleres abgelöst wurde, aber noch ließ es sich als neue kroatische Taktik interpretieren. Am 22. September 1942 glaubte Vittorio Castellani, diplomatischer Berater des Außenministeriums beim Hauptquartier der italienischen 2. Armee in Sussak, ein gut informierter Mann, der sich für die Rettung von Juden einsetzte, immer noch, daß »die kroatischen Behörden, die immer und immer wieder auf Weigerungen unsererseits gestoßen sind, ihre Haltung geändert haben und die Deutschen um Intervention bitten«.[5]

Die Italiener wurden weder über die Wannsee-Konferenz vom 20. Januar 1942 informiert noch über spätere Treffen. Offiziell wußten sie nichts von der »Endlösung«. Hitler verbarg sie vor seinem »lieben Benito Mussolini«, obwohl die Entscheidung, das gesamte jüdische Volk zu ermorden, den Charakter des Krieges veränderte und Italien als Achsenpartner betraf. Als die Deutschen die Wannsee-Beschlüsse zu verwirklichen begannen, konnten die Alliierten keinen Separatfrieden mit Deutschland mehr ins Auge fassen. Die rührenden Versuche italienischer Diplomaten im Spätfrühling 1943, Hitler zu Friedsensverhandlungen mit den Russen zu überreden, zeigen, wie wenig sie das begriffen hatten. Hitler und Goebbels wußten genau, was ihre »generelle Lösung« bedeutete. Die »Endlösung« stellte sicher, daß es um *alles oder nichts* ging.

Die Verschwörer vom 20. Juli 1944, die die Bombe in Hitlers Hauptquartier hochgehen ließen, wußten von der »Endlösung«. Viele von ihnen hatten als höhere Offiziere die Realität im Osten gesehen, und die anderen, wie Ulrich von Hassell, hatten keine Schwierigkeit, die Wahrheit festzustellen. Aber auch sie begriffen bei allem Mut nicht, was das für Deutschland bedeutete. Denn als die Nachrichten von Auschwitz und Treblinka die Völker der Alliierten erreichte, stand die gesamte deutsche Nation für die unvergleichliche Barbarei. Die mutigen Generäle und Beamten, die ihr Leben für das »Andre Deutschland« gaben, wie von Hassel es nannte, waren zu wenige, und sie traten zu spät auf. General von Hammerstein wußte das, als er sterbend zu meinem Freund Wolfgang von Tirpitz sagte: »Wir werden die Burschen nie loswerden, solange wir keine hundertprozentige Niederlage erlitten haben.«[6]

Diese Perspektive ist unentbehrlich für die Geschichte der offiziellen italienischen Reaktion auf den Massenmord an den Juden. Der Leser muß bedenken, daß die Italiener offiziell gar nichts wußten; inoffiziell wußten sie ein bißchen, aber das volle Ausmaß des Massenmordprogramms kannten sie nicht. Wenn sie deutschen Offizieren und Beamten Fragen stellten, bekamen sie ausweichende Antworten. 1942 und 1943 sprachen deutsche Generäle, SS-Offiziere und Diplomaten über die Deportation der Juden immer noch in der gebräuchlichen euphemistischen Ausdrucksweise: Juden bedrohten die Sicherheit; sie würden für die Arbeit im Osten benötigt und so weiter. Wenn skeptische Italiener fragten, ob Alte, Kranke und Kleinkinder die Achse bedrohten oder Zwangsarbeit leisten sollten, wechselten die Deutschen das Thema.

Eines ist paradox an der Geschichte. Je mehr die Italiener erfuhren, desto weniger wagten sie davon zu sprechen. Der Krieg war unpopulär genug; allgemeine Kenntnis vom Massenmord an den Juden würde ihn noch unbeliebter machen. Die Dokumente zeigen das Paradoxon genau. Berichte sickerten nach Italien durch. Soldaten, die von der Ostfront zurückkamen, und Kriegsberichterstatter wie Curzio Malaparte erzählten von unvorstellbaren Greueln. Die italienischen Behörden hatten jetzt durch offizielle Kanäle zuverlässige Darstellungen der deutschen Greuel und wurden zunehmend nervöser. Bezeichnende Rand-

und Nebenbemerkungen spiegeln ihre Bestürzung. Sie wußten, daß etwas Schreckliches geschah. Die Frage für die italienische Diplomatie und für die Streitkräfte war, was sie unternehmen und wie sie sich verhalten sollten.

Im Frühjahr 1942 begannen die Massendeportationen aus verschiedenen europäischen Ländern. Am 26. März 1942 wurden die ersten slowakischen Juden deportiert, und am 28. verließen die ersten Züge Frankreich.[7] Zwischen dem 17. und dem 20. April wurde das Ghetto Lublin geräumt und dem Erdboden gleichgemacht[8], und Ende Mai berichtete der italienische Botschafter bei der Vichy-Regierung, die Deutschen übten Druck auf die Franzosen aus, sie sollten die Juden zum Tragen des gelben Sterns zwingen.[9]

Gouverneur Bastianini meldete Mitte Mai 1942, daß die Zahl der Juden, die in die angeschlossenen Gebiete überwechselten, beunruhigend gewachsen sei.

> Er habe »Befehl gegeben, sie zurückzuweisen, trotz der dramatischen Szenen, die sich an unseren Kontrollpunkten abspielen. Vielen gelingt es dennoch, in unsere Städte zu gelangen. Ich halte deshalb eine Intervention bei den Militärbehörden der Zone für notwendig, um diesen Exodus nach Dalmatien zu stoppen.«[10]

Außenminister Ciano wußte Antwort und teilte sie Bastianini am 1. Juni 1942 telegrafisch mit: »Dies Ministerium fragt, ob nicht die einfachste Lösung wäre, ein Konzentrationslager für Juden aus Kroatien zu errichten und dafür von uns besetztes kroatisches Gebiet zu wählen.«[11]

Der Gouverneur griff den Gedanken sofort auf und gab ihn an General Roatta als kommandierenden General für Slowenien und Dalmatien weiter. Aber Bastianinis Beziehungen zur 2. Armee und seine Nerven zeigten beide Verschleißerscheinungen. Sein außenpolitischer Berater, Egidio Ortona, hatte begonnen, sich über seinen Chef Gedanken zu machen. Nach einem Treffen Ende Mai, bei dem General Roatta angedeutet hatte, daß sich die italienische Armee wahrscheinlich aus der dritten Zone zurückziehen würde, griff Bastianinis Pessimismus auf die Öffentlichkeit über und bewirkte, in Ortonas Worten, eine allgemeine »Psychose« in Zadar.[12] Das letzte, was Bastianini wollte, waren ein paar hundert jüdische Flüchtlinge zusätzlich in Zadar und Split; sie würden die Preise in die Höhe treiben und Engpässe in der Versorgung bewirken. Leider hätten seine Versuche, Juden zurückzuschicken, wie er Ciano am 1. Juni kabelte, »Szenen heftigster Verzweiflung« hervorgerufen. Die einzige Lösung sei, die Kroaten zu zwingen, für Konzentrationslager zu sorgen, in denen es eine »Garantie für ihre Sicherheit und ein Minimum an menschlicher Behandlung« geben würde.[13]

Davon wollte Roatta nichts wissen. Seine Antwort an Bastianini Anfang Juni stellte klar:

> »Wir haben ihnen einen gewissen Schutz garantiert und der kroatischen Forderung widerstanden, sie in ein Konzentrationslager zu deportieren. Ich bin fest überzeugt, wenn wir ins annektierte Dalmatien geflüchtete Juden an die Kroaten auslieferten, würden sie in Jasenovac interniert werden, mit den bekannten Folgen.«[14]

Jasenovac war ein Todeslager, das wußte inzwischen jeder, der mit italienischer Politik zu tun hatte. Roatta deutete vage an, man könnte die Juden auf den Inseln vor der dalmatinischen Küste internieren.

Damit war ein toter Punkt erreicht zwischen den drei für Leben oder Tod der jüdischen Flüchtlinge verantwortlichen Behörden: dem Außenministerium, dem Gouverneur von Dalmatien und der 2. Armee. Bei dem Versuch, die Differenzen zu beseitigen, faßte am 23. Juni 1942 der Verbindungsoffizier des Außenministeriums beim Hauptquartier des Oberkommandos in Rom, Baron Michele Scamacca, die Situation zusammen.

> Die Verfolgungen hätten jüdische Flüchtlinge nach Dalmatien getrieben, was »ernsthafte Unannehmlichkeiten« verursacht und Gouverneur Bastianini zu seiner Forderung veranlaßt hätte, »… sie nach Kroatien zurückzuschicken. Aus einleuchtenden Gründen des politischen Ansehens und der Humanität ist das nicht machbar. Das Außenministerium hat als mögliche Lösung vorgeschlagen, solche Flüchtlinge in Cirquenizza [Crkvenica] oder einem unter unserer militärischen Kontrolle stehenden Gebiet Kroatiens zu konzentrieren… Exzellenz Roatta steht einem solchen Projekt ablehnend gegenüber.«[15]

Scamaccas Reaktion auf Bastianinis Vorschläge zeigt den Kern der italienischen Haltung zur »Judenfrage«. Es war »einleuchtend«, daß sowohl das »politische Ansehen« als auch »Humanität« die italienischen Streitkräfte nötigten, die Juden nicht an die Kroaten auszuliefern. Natürlich war es nicht einleuchtend für Bastianini, es war nicht immer und überall für alle italienischen Beamten einleuchtend, aber für die meisten in den meisten Fällen. Der junge Leutnant Loi und seine Bersaglieri hatten im Sommer 1941 nicht gezögert, Menschen vor ihren Verfolgern zu beschützen; jetzt verhielten sich seine Vorgesetzten, vor die gleiche Wahl gestellt, ebenso. Diese »einleuchtende« Reaktion der italienischen Verantwortlichen auf allen Ebenen ist ein Kapitel des Ruhms in der Geschichte des modernen Italien, das eine Menge Niederlagen auf dem Schlachtfeld wettmacht.

Den Kroaten zu widerstehen war eine Sache; den Deutschen zu widerstehen eine andere. Einen Tag, nachdem Baron Scamacca sein Memorandum geschrieben hatte, kabelte sein Pendant in Kroatien, Vittorio Castellani, Verbindungsoffizier des Außenministeriums bei der 2. Armee, etwas sehr Beunruhigendes. Ein deutscher Ingenieur hatte den kommandierenden Offizier der Division Murge in Mostar aufgesucht und ihm berichtet, daß die deutsche und die kroatische Regierung ein Abkommen zur »Umsiedlung aller Juden Kroatiens, einschließlich der Herzegowina, in die von Deutschen besetzten Gebiete Rußlands« getroffen hätten.[16]

Castellani, der eng mit Roatta zusammenarbeitete und seinen Standpunkt in der »Judenfrage« teilte, beschwor das italienische Außenministerium, eine Ausweitung des Abkommens auf die italienische Zone Kroatiens nicht zuzulassen. Ein besonders groteskes Element bei dem Abkommen, das allerdings zu dem Zeitpunkt nicht bekannt war, lag in den Vereinbarungen zur Deckung der Kosten der Deportationen. Nach langem Feilschen hatte sich die kroatische Regierung bereit erklärt, den Deutschen für jeden deportierten Juden 30,– Mark zu zahlen.[17] Kann der deutsche Botschafter in Zagreb, Siegfried Kasche, so unsensibel gewesen sein, daß er überhörte, wie das an die biblischen »dreißig Silberlinge« erinnerte, oder so zynisch, daß er gezielt diesen Betrag wählte? Die Dokumente geben darüber keine Auskunft. Die Italiener, mit der Bibel genauso vertraut wie die Deutschen, dürften die Parallele, daß Judas Jesus für dreißig Silberlinge verkaufte, nicht übersehen haben. Es ist eine bizarre Fußnote zur Geschichte des »Holocaust«, daß deutsche SS- und Wehrmachtsberichte häufig ironische Anspielungen auf das »auserwählte Volk«, das »Land der Verheißung« und dergleichen enthielten. Hitlers Gottlosigkeit konnte die von seinen Henkersknechten im Kindergottesdienst verbrachten Stunden nicht auslöschen.

Anfang Juli besuchte General Roatta Gouverneur Bastianini abermals, um zu versuchen, ihre wachsenden Differenzen zu beseitigen.

Bastianini betonte seine »ständige Sorge« wegen der jüdischen Flüchtlinge.[18] Außerdem übernähmen jetzt die Aufständischen ein *Presidio* nach dem anderen und stünden nur noch 40 Kilometer von Zadar entfernt. Roattas Streitkräfte schienen unfähig, die Provinz zu verteidigen, und der General sei offenbar nicht willens, bei dem Flüchtlingsproblem zu helfen. Ein paar Tage später schrieb Ortona in sein Tagebuch:

> »Was heute geschah, kann man wohl als völligen Bruch mit den Militärbehörden bezeichnen… Ein harter und bitterer Kampf mit gezogenen Schwertern ist eröffnet, bei dem der Gouverneur die schlimmsten Konsequenzen zu tragen bereit ist und sich die Militärs nicht durch Sanftmut auszeichnen werden.«[19]

Die Zahl der Juden, die italienisches Territorium erreichten, wuchs zu dem Zeitpunkt, als italienische Truppen immer weniger in der Lage zu sein schienen, sie zu schützen. Als sich in ganz Kroatien die Nachricht verbreitete, daß die italienische Armee sich aus der dritten Zone oder Zone C zurückziehen wollte, meldeten Garnisonen aus Bihac, Drvar, Kalinovik, Konjic, Karlovac, Petrova gora und anderen Orten, daß unter Juden und Serben »Panik« ausgebrochen sei; in manchen Gegenden finde »ein Massenexodus der Bevölkerung statt, die zu verängstigt sei, um in nur von Kroaten kontrollierten Orten bleiben zu wollen«.[20]

Die Italiener konnten weder vormarschieren noch sich zurückziehen, ohne tiefer in den Morast von Judenfeindlichkeit und Haß zwischen den Volksgruppen auf dem Balkan zu geraten. Am letzten Tag des Monats Juli reiste der Duce nach Gorizia, um sich mit seinen Generälen zu treffen und ihnen seine innersten Gedanken zum Thema Balkanfeldzug zu offenbaren. Dazu gehörte, daß man Gewalt mit Gewalt begegnen müsse, allerdings ohne weitere Truppen einzusetzen: »Wir können nicht so viele Divisionen auf dem Balkan halten.«[21] Ein weiterer Rückzug würde weitere Panik und weitere Flüchtlinge bedeuten.

Gegen Mitte August erreichten die monatlichen Auslandsmitteilungen, die die Spionageabwehr der Armee ausarbeitete und verbreitete, den König, die Prinzen, das Oberkommando, das Hauptquartier der 2. Armee und rund hundert weitere Dienststellen und Kommandos. Darin wurde über den neuesten Stand der deutschen Judenverfolgung in Frankreich berichtet, über die Abholung von 20 000 ausländischen Juden in Paris und ihre bevorstehende Deportation nach Polen. Außerdem wurden die neuen Beschränkungen für die holländischen Juden beschrieben, die Einschränkung ihrer Bewegungsfreiheit, das Verbot der Benutzung von öffentlichen Verkehrsmitteln, Post und Telefon sowie die Berufsverbote für bestimmte Berufe.[22] Die »Judenfrage« trat in eine neue Phase, und die italienische Regierung mußte sich eine Antwort überlegen.

Während Bastianini noch darauf beharrte, er müsse die »Unerwünschten aus der Provinz Split« loswerden[23], tauchten die Deutschen hinter den Kroaten auf und legten ihre Trümpfe auf den Tisch. Der Geschäftsträger der deutschen Botschaft in Rom, Fürst Otto von Bismarck, Enkel des »Eisernen Kanzlers«, bei dem von Hassell früher jedenfalls »Nazifreundschaft«[24] angenommen hatte, und der SS-Offizier Dollmann, von dem das Gegenteil vermutet wurde[25], suchten Graf Cianos Kabinettschef Blasco Lanza d'Ajeta mit einer Forderung der Verbündeten auf. Bismarck war im italienischen Außenministerium nicht beliebt. Roberto Ducci, unter Graf Pietromarchi verantwortlich für Kroatien, hielt ihn für arrogant und snobistisch.[26] Am 18. August jedoch tat er etwas ungewöhnlich Ehrenwertes. Er hatte ein von Ribbentrop unterzeichnetes Telegramm vorzulegen, in dem die italienische Regierung gebeten wurde, sie möge ihre Militärbehörden in Kroatien anweisen, sich der zwischen kroatischer und deutscher Regierung getroffenen Vereinbarung anzuschließen und die »Massenumsiedlung« von Juden auch aus der italienischen Zone zu organisieren: »Bismarck erklärte, daß es sich um mehrere tausend Menschen handelte, und gab mir zu verstehen, daß solche Maßnahmen tatsächlich zu ihrer Auflösung und Liquidierung [im Original das Wort ›Annihilation‹ gestrichen] führen würden.«[27]

Italien sah sich jetzt offen mit dem Massenmord an den Juden konfrontiert. Bismarck hatte dem Kabinettschef des Grafen Ciano die Wahrheit selbst zugeflüstert. Die Juden wurden nicht nach Osten deportiert, um zu arbeiten, sondern um zu sterben. Die italienische Regierung mußte reagieren. Als erster mußte das d'Ajeta selbst tun, und die gequälten Formulierungen seines Memorandums lassen ahnen, wie schwer es ihm fiel. »Abgesehen von Überlegungen allgemeinerer Art« (nämlich humanitären), so führte er aus, würde die Auslieferung von Juden der bisherigen Politik und den selbst von den Kroaten akzeptierten Direktiven zuwiderlaufen. Meldungen der Botschaft in Zagreb wiesen darauf hin, daß die »Judenfrage« jetzt in »die Phase ihrer Lösung« getreten sei. Wie sollte die italienische Antwort lauten?

»Wenn wir es für richtig hielten, uns der deutschen Forderung nicht anzuschließen, wäre es vielleicht angebracht, klarzustellen, daß einer der Grundpfeiler der in unserer Zone der Verantwortung unermüdlich verfolgten Befriedungspolitik die Aussetzung drastischer Maßnahmen gegen jegliche ethnische oder religiöse Gemeinschaft gewesen ist ... Es ließe sich schließlich hinzufügen, daß die fünf- oder sechstausend in unserer Besatzungszone wohnenden Juden – so viele scheinen es höchstens zu sein – schärferer Überwachung als je unterworfen werden sollen.«[28]

Das Memorandum enthält mehrere Argumente gegen und keines für die Auslieferung der Juden. Graf Luca Pietromarchi, ein sehr hoher Beamter im Außenministerium, berichtete in seinem Tagebuch zwei Tage später, daß Bismarck das Außenministerium um die Auslieferung der Juden aus den besetzten Gebieten Kroatiens gebeten habe, »um sie zu vernichten. Er bekam eine hinhaltende Antwort vom Chef des Kabinetts.«[29]

Während das italienische Außenministerium ein Memorandum zu dem Problem vorbereitete, damit der Duce dann entscheiden könnte, wurden am 20. und 21. August die Juden von Sarajevo abgeholt und zur Deportation gesammelt.[30] Der Massenmord an den Juden in seiner systematischen deutschen Uniform hatte Kroatien erreicht. Am 21. August 1942 legte Ciano Mussolini eine gekürzte Fassung des Memorandums von Lanza d'Ajeta vor. Es enthielt Bismarcks deutlichen Hinweis auf die »Auflösung und Eliminierung« der Juden. In seiner großen, unverkennbaren Schrift schrieb Mussolini über die obere rechte Ecke »nulla osta. M« (ich zeige das Dokument auf Seite 17). Für Mussolini stand dem Todesurteil für die Juden in der italienischen Zone nichts im Wege.[31]

Es gibt keine Unterlagen über die Reaktion Cianos auf die herzlose Entscheidung des Duce, weder in den offiziellen Akten noch in seinem Tagebuch. Wir wissen auch nicht, wie Lanza d'Ajeta und seine Kollegen die Nachricht aufnahmen. Graf Pietromarchi notierte in seinem Tagebuch ein paar Tage später nur: »Der Duce hat die Auslieferung der in den von uns besetzten Gebieten Kroatiens lebenden Juden an die Deutschen angeordnet.«[32]

Jeder weitere Zweifel über die Bedeutung von Mussolinis »nulla osta« würde durch eine Depesche des italienischen Geschäftsträgers in Zagreb, Raffaele Casertano, vom 22. August zerstreut worden sein. Darin berichtete er, daß Juden in besonderen Zügen nach Polen und nicht in irgendeine nicht näher spezifizierte Gegend »im Osten« geschickt würden. Er erwähnte auch, daß der Vertreter des Vatikans in Zagreb, Monsignore Ramiro Marcone, interveniert habe, um die Deportationen zu stoppen, aber ohne Erfolg. Er meldete auch die Gebühr von 30 Mark, die die Kroaten zahlten.

> Er fügte hinzu, der deutsche Botschafter habe sich »kürzlich bei einem Gespräch darüber geäußert, daß es wünschenswert wäre, die in die von italienischen Truppen besetzte zweite Zone geflüchteten Juden zu entfernen, und gefragt, wie viele es wären. Er setzte hinzu, daß nach seiner Kenntnis die Hauptgruppen in Mostar, Ragusa und Cirquenizza zu finden seien. Schließlich sprach er von einem offiziellen Schritt der Reichsregierung, mit dem sie bald darum bitten werde, daß diese Juden zusammen mit den anderen kroatischen Juden nach Polen geschickt würden.«[33]

Eine Woche lang geschah nichts. Am 28. August 1942 schrieb d'Ajeta an das Oberkommando der Streitkräfte und teilte mit, daß die Deutschen die Auslieferung der Juden gefordert hätten und daß »die königliche Regierung ihr *nulla osta* gegeben« habe. Er bat das Oberkommando, ihm die genaue Zahl der betroffenen Juden mitzuteilen sowie »jede weitere nützliche Information über die Modalitäten, nach denen zu verfahren für denkbar gehalten« werde.[34]

Ende August waren, wie die 2. Armee berichtete, die Juden in der deutschen Zone Kroatiens und in den Konzentrationslagern von Stara Gradisca und Djakovo bereits deportiert; die aus Jasenovac und Laborgrad sollten die nächsten sein. Der militärische Nachrichtendienst hatte festgestellt:

> »Die kürzlich erfolgte Massenfestnahme von Juden hat einen schlimmen Eindruck auf die Bevölkerung von Zagreb gemacht und ungünstige Kommentare hervorgerufen... Um ihre Ablehnung der Maßnahmen zu zeigen, sind viele Leute zu den Gefängnissen marschiert, um den Inhaftierten Nahrungsmittel zu bringen. Wie es scheint, haben sich viele das Leben zu nehmen versucht.«[35]

Das deutsche Außenministerium sah es mit Befriedigung. Franz Rademacher, Judenreferent der Abteilung Deutschland in der Wilhelmstraße, berichtete am 4. September 1942 seinem Vorgesetzten, Unterstaatssekretär Martin Luther, es gebe zwar gewisse Schwierigkeiten in

Griechenland – der italienische Botschafter sei nicht bereit, die griechischen Juden in der italienischen Besatzungszone zum Tragen des gelben Sterns zu zwingen –, aber sonst entwickelten sich die Dinge bestens. »Hierzu ist interessant, daß in einem ähnlichen Fall bezüglich der Judenaussiedlung aus Kroatien … der Duce entschieden hat, daß die Juden in den von Italien besetzten Teilen genau so behandelt werden sollten, wie die in den von deutschen Truppen besetzten Landesteilen«, schrieb er.[36]

Was dann geschah, hebt sich von der gesamten Geschichte des Zweiten Weltkriegs ab und verdient einen Platz im allgemeinen Bewußtsein der Menschheit. Italienische Soldaten, Diplomaten und Beamte weigerten sich schlicht, diese Befehle zu befolgen. Während die ersten Reaktionen auf die *Ustascha*-Massaker 1941 spontane Proteste jüngerer Offiziere gegen die gräßlichen Dinge waren, die vor ihren Augen geschahen, waren die Entscheidungen vom August-September 1942 überlegte Antworten von höheren Rängen, von Männern im diplomatischen Dienst, die zur beruflichen Vorsicht erzogen waren, von hochrangigen Generälen und Obersten mit der Verantwortung für Tausende von Soldaten. Es war die stumme Meuterei der Mächtigen und Einflußreichen; insofern hatte sie gewisse Ähnlichkeit mit der Verschwörung vom Juli 1944 zur Ermordung Hitlers. Dem deutschen Widerstand gehörte die gleiche Klasse an: Feldmarschälle, Botschafter und beamtete Unterstaatssekretäre.

Der italienische »Widerstand« von 1942, wenn man ihn denn so nennen kann, unterschied sich in grundlegender Hinsicht: Er war keine große Verschwörung zur Veränderung der Staatsführung. Die italienischen »Widerständler« konnten es einfach nicht über sich bringen, so unmenschlich zu handeln, wie es ihre Verbündeten forderten. Ein paar tausend ausländische Juden wurden der Grund dafür, daß viele von ihnen ihre Karrieren aufs Spiel setzten und mit der Zeit sogar ihr Leben. Natürlich gab es gute Gründe dafür, sich den Juden gegenüber anständig zu verhalten, und im Laufe des Jahres 1943 wurden sie immer deutlicher, denn da war das italienische Kriegskapitel geschrieben. 1942 aber, als Rommel in Afrika voranstürmte und die deutsche Wehrmacht die Berge des Kaukasus vor Augen hatte, dürften solche Überlegungen eine geringe Rolle gespielt haben. Die Verschwörer taten, was sie taten, weil es richtig war.

Graf Luca Pietromarchi gehörte zu den ersten, die handelten. Er war als Diplomat verantwortlich für alle von den Italienern besetzten Gebiete. Er war ein gutaussehender und imponierender Mann mit besten Verbindungen. Seine Schwester war mit Bernardo Attolico verheiratet, dem langjährigen Botschafter Italiens in Berlin, und er selbst hatte Kontakt zur gesamten italienischen Gesellschaft. Als ehemaliger Leiter der Abteilung Wehrwirtschaft im Außenministerium kannte er viele Industrielle, Männer wie Alberto Pirelli, der Pietromarchi auf seinen Reisen nach Rom regelmäßig aufsuchte. Eine Woche nachdem der Duce die Juden den Deutschen überlassen hatte, beschloß Pietromarchi, etwas dagegen zu unternehmen, wie er in seinem Tagebuch vermerkte: »Ich habe Castellani kommen lassen, der als Verbindungsoffizier zur 2. Armee dient, und mich mit ihm auf Verfahren geeinigt, wie man die Auslieferung der Juden, die sich unter den Schutz unserer Fahnen geflüchtet haben, an die Deutschen vermeiden kann.«[37]

In der Armee war die Reaktion ebenso unnachgiebig. Oberst Cigliani, für das Büro für Zivilangelegenheiten beim Hauptquartier des VI. Armeekorps verantwortlich, bereitete am 27. August unabhängig von Pietromarchi und zur gleichen Zeit eine Zusammenfassung zur »Lage der Juden« vor, in der er ausführte:

> »Unsere gesamte Tätigkeit war bestimmt, die Juden menschlich leben zu lassen...« Es sei unmöglich, die Juden auszuliefern, »weil wir unseren selbst übernommenen Verpflichtungen untreu werden würden...Sie haben uns keinerlei Unannehmlichkeiten bereitet.«[38]

Die bestmögliche war eine tief in der italienischen Bürokratie verwurzelte Taktik: nichts zu tun, und das auf möglichst offiziöse Weise. Das Büro für Zivilangelegenheiten der 2. Armee hatte bereits ein Memorandum entworfen, in dem acht Punkte umrissen waren, wie man den Anschein erwecken konnte, als willigte man in die Wünsche ein, ohne es zu tun.[39] Und als Vittorio Castellani aus Rom zurückkehrte, bekam er eine Kopie. Am 11. September schrieb Castellani einen privaten Brief an Pietromarchi, in dem er darlegte, wie die Obstruktionskampagne lief:

> »Sobald ich aus Rom zurückkam, suchte ich General Roatta wegen des Problems der Juden auf. Er teilt unseren Standpunkt vollkommen. Supersloda [Comando Superiore Slovenia-Dalmazia] wird also (nicht allzu eilig) eine Antwort an das Oberkommando schicken...Natürlich sind die Kriterien für die Zugehörigkeit [Pertinenza] der Personen im Gebiet der ersten Zone ziemlich dehnbar.«

Die Information, daß die Kroaten 30 Mark an die Deutschen zahlten, stärkte Castellanis Entschlossenheit, die Auslieferung der Juden zu sabotieren: »Abgesehen von allen anderen Überlegungen moralischen Charakters, ist das ein unwürdiger Handel, an dem beteiligt zu sein, wenn auch nur indirekt, äußerst erniedrigend wäre.«[40]

Jetzt waren die Fundamente für eine Handlungsweise gelegt, bei der Italien europäischer Meister ist: Inaktivität mit einem Nebel von aktiven Worten zu verhüllen. *Pertinenza* bedeutet Zugehörigkeit und Zuständigkeit, es bedeutet, als Teil einem Ganzen zuzugehören. In diesem »ziemlich dehnbaren« Sinn ließ sich die *Pertinenza* auf Juden anwenden. Während der italienische Generalkonsul in Dubrovnik bestritt, daß er den Terminus erfunden hätte, und auf seine Herkunft aus altem, österreichisch-ungarischem Recht[41] hinwies, bedeutete *Pertinenza* in Wirklichkeit, daß kroatische Juden (die Juden der zweiten Zone, der Zone B), die keinen Anspruch auf italienische Staatsbürgerschaft hatten, irgendwie den annektierten Gebieten Dalmatiens (der ersten Zone oder Zone A) »zugehörig« und damit administrativ Teil des italienischen Mutterlandes waren und also nicht kroatischer Kontrolle unterstanden. Dieser neblige Gebrauch von Sprache hat eine ehrenwerte Vergangenheit in der italienischen Politik. Er wird im allgemeinen benutzt, um unüberbrückbare Gegensätze zu bemänteln; seine Apotheose erreichte er in der Beschreibung der kommunistisch-christlich-demokratischen Kooperation, die der ermordete Premierminister Aldo Moro in den siebziger Jahren plante, als »konvergierende Parallelen«.

Einen Tag, nachdem Castellani an Pietromarchi geschrieben hatte, flog Roatta zu militärischen Erörterungen mit dem Oberkommando nach Rom. Pietromarchi hielt in seinem Tagebuch für den 13. September 1942 fest, er habe General Roatta auf der Via Veneto getroffen, was unter den gegebenen Umständen kaum ein Zufall gewesen sein dürfte. Roatta fragte ihn, wie die Sache mit den Juden liefe, und sagte dann:

> »Das ist einfach nicht möglich. Sie haben sich unter unseren Schutz gestellt. Die Kroaten haben uns gebeten, sie ihnen wieder zu übergeben. Natürlich habe ich das rundweg abgelehnt. Sie sagten, sie würden die Deutschen bitten müssen… Jetzt gibt es einen Befehl vom Duce.«[42]

Roatta und Pietromarchi glaubten offenbar immer noch, daß die Kroaten hinter der Forderung stünden und nicht die Deutschen. Mit anderen Worten, sie wußten noch nichts von der »Endlösung«. Als sie sich trennten, hatten sie verabredet, einander Briefe zu schreiben und »alles hinauszuzögern«.

Aber der General war nicht wegen der Juden in Rom; der italienische Staat ließ erste Anzeichen einer Krankheit zum Tode erkennen. Als am 13. September Mussolini einen seiner regelmäßigen Anrufe bei seinem Stabschef General Cavallero unternahm, sagte ihm dieser, daß sich bei Zadar »unerfreuliche Dinge« ereignet hätten und er Roatta hergerufen habe, damit er Berichte über »Gärung bei den Truppen und Widerspenstigkeit gegen die Durchführung von Befehlen«[43] erklärte. Wenige Tage nach seiner Rückkehr aus Rom suchte Roatta ein *Presidio* in Jugoslawien auf, das von Partisanen überrannt worden war. Dabei wurde klar, daß zwischen dem 24. August und dem 2. September fünfzehn Sabotageakte auf die Straße und die Bahnlinie zwischen Fiume, Ogulin und Karlovac verübt worden waren und daß er nicht mehr die Macht hatte, ihnen zu begegnen.

> Seine Streitkräfte waren … »nach Alter und Ausbildung von dürftiger Qualität; erschöpft vom monatelangen schweren Dienst ohne die Möglichkeit einer Ablösung; ungenügend an Zahl (statt 25 bis 35 Männern pro Kilometer waren es nur 10 bis 15)« [Unterstreichungen im Original].[44]

Eben zu der Zeit führten die griechischen Partisanen ihre ersten Schläge. Verglichen mit Roattas 2. Armee in Jugoslawien hatte General Gelosos 11. Armee in Griechenland eine relativ friedliche Zeit erlebt. Die griechische Armee war genauso nachlässig entwaffnet worden wie die jugoslawische, aber in Griechenland fehlte die allgemeine Tradition von Banditentum und Selbstverteidigung, die das Auftreten der *Tschetniks* im Norden unausweichlich gemacht hatte. Die eigenartige Lähmung des griechischen Lebens, die die Metaxas-Diktatur vor dem Krieg hervorgerufen hatte, die zweifelhafte Loyalität des griechischen Volkes gegenüber König und Königin im Exil, die tiefe Uneinigkeit der bürgerlichen Parteien, die relative Schwäche der Kommunisten und das Fehlen einer einheitlichen politischen Führung – sie alle zusammen zögerten die Entstehung eines bewaffneten Widerstands in Griechenland hinaus.[45] Mitte September 1942 meldete das Hauptquartier der 11. Armee erstmals, daß die Guerillas in größeren Verbänden zu kämpfen begonnen hätten und daß einer davon ein ganzes italienisches Bataillon vernichtet habe.[46] Am 22. September war auch Geloso in Rom und erläuterte Cavallero den schlechten Zustand seiner Truppen.[47]

Eine weitere – eine persönliche – Krise wurde im Herbst 1942 auch immer deutlicher. Ortona hatte seinem Tagebuch anvertraut, daß, wenn der Duce fort war, Rom »paralysiert« sei.[48] Im September 1942 war dann der Duce, selbst wenn er körperlich anwesend war, doch geistig abwesend. Pirelli schrieb:

> »Gegenwärtige Situation voller Rätsel und Widersprüche; ständige Machtüberschreitung des Chefs und wiederholte Kritik: ›Er ist ein Schwächling!‹ (mit Bezug auf Hitler; seine Unfähigkeit, gewisse Mitarbeiter loszuwerden etc). Unzufriedenheit sehr verbreitet, aber andererseits begeisterte Mengen, wenn er auf einem Balkon erscheint oder spricht.«[49]

Der Duce erschien und sprach weniger, weil er sich in den Sommermonaten 1942 von Rom fernhielt. Von drei kurzen Besuchen in Rom abgesehen, hielt er sich entweder in Riccione auf oder in seinem Schlupfwinkel La Rocca delle Caminate in der Romagna.[50] Es kamen Gerüchte über seine Gesundheit auf; Anfang Oktober wurden sie zur Gewißheit. Bottai sah seinen *Capo* am 7. Oktober, als Mussolini nach Rom zurückkam, zum ersten Mal seit Wochen:

> »Das Gesicht grau, aschfarben, die Wangen eingefallen, der Blick müde, der Mund durch einen Ausdruck von Bitterkeit verzerrt – all das zeigt deutlich die Krankheit, die ihn, wie man hört, wieder gepackt hat. Das alte Magengeschwür! Oder, Nachforschungen Castellanis zufolge, Amöbenruhr.«[51]

Die Geschichte verbreitete sich in Mussolinis ganzem schrumpfenden Reich. Als Console Scalchi, Befehlshaber der faschistischen Miliz in Dalmatien, einen Tag, nachdem Bottai Mussolini gesehen hatte, das Büro des Gouverneurs in Zadar verließ, teilte er Ortona mit, daß er und Bastianini über nichts anderes als die Krankheit des Duce hätten sprechen können.[52] Der Präfekt von Zadar, der am 10. Oktober von einem offiziellen Besuch in Rom zurückkehrte, »sprach von der lastenden Atmosphäre, von Zynismus, Erschöpfung, Unordnung und vor allem den Gerüchten über den Gesundheitszustand des Duce«.[53]

In seinem Buch *Die brutale Freundschaft* benutzt F. W. Deakin ein wunderbares Bild, um Mussolinis Art der Regierung zu beschreiben:

> »Mussolini regierte Italien gewissermaßen so, als leitete er ganz allein eine private Zeitung: er bestimmte den Schriftgrad, schrieb

die Leitartikel, interviewte jedermann, hetzte Reporter herum, bezahlte Nachrichtenlieferanten, entließ unaufhörlich Mitarbeiter... und ignorierte im Grunde, als nicht zur Sache gehörig, die letzte Verantwortung der politischen Macht.«[54]

Wie in Hitlers Reich, so war auch in Mussolinis *Impero Romano* keine Vorsorge für die Nachfolge getroffen worden. Der Duce hatte keinen Vertreter und traute niemandem. Die Generation, die die faschistische Revolution durchgeführt hatte, vielfach Männer von großen Fähigkeiten wie Bottai, Bastianini oder Grandi, hatte die Vierziger oder frühen Fünfziger erreicht und genoß nicht mehr Mussolinis Vertrauen. Seinem Schwiegersohn Galeazzo Ciano hatte der Duce nie recht getraut, und die Mussolini-Kinder waren, abgesehen von Edda Ciano, unbedeutende Menschen. Die faschistische Jugendbewegung und die Studentenorganisationen waren der einfachste Weg, Beamter zu werden oder Karriere zu machen. Vielleicht zeigt keine Einzeltatsache den intellektuellen Bankrott des Faschismus deutlicher als das Fehlen einer jüngeren Generation innerhalb der Bewegung. Im September und Oktober 1942 konnten die italienischen Behörden ihre Hinhaltetaktik in der Judenfrage verfolgen, weil Rom in den Fängen einer schleichenden Führungskrise steckte. Niemand wagte irgendwo eine wichtige Entscheidung zu fällen, wenn der Duce nicht da war.

Roatta antwortete dem Oberkommando am 22. September und berichtete, er habe Befehl gegeben, die *Pertinenza* von rund 3 000 jüdischen Flüchtlingen festzustellen; es sei ein erster Schritt zur Auslieferung wenigstens eines Teils von ihnen an die kroatischen Behörden. Roatta war nicht die Art General, der nur salutierte und gehorchte. Er nahm die Gelegenheit wahr, zwei Einwände gegen die *Consegna* (Auslieferung) zu erheben:

»Nach meiner Ansicht würde die Auslieferung von Juden an die Deutschen oder Kroaten praktisch zur Schädigung unseres Ansehens führen, weil wir sie, wenn auch nur aus taktischen Gründen, unter unseren Schutz gestellt haben und weil es ernste Rückwirkungen auf die bewaffnete freiwillige *Tschetnik*-Miliz hätte, die glauben könnte, daß wir sie eines Tages ebenso an die *Ustascha* ausliefern könnten.«[55]

Damit hatte Roatta ein Argument gefunden, das militärisch sinnvoll war. Die 2. Armee konnte den Guerillakrieg nicht allein führen. Er hatte dem Oberkommando gerade alle nötigen Beweise geliefert. Ohne die Unterstützung der *Tschetniks* gab es keine Möglichkeit, die jetzt besetzten Gebiete zu halten. Roatta hatte sich gegen die deutsche Forderung gewehrt, sie zu entwaffnen. Er wußte, wie flüchtig und unsicher ihre Loyalität war. Die Londoner Exilregierung versuchte sich bei ihnen anzubiedern. Es war viel weniger als die Auslieferung einiger tausend Juden an die Kroaten notwendig, um die freundschaftlich gesinnten *Tschetniks* zu veranlassen, in die Berge zu verschwinden. Die italienischen Streitkräfte waren 1941 die Schutzmacht sowohl für Serben als auch für Juden geworden, weil die Kroaten sie beide bedrohten; wenn der Schutz zurückgezogen würde, würden die serbischen *Tschetniks* anderswo Hilfe suchen.

General Mario Roatta mußte vorsichtig sein. Castellani, der als Verbindungsoffizier des Außenministeriums bei Roattas Hauptquartier tatsächlich den Brief vom 22. September entworfen hatte, schrieb wenige Tage später dem Grafen Pietromarchi einen privaten Brief, schickte ihm eine Kopie mit und fügte hinzu:

> »Der Bericht ist ziemlich lakonisch und entwickelt vielleicht nicht alle Punkte, die zu erwähnen nützlich gewesen wäre, ausreichend. Jedoch sind die Gedanken alle da und können, wenn man will, genutzt werden als Ausgangspunkt für den Versuch, eine Abschwächung der Entscheidungen hervorzurufen, die höheren Ortes in der Sache getroffen worden sind.
>
> Ich möchte darauf hinweisen, daß ich eine viel detailliertere und präzisere Antwort vorbereitet hatte, aber die Zusammenstellung der Antwort war außerordentlich harte Arbeit, und wir kamen erst nach sechs verschiedenen Entwürfen zu der schließlich angenommenen Formulierung. Außerdem muß man bedenken, daß die Position General Roattas sehr schwierig ist und daß er sich ständig Sorgen macht (und vielleicht zu Recht), daß er seinen ›Freunden‹ in Rom die Chance bietet, ihn als Rebellen anzuschwärzen, der Befehle nicht befolgt, oder ihn auf der üblichen Bananenschale ausrutschen zu lassen.«[56]

Der wichtigste unter den römischen »Freunden« und derjenige, der dem General am ehesten eine Bananenschale vor die Füße werfen würde, war Marschall Ugo Cavallero, Chef des Generalstabs der Streitkräfte, des *Comando Supremo*. Von allen Persönlichkeiten in dieser eigenartigen Geschichte von Moral und Machenschaften bleibt Cavallero am unschärfsten, obwohl paradoxerweise er die größten Papiermengen hinterließ. Cavallero nahm Nixon vorweg, als er in seinem Schreibtisch im Oberkommando eine Abhörvorrichtung einbaute, die in ein benachbartes Büro lief, wo buchstäblich jedes offiziell gesprochene Wort aufgeschrieben wurde. Derselbe Stenograf schrieb jedes außerhalb des Büros gesprochene Wort auf, wenn der Marschall in Militärangelegenheiten reiste. Cavalleros *Diario storico,* das Kriegstagebuch, das alle Kommandostellen über der Regimentsebene in der italienischen Armee führten, liest sich wie ein Schauspiel, in dem die Texte der Schauspieler voll der Vitalität der lebendigen Sprache sind, denn lebendige Sprache sind sie ja. Nach dem Krieg veröffentlichte sein Sohn einen Teil dieser Tagebücher, und den Rest gibt die historische Abteilung des Generalstabs der italienischen Armee heraus. Wenige moderne Generäle haben so geschlossene Materialquellen hinterlassen.

Der Mensch Cavallero bleibt trotz der Tagebücher im dunkeln. Als Historiker bekommt man normalerweise ein Gefühl für die Persönlichkeiten, deren Briefe und Handschrift einem vertraut geworden sind. Ich merke, daß ich manchmal sage, ich »kenne« Castellani oder Bottai. Von Cavallero würde ich das nie sagen. Er enthüllt außerordentlich wenig über sich selbst. Er studierte reine Mathematik an der Universität Turin und verfügte über »umfassende Bildung«, wie im italienischen biografischen Nationallexikon steht. In den zwanziger und dreißiger Jahren arbeitete er zum Teil in der Industrie, womit er den modernen militärisch-industriell denkenden General ebenfalls vorwegnahm, und genoß den Respekt und die Freundschaft von Alberto Pirelli. Ciano konnte ihn nicht ausstehen und zeigte das deutlich, sooft sie einander begegneten, und in der Marine (das italienische *Comando Supremo* leitete alle drei Waffengattungen) gab es Leute, die ihm bonapartistische Ambitionen unterstellten.[57]

Mussolinis Respekt erwarb er sich mit der Gelassenheit, in der er das Kommando über die italienischen Streitkräfte im Anfangsstadium des griechischen Kriegs übernahm und die drohende Niederlage in ein Patt verwandelte. Niemand bezweifelte seine militärischen oder seine administrativen Fähigkeiten. Die Unterlagen beweisen, daß er 1942 sieben Tage die Woche in seinem Büro verbrachte und unmögliche Anrufe Mussolinis und unmögliche Forderungen von den Chefs der drei Waffengattungen, von Befehlshabern an der Front und von den deutschen Verbündeten abwehrte. General Enno von Rintelen, langjähriger deutscher Militärattaché in Rom, hegte große Hochachtung für ihn als »tätigen, ideenreichen Soldaten mit gesunden operativen Gedanken und strategischem Blick... Er hatte ein gutes, vielleicht zu entwickeltes Anpassungsvermögen... stets bereit, den Forderungen des OKW Folge zu leisten.«[58]

Das war der Haken. Cavallero, ein gewandter kleiner Mann mit Kneifer, sprach fließend Deutsch und tat alles, um Reibungen zwischen den Achsenpartnern zu vermeiden. Der gut informierte SS-Offizier Eugen Dollmann schreibt, daß Feldmarschall Kesselring, deutscher Kommandeur in der Region, Cavallero »absolut unterwürfig« gefunden hätte und Roatta als »den wahren Chef unter den italienischen höheren Offizieren« betrachtete, dessen »scharfe, wenn auch skrupellose Intelligenz einen tiefen Eindruck machte«.[59] Es besteht kein Zweifel, daß Kesselring und Cavallero eng zusammenarbeiteten. In kritischen Zeiten ging Kesselring mindestens einmal, oft mehrmals am Tag ins *Comando Supremo,* und die beiden Generäle sprachen außerordentlich offen miteinander.[60] Mir haben diese Kontakte nie den Eindruck gemacht, als hätte sich Cavallero Kesselring »unterworfen«, sondern als hätten sie einander aufrichtig respektiert.

Das Geheimnis um Cavallero wird nie gelöst werden und erstreckt sich auch auf die sonderbaren Umstände seines Todes. Nach dem Zusammenbruch des Faschismus im Juli 1943 wurde Cavallero zusammen mit Buffarini Guidi, Teruzzi, Gravelli, Interlandi und einigen anderen Vertretern des prodeutschen Flügels der Faschisten festgenommen und in dem berühmten Gefängnis Regina Coeli am Tiberufer inhaftiert. Nach dem Waffenstillstand und der Flucht der königlichen Regierung nach Brindisi befahlen die Deutschen, ihre Freunde freizulassen. Für den Abend des 13. September lud Marschall Kesselring Marschall Cavallero, General Soddu und verschiedene andere höhere Offiziere in seine Villa in Frascati zum Essen ein. Zuvor hatte Cavallero, nach seiner Entlassung aus dem Gefängnis Regina Coeli, seine Frau aufgesucht, die schwerkrank im Krankenhaus lag. Er hatte ihr erzählt, daß ihm die Deutschen das Kommando über eine neue, pronationalsozialistische italienische Armee angeboten hätten, die gerade aufgestellt wurde, und daß er ablehnen wollte. Seine Frau fürchtete, sie würden ihn töten, wenn er nein sagte. In den frühen Morgenstunden des 14. September wurde die Leiche Marschall Cavalleros mit einem Kopfschuß im Garten der Villa von Marschall Kesselring gefunden. War es Selbstmord oder Mord?[61]

Cavalleros Mitgefangene in Regina Coeli, wie Buffarini Guidi und Interlandi, waren bekannte Antisemiten, ebenso Farinacci, den die

Deutschen bereits ins Reich in Sicherheit gebracht hatten. Alle drei spielten eine üble Rolle bei der Vernichtung der italienischen Juden 1943 bis 1944 unter der Marionettenregierung von Salò. Ich habe weder in seinen Papieren noch in den Kommentaren anderer je auch nur die Andeutung eines Beweises dafür gefunden, daß Cavallero Juden gehaßt hätte. Sicher wußte er von der Verfolgung der Juden in Europa. Der italienische militärische Geheimdienst SIE sammelte Informationen darüber und gab sie monatlich an die Oberkommandos weiter. Kurz bevor Cavallero im Januar 1943 seinen Posten verlor, verzeichnet sein Tagebuch: »0950 Uhr: Anruf General Vercellino. Thema: Veröffentlichung einer Proklamation in ausländischen Zeitungen, die den Krieg gegen die Juden beklagt.«[62] Im Januar 1943 enthielten solche Berichte bereits viele genaue Einzelheiten über die »Endlösung«, also müßte Cavallero eine Menge gewußt haben.

Wenn man einen Menschen nach den Leuten beurteilen kann, mit denen er Umgang pflegt, muß der eng mit den Deutschen zusammenarbeitende Cavallero zum antisemitischen Flügel des italienischen militärisch-politischen Establishment gehört haben. Als sich um den leeren Thron Mussolinis das Vakuum öffnete, kamen Gerüchte über eine Verschwörung von Farinacci und Cavallero auf. Über Farinaccis wütenden Antisemitismus und seine prodeutsche Einstellung gab es keinen Zweifel. Marschall Caviglia bemerkte in seinem Tagebuch: »Farinacci und Cavallero scheinen in engem Einvernehmen zu stehen. Die anderen Faschistenchefs sind gegen Farinacci aufgebracht und fürchten ihn, weil er die Deutschen auf seiner Seite hat.«[63]

General Hazon, Kommandeur der Carabinieri, einer Truppe, die sowohl militärische als auch polizeiliche Funktionen ausübte, erzählte General Puntoni Ende Oktober 1942:

> »Die Krankheit des Duce hat denen, die sich um seine Nachfolge bewerben, Appetit gemacht. Einige von ihnen haben sich Cavallero entdeckt, um herauszubekommen, was er denkt und wie er sich verhalten würde, wenn Mussolini abtreten müßte, oder wenn es zu einem Staatsstreich käme... Er sei bereit, genauso loyal, wie er dem Duce gedient habe, dem Regierungschef zu dienen, den der König ernennen würde.«[64]

Das Urteil über Cavallero bleibt »unbestätigt«. Die Vertreter des antisemitischen, prodeutschen Flügels der Faschisten betrachteten ihn als »ihren« General. Dennoch hat Cavallero Roatta bei seiner Politik zur

Rettung von Juden nie behindert, und das hätte er natürlich leicht tun können. Ich vermute, er wußte mehr über den »Holocaust« als irgend jemand sonst an der Spitze des Regimes; trotzdem setzte er sich nachdrücklich und überzeugend für den Sieg der Achse im Krieg ein. Die verschwommene Ungewißheit über sein wahres Denken erklärt die außerordentliche Anfälligkeit der Position Roattas gegenüber der Auslieferung der kroatischen Juden. General Vittorio Ambrosio, Roattas Vorgänger bei *Supersloda* und inzwischen Chef des Generalstabs der Armee, bemerkte unter dem 17. Oktober 1942 besorgt in seinem Tagebuch: »Man muß Zunge hüten. Spitzel im Stab... Politische Lage nicht klar. Duce krank.«[65]

Die italienische Taktik gegenüber den Juden entwickelte sich aus der gedrückten Stimmung in Rom im Herbst 1942, aus einer Atmosphäre voller Spannungen, Gerüchte, Intrigen und Befürchtungen. Viele der Maßnahmen und Entscheidungen kann der Historiker nicht weiter verfolgen, weil sie sich in den dunklen Winkeln des zusammenbrechenden Regimes verlieren. Ein paar Gestalten treten wegen ihrer Offenheit aus der Düsternis hervor. Es gibt keine Ungewißheit darüber, wo Graf Pietromarchi oder General Roatta standen, weil sie sagten, was sie dachten, und auch schriftliche Zeugnisse darüber hinterließen. Wie Cavallero, wie Ciano, wie Mussolini selbst wirklich über die »Judenfrage« dachten, kann man nur raten. Ich habe den Verdacht, daß sie das Unterlaufen der Befehle duldeten, weil immer deutlicher die Rettung der Juden eine vernünftige Politik zu sein schien, denn der Krieg entwickelte sich gar nicht nach Wunsch. Wenn Rom einen Separatfrieden mit den Alliierten erbitten mußte, wäre es gut, die Deutschen nicht bei der Ermordung von Juden unterstützt zu haben. Das war vielleicht nicht gerade ein Trumpf-As im Ärmel, aber es konnte ein Joker sein.

Anfang November 1942 suchte Pirelli seinen alten Geschäftspartner Ugo Cavallero auf und traf ihn deprimiert an. Es gab schlechte Nachrichten von der nordafrikanischen Front. Cavallero sagte, Rommel sei »geschlagen«. In diesem Gemützustand teilte Cavallero Pirelli mit, daß Mussolini dem deutschen Verbündeten klar machen müßte, daß »wir in drei Punkten anderer Meinung sind: bei der Behandlung der besetzten Länder, Ausschreitungen gegenüber Juden und Beziehungen zum Papsttum. Wir sollten versuchen, eine echte europäische Föderation zu schaffen, in der jede Nationalität respektiert wird.«[66]

Der Chef des italienischen Generalstabs hatte noch im November 1942 weder den Charakter des Krieges noch die wahren Ziele des Achsenpartners erfaßt. Im Rückblick erscheinen seine Vorstellungen kindlich naiv. In Anbetracht dessen, was die Italiener 1942 von der Ermordung der Juden wußten, könnte man vielleicht noch glauben, daß Cavallero seine Vorschläge ernst nahm. In jedem Fall weisen seine Bemerkungen gegenüber Pirelli exakt auf die opportunistische Verbindung von Niederlage und Empfindsamkeit in der »Judenfrage« hin. Was immer seine wahre Überzeugung war, ein bißchen Milde gegenüber den Juden der 2. Zone in Kroatien könnte sich bei einer etwaigen zukünftigen Abrechnung als nützlich erweisen.

Das Vakuum im Zentrum der Macht erleichterte die Verschwörung zur Rettung der Juden. Es gab den Befehl des Duce, sie an die Kroaten auszuliefern, und der konnte in einem totalitären Staat nicht offen mißachtet werden. Andererseits war der Duce krank und nahm nicht mehr so viele Depeschen zur Kenntnis. Die *Pertinenza* der Juden in Kroatien zu überprüfen konnte Monate dauern, wie es bei der Anforderung von Unterlagen in Italien oft der Fall ist. Der berühmte Padre Tacchi Venturi, der zuverlässigste persönliche Vertreter des Papstes, beschwerte sich bei Buffarini Guidi, dem Unterstaatssekretär im Innenministerium, daß man den Kardinalstaatssekretär Maglione wegen der »Langsamkeit« der Bürokratie neun Monate hatte warten lassen.[67] Padre Tacchi Venturi sprach inoffiziell für den Papst. Wenn Seine Heiligkeit nicht in weniger als neun Monaten eine Antwort vom Innenministerium bekommen konnte, konnte sich die 2. Armee darauf gefaßt machen, daß sie Jahre wegen ihrer Anfragen betreffend mindere Sterbliche warten mußte.

Inzwischen wurde Hitler angesichts der langsamen Entwicklung auf dem Balkan ungeduldig. Im August ernannte er den 57jährigen österreichischen General der Luftwaffe, Generaloberst Alexander Löhr, zum Oberbefehlshaber Südost, verantwortlich für die gesamte Balkanhalbinsel und mit Hauptquartier in Saloniki-Arsakli. Hitler machte Löhrs Aufgabe völlig klar, wie Löhr dem deutschen Botschafter Kasche ein paar Monate später erzählte. »Er müsse Ruhe schaffen, wenn auch diejenige eines Friedhofes«.[68]

Einige Wochen später inspizierte Löhr sein neues Reich und fand die Bedingungen gar nicht zufriedenstellend. Die zankenden Behörden in Serbien arbeiteten nebeneinander her und manchmal auch gegeneinander. Die SS setzte sich über jegliche Konventionen hinweg und duldete keine »Einmischung« von der Feldpolizei, aber wenigstens »Juden gibt es in Serbien nicht mehr«.[69] Er wandte sich der italienischen Frage zu und erhielt Mitte September eine Zusammenfassung von den »Unstimmigkeiten mit den Italienern«, die sechzehn neuere Beispiele für Italiens Duldung der *Tschetniks* und ihre Feindseligkeit gegenüber den Kroaten enthielt.[70] Die Zustände verlangten nach Entscheidungen auf höchster Ebene. Am 25. September empfing Hitler in Anwesenheit von Reichsaußenminister von Ribbentrop und Feldmarschall Keitel den *Poglavnik* des Unabhängigen Staates Kroatien, Ante Pavelić, in Begleitung des deutschen Botschafters in Zagreb, Siegfried Kasche, des deutschen bevollmächtigten Generals Glaise von Horstenau (Löhrs Schulfreund und seine Quelle vertraulicher Informationen) und Minister Hewel aus Belgrad.

Der »Führer« begann die Unterredung mit dem Hinweis, das Reich sei nicht politisch, wohl aber verkehrsmäßig an jener Region interessiert. *Tschetniks* seien »gefährlich ... da diese serbischen Patrioten ... den großserbischen Gedanken verträten«. Würden die Italiener allein mit den Aufständischen nicht fertig, wolle er »den Kroaten ihre für die Ostfront vorgesehenen Einheiten zur Niederschlagung der Aufstandsbewegung im eigenen Lande zur Verfügung stellen«. Der *Poglavnik* erklärte Hitler, daß er das Judenproblem in großen Teilen Kroatiens praktisch gelöst habe, aber an »Judenzentren« wie Mostar und Ragusa nicht herankomme.

> Die Italiener hätten ihm erklärt, »daß es sich hier um Teile eines großen Problems handle, dessen Lösung nicht verfrüht an einzelnen Stellen in die Hand genommen werden könne. Außerdem führten sie Rücksicht auf den Vatikan und sogar die Ehre der italienischen Armee gegenüber den kroatischen Wünschen zur Lösung des Judenproblems ins Feld ... Der Reichsaußenminister wies auf die Weisung des Duce in der Judenfrage [das ›nulla osta‹ vom 21. August 1942] hin, von der die Botschaft in Rom unterrichtet worden sei. Anscheinend sei dies aber bisher noch nicht an die Armee an Ort und Stelle gegeben worden. Scheinbar treibe die 2. Armee unter General Roatta eine eigene Politik.«[71]

Der Reichsaußenminister hatte bedenklich recht. Hitler reagierte unbestimmt; er hoffe, sagte er, den Duce bald zu treffen und mit ihm alles besprechen zu können.

Als die deutschen Beteiligten nach Zagreb zurückkehrten, begannen sie die Gesamtsituation in dem Operationsgebiet zu überprüfen und bereiteten einen Bericht für den »Führer« vor. Er war am 1. Oktober fertig und wurde nicht nur von Kasche und Glaise unterzeichnet, sondern auch vom Oberbefehlshaber Südost, Generaloberst Löhr; es war einer der ganz seltenen Fälle, wo deutsche militärische und diplomatische Repräsentanten eine Art Koordinierung versuchten. Es ist ein langes Dokument, das die militärische und politische Situation in Kroatien und den Widerstand der Italiener gegen deutsche Wünsche umfaßt; auf Seite 6 beschäftigt es sich schließlich mit der »Judenfrage«.

> »Die Durchführung der Judengesetze des kroatischen Staates wird von italienischen Dienststellen derart gehindert, daß in der Küstenzone, insbesondere in Mostar, Dubrovnik und Crkvenica, zahlreiche Juden unter italienischem militärischen Schutz stehen und andere Juden nach Italienisch-Dalmatien und nach Italien über die Grenze verbracht werden. Dadurch gewinnen die Juden Hilfe und können ihre staatsfeindliche Arbeit und damit diejenige gegen unsere gemeinsamen Kriegsziele weiterführen. Der Duce hat zwar nach einem Bericht der Botschaft in Rom Anfang September 1942 entschieden, daß die Juden den kroatischen Gesetzen entsprechend zu behandeln seien. Bis heute wollen aber weder der italienische Gesandte, Casertano, noch der Oberbefehlshaber der 2. italienischen Armee, General Roatta, irgendwelche Weisungen haben.«[72]

Das deutsche Außenministerium reagierte prompt und schickte einen Berater an der Botschaft, Johann von Plessen, zu Lanza d'Ajeta; er sollte ihm mitteilen, daß nach Information der deutschen Behörden trotz der Weisung des Duce keine Instruktionen bei der italienischen militärischen Führung eingegangen wären. D'Ajeta kritzelte über das Memorandum, daß Graf Pietromarchi »irgendeine Antwort« würde ersinnen müssen, besonders »zu dem unsere Soldaten betreffenden Punkt«.[73] Ein paar Tage später schickte Ciano selbst ein Telegramm ans *Comando Supremo* und fragte, welche Befehle zur Auslieferung von Juden »an die Deutschen«[74] die Kommandostellen in Kroatien bekommen hätten. Wie Daniel Carpi schreibt, können wir nicht sagen, ob der Ausdruck »an die Deutschen« beabsichtigt oder ein Lapsus war, denn offiziell sollten die Juden an die Kroaten übergeben werden.[75]

Hastige Betriebsamkeit brach aus. Das Oberkommando schickte ein Telegramm ans Hauptquartier der 2. Armee; das Außenministerium fragte seinen Verbindungsoffizier Castellani, ob Befehle empfangen worden seien oder nicht, und die 2. Armee antwortete ein bißchen unaufrichtig, sie habe nie Befehl bekommen, Juden an die Deutschen auszuliefern.[76] Die Verzögerungstaktik schien nicht mehr die angemessene Antwort auf den zunehmenden deutschen Druck. Himmler reiste selbst nach Rom, um mit seinem finsteren Einfluß die dringende deutsche Forderung nach Juden unter italienischem Schutz zu unterstützen. Der Duce empfing den »Reichsführer SS« am Sonntag, den 11. Oktober 1942, um 17 Uhr im Palazzo Venezia und war »sehr freundlich«. Der Duce erklärte, so Himmler, »es sei selbstverständlich auch ein Problem, daß – wie er sich ausdrückte – wir ›in Rom zu dritt seien, er, der König und der Papst‹«.

Himmler erzählte Mussolini die üblichen Lügen. Juden würden in den Osten deportiert, aber nur, um Sabotageakten vorzubeugen; jawohl, es sei in Rußland nötig gewesen, einige von ihnen zu erschießen, Männer, Frauen und Kinder, weil sie alle für die Partisanen gearbeitet hätten.

> »Der Duce betonte von sich aus, daß das die einzig mögliche Lösung wäre. Ich sagte dem Duce, daß wir die Juden, die politisch belastet wären, in Konzentrationslager verbrächten, daß wir andere Juden zum Straßenbau im Osten verwendeten, wobei allerdings die Sterblichkeit eine sehr hohe sei, da die Juden ja im Leben noch niemals gearbeitet hätten.«[77]

Es steht nicht fest, ob Mussolini den Unsinn glaubte, aber fest steht, daß der Druck zunahm. Am 14. Oktober schrieb Pietromarchi ins Tagebuch:

> »Die Deutschen zeigen uns die übliche Arroganz. Sie haben mehrfach ihre Forderung erneuert, ihnen die Juden aus Kroatien auszuliefern, und erklärt, sie hätten erfahren, daß das Oberkommando der 2. Armee noch keinen Befehl dazu erhalten habe.«[78]

Inzwischen hatte von Mackensen, der deutsche Botschafter in Rom, d'Ajeta im italienischen Außenministerium aufgesucht. Er drängte ihn, den Deutschen zu erlauben, italienische Juden aus Frankreich, Belgien und anderen von deutschen Truppen besetzten Ländern »nach Osten« zu deportieren. D'Ajeta lehnte ab. Italienische Juden würden »als italienische Staatsangehörige betrachtet... die Anspruch auf den gleichen Schutz hätten wie die übrigen Italiener«.[79] Das war ein weiterer irritierender Reibungspunkt zwischen den Achsenpartnern. Es ärgerte die SS und das deutsche Außenamt, daß italienische Juden nicht den gelben Stern trugen und normal in dem sonst schnell »judenrein« werdenden Europa lebten. Im Rückblick wirkt es eigenartig, daß ein hoher italienischer Diplomat so etwas von einer Gruppe von Menschen sagt, denen die italienischen Rassengesetze alle Rechte und Positionen und allen Besitz aberkannt hatten. Mussolinis Italien gestand den italienischen Juden wenigstens noch das Recht zu, nicht ermordet zu werden.

Im Augenblick des größten Drucks änderte das deutsche Außenministerium plötzlich seinen Kurs. Am 17. Oktober schickte Ribbentrop dem Botschafter in Zagreb, Siegfried Kasche, eine Antwort, in der er ihn wegen seines ständigen Nörgelns über die Italiener tadelte und ihn darauf hinwies, »daß nach wie vor das deutsch-italienische Bündnis die Basis unserer Außenpolitik ist, und daß wir uns deshalb unter keinen Umständen durch kroatische Interessen in einen Gegensatz zu unseren italienischen Bundesgenossen hineinbringen lassen dürfen«.[80]

Selbst der Judenhasser Martin Luther, Chef der im Außenministerium für die Vernichtung der Juden verantwortlichen Abteilung, drängte seine Beamten, die »Sonderstellung« Italiens zu berücksichtigen, es gelte, »Empfindlichkeiten zu schonen«.[81] Am 22. Oktober bereitete Luther einen langen Bericht mit dem Titel »Italien und die Judenfrage« vor, in dem er mit Bedauern vermerkte, daß sich die Italiener »wenig verständnisvoll gezeigt« hätten bei der »Bereinigung der Judenfrage« und daß es gefährlich sei, daß die Achse »keine einheitliche Politik« an einem so wichtigen Punkte verfolgte. Nachdem er die italienischen Mißerfolge bei der Behandlung der Juden in der Heimat, der italienischen Juden im Ausland, der nichtitalienischen Juden in Drittländern unter italienischer Besatzung kommentiert hatte, schloß er:

> »Italien muß die italienischen Maßnahmen und Gesetzgebung an unsere Grundsätze und Maßnahmen angleichen... Ein Auftreten Italiens als Beschützer der Juden, wie bisher, bietet der Gegenseite willkommene Gelegenheit, das gute Einvernehmen der Achsenpartner zu stören.«[82]

Das Gewicht dieser Worte wurde stark gemindert durch den Streit, der im deutschen Außenministerium zwischen Reichsaußenminister Joachim von Ribbentrop und seinem früheren Protegé, dem ehemaligen Möbelspediteur Martin Luther, ausgebrochen war. Dessen »Abteilung Deutschland« war 1940 eingerichtet und, wie Christopher Browning in seiner faszinierenden Untersuchung *The Final Solution and the German Foreign Office* zeigt, schnell Luthers Imperium geworden. Die fünf deutschen Botschafter, die aus der SA gekommen waren, hatten unter Luthers Protektion im diplomatischen Dienst Karriere gemacht und galten als seine Leute. Einer von ihnen war Siegfried Kasche in Zagreb.

Luthers Einfluß wuchs, als die »Judenfrage« in den Mittelpunkt rückte. 1942 verfolgte er dank seiner direkten Beziehungen zu SS-Funktionären wie Eichmann eine ehrgeizige eigene Judenpolitik. Er übernahm sich bei den rumänischen Juden und geriet ins Gedränge. Ribbentrop rief ihn zur Ordnung, und von da an begann Luther um sein Überleben zu kämpfen. Er hoffte, einen Keil zwischen Ribbentrop und Himmler treiben zu können. Das italienische Problem bot die passende Gelegenheit. Browning schreibt:

> »Wenn es ihm gelänge, Ribbentrop zu scharfen Forderungen an die Italiener wegen der Judenfrage zu veranlassen, und der Druck Erfolg hätte, so glaubte Luther, dann würde ein Teil der Anerkennung ihm zufallen. Wenn aber die Italiener den erwarteten Widerstand leisten und sich weigern würden, den deutschen Forderungen nachzugeben, würde Ribbentrop durch den Fehlschlag in Mißkredit geraten ... Wenn Ribbentrop seinen üblichen Widerwillen zeigte, den Italienern entgegenzutreten, würde das Zaudern des Außenministers in deutlichem Gegensatz zu Luthers Eifer stehen.«[83]

Ribbentrop war gewiefter als Luther. Er übernahm die Verzögerungstaktik, die die italienischen Behörden ihm gegenüber angewandt hatten, und vermied es so, sich als zu »hart« oder zu »weich« in der »Judenfrage« zu exponieren. Er hielt sich zurück, während Luthers Initiativen überall scheiterten. In Rumänien stoppte die Regierung Antonescu plötzlich die Deportation der Bukarester Juden, nachdem sie bereits abgeholt worden waren. Der jüdische Dichter und Arzt Emil Dorian beschrieb das in seinem Tagebuch unter dem 14. Oktober:

> »Die im Augenblick der Befreiung Anwesenden erlebten Szenen fast unerträglicher Erregung. Die Menschen sprangen aus den Fenstern, sie warfen ihr Gepäck auf die Straße, sie legten Babys in ausgestreckte Arme und schrien in der Freude der Freiheit. Einige hatten Schwächeanfälle vor Glück; sie konnten die Gemütsbewegung, daß sie diesen quälenden Zusammenbruch überlebt hatten, nicht ertragen. Sie umarmten einander, küßten sich, fragten immer wieder, ob es denn wahr sei; ihre Hände streichelten die Luft der Freiheit, sie küßten den Boden. Innerhalb von Minuten hatte die Stadt die Nachricht von ihrer Befreiung erfahren. Und jeder eilte, sie mit Verwandten, Freunden, Bekannten zu teilen.«[84]

Solche Szenen waren in den Augen der Deutschen unerträglich. Sie übten jeden erdenklichen Druck auf die rumänische Regierung aus, aber diese weigerte sich, weitere Juden aus »Altrumänien« zu deportieren. Dazu muß gesagt werden, daß die rumänischen Behörden energisch Juden aus den eroberten Gebieten deportiert und ihren Soldaten gestattet hatten, 160 000 russische Juden in dem von ihnen besetzten südrussischen Transnistrien niederzumetzeln. Curzio Malaparte beschreibt in *Kaputt* rumänische Soldaten, wie sie, »Die Ratten, die Ratten!« rufend, auf Männer, Frauen und Kinder schossen, die sich im Schilf versteckt hatten.[85] An Brutalität wurden die Rumänen nur von den Kroaten und den Einsatzgruppen der SS übertroffen. Selbst Martin Luther ging das zu weit; er versuchte, die »wilden Judenabschiebungen« der Rumänen aufzuhalten.[86] Angst vor der Vergeltung der Alliierten, nicht humanitäre Gefühle stoppten die Deportation der rumänischen Juden. Die rumänische Armee an der Ostfront hatte bereits angefangen nachzugeben; wenige Monate später würde sie vollkommen zusammenbrechen. Das war nicht der geeignete Augenblick für begeisterte Beteiligung am Völkermord. Antonescu war der erste Achsen-Verbündete, der absprang, bevor der Zug hielt.

Martin Luther verlor wegen der rumänischen Juden an Einfluß. Der Botschafter dort war einer »seiner« Männer und hatte mit der SS intrigiert, um Anerkennung für die Vernichtung der Juden in Rumänien zu bekommen. Luther packte Verzweiflung. Im Februar 1943 besuchte Glaise von Horstenau Berlin wegen militärischer Angelegenheiten; nach seiner Rückkehr beschrieb er seinem »lieben Freund« General Löhr sein Erstaunen:

> »In Berlin sitzt freilich mein bis dahin wertvollster Gewährsmann, Unterstaatssekretär Luther, früher Spediteur und Vermögensverwalter Ribbentrops und seit einigen Jahren sein engster politischer Vertrauensmann, in der Prinz-Albrecht-Straße bei der Gestapo, angeblich wegen einer gegen seinen Chef inszenierten Palastrevolution, hinter Schloß und Riegel.«[87]

Luther kam dann ins Konzentrationslager Sachsenhausen, aus dem er nicht mehr entlassen wurde, und starb 1945. Ribbentrops Vorsicht im Umgang mit Luther im Herbst 1942 war also gerechtfertigt. Diese Geschichte hatte direkte Auswirkungen auf die Behandlung der »Judenfrage« im deutschen Außenministerium und gab, mit Brownings Worten, »den Italienern die Möglichkeit, die deutschen Wünsche zu mißachten«.[88]

Die Italiener wußten nicht, daß sie diese Freiheit hatten. Sie erlebten nur den ständigen Druck. Am 20. Oktober 1942 suchte der kroatische Botschafter Perić Roberto Ducci auf, den im italienischen Außenministerium für Kroatien verantwortlichen Abteilungsleiter, um ihm einen interessanten neuen Vorschlag der Kroaten zu unterbreiten. Die Flüchtlinge in der zweiten Zone sollten alle nach Italien gebracht werden, unter der Bedingung, daß sie jegliche Ansprüche auf Eigentum in Kroatien aufgäben. Duccis Memorandum schließt:

> »Perić setzte hinzu, als Mensch hoffe er, daß wir diesen Vorschlag annehmen könnten. Er habe eine ziemlich genaue Vorstellung von dem Schicksal, das die von den Deutschen nach Osten abtransportierten Juden erwartete.«[89]

Die Italiener gerieten durch den Vorschlag in Verlegenheit; sie wurde noch gesteigert, weil am folgenden Tag Fürst Bismarck wieder vorsprach und darauf bestand, daß die jüdischen Flüchtlinge »so bald wie möglich« an die kroatischen Behörden übergeben würden. Das Außenministerium entwarf daraufhin ein Memorandum, das die Situation zusammenfaßte und schloß:

> »Bei diesem Stand der Dinge scheint es angebracht, daß Supersloda Befehl erhält, sofort alle Juden in den von uns besetzten Gebieten – etwa 2 500 – zu internieren; die kroatischen Juden sollten ausgeliefert werden, die mit Anspruch auf italienische Staatsbürgerschaft nicht. [Unterstreichung im Original]«[90]

Roberto Ducci entwarf eine Antwort an den kroatischen Botschafter, die an den Kabinettschef Lanza d'Ajeta und schließlich an Mussolini ging, der sie billigte. Am 28. Oktober wurde dem kroatischen Botschafter der Inhalt mitgeteilt. Die Juden sollten interniert und einem Verfahren unterworfen werden. Die als Kroaten identifizierten sollten an die kroatischen Behörden übergeben werden: inzwischen war klar, daß sie »eliminiert« werden würden.[91] Die italienischen Juden sollten dagegen verschont bleiben. Botschafter Perić antwortete, daß, da seine Regierung nur im Interesse der öffentlichen Ordnung handele, dieser Vorschlag sehr zufriedenstellend sei.[92] Am gleichen Abend informierte d'Ajeta den deutschen Botschafter von Mackensen, die italienische Regierung habe den kroatischen Vorschlag, alle jüdischen Flüchtlinge nach Italien zu bringen, abgelehnt, »da Italien kein Palästina sei«. Dann erklärte er dem deutschen Botschafter den italienischen Gegenvorschlag, alle Juden der zweiten Zone zu internieren und sie in Kroaten und Nichtkroaten zu trennen. Die Angehörigen der ersten Gruppe würden »sobald als möglich… den kroatischen Behörden übergeben werden, die von dem Augenblick an die Verantwortung übernehmen würden«.[93] An diesem Abend wies das *Comando Supremo* den Armee-Führungsstab in Slowenien und Dalmatien *(Supersloda)* an, mit der Festnahme aller Juden unter ihrer Gewalt zu beginnen und

> »…dafür zu sorgen, daß sie nach ihrer Zugehörigkeit *(Pertinenza)* oder vielmehr nach kroatischen Juden und Juden mit Anspruch auf italienische Staatsbürgerschaft sortiert würden, und dann die Listen mit den Namen der Juden beider Kategorien ans Oberkommando zu schicken«.[94]

Der Stabschef der 2. Armee, General Clemente Primieri, schrieb unter die Depesche: »Das Außenministerium hatte recht?!« Es schien jedenfalls so. Ein paar Tage zuvor hatte Castellani ihn aus Rom angerufen, um ihm zu sagen, daß die *Consegna* jetzt beschlossen sei und man nichts dagegen tun könne.[95] Primieri schrieb ärgerlich:

> »Wir brechen das Wort, das wir ihnen gegeben haben, und das wird schreckliche Rückwirkungen auf unsere Beziehungen zu all den anderen haben, die uns voll vertraut haben. Sie werden Angst haben, daß wir sie von einem Augenblick zum nächsten im Stich lassen. Unser Ansehen wird sehr darunter leiden.«[96]

Befehl war Befehl, und am 29. Oktober schickte *Supersloda* Telegramme an die drei Korps-Kommandeure und befahl ihnen, für die Internierung aller Juden in ihren Operationsgebieten zu sorgen.[97]

Was dann tatsächlich geschah, ist alles andere als klar. Eine Erklärung hat das italienische Außenministerium in einem Bericht über die Bemühungen, Juden zu helfen, angeboten, der nach dem Krieg zusammengestellt wurde, sowie auch in einer Darstellung, die Roberto Ducci unter dem Pseudonym Verax 1944 veröffentlichte.[98] Der israelische Historiker Daniel Carpi, die größte Autorität auf dem Gebiet der italienischen Versuche zur Rettung der Juden, akzeptiert ihre Argumente. Alle drei meinen, daß die *Consegna* nie ernstgemeint gewesen sei und daß die Internierung nur eine weitere italienische List zur Irreführung der Deutschen war. Carpi glaubt, daß die wütende Reaktion von Leuten wie

Brigadegeneral Primieri entstanden sei, weil »niemand die wahren Absichten der neuen Befehle begriff, und sie alle sich Sorgen machten, was mit den Juden geschehen würde«.[99]

Diese Interpretation scheint mir unwahrscheinlich. Castellani rief am 24. Oktober, also während die Strategie im Außenministerium entworfen wurde, aber nachdem das Memorandum mit dem Vorschlag zur Auslieferung entworfen worden war, von Rom aus in Sussak an. Er bat seinen Bruder, einen General, im Hauptquartier der 2. Armee vorzusprechen, damit man dort Details ergänzte, die zu geheim waren, als daß man sie am Telefon hätte behandeln können. Wir wissen, daß Graf Pietromarchi Vittorio Castellani als seinen Bevollmächtigten bei dem Kampf um die Rettung der Juden betrachtete. Da sich Castellani wegen dieser Entscheidung in Rom aufhielt, ist es wahrscheinlicher, daß die Entscheidung gegen Pietromarchi und Castellani und zugunsten der Gruppe getroffen worden war, die sich den Deutschen fügen wollte. Sonst kann man sich General Primieris Ausbruch kaum erklären, der stattfand, bevor der eigentliche Befehl zur Auslieferung der Juden Sussak erreichte, und der eine Reaktion auf die schlechte Nachricht gewesen sein muß, die ihm Castellani übermittelt hatte. Es befleckt die italienische Ehre nicht, daß sich nicht alle Diplomaten gleich eifrig für die Rettung jüdischen Lebens einsetzten. Es gab eine ganze Anzahl von überzeugten Antisemiten in Italien und eine noch größere Zahl von Opportunisten. Was die italienische Leistung auszeichnet, ist, daß es eine so große Zahl von Pietromarchis, Castellanis und Roattas gab. Man erwiese guten Männern einen schlechten Dienst, wenn man die Wirklichkeit so schlicht und einfach darstellte. Sie war es keineswegs.

Die Reaktion der italienischen Armee in Kroatien auf den Plan der Internierung war außerordentlich feindselig. Der Kommandeur eines mobilen Maschinengewehr-Bataillons schickte ein Memorandum an einen Freund, das er »von verantwortungsvollen Teilen der 2. Armee« erhalten hatte und in dem die Haltung der Armee zur Abholung der Juden ausgedrückt war:

>»Die Konzentrierung ist der erste Schritt zu ihrer Auslieferung an die Kroaten, die sie ihrerseits an die Deutschen ausliefern werden. Die Deutschen versuchen nicht zu verbergen, daß ihr Ziel die gewaltsame Unterdrückung dieses Volkes ist... Die italienische Armee sollte sich mit solchen Dingen nicht die Hände schmutzig machen.«[100]

Der kommandierende Offizier der Carabinieri in der Region des V. Korps, Oberstleutnant Pietro Esposito Amodio, berichtete, daß anti-italienische Gerüchtemacher die Festnahme der Juden benutzten, um Italiens Position zu schwächen. Sie flüsterten, daß Italien nun gezeigt hätte, daß es »ein kleines Land sei, das auf den Rang eines Vasallen Groß-deutschlands gesunken sei«.[101]

Diese Sachverhalte waren sicher bedeutsam, konnten aber die Waag-schale nicht zugunsten des Pietromarchi-Roatta-Lagers senken. Das scheint eher ein Auftrag des Generals der Carabinieri, Giuseppe Pièche, Anfang November bewirkt zu haben. Die Carabinieri haben eine Dop-pelstellung im italienischen Leben; sie sind Teil der Streitkräfte, aber auch Teil der Polizei, und so zusammen mit dem Dienst für öffentliche Sicherheit im Innenministerium mitverantwortlich für die Aufrechter-haltung von Recht und Ordnung. Die Grenze dazwischen ist kompli-ziert, und es gibt Überlappungen; verstehen können das nur Experten. Der General der Carabinieri Casarico hat es mir zweimal geduldig in aller Ausführlichkeit erklärt, aber es entglitt meinem Verständnis in dem Augenblick, als ich ihn verließ.

General Pièche war eine wichtige Persönlichkeit. Der Duce und Cavallero zogen ihn in Fragen der Aufrechterhaltung der Ordnung in den Besatzungszonen zu Rate, und Anfang 1943 diskutierte Cavallero die Frage, ob man ihn zum Oberbefehlshaber der »Arma«, wie die Cara-binieri genannt werden, machen sollte.[102] Es war ein ungewöhnliches Zeichen von Hochachtung, denn Gewohnheit und Vernunft fordern im allgemeinen, daß der Oberbefehlshaber der Carabinieri nicht aus der »Arma« selbst kommt. Ihre Kombination von militärischen und polizeili-chen Funktionen, ihre starke Identifikationskraft und ihre interessanten Geheimarchive könnten sie zum »Staat im Staate« machen. Tatsächlich kommandierte Pièche die Carabinieri später; einer der wenigen Carabi-nieri, die das in diesem Jahrhundert taten.[103]

Im Archiv der Carabinieri gibt es keine Unterlagen über Pièches Mission, und auch in den Akten des *Comando Supremo* finden sich keine Hinweise, daß er in Geschäften der Armee unterwegs war. Ich vermute, daß entweder Cavallero oder Mussolini selbst Pièche nach Kroatien schickte, damit er die Beschlußfassung erleichterte und berichtete, was die Agenten der Carabinieri über das Schicksal der Juden herausbringen konnten. Pièches langer »Bericht über Kroatien« trägt das Datum 1. November und beginnt: »Das *Ustascha*-Regime hat sein ›mea culpa, mea culpa‹ für die Ermordung der Juden hergesagt, ›mea culpa‹ für das

Massaker an den Orthodoxen, ›mea culpa‹ für den Kampf gegen Macek und seine Partei [die kroatische Bauernpartei].«[104]

Pavelić wisse, so fährt Pièche fort, daß solche Ausschreitungen das Regime an den Rand des »Ruins« gebracht haben. Er habe jetzt sein Kabinett umgebildet und die Position des deutschen Generals Glaise von Horstenau, dieses »Meisters der Intrige«, in Zagreb geschwächt. Da der »Führer« weiterhin erkläre, Kroatien sei für Italien »lebenswichtig«, sei jetzt »der geeignete Augenblick, die sonderbaren Abweichungen zwischen den Anweisungen der deutschen Zentrale und dem, was an der Peripherie geschieht, zu klären … und unsere Zusammenarbeit mit dem Pavelić-Regime zu erneuern«.[105]

> Das Problem der jüdischen Flüchtlinge… »scheint mit dem Befehl, sie zu konzentrieren und an die Kroaten auszuliefern, gelöst zu sein. Die Art der Übergabe, über die noch nicht entschieden wurde, erscheint ziemlich heikel. Die Angelegenheit hat überall die Furcht geweckt, sie könnte zu einem echten ›Gemetzel‹ führen, das mit unserer romanischen Sensibilität unvereinbar wäre. Meldungen aus Zagreb zufolge ist Pavelić geneigt, sich darauf zu beschränken, sie nur solange in Konzentrationslager zu sperren, bis sich die Juden bereit erklären, auf ihr Vermögen in der zweiten Zone zu verzichten. Bei der Entscheidung zwischen Mord und Raub ist es vielleicht vorzuziehen, wenn wir auf letzteren setzen. Es steht fest, wenn wir uns – möglichst auf humane Weise – von diesen Juden befreien, können wir die Augen und Ohren Londons und derjenigen, die der Sache der Achse zumindest nicht wohlgesinnt gegenüberstehen, von uns abwenden.«[106]

Der ranghohe Carabinieri-General im aktiven Dienst wußte noch nichts von dem wirklichen Bestimmungsort der Juden aus Kroatien. Deshalb hat er keine ernsthaften Einwände gegen die Auslieferung. Im italienischen Außenministerium vertrat die Mehrheit dieselbe Ansicht. Drei Tage später kabelte er Rom eine interessante neue Tatsache: Ich habe kein Exemplar des Original-Telegramms gefunden, aber es ist in den Akten des Außenamts wiedergegeben, wie man auf Seite 107 sieht. Der Text ist ganz einfach:

> »General Pièche meldet, ihm sei bekannt geworden, daß die aus der deutschen Besatzungszone in Gebiete im Osten deportierten

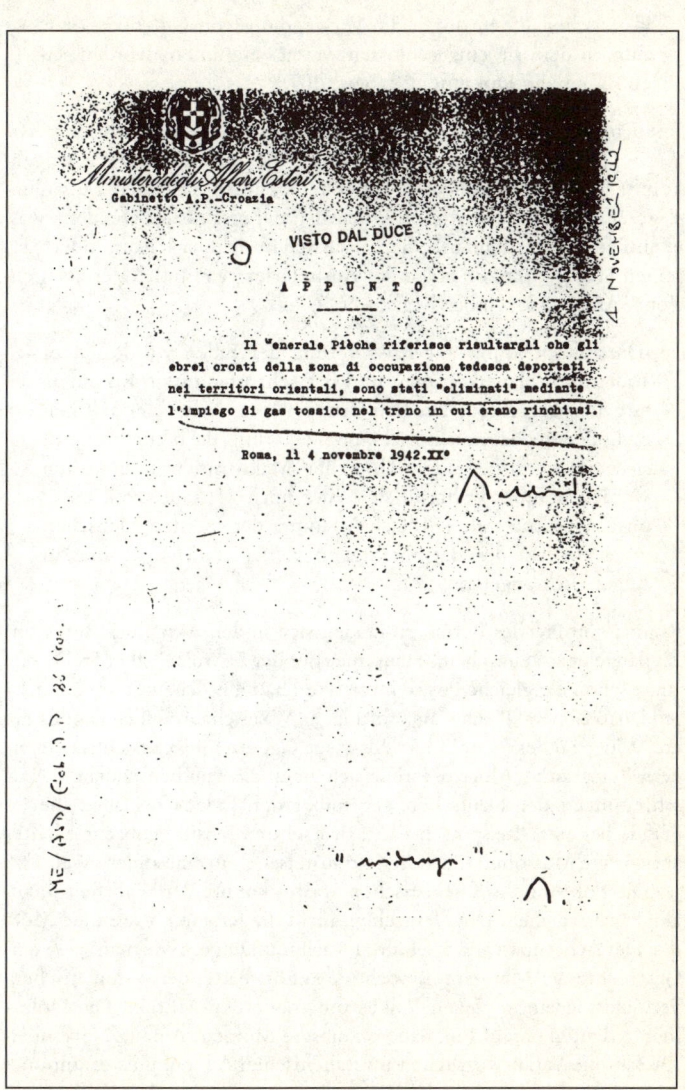

Ministero degli Affari Esteri
Gabinetto A.P.-Croazia

VISTO DAL DUCE

A P P U N T O
———

Il "enerale Pièche riferisce risultargli che gli
ebrei croati della zona di occupazione tedesca deportati
nei territori orientali, sono stati "eliminati" mediante
l'impiego di gas tossico nel treno in cui erano rinchiusi.

Roma, lì 4 novembre 1942.XX°

Dokument 2: General Pièche berichtet 1942 über die Vergasung deportierter Juden kroatischen Juden durch die Verwendung von Giftgas in dem Zug, in dem sie eingeschlossen waren, ›eliminiert‹ worden seien.«[107] (Siehe Dokument 2, Seite 107).

Endlich gab es, wie Luigi Vidau unten auf die Meldung schrieb, »*Evidenze*«, Beweise. Zuverlässige Beweise, die man dem Duce zeigen konnte, und der Stempel oben auf dem Dokument zeigt, daß Mussolini es gesehen hat. Pièche war offensichtlich tief erschüttert von dem, was er entdeckt hatte, denn in seinem nächsten Bericht nach Rom änderte er seinen Standpunkt zur Frage der Auslieferung von Juden der zweiten Zone. Am 14. November begann er:

> »Die Entscheidung zur Auslieferung der Juden würde einem Todesurteil gleichkommen und hat sehr ungünstige Kommentare hervorgerufen, bei den Truppen wie… bei der übrigen orthodoxen oder muslimischen Bevölkerung, die befürchtet, daß sie eines künftigen Tages ähnlichen Maßnahmen unterworfen werden könnte, während sie heute noch vertrauensvoll unter unserer Fahne steht… Nach Meinung der meisten Menschen wäre ein Akt der Barmherzigkeit vielleicht in genau diesem Augenblick angebracht.«[108]

Kopien von Pièches Berichten fanden sich in den Akten des Büros für Zivilangelegenheiten beim Hauptquartier der 2. Armee, einer Stelle, die lange schon die gleiche Position vertreten hatte. Es scheint mir einleuchtend, daß General Pièches Bekehrung die Waagschale endlich zugunsten des Widerstandes gesenkt hat. Als zwei Tage nach Pièches entscheidendem Telegramm Alberto Pirelli sich über die »unmenschlichen Ausschreitungen der Deutschen gegenüber den Juden« beklagte, die er gerade bei einer Reise nach Paris, Brüssel und Berlin beobachtet hatte, antwortete Mussolini: »Sie lassen sie ausreisen… in eine andere Welt.«[109]

Die Führung des faschistischen Staates konnte der Wahrheit nicht länger ausweichen. Die Deutschen, nicht die Kroaten, waren die Mörder. Der Achsenpartner beschäftigte sich mit Dingen, wie man sie in der Geschichte der Menschheit noch nie gehört hatte: der systematischen Vernichtung eines ganzen Volkes mit modernen Mitteln. Die Dokumente deuten darauf hin, daß von diesem Moment Anfang November 1942 an die Verantwortlichen im italienischen Außenministerium und in den Streitkräften wußten, daß sie die paar tausend Juden nicht ausliefern durften.

Die Juden selbst hatten diese Sicherheit nicht. Imre Rochlitz erinnert sich an den plötzlichen Aufbruch und an die Angst, als die Lastwagen mit den Juden aus Dalmatien an der Küste entlangfuhren. Jeder wußte, daß jede Straßengabelung Leben oder Tod bedeuten konnte. Wenn die Kolonne rechts abbog, fuhr sie ins Landesinnere, nach Kroatien und in den Tod. Links abbiegen bedeutete, daß sie auf italienischem Territorium bleiben und die Juden leben würden.[110] In Mostar scheinen die Juden dagegen schon früh gewußt zu haben, daß sie nicht ausgeliefert würden. Das Büro für zivile Angelegenheiten der Division Murge berichtete am 9. November:

> »... Am Nachmittag des 6. dieses Monats berief der Vorsteher der jüdischen Gemeinde in Mostar, Hajon David, in der örtlichen jüdischen Kirche eine Versammlung seiner Glaubensgenossen ein, um sie über die sie betreffenden Maßnahmen zu informieren, die in Kürze ergriffen werden sollen, über die Verlegung an einen neuen Ort unter der direkten und ausschließlichen Kontrolle der italienischen Militärbehörden. Die Betroffenen waren vollzählig erschienen, und die Nachricht wurde mit dem Ausdruck lebhafter Freude aufgenommen.«[111]

Die Evakuierung der Juden von Mostar begann am 19. November und war am 3. Dezember abgeschlossen; 445 Menschen wurden in vier verschiedenen Transporten fortgebracht. Panik brach aus, als am 20. eine Einheit der regulären kroatischen Armee, der *Domobrani*, unvermutet in Mostar erschien und Gerüchte ausstreute, daß die Italiener im Begriff stünden, sich zurückzuziehen. Das löste, mit den Worten des offiziellen Berichts, »lebhafte Besorgnis« aus. Die Panik führte zum Auftreten einer Gruppe von Leuten, die »die gleiche Behandlung forderte, wie sie kürzlich den Juden zugestanden worden« sei. Eine muslimische Delegation meldete sich beim Divisionskommandeur General Paride Negri, um sich zu vergewissern, daß die Italiener bleiben und sie schützen würden.[112] Als die kroatischen Behörden darum baten, daß acht jüdische Ärzte, Zahnärzte und Apotheker zum Bleiben aufgefordert würden, weil sie die einzigen medizinischen Fachkräfte in der Gemeinde waren, antworteten die Italiener, daß »die besagten Personen das Schicksal der anderen Juden teilen möchten und teilen werden, da sie sich von den kroatischen Behörden nicht ausreichend geschützt fühlen«.[113]

Auch der Vatikan hatte offenbar das Ziel der Internierung nicht begriffen. Am 5. November schickte Raffaele Guariglia, italienischer

Botschafter beim Heiligen Stuhl, einen Brief an Graf Ciano, in dem er berichtete, der Kardinalstaatssekretär habe erfahren, daß Deutschland die Auslieferung von zwei- oder dreitausend Juden fordere, »überwiegend alten Menschen, Frauen und Kindern«, die in dem von italienischen Truppen besetzten Teil Kroatiens lebten: »Das Büro des Staatssekretärs hat mich gebeten, bei Euer Exzellenz zu intervenieren, damit womöglich die Auslieferung dieser Menschen verhindert werden kann.«[114]

Dies ist nicht der Ort, weiter über den Vatikan und die Juden zu sprechen, ein Thema, das viel Bitterkeit und Streit hervorgerufen hat, vor allem wegen des Schweigens von Papst Pius XII. zur Deportation römischer Juden 1943 und zum Problem der Ermordung der Juden überhaupt. Die deutschen Behörden hatten 1942 und 1943 keine Zweifel: Der Vatikan war das einzige bedeutende Hindernis bei der Vernichtung des jüdischen Volkes. Bei der wöchentlichen Chefbesprechung des Oberkommandos Südost in Saloniki-Arsakli Ende September 1942 berichtete Oberstleutnant Pfafferoth über einen Konflikt zwischen Pétain und dem Vatikan, der auf »Milde in der Judenfrage« gedrungen hatte.[115] Einer von Glaise von Horstenaus regelmäßigen Informanten unter den höheren kroatischen Offizieren erzählte ihm im Oktober 1942:

> »Erzbischof Stepinac [von Kroatien] und seine Umgebung sind ›judenfreundlich‹ und daher Feinde des Nationalsozialismus. Derselbe Erzbischof hat zur Zeit Jugoslawiens das Protektorat über die jüdischen Emigranten gehabt, obzwar er sich um das Elend der eigenen Landsleute gar nicht kümmerte ... Im August 1942 predigte in der Zagreber Kirche Vlaška ul. ein Geistlicher namens Pietker und führte unter anderem folgendes aus: die Juden sind das auserwählte Volk und sind es bis heute geblieben. Es gibt keinen anderen Führer als den Gott, der die Juden auserwählt hat.«[116]

Himmler erzählte Glaise anläßlich eines Besuches in Berlin im Februar 1943, daß er hoffe, eine SS-Division aus bosnischen Muslimen gründen zu können. Wie Glaise seinem Freund Löhr Anfang März schrieb: »Lediglich das Christentum lehne er wegen seiner Weichheit ab. Die Hoffnung auf das Paradies Mohammeds sei bei den Bosniaken unbedingt zu pflegen, da sie die heldischen Komplexe sichere.«[117]

Der Vatikan handelte konsequent und intensiv zur Rettung von Juden. Zum Zeichen der Solidarität besuchte der päpstliche Nuntius beim italienischen Staat, Monsignore Borgoncini Duca, nicht nur einmal, sondern zweimal das größte Konzentrationslager für ausländische Juden auf italienischem Boden in Ferramonti-Tarsia in Kalabrien.[118] Bei Bastianini, der im Februar 1943 Nachfolger von Ciano wurde, setzte er sich Mitte Februar 1943 für die Rettung der Juden von Split ein, und im Monat darauf versuchte er, die Auslieferung der Juden aus der italienisch besetzten Zone in Frankreich an die Deutschen zu verhindern.[119] Erzbischof Roncalli (der spätere Papst Johannes XXIII.), päpstlicher Nuntius in der Türkei, unterhielt umfangreiche Kontakte zur Jewish Agency und setzte sich auf alle erdenkliche Art und Weise für die Rettung von Juden ein.[120] Die deutschen Behörden hatten recht, wenn sie die Hand des Vatikans in der italienischen Judenpolitik entdeckten, aber was die Hand in Wirklichkeit tat, ist kaum festzustellen. Selbst die offizielle Geschichte der Interventionen des Vatikans zugunsten der »Kriegsopfer« gibt zu, daß sich die Gründe für eine Änderung der italienischen Politik in der »Judenfrage« nicht leicht feststellen lassen: »An diesem Punkt stieß Berlin auf einen Widerstand, den die offiziellen Dokumente nie hinreichend haben erklären können.«[121]

Die offizielle Geschichte des Vatikans kann die Wirksamkeit seiner Interventionen zugunsten der Juden nicht genau feststellen, und ich kann es auch nicht. Es gibt jedenfalls keinen Beweis, daß sie im Oktober/November 1942 die Politik der Auslieferung beeinflußt hätten. Der Einfluß war da, eine Präsenz im Hintergrund, eine andere Quelle der Autorität im Staat, das letzte Zentrum internationaler Kontakte, das Italien und den Italienern offenstand.[122] Die italienische Regierung nannte den Vatikan häufig als Grund für ein Verhalten, das sie so oder so gezeigt hätte, aber sie unternahm, glaube ich, gar nichts direkt infolge einer Intervention des Vatikans.

Die Ereignisse bewirkten, was der Papst nicht bewirken konnte. Am 21. August 1942 wurde die deutsche Fahne auf dem höchsten Berg des Kaukasus gehißt, aber weiter kam die Wehrmacht nicht. Hitler wurde unruhig, entließ Feldmarschall List und übernahm selbst den Befehl über die Heeresgruppe A. Inzwischen hatte die 6. Armee unter General Paulus die Wolga erreicht und marschierte Anfang September in Stalingrad ein. Der Chef des Generalstabs des Heeres, Franz Halder, warnte Hitler, die Stellung in Stalingrad gefährde die deutschen Flanken, und wurde dafür am 24. September entlassen. Anfang November war klar, daß die entscheidendste Schlacht des Zweiten Weltkriegs dort ausgetragen wurde.[123]

Am 23. Oktober 1942 führte die britische 8. Armee unter einem energischen neuen Kommandeur, General Bernard Law Montgomery, einen massiven Angriff auf Rommels Stellungen bei El Alamein durch und warf das Afrika-Korps zurück. Die Schlacht von El Alamein dauerte bis zum 4. November. An jenem Tag rief Mussolini, jetzt ernsthaft beunruhigt, Marschall Cavallero stündlich an, um zu hören, wie es stand. General von Rintelen sprach um 17.15 Uhr persönlich vor, um die Entscheidung des »Führers« weiterzugeben, »Marschall Rommel eine gewisse Bewegungsfreiheit« zu lassen.

> »Er seinerseits plant, nach Fûka zurückzukehren. Der Chef des Generalstabs weist darauf hin, daß das... zum Verlust aller Fußtruppen führen wird. Er macht klar, daß die Armee, wenn er sich zurückzieht, verloren ist.«[124]

Und sie war verloren, zwar nicht sofort, aber bis zum Frühjahr 1943. Die Schlacht von El Alamein und das gleichzeitige Ringen an den Ufern des Don können im Rückblick als Wendepunkte des Krieges in Europa angesehen werden. Für Italien war es der Beginn einer Reihe von Niederlagen, die zum Sturz Mussolinis, dem Ende des faschistischen Regimes und schließlich, zehn Monate später, zur Kapitulation der Regierung Badoglio vor den Alliierten am 8. September 1943 führten. In der kleinen Geschichte der 3 000 jüdischen Flüchtlinge in Kroatien bezeichnete es ebenfalls einen Wendepunkt. Die Niederlage kam in genau dem Augenblick, als Mussolini und den italienischen Behörden erstmals klar wurde, daß die Ermordung von Juden bei ihren Achsenpartnern Teil des Systems war. Es lenkte die gesamte Aufmerksamkeit auf das Problem.

Am 8. November erreichte ein großer alliierter Konvoi, den die deutsche und italienische Aufklärung seit Tagen beobachtet hatte, die Küste von Französisch-Nordafrika, und alliierte Truppen landeten an verschiedenen Stellen in Marokko und Algerien. Was würde die französische Marionettenregierung in Vichy tun? Cavallero schrieb in sein Tagebuch: »Die französische Flotte ist bereit, binnen einer Stunde aus Toulon auszulaufen. Ich wage es nicht zu hoffen, aber wenn diese Zusammenarbeit zustande kommt, haben wir den Krieg gewonnen.«[125]

Die französische Flotte lief nicht aus, und die französischen Landstreitkräfte in Nordafrika kämpften auch nicht, abgesehen von gelegentlichen Scharmützeln. Um 10.15 Uhr an diesem Vormittag empfing Cavallero von Rintelen und sagte:

»Wir müssen etwas tun, um dem Land das Gefühl zu geben, daß es eine Art von Ausgleich für den wahrscheinlichen Verlust von Libyen geben wird... Er [Cavallero] bittet, das OKW aufzufordern, die Anwendung von O2 zu genehmigen... die Besetzung des bisher unbesetzten Frankreich.«[126]

Mit dem faschistischen Regime ging es abwärts, aber es stiegen noch Wolken von Illusionen und erheucheltem Prestige aus geborstenen Schloten auf. Es gab ernsthafte strategische Probleme. Die alliierten Landungen trafen die Achse in labilem Gleichgewicht. »Algerien«, so teilte Cavallero Rintelen mit, »ist außerhalb der Reichweite unserer Flugzeuge.« Die Alliierten wollten, das war klar, die Streitkräfte der Achse in Afrika ausschalten, indem sie sie in einer gewaltigen Zangenbewegung erdrückten: die britische 8. Armee vom Osten und die angloamerikanischen Truppen vom Westen her. Aber war das alles? Algerien und Marokko boten Absprungspunkte für die Landung auf dem europäischen Kontinent, und da gab es eine Menge Möglichkeiten. Mussolini war überzeugt, daß die Landung in Korsika stattfinden würde. Das OKW war besessen von der Vorstellung, daß es Griechenland sein würde. Noch im Mai, als General Löhr zu einer Strategiekonferenz nach Berlin fuhr, wurde sie bei der wöchentlichen Chefbesprechung geäußert:

»Anläßlich der Besprechung des Chefs beim OKW wurde von seiten des OKW erneut die Auffassung bestätigt, daß in kurzer Zeit mit einem feindlichen Angriff auf den griechischen Raum (Peloponnes und vorgelagerte Inseln) zu rechnen ist. Chef glaubt nicht, daß es sich um einen Großangriff handeln wird, ist aber überzeugt davon, daß dieser Angriff verhältnismäßig größer angelegt sein wird und jedenfalls bevorsteht, mit dem Ziel, im griechischen Raum eine Luftbasis zu erwerben.«[127]

Im Mittelmeer war die Initiative an die Alliierten übergegangen, aber Hitler war noch nicht erledigt. Im September hatte der italienische Generalstab sich für »Operation O« *(Esigenza Ovest)* zu interessieren begonnen, eine Unternehmung zur Besetzung von Teilen Frankreichs. Cavallero drückte es so aus: »Wenn wir etwas unternehmen, müssen wir im ersten Sprung die Rhône erreichen. Für das Frühjahr müssen wir einen zweiten Sprung vorbereiten, um die Pyrenäen zu erreichen. Exzellenz Ambrosio weist darauf hin, daß wir die Mittel nicht haben.«[128]

Eine bekannte Geschichte mit bekanntem Ergebnis. Als Hitler das unbesetzte Frankreich zu besetzen beschloß, bemühte sich Cavallero, die 4. Armee für den ersten »Sprung« zu präparieren. Am 10. November um 22.55 Uhr befal der Generalstab der Armee den Beginn der Durchführung der »Operation O« für den 11. November, 7 Uhr. Es funktionierte nicht ganz. General Mario Vercellino, Befehlshaber der italienischen 4. Armee, erwähnte die »faktische Unmöglichkeit, zur vorbestimmten Zeit die Demarkationslinie zu erreichen, in Anbetracht der bisherigen Verbote, Einheiten aus ihren Winterstellungen zu verlegen«.[129]

Die Arbeit des italienischen Oberkommandos war wieder einmal gescheitert. Die Truppen konnten nicht planmäßig ausrücken. Cavallero wurde wild vor Ungeduld. Am Abend des 11. November rief er Vercellino an, und erkundigte sich:

> »Wie weit sind unsere leichten Einheiten vorgedrungen? Wir müssen Marseille erreichen. Unsere Absicht ist, vorzurücken. Andere Pläne gehören in die Schublade. Sie sind überholt. Wir rücken nach allen Richtungen vor. Ich habe einen klaren, unmißverständlichen Befehl gegeben. Wir sind mit unseren Freunden übereingekommen, daß die Demarkationslinie an den Stellen festgelegt wird, die wir erreichen. Rücken Sie Tag und Nacht vor. Pläne müssen behandelt werden, als hätte es sie nie gegeben… Setzen Sie Ihre Leute in Züge und marschieren Sie nach Grenoble. Kümmern Sie sich nicht um Nachschubverbindungen.«[130]

Die 4. Armee und General Vercellino waren solchen plötzlichen Aufregungen nicht gewachsen und klapperten weiterhin zu Pferde langsam über die Kopfsteinpflasterstraßen französischer Kleinstädte. Schließlich wurde die italienische Zone wesentlich kleiner, als Cavallero gehofft hatte. Lyon erreichten die Italiener nicht, aber sie hielten immerhin sechs Departements in Südfrankreich und wurden unverhofft die Beschützer einer großen Zahl von Juden, von denen einige schon in den Süden geflüchtet waren. Richard Cohen schätzt, daß bis zum Herbst 1942 ungefähr 150 000 französische und ausländische Juden das unbesetzte Frankreich erreicht hatten.[131] Das Vichy-Regime, so gräßlich es auch war, war der direkten Herrschaft der Deutschen doch vorzuziehen. Jetzt versuchten so viele wie möglich, über die Rhône in die italienische Besatzungszone zu gelangen. Eine unvorhergesehene Konsequenz der alliierten Landung war, daß sie die Italiener weiter in die Rolle der Retter der Juden drängte.

Um Juden zu retten, mußte man immer noch den nachlässig gegebenen Befehl Mussolinis vom 21. August, sie an die Kroaten auszuliefern, konterkarieren. Bastianini eilte nach Rom, um mit dem Duce zu sprechen; Ortona, der ihn begleitete, fand die Atmosphäre »erschreckend«. Bastianini nutzte die Gelegenheit einer Audienz beim Duce, um das Gespräch von den Themen Kroatien und Dalmatien auf die Bedingungen innerhalb Italiens zu lenken. Die Menschen seien nicht bereit, einer englisch-amerikanischen Invasion zu widerstehen: »Es gibt keine Einigkeit; man kann auch nicht sagen, ein Bereich sei antifaschistischer als andere. Überall regiert Bestürzung, Unbehagen, Uneinigkeit.«[132]

Am 17. November kam General Roatta nach Rom. General Löhr traf am gleichen Tag ein. Es gab Zusammenkünfte mit dem Duce, mit Cavallero, mit Ambrosio. General Löhr sprach die »höchst unbefriedigenden Zustände« in Kroatien an, vor allem die Zunahme der Zahl der *Tschetniks,* aber man sagte ihm, daß die Italiener eher noch weitere Truppen abzuziehen und sich aus einem großen Teil der zweiten Zone zurückzuziehen gedächten.

General Roatta sagte, »für eine nachhaltige Säuberung [von Guerillas] sei er zu schwach«, wie Löhr berichtete. »Er wolle eine Wiederholung der Lage vom vorigen Winter vermeiden, als die italienischen Besatzungen wie Inseln von allen Seiten eingeschlossen waren und allein ihre Versorgung die größten Schwierigkeiten bereitet hatte... Nach meiner Auffassung dürfte man sich nicht mit dieser rein defensiven Haltung begnügen, sondern durch dauernde Vorstöße den in dem verpflegungsmäßig schwierigen Gelände befindlichen Feindkräften das Leben unerträglich gestalten. Das Zerstören der Winterquartiere und Vernichten von Verpflegungsbasen muß hierbei das Hauptziel sein.«[133]

Dazu bestand keine Hoffnung. Roatta und die italienische 2. Armee hatten nicht die Mittel und den Willen, einen Guerillakrieg zu führen. Außerdem war das »Judenproblem« noch zu lösen. Bei seinem Besuch traf Roatta auch mit Mussolini allein zusammen und erklärte ihm den Zusammenhang zwischen den Freiwilligeneinheiten der *Tschetniks,* die für die italienischen Kriegsanstrengungen lebenswichtig waren, und den jüdischen Flüchtlingen. Es war das bekannte Argument, das Roatta und das Büro für Zivilangelegenheiten bei der 2. Armee entwickelt und das Pietromarchi, Castellani und Ducci im Außenministerium erweitert hatten: Es würde »Rückwirkungen militärischer und politischer Art«

geben, wenn die Juden an die Kroaten ausgeliefert würden. Das Argument war alt, aber die Lage Italiens hatte sich verändert. Der Duce erkannte das selbst und nahm sein früheres »nulla osta« zurück. Der Bericht über das Treffen fährt fort:

> »Der Duce hat angeordnet:
> 1. besagte Juden sind alle in Konzentrationslagern unterzubringen;
> 2. In der Zwischenzeit wird es über die Feststellung der *Pertinenza* jedes Internierten hinaus ein Verfahren geben – entsprechend den Forderungen, wie sie in den oben erwähnten Vorschlägen der kroatischen Regierung enthalten sind –, die förmlichen Anträge der Betroffenen selbst zu sammeln, die etwa freiwillig ihre kroatische Staatsbürgerschaft aufgeben und auf jegliche Ansprüche auf Besitz in Kroatien verzichten möchten.«[134]

Da das Ende Oktober 1942 veröffentlichte kroatische Gesetz Nummer 192-2502-2-1942 den kroatischen Juden ihr Anlagevermögen ohnehin geraubt hatte[135], war das Ungemach nicht allzu groß. Die kroatische Staatsbürgerschaft bedeutete inzwischen wenig mehr als einen Fahrschein ins Todeslager: Im Schutz der bürokratischen Sprache und des scheinbaren Einverständnisses mit kroatischen Wünschen hatte der Duce seine frühere Entscheidung revidiert. *Alle* Juden sollten interniert werden. Die 3 000 kroatischen und anderen ausländischen Juden waren nicht mehr gefährdet, und am 27. November fuhr General Roatta in das größte der jüdischen Konzentrationslager bei Kraljewice (Porto Re) und teilte ihnen das mit. Die Ältesten des Lagers drückten ihm ihre große Erleichterung aus.[136] Italien hatte sich jetzt offiziell auf die Behinderung der »Endlösung« in Europa festgelegt.[137]

»Währenddessen« schrieb Graf Pietromarchi Ende November 1942,
»fahren die Deutschen unbeirrt fort, Juden zu ermorden.« Sein Tagebuch zitiert Berichte von Radio Londra (dem italienischen Dienst der
BBC), daß täglich sechs- oder siebentausend Juden aus dem Warschauer
Ghetto deportiert würden und daß sie bei der Ankunft im Konzentrationslager getötet würden. Inzwischen hatten die Deutschen bereits
eine Million Juden ermordet.[1]

Wenige Tage später hatte Alberto Pirelli eine Audienz beim König,
»der sich als sehr gut informiert erwies«. Sie sprachen über die »Anti-
pathie der neutralen Länder und der besetzten Länder wegen der Ausschreitungen gegen die Juden«.[2] Am 10. Dezember fragte Pietromarchi:

> »Ist das die von der Neuen Ordnung eingeführte Zivilisation? Ist
> es überraschend, wenn niemand an einen Sieg der Achse glaubt?
> Sie stößt jeden ab, der sich ein Gefühl für menschliche Würde
> bewahrt hat. So kommt es, daß sich die Achse den größten Teil
> der öffentlichen Meinung entfremdet.«[3]

Die kritischen Momente des Krieges fielen genau mit der Ausbreitung
der Wahrheit über den »Holocaust« in der italienischen Führungsschicht zusammen. Für diejenigen, die Radio Londra abtaten, konnte
der Schriftsteller und Journalist Curzio Malaparte, der Ende November
1942 nach Italien zurückkehrte, Augenzeugenberichte über die Schrek-
ken der deutschen Herrschaft in Polen und Rußland liefern, wie er sie
später in seinem Meisterwerk *Kaputt* veröffentlichte.[4]

Die letzten Zuckungen tat das faschistische Italien im Schatten der
Gaskammern. Die Nachricht wurde im Flüsterton weitergegeben. Im
April 1943 rief Mussolini das Direktorium der faschistischen Partei
zusammen, um diese Geschichten zu dementieren:

> »Die Ereignisse in Rußland haben zu einem merklichen Wieder-
> aufleben des Hasses gegen die Deutschen und Deutschland

117

geführt. Im Ausland kursieren Gerüchte aller Art. Jetzt wird von scheußlichen Sachen geredet, die sich in Rußland abspielen sollen... Wir müssen dieser Denkweise entgegentreten... Die Partei muß diesem Gerede ein Ende machen.«[5]

Italienische Diplomaten und Soldaten müssen offizielle Zusammentreffen mit ihrem deutschen Verbündeten als sehr unangenehm empfunden haben. Mitten in der Deportation der Juden aus Saloniki im Dezember 1942 machte General Carlo Geloso, Kommandeur der italienischen Streitkräfte auf dem griechischen Kriegsschauplatz, einen Höflichkeitsbesuch bei Generaloberst Löhr, seinem deutschen Pendant im Hauptquartier der deutschen Streitkräfte Südost. Es gab einen eisigen Moment, als der liebenswürdige österreichische General seinen italienischen Kollegen aufforderte:

»... in dem von italienischen Streitkräften besetzten Teil Griechenlands ähnliche Methoden bei den Juden anzuwenden. Der Vorschlag, als einfacher Gedanke im Lauf eines unserer Gespräche geäußert, wurde mir von Generaloberst Löhr selbst gemacht, und meinem Stabschef General Tripiccione von einem deutschen Generalstabsoffizier. Ich antwortete... ich könne solche Maßnahmen nicht ohne ausdrücklichen Befehl meiner Regierung durchführen, und da ich solche Befehle nicht bekommen hätte, könne ich ihnen darin auch nicht auf diesem Weg folgen.«[6]

Die Deutschen erschreckten die Italiener immer wieder mit Äußerungen von unerwarteter Brutalität. Göring schlug bei einem seiner vielen Besuche in Rom Graf Ciano vor, Roatta solle

»Mihailović gelegentlich zum Frühstück einladen und ihn hinterher aufhängen... Graf Ciano antwortete, der kommandierende General der Armee habe nie auch nur den kleinsten Kontakt zu Mihailović gehabt; abgesehen davon ›gehörte es nicht zu seinen Eigenarten, seine Gäste zu erhängen‹.«[7]

Die nationalsozialistische Führung wurde immer unzufriedener mit den Italienern. Militärisch hatten sie versagt. Hitler und Jodl waren sich Anfang Dezember 1942 einig, daß es keine gemeinsamen Operationen unter italienischer Führung mehr geben dürfe.[8] Goebbels brachte seinen Abscheu einige Wochen später bei einem anderen, aber nicht minder wichtigen Thema zum Ausdruck:

»Übrigens sind die Italiener in der Behandlung der Judenfrage außerordentlich lax. Sie nehmen die italienischen Juden sowohl in Tunis wie im besetzten Frankreich in Schutz und dulden durchaus nicht, daß sie zur Arbeit eingesetzt oder zum Tragen eines Judensterns gezwungen werden. Man kann hier wieder einmal sehen, daß der Faschismus doch nicht so recht in die Tiefe zu gehen wagt, sondern in wichtigsten Problemen an der Oberfläche haften bleibt. Die Judenfrage macht uns überhaupt sehr viel zu schaffen. Überall finden die Juden, auch bei unseren Verbündeten, noch Hilfsmannschaften, ein Beweis dafür, daß sie selbst im Achsenlager noch eine bedeutsame Rolle spielen.«[9]

In dieser Atmosphäre von gegenseitigen Beschuldigungen, Mißtrauen und Ablehnung kam am 1. Dezember Göring zu Gesprächen auf höherer Ebene nach Rom. Göring hatte den Vorsitz. Rommel war aus Afrika herbeigerufen worden. Admiral Weichold vertrat die deutsche Kriegsmarine und Marschall Kesselring die Luftwaffe. Cavallero führte eine italienische Delegation aus den drei Waffengattungen. Die Situation sei zweifellos schwierig, begann Göring, aber erstmals seien die Truppen der Achse nur »einen Panthersprung« von ihren Nachschubbasen entfernt.[10] Alles hinge nun davon ab, Rommel mit »Treibstoff, Munition, Nahrungsmitteln und Uniformen« zu versorgen, wie Kesselring Cavallero sagte, aber Cavallero konnte »auch mit größter Anstrengung nur 200 Kubikmeter Treibstoff« täglich schicken.[11]

In dem Bemühen, die Verbindung zu verbessern, machte Bottai wenige Tage später einen offiziellen Besuch in Berlin. Das Erlebnis war bedrückend:

> »Wir kommen mittags ein Uhr an. Aber statt des Mittagslichts empfängt uns fahle *Dämmerung,* eine Dämmerung ohne Götter. Die Gastgeber erwarten uns auf dem öden Bahnhof. Die Stadt ist schwarz, trist. Jemand erinnert an die Zeile von Goethe, daß in Italien die Nacht heller sei als der Tag in Deutschland. Und es stimmt. Die ewige Nacht in dieser Ebene ohne Grenzen gibt einem das Verlangen ein, zu entfliehen, zu schreien, sich zu befreien.«[12]

Bottai bemerkte ein »leichtes Absinken« in der Stellung Görings, aber ein »ständiges Wachsen der Macht von Himmler im Schatten... Seine Adepten und Gefolgsleute haben ihr eigenes Programm und ihre eigene

Kultur. In dem fast allgemeinen Schweigen ... heckt die Neue Ordnung in den Dossiers der Polizei.«[13]

Was die Neue Ordnung für die Menschheit bringen sollte, wurde in einer bemerkenswerten Rede Himmlers vor SS-Offizieren in Posen später im Jahr 1943 deutlich. Für den SS-Mann muß das Prinzip der Treue gegenüber »Angehörigen unseres eigenen Blutes« gelten.

> »Wie es den Russen geht, wie es den Tschechen geht, ist mir total gleichgültig. Das, was in den Völkern an gutem Blut unserer Art vorhanden ist, werden wir uns holen, indem wir ihnen, wenn notwendig, die Kinder rauben und sie bei uns großziehen. Ob die anderen Völker im Wohlstand leben oder ob sie verrecken vor Hunger, das interessiert mich nur soweit, ob wir sie als Sklaven für unsere Kultur brauchen ... Ob bei dem Bau eines Panzergrabens 10 000 russische Weiber an Entkräftung umfallen oder nicht, interessiert mich nur insoweit, als der Panzergraben für Deutschland fertig wird.«

Das Töten von »minderwertigen Völkern« gehörte zur SS-Routine. Das »Ruhmesblatt unserer Geschichte«, fuhr Himmler fort, würde mit dem Blut der Juden geschrieben:

> »Ich will hier vor Ihnen in aller Offenheit auch ein ganz schweres Kapitel erwähnen. Unter uns soll es einmal ganz offen ausgesprochen sein, und trotzdem werden wir in der Öffentlichkeit nie darüber reden ... Ich meine jetzt die Judenevakuierung, die Ausrottung des jüdischen Volkes. Es gehört zu den Dingen, die man leicht ausspricht [!]. – ›Das jüdische Volk wird ausgerottet‹, sagt ein jeder Parteigenosse, ›ganz klar, steht in unserem Programm, Ausschaltung der Juden, Ausrottung, machen wir.‹ ... Von allen, die so reden, hat keiner zugesehen, keiner hat es durchgestanden. Von euch werden die meisten wissen, was es heißt, wenn 100 Leichen beisammenliegen, wenn 500 daliegen oder wenn 1000 daliegen. Dies durchgehalten zu haben und dabei – abgesehen von Ausnahmen menschlicher Schwächen – anständig geblieben zu sein, das hat uns hart gemacht. Dies ist ein niemals geschriebenes und niemals zu schreibendes Ruhmesblatt unserer Geschichte ... «[14]

Während Himmler und seine Schlächter ihre Kapitel der Geschichte schrieben, entwarf der russische Winter ein ganz anderes Kapitel. Am großen Don-Bogen standen vier italienische Armeekorps aufgereiht, die italienische 8. Armee. Bis Mitte November 1942 hatte die Aufklärung die zunehmende Konzentration von Panzern der russischen 5. Panzerarmee auf dem anderen Ufer entdeckt. Aber, wie Oberleutnant Salazer, deutscher Verbindungsoffizier bei der Division Cosseria, berichtete:

>»Trotz des ungünstigen Kräfteverhältnisses – der ›Cosseria‹ und ›Ravenna‹ standen 8–9 russische Divisionen und eine unbestimmte Zahl von Panzern gegenüber – war die Stimmung auch bei den italienischen Stäben und Truppen … durchaus nicht pessimistisch … Die Italiener, besonders die Offiziere der ›Cosseria‹, vertrauten auf die nach ihrer Ansicht gut ausgebaute Verteidigungsstellung, auf das natürliche Hindernis, das der Don damals noch für Panzerkräfte darstellte.«[15]

Schon Mitte November waren die Russen rechts von den Italienern in dem von der rumänischen 2. Armee besetzten Frontabschnitt durchgebrochen und hatten einen Brückenkopf errichtet. In der Nacht des 15. Dezember fiel die Temperatur auf 40 Grad unter Null, und der Don fror so stabil zu, daß die gewaltigen russischen Panzerverbände ihn gefahrlos überqueren konnten. Bis zum 17. Dezember strömten italienische Soldaten »zu Hunderten« zurück.[16] Am 20. bekam die Division Sforzesca Befehl, alles zu zerstören, falls der Feind durchbrach. Als der italienische Führungsoffizier seinen deutschen Kollegen fragte, »ob dieser Befehl dem Befehl *sauve qui peut* gleichkäme, antwortete Major von Wangenheim: ›Ja, man könnte den Befehl so auffassen‹.«[17]

Es begann eine schreckliche Qual. Italienische, rumänische und deutsche Truppen zogen sich in völliger Auflösung zurück, hatten bald keinen Treibstoff mehr und mußten 200 Kilometer zu Fuß bei Temperaturen weit unter Null marschieren, von Partisanen geplagt und von Russen verfolgt. Die deutschen Verbindungsstabsoffiziere, in einigen Fällen uniformierte Zivilisten, hatten plötzlich das Kommando über Hunderte demoralisierter Italiener. Einer von ihnen beschrieb im Kriegstagebuch, das er trotz der Strapazen weiter führte, unter dem Datum 28. Dezember, wie sie mit ihrem Fahrzeug nicht weiterkamen, keinen Sprit mehr hatten und das letzte Stück Weg zu Fuß machen mußten. Ein 24stündiger, fast ununterbrochener Marsch begann. Die Fuhrwerkkolonne der Rumänen neben ihnen kam wegen des tiefen Schnees nur langsam voran und wurde überholt. Voraus sah man italienische Infanterie. Verdiente sie den Namen noch? Nur jeder zehnte Mann hatte noch eine

Waffe. Was der deutsche Soldat als letztes aufgibt, so meinte der Offizier, wirft der Italiener leichten Herzens weg: sein Gewehr... [18]

Tausende erfroren und verhungerten. Die Verluste der 8. Armee beliefen sich nach Schätzungen vom Anfang März 1943 auf 4 645 Offiziere und 122 400 Mannschaften.[19] Die italienische 8. Armee hatte zu existieren aufgehört und wurde im April 1943 förmlich aufgelöst.

Der Zusammenbruch am Don wurde von der weit dramatischeren Schlacht um Stalingrad überschattet, spielte aber eine nicht weniger wichtige Rolle bei der Niederlage der Achse. Die Russen warfen die vereinigten Achsenmächte von den großen Strömen im Zentrum des Landes zurück, die die Lebensadern der Sowjetunion waren, und von diesem Augenblick an begannen kluge Beobachter sich darüber klar zu werden, daß die Achse den Krieg verloren hatte.

Die italienischen politischen und militärischen Führer waren zufällig auf dem Weg zu einem Gipfeltreffen im Führerhauptquartier Wolfsschanze im tiefsten Ostpreußen, nahe der alten Grenze zu Litauen, als der Don zufror. Der Duce hatte sich noch nicht ausreichend erholt, um die lange kalte Reise zu unternehmen, deshalb leitete Ciano die italienische Delegation. Ciano hatte Weisung, Hitler wissen zu lassen, daß Mussolini »eine Einigung mit Rußland für unvermeidlich hält«[20]. Als Ciano und Cavallero und ihre Stäbe Hitlers Bau in den Wäldern erreicht hatten, verzeichnete Ciano unter dem 18. Dezember in seinem Tagebuch:

> »Als ich ankam, hat man weder mir, noch meinen Mitarbeitern das Unbehagen über die Nachrichten des Durchbruchs an der russischen Front verhehlt. Man versuchte ganz offen, uns dafür die Schuld zuzuschieben. Hewel, der Hitler sehr nahe steht, hatte mit Pansa die folgende Unterhaltung auf Englisch. ›Hatte unsere Armee große Verluste?‹ Hewel: ›Nicht die geringsten Verluste, sie läuft davon.‹ Pansa: ›Genau wie Sie es vor Moskau im vergangenen Jahr getan haben.‹ Hewel: ›Genau so.‹«[21]

Hitler war nicht in der Stimmung für Abkommen mit den Russen. Er eröffnete die Vollversammlung mit dem Hinweis, die Achse kämpfe »eine Schlacht für die Zivilisation der Welt«, und es gehe nicht mehr um Sein oder Nichtsein von Regimen, »sondern um die Existenz unserer Völker an sich«.[22] Hitler stellte, wie er es immer getan hatte, eindeutig klar, daß am Ende dieses Krieges »alles oder nichts« stehen würde.

Am 19. bekam General Cavallero Kontakt mit General Gariboldi, dem Kommandeur der italienischen 8. Armee, der berichtete, daß die

Bresche in der Front inzwischen 40 Kilometer breit sei.[23] Am Abend sprach er mit Rom, um mitzuteilen, daß im Führerhauptquartier die Situation als »häßlich« beurteilt würde, »aber nicht in einem für uns unangenehmen Sinne, sondern als etwas, das eben passiert« sei.[24] Wieder einmal behandelte Hitler seinen italienischen Verbündeten mit der vorbildlichen Höflichkeit, die er bei jeder der vorhergehenden demütigenden Niederlagen gezeigt hatte.

Am folgenden Tag gingen die Gipfelgespräche weiter. Wie Cavallero seinem Stabschef, General Magli, am Telefon mitteilte, versuchten jetzt einige Deutsche, nicht aber Hitler, Gariboldi die Schuld zuzuschieben, weil sie wußten, daß der Fehler in der deutschen Planung lag, nicht in italienischem Versagen:

> »Und dann Kroatien. Sie wünschen im Frühjahr eine entscheidende Aktion und machen das zu einer prinzipiellen Frage. Sie hätten gern schon gestern Befehl dazu gegeben. Ich bin froh, daß solche Befehle nicht gegeben wurden, denn darüber müssen wir sehr nachdenken ... Mario (Roatta) ist das Ziel einer gnadenlosen Offensive zum Problem der *Tschetniks*. Sie wollen sie entwaffnen und aus dem Weg haben. Aber auch das muß sorgfältig erwogen werden.«[25]

Als Marschall Cavallero nach Rom zurückkam, sah er sich mit einem doppelten Zusammenbruch konfrontiert: in Afrika wie an der Ostfront. Kesselring erschien wie gewöhnlich am Morgen des 22. Dezember, und der italienische und der deutsche Marschall waren sich einig, daß Rommel begonnen hatte, Vorwände zu suchen, um sich so weit wie möglich zurückzuziehen. Kesselring bemerkte traurig, »Rommel glaubt nicht mehr an den Erfolg«.[26] Am nächsten Tag leitete Cavallero die wöchentliche Sitzung der Chefs der Waffengattungen und sagte schlicht: »Diese Tage sind die zehn Tage, in denen wir untergehen oder siegen.«[27] Gut zehn Tage später entschied das italienische Oberkommando, daß Libyen nicht mehr gehalten werden könne, und der Duce stimmte der allmählichen Verlegung der Streitkräfte nach Tunesien »zur Fortsetzung des Kampfes« zu.[28] Der italienische Traum vom Weltreich war ausgeträumt.

Im Führerhauptquartier setzte sich Hitler erstmals mit den Folgen auseinander, die ein vielfältiger Zusammenbruch haben konnte. Starrköpfig verweigerte er General Paulus die Erlaubnis, die deutsche 6. Armee aus dem stählernen Ring herauszulösen, der sich um sie schloß. Als General Zeitzler, einer der wenigen Kommandeure, die den Mut hatten,

123

Hitler zu widersprechen, den »Führer« drängte, Paulus den Rückzug zu gestatten, lehnte Hitler ab. Ende Januar war die Lage für die 6. Armee hoffnungslos geworden, aber als General Paulus darum bat, retten zu dürfen, was noch aus dem Kessel zu retten war, telegrafierte Hitler zurück:

> »Verbiete Kapitulation. Die Armee hält ihre Position bis zum letzten Soldaten und zur letzten Patrone und leistet durch ihr heldenhaftes Aushalten einen unvergeßlichen Beitrag zum Aufbau der Abwehrfront und der Rettung des Abendlandes.«[29]

Am 2. Februar 1943 flog kurz vor 15 Uhr ein deutsches Aufklärungsflugzeug über die zerstörte Stadt und meldete, es sei »keine Kampftätigkeit mehr« zu beobachten. Mehr als 90 000 Deutsche gingen in Gefangenschaft, unter ihnen Paulus selbst, den Hitler in letzter Minute zum Feldmarschall befördert hatte. Hitler bekam einen seiner Wutanfälle: »Der Mann hat sich totzuschießen, so wie sich früher die Feldherrn in das Schwert stürzten, wenn sie sahen, daß die Sache verloren war. Das ist eine Selbstverständlichkeit... Was heißt das: ›Leben‹? Das Leben, Volk; der einzelne muß ja sterben.«[30]

Dann ließ sich Hitler über eine seiner hartnäckigsten morbiden Wahnvorstellungen von den Russen aus, daß sie Menschen folterten, indem sie sie in »Rattenkeller« einsperrten, bis sie mürbe seien und redeten. Mit der unheimlichen Treffsicherheit eines Verrückten sah er voraus, daß Paulus, Seydlitz und die anderen mit der 6. Armee gefangengenommenen Offiziere bald im Moskauer Rundfunk sprechen würden, aber wie alle echten Paranoiden konnte er nicht sehen, wie weit er selbst sie zu dem Verrat getrieben hatte.

In seiner großartigen Hitler-Biographie geht Joachim Fest Hitlers Verfall nach Stalingrad nach, seiner wachsenden Hypochondrie, seiner Pedanterie und seinem Rückzug aus der Wirklichkeit. Seine Sprache verfiel, er kehrte zu den Vulgaritäten seiner halbgebildeten Jugend zurück. Er hatte heftige Wutanfälle gegenüber seinen Generälen, und gelegentlich traten ihm Tränen in die Augen. Er litt unter Schwindelanfällen, geschwollenen Beinen und Depressionen, und er nahm Mittel gegen die Auswirkungen anderer Arzneimittel. Fest legt überzeugend dar, daß Hitlers Nervensystem allmählich nachgab und daß der Mensch, der er eigentlich immer gewesen war, nun immer deutlicher sichtbar wurde:

> »Einer seiner frühen Gefolgsleute hat aus vergleichbaren Beobachtungen schon während der zwanziger Jahre den Schluß gezo-

gen, daß Hitler der Selbsttäuschung bedurfte, um überhaupt handeln zu können. Seine Entscheidungsschwäche und tiefe Lethargie verlangte nach grandios konstruierten Scheinwelten, vor deren Hintergrund alle Hindernisse unerheblich und alle Probleme trivial wurden: nur durch eine Art Vorspiegelungswahn wurde er handlungsfähig. Der Zug phantastischer Überspanntheit, der seine Erscheinung umgibt, hat in dieser gestörten Realitätsbeziehung die Ursache; erst das irreale Wesen machte ihn real.«[31]

Abend für Abend saß Hitler, von seinen Generälen und Parteigenossen umgeben, und schmiedete Komplotte, Europa in ein gewaltiges Leichenhaus zu verwandeln, in dem deutsches Blut wieder aufgefüllt würde. Pflichttreue Beamte zeichneten seine »Gedanken« sorgsam auf. Als die deutschen Armeen sich aus ihren Eroberungen zurückzogen, konnte Hitler aus seiner einen unbestreitbaren Leistung Trost ziehen. In Gegenwart von Himmler und Heydrich sagte er am 31. Oktober 1941:

> »Vor dem Reichstag habe ich dem Judentum prophezeit, der Jude werde aus Europa verschwinden, wenn der Krieg nicht vermieden bleibt. Diese Verbrecherrasse hat die zwei Millionen Toten des Weltkrieges auf dem Gewissen, jetzt wieder Hunderttausende.«[32]

Am 2. April 1945, als das Reich buchstäblich über seinem Bunker zusammenbrach, als die Bomben und Granaten der Alliierten seine großen Bauwerke zertrümmerten, sagte er mit grimmiger Befriedigung, er habe »zum ersten Mal die jüdische Frage realistisch angepackt«, er habe »die beste Saat gelegt«, und die Welt werde »dem Nationalsozialismus ewig dafür dankbar sein, daß ich die Juden aus Deutschland und Mitteleuropa ausgerottet habe«.[33]

Weniger zufrieden konnte er Ende 1942 mit seinem italienischen Verbündeten sein. Die Italiener waren sowohl in der Wüste als auch am Don durch die Prüfung gefallen. Am 28. Dezember erließ der »Führer« seine Weisung Nr. 47, die dem wieder zum Oberbefehlshaber Südost ernannten General Löhr die Macht gab, im Falle einer alliierten Landung in Griechenland das Kommando über die Achsen-Streitkräfte zu übernehmen, die aber die gewohnte Fiktion von »Konsultationen« mit dem italienischen Comando Supremo aufrechterhielt. Es war tatsächlich nur eine Fiktion. Hermann Foertsch, Löhrs Stabschef, drückte es so aus:

»Wir wollen die Italiener mehr und mehr unter die Zügel nehmen. Die Frage der Unterstellung … im Augenblick eines Angriffs darf den Italienern gegenüber nicht berührt werden, das Ganze muß vorderhand auf eine … Koordinierung abgestimmt werden.«[34]

Militärische Niederlagen trieben die Italiener in eine immer untergeordnetere Rolle. Die Frage des Ansehens schien wichtiger und wichtiger zu werden. Am 24. Januar 1943 teilte Marschall Kesselring Marschall Cavallero mit, daß der »Führer« jetzt beschlossen habe, General Löhr im Falle der alliierten Landung das Kommando über die Streitkräfte der Achse auf dem Balkan zu geben. Cavallero fuhr auf:

> » … er könne keine Befehle vom Führer entgegennehmen oder dem Duce sagen, daß der Führer dem Comando Supremo Befehle erteilt habe. Der Führer solle lieber selbst mit dem Duce sprechen. Er sei nicht bereit, dem Duce mitzuteilen, wir geben das Kommando über vier Armeen (Griechenland, Montenegro, Dalmatien und Kroatien) ab. Das Comando Supremo kann nicht gehorchen … Bei Italienern muß man die Form wahren.«[35]

Der jähe Verfall der italienischen Macht ließ Fragen des Ansehens eher mehr statt weniger in den Vordergrund treten. Als im März 1943 die Deutschen ihren heftigsten Angriff auf die italienische Haltung gegenüber den Juden unternahmen und Mussolini wieder zu schwanken begann, benutzte Bastianini, inzwischen Nachfolger Cianos als Außenminister, eben dieses Argument des Ansehens, um den Duce zu überreden, sich nicht zu fügen:

> »Unserem Ansehen in Frankreich und anderswo würde ein schwerer Schlag versetzt, wenn in unserer Besatzungszone der Schutz, den unsere Fahne den Bewohnern bietet, durch irgend etwas anderes als das italienische Gesetz eingeschränkt würde. Wenn all diese Juden einschließlich der Kinder Spione sind, brauchen uns die Deutschen nur Beweise zu liefern, und wir setzen uns, das Gesetzbuch in der Hand, mit ihnen auseinander.«[36]

An dem Tag, als Stalingrad fiel, betrachtete Graf Pietromarchi das Problem der Auslieferung der Juden aus einem anderen Blickwinkel:

> »Trotz all der Katastrophen, die die Deutschen betroffen haben, bestehen sie weiterhin darauf, daß alle Juden aus den von uns besetzten Gebieten an sie ausgeliefert werden. Sie bekräftigen,

daß es bis Ende 1943 keinen einzigen überlebenden Juden in Europa mehr geben wird. Offensichtlich wollen sie uns in die Brutalität ihrer Politik hineinziehen.«[37]

Die Beziehungen zwischen den Achsenpartnern verschlechterten sich und wurden durch die Entlassung Cavalleros als Chef des *Comando Supremo* Ende Januar 1943 nicht verbessert. Ciano vermerkte in seinem Tagebuch: »Die Absetzung von Cavallero hat ... bei den Deutschen Enttäuschung hervorgerufen. Bismarck machte sich zum Sprachrohr dieser Enttäuschung, indem er die ausgezeichnete Zusammenarbeit hervorhob, die den Marschall mit den Deutschen verbunden habe. Natürlich habe ich gesagt, daß das Ereignis keine politische Bedeutung hat.«[38]

Dieses eine Mal hatte Ciano vollkommen recht. Die Entlassung hatte keine politische Bedeutung, aber aus anderen Gründen, als Ciano vermutete. Er hatte Cavallero immer als prodeutschen Speichellecker angesehen, als ein Hindernis auf dem Weg zu einer unabhängigeren Außenpolitik. Jetzt, da Cavallero aus dem Weg geräumt war, hoffte Ciano, die Fäden eines Komplotts in die Hand zu bekommen und einen Separatfrieden mit den Alliierten schließen zu können, bevor es zu spät war. Am 2. Februar 1943 kam Bastianini zu einem offiziellen Besuch aus Dalmatien; laut Ortona fand er Ciano in »Katastrophenstimmung«:

> »Er spricht offen davon, daß er mit einem Abkommen mit den Angelsachsen rechnet. Ich finde dieselbe Katastrophenstimmung bei allen Kollegen im Ministerium. Selbst im Büro des Ministers sprechen sie offen feindselig über ihn.«[39]

Drei Tage später war Ciano fort, ohne Vorwarnung (und ohne Dank) aus seinem Amt entlassen von seinem Schwiegervater Mussolini, der wenigstens noch anständig genug war zu zeigen, »daß er sehr verlegen ist«.[40] Ebenso unerwartet fand sich Bastianini als sein Nachfolger in Cianos Amt. Welche Ablehnung Bastianini 1942 den »Unerwünschten« – den jüdischen Flüchtlingen, die sich unter seiner Statthalterschaft sammelten – gegenüber auch gezeigt haben mochte, er erwies sich jetzt als nicht weniger standhaft als Pietromarchi, Ducci und Castellani beim Schutz der Juden. Wenn es im Frühling 1943 Diplomaten und Soldaten gab, die bereit waren, den Achsenpartner bei der »Lösung der Judenfrage« zu unterstützen, so hielten sie den Mund.

Ansehen, Menschlichkeit und Eigeninteresse verschmolzen in der italienischen Entschlossenheit, sich nicht am Massenmord an den Juden zu beteiligen. Während die Vernichtung der Juden Europas 1943 beschleunigt wurde, wuchs der deutsche Druck in eben dem Augenblick, als Italiens Fähigkeit zu widerstehen abnahm. Zu den durch Italiens Weigerung, die jüdischen Flüchtlinge in Kroatien auszuliefern, entstandenen Spannungen kamen in den ersten Monaten des Jahres 1943 zwei wesentlich größere und unheilvollere Reibungspunkte: die deutschen Forderungen nach der Auslieferung der Juden aus Griechenland und Frankreich.

Die Tragödie begann in Griechenland. Anfang März 1943 wurden die Juden Thrakiens, des Teils von Griechenland, den die Achsenmächte Bulgarien zugestanden hatten, plötzlich abgeholt, in leere Tabak-Lagerhäuser gesperrt und dann in Sammellagern in Gorna Dzhumaia und Dupnitsa konzentriert. Dort übergaben die bulgarischen Behörden die Juden an die Deutschen, die sie nach Treblinka brachten und alle bei der Ankunft töteten, insgesamt mehr als 4 000 Menschen aus elf Gemeinden.[41]

Die Juden des »alten Bulgarien« (des Vorkriegsgebietes des alten Königreiches) und Makedoniens standen als nächste auf der Liste, aber die Deutschen begannen auf Widerstand zu stoßen. Die Bulgaren begriffen, wie der deutsche Botschafter bekümmert vermerkte, einfach nicht, wie wichtig die Ermordung der Juden war. Die teilweise unter Griechen, Armeniern, Zigeunern und Türken aufgewachsenen Bulgaren könnten die Bedeutung des Kampfes gegen die Juden gar nicht ermessen, da sie Rassenfragen nicht sehr interessieren.[42]

Trotzdem hatte die Regierung von Premierminister Filov über das Schicksal von 20 000 Juden (4 000 aus Thrakien, 8 000 aus Makedonien und weiterer 8 000 aus »Altbulgarien«) mehr oder weniger entschieden. Nach den thrakischen Juden wurden auch rund 5 000 Juden aus Makedonien deportiert. Das war, politisch gesehen, der leichtere Teil. Thrakien, Makedonien und die Dobrudscha waren Beutestücke gewesen, die die Deutschen dem Königreich Bulgarien vorgeworfen hatten, abgelegene Gegenden fern von Sofia. Jetzt mußte zur Soll-Erfüllung im alten Bulgarien die Rechnung ausgeglichen werden. An diesem Punkt stießen Filov, das Innenministerium und die SS als Drahtzieher auf unerwarteten Widerstand. Am 17. März 1943 unterzeichneten Dimitur Peshev und vierzig weitere Mitglieder der Sobranie, des bulgarischen Parlaments, eine Petition, in der sie auf die Einstellung der Deportationen drangen. Erzbischof Kiril von Plowdiw schickte dem König ein Telegramm, in dem er seine Absicht kundtat, sich vor Züge mit jüdischen Deportierten auf die Schienen zu legen.[43] Außerdem wirkten sich Stalingrad und der Rückzug vom Don auf einen Staat, der über das Schwarze Meer Nachbar der Sowjetunion war, unmittelbar aus. Den Bulgaren wurde klar, daß Deportationen weithin gemeldet werden würden. Es war offensichtlich Zeit für Bulgarien, sich von der »Endlösung« zu distanzieren. Die 50 000 Juden des Königreichs Bulgarien sollten den Krieg überleben.

Griechenland bot ein ganz anderes Bild. Die politischen Strukturen des griechischen Staates waren nie besonders stabil gewesen. Der Erste Weltkrieg hatte das Land gespalten und verarmen lassen. Dann kämpfte Griechenland in einem katastrophalen Krieg gegen die Türkei und war im Frieden von Lausanne am 24. Juli 1923 gezwungen worden, alle griechischen Besitzungen auf dem kleinasiatischen Festland abzugeben und mehr als eine Million griechischer Flüchtlinge aus Anatolien aufzunehmen. In den vier Jahren von 1924 bis 1928 hatte es elf Regierungen, Militärputsche, mehrfach Wahlen und zwei Militärdiktaturen gegeben. Die Monarchie war im Kampf gegen die liberalen Venizelisten parteiisch geworden. Sie tolerierte und ermutigte sogar 1936 die Errichtung der Diktatur von General Joannis Metaxas. Während die Regierung Metaxas wegen ihres hartnäckigen Widerstands gegen die italienische Invasion an Popularität gewann, ließen Metaxas' Tod und der zerstörerische deutsche Angriff das Land zersplittert, verunsichert und entkräftet zurück.[44]

Der König floh und bildete eine Exilregierung; Erzbischof Damaskinos blieb als Regent im Land. General Georgios Tsolakoglou, der Armee-Kommandeur, der den Waffenstillstand mit den Deutschen unterzeichnet hatte, wurde Premierminister eines Quisling-Regimes. Weder ihm noch seinen Nachfolgern, Konstantinos Logothetopoulos und Ioannis Rallis, gelang es, irgendeine Unabhängigkeit gegenüber den Achsenmächten aufrechtzuerhalten oder einen Einfluß auf sie auszuüben. Im Gegensatz zu Bulgarien, Rumänien oder Ungarn und ganz besonders Mussolinis Italien, die alle echte, wenn auch nicht gleichberechtigte Partner NS-Deutschlands waren, verdiente das griechische Regime von 1941 bis 1944 die Bezeichnung Marionette. Wie der unabhängige Staat Kroatien, Vichy-Frankreich oder die nahezu unsichtbare Regierung Serbiens gehörte Griechenland zu den abhängigen Regimen, in denen die Besatzungsmächte die »Souveränität« mit Füßen traten, und die meistens nicht einmal die Fiktion aufrechterhielten, daß sie ernsthaft so etwas wie »Staaten« wären.

Griechenland fiel drei verschiedenen Herren zu. Die Bulgaren annektierten Thrakien und Makedonien. Die Deutschen übernahmen das strategisch wichtige Gebiet an der Grenze zur Türkei und den Haupthafen Nordgriechenlands, Saloniki (Thessaloniki). Die Italiener bekamen das ganze übrige Griechenland mit fast allen Inseln, von denen sie einige, den Dodekanes, sowieso als Beute aus einem früheren Krieg gegen die Türken besetzt hielten und regierten, als seien sie Teil des Mutterlands Italien.

Die ohnehin nie unabhängig lebensfähige Wirtschaft brach unter der Wucht des Krieges, der Störung des Handels und der alliierten Blokkade zusammen. Die der zuvor schon schwachen ökonomischen Basis auferlegten monströsen Besatzungskosten bewirkten eine enorme Inflation, Hamsterkäufe, Schwarzmärkte und allgemeine Hungersnot. Ende Dezember 1941 meldete das italienische Konsulat in Saloniki die völlige Vernichtung der berühmten Tabakindustrie der Stadt, die in normalen Zeiten acht Millionen Kilo Tabak jährlich hervorgebracht und 3 500 männlichen und 40 000 weiblichen Arbeitskräften gut bezahlte Saisonarbeit gegeben hatte. Jetzt waren sie alle arbeitslos.[45]

Im Winter 1941/42 verhungerten Tausende von Griechen. Die Städte Athen und Saloniki waren besonders schwer betroffen. Flüchtlinge aus dem bulgarischen Thrakien und Makedonien strömten in die Städte und verstärkten das Elend in den Slums, wo noch die Flüchtlinge von 1922 auf anständige Unterbringung warteten. Hagen Fleischer hat die Angaben über die Zahl der im »Schwarzen Winter« 1941/1942 Gestorbenen sorgfältig untersucht und ungefähr 100 000 Hungertote errechnet.[46]

Die Drachme verfiel. Stavros Thomadakis schätzt, daß von Dezember 1939 bis August 1943 die im Umlauf befindliche Geldmenge 114mal stieg, und die Preise von Oktober 1941 bis August 1943 42mal. Im Spätsommer 1943 konnte man mit einem durchschnittlichen Tageseinkommen zwei Drittel des täglichen Existenzminimums an Nahrungsmitteln kaufen.[47] Die Lage wurde so hoffnungslos, daß Mussolini selbst zu Mitleid oder dem, was bei ihm dafür gelten konnte, gerührt war. Nach einem Staatsbesuch in Athen im Juli 1942 schrieb er an Hitler, das Land befinde sich »am Rande der finanziellen und damit der wirtschaftlichen und politischen Katastrophe«, und er drängte Hitler (der alte Journalist konnte der Versuchung, eine Phrase zu dreschen, nie widerstehen), »auch im Gedröhn der großen siegreichen Schlachten Ihrer Armeen Ihre Aufmerksamkeit dem griechischen Problem zuzuwenden«.[48]

Die Tragödie der griechischen Juden spielte sich vor dem Hintergrund der nationalen Tragödie ab, war aber noch bitterer und konzentrierter. Es gab ungefähr 80 000 Juden in Griechenland; unglücklicherweise lebten 50 000 von ihnen am falschen Ort, in Saloniki, das die Deutschen besetzt hatten und zu behalten entschlossen waren. So erbeuteten sie mit einem Griff eine der bemerkenswertesten jüdischen Gemeinden der Welt. Fast fünf Jahrhunderte lang, seit Ferdinand und Isabella die Juden aus Spanien vertrieben hatten, war Saloniki die Hauptstadt der sephardischen Juden gewesen, *ir ve-em be'Yisrael,* Mutterstadt in Israel, wie der hebräische Ausdruck lautet. Hafen und Handel waren in der Hand einer spanischsprechenden Gemeinde gewesen, die mit ihren Zeitungen, Bibliotheken und Synagogen ein Ritual und eine Kultur von großer Schönheit und Vielfalt bewahrt hatte. Saloniki war den Schicksalsschlägen der griechischen Politik nicht entgangen und nach der Niederlage 1922 zum Anziehungspunkt für anatolische Griechen geworden, die in ihrer Heimat Händler und Makler gewesen waren. Die sephardische Metropole wurde eine griechische Stadt, und damit brachen ein harter Konkurrenzkampf, Antisemitismus und Gewalttätigkeit zwischen den Gemeinden aus.[49] 1941 war die Einwohnerschaft von Saloniki zu 75 Prozent griechisch und nur 25 Prozent jüdisch; das spiegelt die umfangreiche Einwanderung von Anatoliern und die Auswanderung von Juden.[50] Die Tatsache, daß die Führung der Sepharden alt, traditionell gesinnt und andersartig war, erleichterte die Anpassung nicht gerade, und ihre Begeisterung für die autoritäre Art des Metaxas-Regimes gewann ihnen die Zuneigung der Progressiven auch nicht.

Die Juden in Athen, ein winziger Bevölkerungsanteil von 3 500 der 1 500 000 Einwohner, waren assimiliert, sprachen griechisch, waren patriotisch gesinnt und integriert. Weitere jüdische Gemeinden waren über das Land und die Inseln verstreut; manche, wie in Korfu und Rhodos, sprachen Italienisch, aber die meisten waren entweder sephardische oder mittelalterlich-»romaniotische« Gemeinden. Zu Beginn des Krieges sprachen die Juden der jüngeren Generation auch in Saloniki überwiegend Griechisch und betrachteten sich als Griechen.

Wie Stephen Bowman dargelegt hat, ist die traditionelle Toleranz der griechisch-orthodoxen Kirche gegenüber jüdischen Gemeinden einer der Gründe dafür, daß trotz der Ausbrüche von antijüdischen Aktivitäten auf lokaler Ebene die Kirche den Juden während der NS-Verfolgung Unterstützung bot. Erzbischof Damaskinos erließ eine Enzyklika, in der er seine Priester anwies, den Juden zu helfen, und sie ermächtigte, falsche Taufzeugnisse auszustellen, was den Deutschen nicht entging. Rund 600 Priester und Mönche wurden festgenommen, weil sie Juden geholfen hatten.[51]

Die Verfolgung der Juden begann in Saloniki mit den üblichen Ausschreitungen. Der »Einsatzstab Rosenberg« plünderte die Synagogen, Archive und Museen der sephardischen Gemeinde und nahm einen Teil der in vier Jahrhunderten gesammelten Schätze mit. Die drei spanischsprachigen jüdischen Zeitungen wurden eingestellt. Sonst wurde das jüdische Vermögen zunächst noch nicht angetastet. Mehr als ein Jahr geschah nichts. Am 11. Juli 1942 bekamen plötzlich 9 000 jüdische Männer im Alter zwischen 18 und 45 Befehl, sich auf dem Freiheitsplatz im Zentrum der Stadt zu melden; dort wurden sie stundenlang in der Sonne stehengelassen und von der Wehrmacht auf alle erdenkliche Weise gedemütigt. Zweitausend wurden dann zur Zwangsarbeit geholt.[52] Die Zeit der Qualen hatte für die Juden von Saloniki begonnen.

In Athen wurde von den italienischen Behörden nichts gegen die Juden unternommen, auch später nicht. Eine unangenehme Sachlage, wie der deutsche Bevollmächtigte in Athen, Altenburg, wenige Wochen später in einer Depesche ans deutsche Außenministerium darlegte. Er war mit seinem italienischen Pendant, Pellegrino Ghigi, zusammengetroffen, der ernsthafte Einwände erhoben hatte:

> »Gesandter Ghigi betonte mir gegenüber, daß im Hinblick auf den Einfluß, den die Juden im Mittelmeerraum, vor allem in Tunis, ausüben, zunächst ein Vorgehen gegen die Juden in Griechenland zurückgestellt werden möge. Sollten die in Deutschland an dem Vorgehen interessierten Stellen in der Angelegenheit weiter insistieren, so würde er es für zweckmäßig halten, daß die Frage im Benehmen zwischen Rom und Berlin nochmals überprüft werde. Seiner Ansicht nach sei ein einheitliches Vorgehen für Gesamtgriechenland wünschenswert. Sollte eine Einigung nicht zu erzielen sein und man deutscherseits für die deutsche Besatzungszone gegen die Juden selbständig vorzugehen wünschen, so müßte er auftragsgemäß bitten, daß von diesem Vorgehen Juden italienischer Staatsangehörigkeit in Griechenland ausgenommen würden.«[53]

Das Argument, die italienischen Juden stellten einen wichtigen Vorposten für die italienischen Herrschafts- und Wirtschaftsinteressen im Mittelmeerraum dar, war eine der Standardantworten des italienischen

Außenministeriums auf die Aufforderung der deutschen Behörden, jüdische Gemeinden zu deportieren. Sie wurde auch in Tunis gegeben, wo sich die italienische Regierung strikt weigerte, dem Vichy-Regime – das nur allzu bereit war, italienische wie französische Juden zum Sterben nach Osten zu schicken – zu erlauben, die stattliche italienische jüdische Gemeinde anzutasten. Deutsche auf allen Ebenen sahen angewidert, daß italienische Juden Privilegien genossen, die ihren Glaubensbrüdern anderswo vom Reich versagt wurden. Wie ein Spionageabwehroffizier in Libyen Anfang 1942 berichtete, war die Situation »skandalös«:

> »Es tritt immer deutlicher zutage, daß die hiesigen Juden in ›einem eisernen Faß stecken‹, wie die Italiener es passend ausdrücken. Das soll heißen, daß es unmöglich ist, in die wahren Verhältnisse und Umtriebe der Judenschaft hineinzuschauen. Bei genauer Prüfung der Sachlage aber scheint es so, als ob die Männer des italienischen Verwaltungsapparates selber dieses ›eiserne Faß‹ sind, die die Juden schützend umgeben und es ihnen gestatten, ungehindert ihre unlauteren Geschäfte zu betreiben und gegen den faschistischen Staat zu komplottieren. Häufig hört man von Beamten der städtischen und staatlichen Verwaltungen über die Juden das verblüffende Urteil, daß nach ihrer Ansicht die libyschen Juden im Grunde genommen ›anständige Kerle‹ seien… Die Polizei macht zwischen Italienern und Juden keinen Unterschied.«[54]

Es lohnt sich, innezuhalten und den Zusammenstoß der Kulturen zu betrachten. Der deutsche Abwehroffizier, kein SS-Fanatiker, sondern ein Spionageabwehrspezialist der Wehrmacht, kann einfach nicht begreifen, daß Italiener Juden, irgendwelche Juden, »anständige Kerle« nannten. Er wundert sich, daß die italienische Polizei keinen Unterschied zwischen Italienern und Juden macht, und meldet voller Abscheu, daß bis 1938 der örtliche Kommandant der Carabinieri ein Jude war, der »berüchtigte« Oberst Levi. Schlimmer noch, als die Rassengesetze den Oberst von seinem Posten vertrieben, besorgte ihm sein Gönner Italo Balbo, Gouverneur von Libyen und Mitbegründer des Faschismus, eine Stelle als Direktor einer örtlichen Firma, in der er noch immer war![55] Deutscher Antisemitismus war nicht das Monopol weniger Fanatiker in schwarzen Uniformen, sondern eine allgegenwärtige, weitverbreitete und grundsätzliche Haltung, die man in der gesamten

Wehrmacht fand. In vielen Jahren intensiver Forschung in deutschen Armeearchiven habe ich weniger als fünf Stellen gefunden, wo deutsche Offiziere irgend etwas anderes als die oben zitierte Meinung zum Ausdruck brachten. Hitler hätte sein großes Verbrechen ohne diese Einstellung nicht ausführen können.

Die Deutschen drängten die Italiener weiterhin, die Juden des Mittelmeerraums auszuliefern, und die Italiener weigerten sich. Als sich die Deportationen ausweiteten, wurde das Vorhandensein von italienischen Juden, die keinen Davidstern tragen mußten und von den Rassegesetzen nicht betroffen waren, so unerträglich, daß 1943 die Deutschen darauf bestanden, daß die italienischen Juden repatriiert würden. Seit dem Frühjahr 1943 verließen italienische Juden die von Deutschen beherrschten Teile Europas und reisten nach Hause. Ihre Gefühle brachte Signora Vittoria Levi sehr schön zum Ausdruck, die am 29. März ein Telegramm an das italienische Außenministerium schickte: »Im Namen all der mit dem Transport vom 27. dieses Monats repatriierten Juden schicke ich Ihnen den allerherzlichsten Dank für das warme Willkommen, das uns zuteil wurde.«[56]

Die Juden von Saloniki waren als nächste zur Vernichtung bestimmt. Die Beauftragten Eichmanns, die SS-Hauptsturmführer Dieter Wisliceny und Alois Brunner, kamen Anfang Februar in der Stadt an. Bald hatte Dr. Max Merten, Chef der Zivilverwaltung, die Vorschriften verkündet, die notwendig waren, um die Juden auszurauben, zu ghettoisieren und zu deportieren. Ende des Monats Februar standen die Transporte bereit.[57]

Die Deutschen hatten vorsichtshalber alle ausländischen Konsulate in Saloniki bis auf das italienische geschlossen, damit die Welt nichts von den Greueln erführe.[58] Der Generalkonsul war ein kleiner, lebhafter und kampflustiger Mann aus der Romagna, der Gegend, aus der auch Mussolini stammte, namens Guelfo Zamboni. Zamboni war einer der ersten Kandidaten für das diplomatische Korps, der nicht aus einer wohlhabenden Familie stammte; er profitierte von der Entscheidung Mussolinis, auf die Bedingung zu verzichten, daß Karrierediplomaten ihre privaten Einkünfte in einer notariell beglaubigten Abschrift offenlegen. Nach mehreren Jahren in der internationalen Vertragsabteilung, in der italienischen Regierung in Albanien sowie in Finnland, hatte er in den späten dreißiger Jahren unter Bernardo Attolico in der Berliner Botschaft gearbeitet. Als Protegé von Jacomoni, dem Gouverneur von Albanien, hatte man ihm den Posten eines Gouverneurs von Epiros angeboten, bis die Deutschen alle italienischen Pläne zur Zerstückelung Griechenlands verwarfen. Seine Einsetzung in Saloniki war eine Überraschung und schloß eine Art Beförderung ein, denn sie bedeutete, daß Zamboni die italienische Regierung als ihr höchster Beamter bei dem für den gesamten Balkan verantwortlichen deutschen Kommando und der Zivilverwaltung Saloniki-Ägäis, wie die Deutschen ihre Zone nannten, vertrat. Mit General Löhr stand er auf so vertrautem Fuß, daß er dessen wahre Ansichten über den Nationalsozialismus kannte. Eines Abends beim Essen brachte der General einen Toast auf »das vierte Reich« aus, ein besseres Deutschland, das auf Hitler folgen würde. Das schlimme war, Zamboni zufolge, daß, wenn die SS kam, jeder, bei General Löhr angefangen, »von Kopf bis Fuß zitterte«.[59]

Zu den Mitarbeitern des Konsulats gehörten noch weitere außergewöhnliche Figuren, darunter ein geheimnisvoller Beamter namens »Riccardo Rosenberg«, und man hat sich über einen Juden auf diesem Posten in Saloniki amüsiert. Professor Salvatore Loi hat die Akten des diplomatischen und konsularischen Dienstes geprüft, aber keinen solchen Namen gefunden. Er vermutet, daß »Riccardo Rosenberg« nie existiert hat, sondern das spöttische, mutwillig gewählte Pseudonym eines italienischen Geheimdienstlers war.[60] Der militärische Verbindungsoffizier am Konsulat, Hauptmann Lucillo Merci, existierte nicht nur, sondern führte auch ein Tagebuch, aus dem Joseph Rochlitz kürzlich Auszüge veröffentlicht hat.[61]

Merci vermerkte am 19. Februar 1943, daß er »sehr beschäftigt« gewesen sei und daß das Konsulat »belagert« worden sei von italienischen Juden, die für Verwandte mit griechischer Staatsangehörigkeit Freistellung von den fatalen Beschränkungen zu bekommen versucht hätten, die die Deutschen durchsetzten.[62] Es begann eine Schlacht zwischen Konsul Zamboni und dem italienischen Konsulat auf seiten der Juden und SS-Haupsturmführer Wisliceny und Max Merten auf der Gegenseite, bei der um jeden Juden einzeln gekämpft wurde, um Leben zu retten oder zu vernichten.

> »Ich begleitete unseren Konsul, Signor Zamboni, bei seinem Besuch bei Dr. Merten. Wir legten ihm die Anträge auf Freistellung von den Beschränkungen gegen die Juden vor, die wir bekommen hatten … wirklich herzzerreißende Gesuche, von 80 oder 90 Jahre alten Menschen, von Waisen, Kranken … ›Ich kann da nichts tun‹, antwortete Merten. ›Diese Direktiven sind in Ber-

lin im Namen des Reichsführers SS Himmler ergangen. Sie sind klar: Jeder muß den Davidstern tragen und im Ghetto wohnen. Das gilt auch für italienische Jüdinnen, die mit griechischen Staatsangehörigen verheiratet sind.‹«[63]

Man muß erst ein Herz haben, bevor es zerrissen werden kann. Merten hatte eindeutig keins, aber die SS war schlimmer. Mercis Tagebuch vermittelt das unheimliche Frösteln, das selbst ein von der diplomatischen Immunität und einer ausländischen Uniform geschützter Mensch in der Gegenwart des Bösen empfand. Einmal wurde Merci direkt zu Wisliceny gerufen, wegen einer Angelegenheit, die »nicht am Telefon« behandelt werden könne:

> »Ich informierte den Konsul und machte mich auf zum Gestapo-Hauptquartier in der Belisario-Straße, in einem Gebäude, das samt Hof und Garten von einem Zaun umgeben war. Der Zugang von der Straße ist gar nicht so einfach. Am Tor erkundigte sich der SS-Wächter nach dem Zweck meines Besuchs. Dann befahl er mir, auf der Straße zu warten. Wenige Minuten später kam Sturmbannführer Wisliceny heraus und führte mich in den Hof, und der SS-Wächter beobachtete mich.«[64]

Durch italienische Intervention wurden viele Menschenleben gerettet. Am 9. Juli fuhr ein Zug mit 350 Juden italienischer Staatsangehörigkeit (die von Konsul Zamboni ungewöhnlich großzügig ausgelegt worden war) von Saloniki nach Athen. Aber die große Mehrheit der Juden von Saloniki war dem Tod geweiht. Am 15. März 1943 verließ der erste Transport die Stadt. Achtzehn weitere folgten, der letzte am 7. August. Nach den in Auschwitz geführten Verzeichnissen kamen 48 974 Juden nach Auschwitz-Birkenau, wo 37 386 bei der Ankunft vergast wurden.[65]

Die Italiener hatten protestiert und es auf alle erdenkliche Art und Weise zu verhindern versucht, und man hatte sie gewähren lassen. Am 10. März 1943 machte Max Merten deutlich, daß er zumindest verstand, wieso:

> »Natürlich verstehe ich Ihre beharrlichen und teilnehmenden Bemühungen zugunsten der hier lebenden italienischen Juden ungeachtet ihres Herkunftslandes. Mir ist klar, daß Italien besorgt ist wegen seiner besonderen wirtschaftlichen und politischen Interessen in Griechenland, vor allem in Saloniki – der Stadt mit der größten italienischen Kolonie im Land, zu der viele

wohlhabende italienische Juden gehören, die einen beträcht-
lichen ökonomischen Einfluß ausüben. Wenn ich es richtig verstanden habe, gibt es Vereinbarungen zwischen Deutschland und
Italien, die Juden betreffend. Der Führer hat uns angewiesen,
diese Vereinbarungen, die er billigt, zu respektieren und jede
Schädigung der Interessen eines befreundeten Verbündeten zu
vermeiden.«[66]

Es gab keine offiziellen »Vereinbarungen«, aber Max Merten hatte trotzdem nicht ganz unrecht. Einerseits gab es die Unbarmherzigkeit der
»Endlösung«; andererseits war die Behinderung durch italienische
Diplomaten und Soldaten auf dem Balkan und anderswo bekannt geworden. Es schien ordentlichen deutschen Beamten unmöglich, daß
eine solche italienische Beharrlichkeit ohne ausdrückliche Zugeständnisse des »Führers« weitergehen konnte. Hitlers Sanftheit gegenüber
Mussolini persönlich mußte in der deutschen Haltung gegenüber den
Italienern auch eine Rolle spielen. Im Mai 1942 tadelte Himmler einen
seiner grausamsten Untergebenen, den Polizeichef in Serbien, SS-Gruppenführer Meyszner:

> »Denken Sie nur daran, daß Sie der Höhere SS- und Polizeiführer
> des Reiches Adolf Hitlers sind, des Führers, den eine enge und
> herzliche Freundschaft mit dem kongenialen Duce Benito Mus-
> solini verbindet. Sicherlich haben wir an manchen einzelnen Ita-
> lienern das und jenes auszusetzen, in einer ähnlichen Form wer-
> den die Italiener an uns etwas aussetzen. Das nützt jedoch nichts,
> wir sind Bundesgenossen und sind nur als solche stark. Dulden
> Sie auch keine Witze und keine sonstigen Kritiken an Italienern,
> sondern vertreten Sie stur gegenüber Deutschen und erst recht
> gegenüber Ausländern die Linie der Achse.«[67]

Auf der anderen Seite der Demarkationslinie, in der italienischen Besatzungszone, gingen Juden unbeeinträchtigt ihren Geschäften nach. Die
jüdische Bevölkerung Athens wuchs um weitere 5 000, als Flüchtlinge
aus der deutschen und der bulgarischen Besatzungszone die Sicherheit
der italienischen Verwaltung aufsuchten. Es gab Augenblicke der Beun-
ruhigung, wenn Gerüchte aufkamen, aber insgesamt fühlten sich die
Juden sicher, solange die Italiener in Athen zu sagen hatten.

Die Deutschen hatten Schwierigkeiten, die Italiener ernstzuneh-
men. Nach einem Streit in einem Athener Café rief ein deutscher Feld-

webel, der von Carabinieri mitgenommen wurde: »Das ist eine Gemein-
heit! Jetzt müssen wir uns noch von denen rausschmeißen lassen. Wer
hat denn eigentlich den Krieg gewonnen?«[68] Auf höherer Ebene beklagten sich die Deutschen ununterbrochen über die italienische Unfähigkeit, streng genug mit den Griechen umzugehen. In seinem Bericht an
das *Comando Supremo* listete General Geloso sechs Bereiche von Konflikten zwischen den Achsenpartnern auf: die Eigenart der griechischen
Regierung, der Polizeidienst (»die deutsche Polizei benahm sich oft, als
gäbe es uns nicht«), die Weigerung, Geiseln entsprechend den deutschen Quoten und auf deutsche Weise zu erschießen (»ohne Untersuchung, wann immer es nötig schien, ein Exempel zu statuieren... eine
abscheuliche Praxis«), die Beschlagnahme von Rundfunkempfängern,
die Durchsetzung von Zwangsarbeit (»ein Fixpunkt für unseren Verbündeten, vom ersten Tag an«) und die Verfolgung der Juden.[69]

Geloso selbst war das Ziel deutscher Spekulationen. »Sie sind klein
und häßlich«, hatte General Soddu zu ihm gesagt, als er ihm das Kom-
mado über die 11. Armee übergab, »aber Sie sind der gescheiteste General, den wir haben.«[70] Cavallero sagte etwa das gleiche zu Kesselring:
»Geloso ist vielleicht unser bester General, mit technischer Vorbildung,
tatkräftig und taktvoll.«[71] Er hatte eine gute bürgerliche Allgemeinbil-
dung sowie – ganz ungewöhnlich unter italienischen höheren Offizieren – einen akademischen Grad als Ingenieur. In den dreißiger Jahren
ging er eine Weile in die Reserve und arbeitete zivil als Ingenieur.[72] Er
schrieb den Artikel »Strategie« in der *Enciclopedia Italiana* von 1936, was
an sich schon für seine »technische Vorbildung« spricht. Geloso hatte
ganz unverkrampfte Ansichten über die von einer Okkupationsarmee
zu erwartende Moral: »Ich habe nie gefunden, daß ein Offizier in
Kriegszeiten keusch und züchtig leben muß, um so mehr, als ich fest
überzeugt bin, daß diejenigen, die keusch leben, weder kämpfen noch
kommandieren können.«[73]

Geloso wandte diese interessanten Prinzipien auch auf sein eigenes
Kommando an und wählte eine Dame, die die Deutschen ziemlich irri-
tierte. Ein Nachrichtenoffizier der Armee meldete dem deutschen
Oberkommando Südost im Mai 1943:

> »Generaloberst Geloso, dessen Ehegattin griechisch versippt ist,
> hatte eine jüdische Freundin, deren Verkehr in anglophilen Krei-
> sen seit langem bekannt war. Eine Verwandte dieser Freundin
> Gelosos wurde von dieser bei dem italienischen Generalstabschef

Tripiccione eingeführt und galt bereits seit einem halben Jahr als dessen festes Verhältnis. Diese beiden Frauen sollen über ansehnliche Mittel verfügt haben. Sie haben ferner in den luxuriös eingerichteten Villen, die Geloso für sie beschlagnahmen ließ, Feste gegeben, zu denen in auffallender Weise italienische Mädchen und Frauen, die bei der Wehrmacht Dienst taten, herangezogen werden, sowie die jüngeren ledigen Offiziere des Generalstabs.«[74]

Eine ständige deutsche Klage über die italienische Militärregierung betraf ihre Duldung des Schwarzmarktes. Deutsche Zivil- und Militärbehörden erwarteten das nicht anders von den Italienern. Wie anders wäre die italienische Haltung gegenüber den Juden zu erklären, wenn nicht als Ergebnis jüdischer Bestechung? Die Deutschen erfanden diese Geschichten nicht. Es gibt neutrale griechische Quellen, die zeigen, daß die Hungersnot weitverzweigte und gut organisierte Hamsterer- und Spekulantenringe hervorbrachte. Als die Deutschen in ihrer Besatzungszone auf das Preisniveau einwirkten, so wie heutzutage Zentralbanken auf dem Währungsmarkt intervenieren, gab es einen echten »Krach«, und die Preise sanken innerhalb weniger Tage auf die Hälfte.[75]

Italienische Offiziere und Soldaten beteiligten sich begeistert an diesen Dingen, genauso wie amerikanische GIs in Italien 1943–1944. Wie die großartige Figur eines Militärs in *Catch 22*, der Exgefreite Wintergreen, an einer Stelle Yossarián erklärt: »Wir alle haben unsere Pflichten. Meine Pflicht ist es zum Beispiel, diese Feuerzeuge mit Profit abzusetzen und dafür Baumwolle von Milo zu kaufen. Ihre Pflicht ist es, die Munitionslager bei Bologna zu bombardieren.«[76]

Für Oberst Ravenni, den kommandierenden Offizier des 7. Regiments der schweren Artillerie, unter dem Namen »Blaue Krawatte« bekannt geworden, waren es Pflaumen, die mit Profit abgesetzt werden mußten, und Pflaumen waren es auch, die ihn ruinierten. Ugo Dragoni beschreibt in seiner sehr witzigen Autobiographie aus der Kriegszeit:

»Ravenni war vierzehn Monate ununterbrochen im Kriegsgebiet gewesen, hatte in dauerndem Streit mit [General] Scipione gelegen und jedesmal das Gegenteil dessen getan, was der General befahl. Er hatte alles mögliche angestellt, von vorgetäuschten Schießübungen... bis zu offiziellen Briefen mit den perfekt gefälschten Unterschriften des Majoradjutanten. Sein Versuch, Pflaumen als Armeetransport von Kroatien nach Italien zu exportieren, brachte das Faß zum Überlaufen... Scipione schickte dem Korpskommando einen detaillierten Bericht, um seine Beförderung zum General zu torpedieren und ihn nach Hause schicken zu lassen. Das Oberkommando der 2. Armee nahm das pflichtschuldigst zur Kenntnis, versetzte ihn zur historischen Abteilung der Armee und gab ihm einen Monat Urlaub wegen besonderer Verdienste.«[77]

Exgefreiter Wintergreen hätte dafür volles Verständnis gehabt, ein typischer deutscher Generalstabsoffizier nicht. Soldaten, die nicht kämpfen mochten, Obristen, die Befehle mißachteten, Pflaumen exportierten und mit Juden verkehrten: das alles war unverzeihlich inmitten eines Krieges zur Verteidigung von was immer der aufrechte deutsche Stabsoffizier zu verteidigen glaubte. Wie all die nichtverrückten Figuren in *Catch 22* hatte kein vernünftiger Italiener die geringste Absicht, sich überflüssigerweise in einem Krieg töten zu lassen, mit dem er nichts zu tun hatte. Wie Yossarián einem anderen Offizier ungeduldig erklärte:

> »Du redest davon, wie der Krieg gewonnen werden kann, und ich rede davon, wie der Krieg gewonnen werden, ich aber am Leben bleiben kann.«
> »Ganz richtig«, antwortete Clevinger schnell und selbstgefällig. »Und was, glaubst du wohl, ist wichtiger?«
> »Wichtiger für wen?« schoß Yossarián zurück. »Mach doch endlich die Augen auf, Clevinger. Einem toten Mann ist es völlig egal, wer den Krieg gewinnt.«[78]

Ärgerlich war, daß auch Oberst Ravenni und seine Leute den Krieg verloren. General Geloso faßte das Mitte Oktober 1942 in einem langen Bericht an den Chef des Generalstabs der Armee zusammen. Das Oberkommando der italienischen Streitkräfte in Griechenland habe keine Küstenartillerie, keine Bomber, keine Marineeinheiten, und »alle meine Truppen haben bekanntlich veraltete Waffen und keinerlei gepanzerte Transporter, Flugabwehrausrüstung oder Panzer«.[79]

Der General hielt es für unwahrscheinlich, daß seine 1. Armee einem Angriff in der Größenordnung des Angriffs bei Dieppe würde standhalten können, geschweige denn einer ernsthaften Landung. In der Nacht vom 25. auf den 26. November 1942 ließen nachlässige italienische Wachen es zu, daß eine Abteilung griechischer Partisanen unter der Führung junger britischer Offiziere die Gorgopotamos-Brücke sprengte. Die Deutschen waren verständlicherweise wütend, daß die wichtigste Verbindungslinie zu ihrem griechischen Hauptquartier zerstört war.[80] Wo italienische und deutsche Truppen gemeinsam Dienst taten, wurden die Deutschen ihnen gegenüber immer aufgebrachter. Intelligente italienische Offiziere erkannten die Überlegenheit der Deutschen durchaus. Giovanni Pirelli führte in einem Brief an seinen Vater die Faktoren auf. Nachdem er die Vortrefflichkeit der deutschen strategischen Planung erörtert hat, erwähnt er mehrere andere Umstände, die die Überlegenheit deutscher Armeen erklären:

»1. Perfekte logistische Organisation der Deutschen;
2. Organisation des Fernmeldewesens. Der Führung einer Panzergruppe steht ein so gutes Telefonnetz zur Verfügung, daß sie innerhalb weniger Minuten mit allen Kommandos Verbindung aufnehmen kann, selbst beim Vormarsch, bis hinunter zum Kompaniechef, und vom Führerhauptquartier bis hinunter auf Bataillonsniveau.
3. Erstklassiges Material, und perfekt ausgebildete Mannschaften. Die Qualität der Mannschaften ist das Geheimnis der erstaunlichen Erfolge, die überall gemeldet werden.«[81]

Die Italiener konnten damit einfach nicht konkurrieren und waren weniger Verbündete als eine Belastung für die deutschen Kriegsanstrengungen. Dennoch wurden die Deutschen daran gehindert, ernsthaft Abhilfe zu schaffen. Nach den Gipfeltreffen der militärischen Stäbe Anfang Dezember 1942 unter Görings Vorsitz bemerkte Rommel verbittert:

»Während uns früher verboten wurde, die Italiener auf Mißstände in ihrer Armee und in ihrem Staat aufmerksam zu machen und deren Änderung zu verlangen, begann nun Göring, mit Cavallero über Grundfragen wie die schlechte Ausrüstung, die italienische Strategie usw. zu diskutieren, natürlich mit dem Erfolg, daß er sie vor den Kopf stieß, ohne daß wir auf eine Abhilfe hoffen konnten… Das Unechte der Achse wurde von vielen Italienern zutiefst empfunden, und sie nahmen deshalb an, daß wir im Enderfolg wenig Rücksicht auf ihre Belange nehmen werden. (…) Ein großer Teil der Italiener wollte nicht mehr mitmachen und überlegte, wie man am besten aussteigen könne.«[82]

Für Mussolinis strategische Fehlplanungen und die Illusionen des faschistischen Regimes mußte jetzt gezahlt werden. Bis 1940 hatte Italien ein wucherndes, unrentables Imperium in Afrika an sich gebracht. Alle diese Besitzungen waren abhängig von der Aufrechterhaltung der Macht auf dem Meer, und seit am Abend des 11. November 1940 die Royal Navy die bei Tarent vor Anker liegenden italienischen Großkampfschiffe *Littorio, Cavour* und *Duilio* überrascht und torpediert hatte, hatte Italien diese Macht nicht mehr. Kapitän Stephen Roskill drückte es so aus:

> »Admiral Cunningham (hatte) schnell eine merkliche Überlegenheit über die italienische Marine erreicht. Durch eine Reihe erfolgreicher Kämpfe und die zunehmende Offensive unserer auf Malta stationierten Streitkräfte gegen die italienischen Nachschubwege nach Afrika brachte er die gesamten italienischen Landstreitkräfte in Übersee in Gefahr.«[83]

Italien verlor sein Imperium und den Krieg auf dem »Weg in den Tod«, wie italienische Handelsschiffer die Routen nannten, auf denen während des Krieges die Geleitzüge zwischen italienischen Häfen und Tripolis, Bengasi und Tunis verkehrten. Vom 10. Juni 1940 bis zum 13. Mai 1943, als 200 000 in Tunesien eingeschlossene deutsche und italienische Soldaten sich den Alliierten ergaben, verlor Italien auf See eine Million Schiffstonnen, riesige Mengen Nachschub, 22 735 Soldaten des italienischen und des deutschen Afrikakorps und eine nicht überlieferte Zahl an Seeleuten der Handels- und der Kriegsmarine.[84] Wie Ralph Bennett gezeigt hat, spielte »Ultra«, die Fähigkeit der Alliierten, den Geheimcode der Wehrmacht zu entschlüsseln, eine entscheidende Rolle dabei, die Flugzeuge der Amerikaner und Engländer auf den Weg dieser Geleitzüge zu lenken: »Was die offizielle italienische Marinegeschichte die ›Hekatombe der Tanker‹ nennt… war die wichtigste Folge der beispiellosen Menge an logistischem Wissen, das Ultra während dieser Zeit vermittelte.«[85]

Die Landungen der Alliierten in Algerien und Marokko im November 1942 überraschten die Achse vollkommen und veränderten Italiens strategische Position mit einem Schlag. Als Hitler das unbesetzte Südfrankreich besetzte, schickte Italien aus Prestigegründen schnellstens ebenfalls Truppen in das Gebiet. Das würde nach Cavalleros Ansicht den sicheren Verlust des Imperiums in Afrika wenigstens teilweise wettmachen. Als Besatzungsmacht wurde Italien unabsichtlich erstmals direkt in die tägliche Durchführung der »Endlösung der Judenfrage in Europa« hineingezogen. In Kroatien hatte es ein Zwischenglied zwischen den Deutschen und ihren jüdischen Opfern gegeben, den Unabhängigen Staat Kroatien. In Griechenland hatten die Italiener auf ausdrücklichen Befehl Hitlers völlige Freiheit bei der Verwaltung ihres »Lebensraums« gehabt, und ohnehin war der allergrößte Teil der griechischen Juden in der deutschen Besatzungszone gewesen. In Frankreich standen die Italiener der SS erstmals direkt gegenüber.

Die alliierte Landung und die folgende Besetzung des unbesetzten Frankreich stoppte die SS-Maschinerie unerwartet. Bis zum 11. November 1942 war, Serge Klarsfeld zufolge, die »Judenpolitik« ganz »befriedigend« gelaufen. Von den insgesamt 75 000 deportierten französischen Juden waren 42 109 nach Osten verschickt worden, manchmal, wie Ende August und Anfang November, in nahezu täglichen Transporten.[86] Das alles war nicht ohne die Mitarbeit der französischen Regierung und der französischen Polizei möglich gewesen, die im allgemeinen bereitwillig geleistet wurde.

Vor dem November 1942 war die Aufgabe der Vernichtung der Juden geteilt gewesen zwischen der Vichy-Regierung, die im südlichen Frankreich noch einen Rest von Souveränität bewahrt hatte, und den deutschen Behörden im Norden, die dort als Besatzungsmacht unbeschränkt herrschten. Ein Befehl Hitlers vom 9. März 1942, mit dem ein Höherer SS- und Polizeiführer für das besetzte Frankreich eingesetzt wurde, legte fest, er sei

»für alle Aufgaben zuständig, die dem Reichsführer SS und Chef der Deutschen Polizei im Reichsministerium des Innern (gem. Geschäftsverteilungsplan RMdI) sowie als Reichskommissar für die Festigung deutschen Volkstums obliegen. In diesen Aufgabengebieten hat er gegenüber den franz. Behörden und Polizeikräften Weisungs- und Aufsichtsrecht.«[87]

Vor diesem Hintergrund nahm die SS natürlich an, daß sie auch in den neuerdings von deutschen und italienischen Truppen besetzten Gebieten wie bisher vorgehen könne. Am 16. November 1942 bestätigte Hitler diese Annahme durch die »Besondere Anordnung Nr. 1 für das neubesetzte französische Gebiet«, die die Zone zum »Operationsgebiet« erklärte, der ominösen Bezeichnung für Gebiete hinter der Front, in denen die SS-Kommandos uneingeschränkt arbeiten konnten, und die den Höheren SS- und Polizeiführer ermächtigte, seine Autorität auf die neuen Gebiete »auszudehnen«.[88]

Der Höhere SS- und Polizeiführer in Frankreich, SS-Brigadeführer Karl Oberg, war schon auf seinem vorigen Posten in Radom in Polen am

Massenmord an den Juden beteiligt gewesen. Als er Hitlers »Besondere Anordnung Nr. 1« bekam, mobilisierte Oberg seine Männer und wollte in die neuen Gebiete aufbrechen. Er traf auf unerwarteten Widerstand und schickte ein dringendes Telegramm an Himmler:

> »Da der östliche Teil des unbesetzten Frankreich von der schwei-
> zerisch-italienischen Grenze Richtung Lyon und östlich der
> Rhône einschließlich Marseille von italienischen Truppen be-
> setzt wird, hatte ich Generalfeldmarschall von Rundstedt in der
> Annahme, daß ihm die italienischen Truppen unterstellt waren,
> gebeten, bei den Italienern die Wege für unsere Einsatzkomman-
> dos zu ebnen. Der Generalfeldmarschall kann meiner Bitte nicht
> entsprechen, da ihm die italienischen Truppen nicht unterstellt
> sind und er auch nicht befugt ist, mit dem italienischen AOK in
> Turin zu verhandeln. Da ich es für unbedingt erforderlich halte,
> unsere Einsatzkommandos, die heute von hier abgerückt sind, in
> der Genfer-See-Ecke, in der Umgebung von Lyon, vor allem aber
> in Marseille und an der Côte d'Azur arbeiten zu lassen, schlage ich
> Ihnen vor, daß ich am Mittwoch durch persönlichen Besuch bei
> den in Frage kommenden italienischen Divisionskommandeuren
> den Versuch mache, diese Frage zu klären. Sollte dieser Versuch
> fehlschlagen, bleibt wohl nur noch der Weg unmittelbarer Ver-
> handlung zwischen Ihnen und der italienischen Regierung.«[89]

Anfang Dezember bemerkte die SS, daß in der italienischen Zone alles völlig falsch lief. Es begann damit, daß der französische Präfekt des Departements Alpes Maritimes allen ausländischen Juden jeglicher Nationalität befahl, sich bei den örtlichen Polizeistellen registrieren zu lassen; man würde ihnen dann drei Tage Zeit geben, sich in die zu die-sem Zweck in der deutschen Besatzungszone des unbesetzten Frank-reich neu errichteten Konzentrationslager zu begeben. Das italienische *Comando Supremo* »untersagte den französischen Behörden, die Internie-rung von Menschen der jüdischen Rasse durchzuführen«.[90]

Die Italiener hatten sich auf ein gefährliches Spiel eingelassen, und das wußten sie auch. Am 8. Dezember 1942 gestand der Chef des militä-rischen Geheimdienstes »Komplexität und Umfang« der Probleme. Er teilte mit, das Innenministerium würde für Mitarbeiter sorgen, die die Juden unter Beteiligung der französischen Polizei festnehmen und internieren würden, »wenn das wünschenswert und angebracht er-schiene«, schloß jedoch:

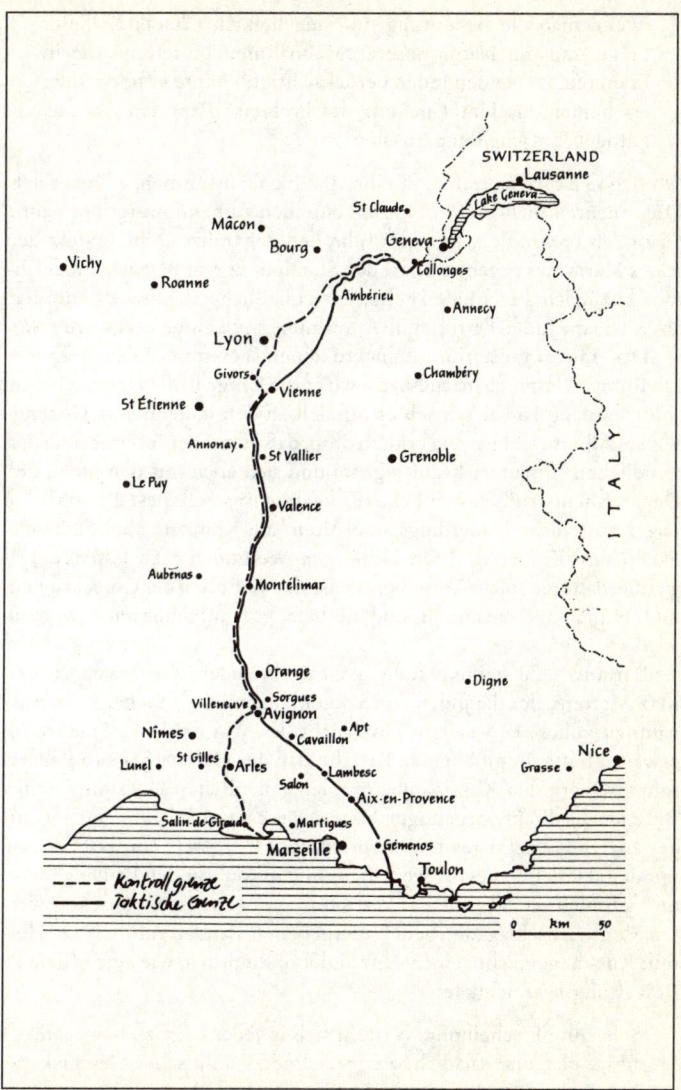

Karte 3: Die italienische Besatzungszone in Frankreich 1942–1943

»Wenn man die Bedeutung und den heiklen Charakter dieser Frage und die Natur unserer Maßnahmen betreffend die in Frankreich lebenden Juden berücksichtigt, könnte es notwendig erscheinen, die Untersuchung des Problems Experten zur endgültigen Entscheidung zu überlassen.«[91]

Ob sich je Experten trafen, um ihre Politik abzustimmen, geht aus den Dokumenten nicht hervor. Im italienischen Außenministerium nahm Ciano, als er von dem Befehl erfuhr, den der französische Präfekt der Alpes Maritimes gegeben hatte, den Standpunkt ein, »Vorsichtsmaßnahmen bezüglich dieser Juden gehen ausschließlich italienische Behörden an... Die die Juden betreffende Anordnung muß ausgesetzt werden«.[92]

Das Innenministerium schickte einen höheren Polizeibeamten, Dr. Rosario Barranco, nach Nizza, wo er die Dinge in die Hand nehmen sollte. Anfang Januar schrieb er offiziell an den italienischen Generalkonsul Alberto Calisse und erklärte ihm, daß er mit der Internierung der feindlichen Ausländer beauftragt sei und sich auch mit den Juden des Departements zu befassen habe. Er beabsichtige, all diese Personen in Lager zu schicken, allerdings »die Alten, die Kranken, alleinstehende Fauen und Kinder in ihren bisherigen Wohnungen zu lassen... Ich glaube, daß eine solche Vorgehensweise den Kriterien der Gerechtigkeit und Humanität entspricht und deshalb gut aufgenommen werden wird.«[93]

Barrancos Einstellung steht in bezeichnendem Gegensatz zu der Max Mertens, der die Juden von Saloniki internierte und keinerlei Ausnahmen zuließ. Es war bestimmt nicht das, was die SS in Frankreich erwartet hatte. Es gibt keinen Bericht, daß der Höhere SS- und Polizeiführer Oberg den Kommandeuren der italienischen Divisionen seine Bitte jemals direkt vorgetragen hätte. Man kann sich kaum einen weniger anziehenden Abgesandten vorstellen. Oberg war ein fetter Mann mit dem Gesicht eines Schweinchens und dicken runden Brillengläsern und sah nicht gerade wie der Vertreter eines genetisch wünschenswerten Menschenschlags aus. Sein Untergebener, Standartenführer Dr. Helmut Knochen, machte einen ganz anderen Eindruck, wie eine offizielle Bewertung verzeichnete:

»Sehr gute Erscheinung, versteht sich in jeder Lage zu bewegen, ruhig, klar und sachlich, ausgezeichnetes politisches Geschick. Zum Polizeiattaché und für Sonderaufgaben im Ausland geeignet. Einer der besten Nachwuchsführer im SD.«[94]

Im Januar 1943 fühlte sich Knochen gezwungen, direkt beim Gestapo-chef darum zu bitten, daß in Frankreich »diese Sonderbehandlung (der Juden) durch die Italiener fortfällt ... Die Behandlung der Juden italieni-scher Staatsangehörigkeit macht nicht eine so erhebliche Zahl aus, hat aber auch schon immer zu großen Schwierigkeiten geführt ...«:

> »Wenn jetzt die Italiener aber für alle Juden ausländischer Staats-angehörigkeit eintreten, so macht das die Fortführung einer Judenpolitik in unserem Sinne unmöglich, d. h. es kann nicht damit gerechnet werden, daß wir in den nächsten Monaten Juden französischer Staatsangehörigkeit überstellt bekommen und abtransportieren können.«[95]

Die französische Regierung könnte die Gelegenheit ergreifen, um sich aus ihrer Mitarbeit an der »Endlösung« zu stehlen. Am 14. Januar 1943 ließ Pierre Laval, Premierminister der Marionettenregierung von Vichy, den italienischen Botschafter kommen, um zu erfahren, was die Italie-ner vorhätten:

> »Laval äußerte sich dahingehend, daß er zwar verstehen könne, daß wir uns zugunsten der Juden italienischer Staatsbürgerschaft einsetzten, aber unsere Intervention ›zugunsten‹ ausländischer Juden nicht ganz begreifen könne, auch weil dies die Juden mit französischer Staatsbürgerschaft in eine verglichen mit ausländi-schen Juden ungünstige Lage versetzte. Er fügte hinzu, daß er es lieber sähe, wenn die italienischen und vielleicht auch die auslän-dischen Juden nach Italien gebracht würden.«[96]

Lavals Wunsch, italienische und ausländische Juden loszuwerden, war kaum verwunderlich. Es gab Grenzen für seine Möglichkeiten zur Kol-laboration mit den Deutschen. Wenn ausländische Juden frei blieben, während Vichy seine zum Teil als Kriegshelden ausgezeichneten echten französischen Staatsbürger abholen ließ, war das für ihn das Ende.

Die italienische 4. Armee, die in Südfrankreich ihre Stellungen bezog, sah auf dem Papier prächtig aus: drei Armeekorps und mehrere Elite-Divisionen. Die Alpini-Division »Pusteria« besetzte Grenoble, die Division »Legnano« marschierte in Nizza ein, die »Lupi di Toscana« in Marseille und »Taro« in Toulon.[97] In Wirklichkeit war ihre Kampfkraft kaum größer als die von Gelosos 11. Armee in Griechenland. Ein deut-scher Bericht vom Frühjahr 1943 meldete: »Die 4. Armee hat keine Flieger, keinen Marineschutz, keine schwere Artillerie, keine Flak. Es

fehlt ihr außerdem an Zement und Eisen, um Befestigungen durchzuführen.«[98]

Als die Deutschen Zement und Eisen lieferten, benutzten die Italiener sie offenbar für andere Zwecke. Dem deutschen Militärattaché bei
der Vichy-Regierung, General von Neubronn, zufolge, sah kein deutscher Offizier, nicht einmal der Verbindungsoffizier beim Hauptquartier der 4. Armee, jemals auch nur einen einzigen Unterstand, der mit
deutschem Zement gebaut worden wäre. Was sie sahen und mit Ver-
stimmung registrierten, waren die Straßensperren auf den Straßen im
Inland. Von Neubronn dazu:

> »Es war nicht leicht zu verstehen, was diese Behinderung des Ver-
> kehrs hinter der Front mit der Vorbereitung zur Abwehr einer
> feindlichen Landung zu tun haben sollte. Man hatte vielmehr
> den Eindruck, daß diese merkwürdigen Anlagen gegen uns Deut-
> sche gerichtet waren, zumal auch die Wagen deutscher Offiziere
> oft an diesen Stellen aufgehalten und kontrolliert wurden.«[99]

Noch unbefriedigender war vom deutschen Standpunkt aus die Befehls-
hierarchie. Offiziell unterstand die 4. Armee dem Oberbefehlshaber
West, Feldmarschall von Rundstedt, der aber, laut von Neubronn, »bis
zum Ende der Beteiligung des italienischen Heeres an den Kriegshand-
lungen der Achse keinen Einfluß auf sie gewinnen« konnte.[100] Das deutsche Militär, das in ein Dutzend sich überschneidende Stellen zersplittert
war, machte weniger Aufhebens von diesem aufmüpfigen Verhalten, als
es gekonnt hätte, in der Befürchtung, daß Hitler einen Wutausbruch
bekommen und etwas Unüberlegtes tun könnte. Der Generalinspekteur wies seinen Stab Ende November 1942 sogar an, besonders vorsichtig zu sein: »Vorsicht mit Abwehr- und Stimmungsberichten! Höchste
Stellen bereits mißtrauisch genug. Durch ungünstige Berichterstattung
kann Lage Franzosen gegenüber blitzartig umschlagen und gutes beziehungsweise brauchbares Porzellan zerschlagen werden.«[101]

Mit anderen Worten: Die Gemäßigten in der Wehrmachtsführung
in Frankreich hofften, so lange wie möglich eine Vichy-Regierung mit
wenigstens Spuren von Autorität zu erhalten. Ihr Dilemma ähnelte dem
Glaise von Horstenaus in Kroatien und hatte den gleichen Grund. Hitlers Verachtung für seine Marionetten war kaum zu bändigen, und
Himmlers Verhalten ihnen gegenüber noch weniger. Wenn die Marionetten von einem Wutausbruch des »Führers« hinweggefegt würden,
würde die deutsche Wehrmacht ganz Frankreich oder ganz Kroatien

direkt regieren und damit die ohnehin überspannten Kräfte noch weiter dehnen müssen. Es war klüger, die Italiener »höchsten Ortes« nicht zu sehr zu kritisieren, weil solche Kritik Auswirkungen auf die Geduld des »Führers« mit seinem Achsenpartner haben konnte.

Die französisch-italienischen Beziehungen waren anfangs schlecht. General Vacca Maggiolini, Chef der italienischen Waffenstillstandskommission, berichtete über das »lange Gesicht« seines Gegenstücks nach der Besetzung. Es war demütigend genug gewesen, einen Waffenstillstand mit den Italienern zu unterzeichnen, die 1940 nichts erreicht hatten; noch schlimmer war es, sich zwei Jahre später eine Besetzung italienischer Truppen gefallen lassen zu müssen, die kaum durch militärische Glanzleistungen gerechtfertigt war.[102]

Der Verlauf des Krieges, die Nachricht von Stalingrad, das Verhalten der deutschen Streitkräfte, besonders der Gestapo, in der deutschen Zone spielten den Italienern in die Hände. Die italienische Besatzung war unangenehm, aber nicht brutal. Die Deutschen hingegen ignorierten die Wünsche des französischen Staates weitgehend. General Walter Warlimont vom deutschen Generalstab formulierte es bei einer Konferenz verschiedener mit Frankreich befaßter Stellen kurz vor Weihnachten 1942 treffend: »Franz. Regierung soll gewisse Souveränität behalten, aber nur insoweit als sie unseren eigenen Zwecken dienlich ist.«[103]

Nach einer ersten Phase der Reibungen behandelten die Italiener die Franzosen mit Zuvorkommenheit. Im Mai 1943 konnte der deutsche Verbindungsoffizier bei der gemeinsamen Achsen-Kontrolldelegation in Toulon berichten:

»Die in der Waffenstillstandsperiode vielfach schikanöse italienische Politik Frankreich gegenüber hat seit der ital. Besetzung des franz. Südostraumes eine völlige Wandlung erfahren. Die Besatzungstruppen haben offenbar die Weisung, mit besonderem Takt, weitgehender Rücksichtnahme und verständnisvoller Hilfsbereitschaft vorzugehen. Bis vor kurzem wurde die italienische Trikolore selbst auf Dienstgebäuden nicht gehißt... Hingegen hat sich die französische Stimmung Deutschland gegenüber... durch das vielfach verständnislose Verhalten meist untergeordneter, aber selbständig vorgehender Organe in Mißtrauen und Ablehnung gewandelt.«[104]

Die Deutschen schienen sich alle Mühe zu geben, die französische Bevölkerung gegen sich aufzubringen. Anfang 1943 beschloß die deutsche Sicherheitspolizei plötzlich, einen Teil der Altstadt von Marseille zu sprengen, weil ihre gewundenen Gassen Mitgliedern der *Résistance* Zuflucht boten. Ein wunderschönes altes Viertel wurde in einen Trümmerhaufen verwandelt und 6 000 Menschen wurden festgenommen, was, wie der italienische Konsul berichtete, »den Haß gegen die Deutschen und besonders gegen die Art, wie sie die französische Polizei benutzten, steigerte«.[105]

Die Brutalität der SS machte den Einheiten der Wehrmacht Schwierigkeiten, deren Arbeit sie in Kontakt mit französischen Behörden brachte. General von Rost von der deutschen Militärmission bei der Vichy-Regierung bat in einem Bericht von Anfang Februar 1943 um rücksichtsvolleres Vorgehen:

> »Man vergißt, daß man es nicht mit halbgebildeten Asiaten, sondern mit einem Volk mit angespanntem Ehrgefühl und äußerst selbstbewußtem Temperament zu tun hat, und das zudem ununterbrochen dem Einfluß der ausländischen Propaganda unterliegt, die die franz. Regierung selbst bei gutem Willen nicht unterbinden kann. Ohne einer falschen Weichheit das Wort reden zu lassen, wäre es z. B. richtig, daß bei Verhaftungen größeren Stiles die franz. Regierung in geeigneter Form, das heißt ohne die laufenden Untersuchungen zu gefährden, verständigt würde, wer verhaftet worden ist und aus welchem Grunde.«[106]

Tatsächlich konnte 1943 niemand mehr die SS und die Polizei daran hindern zu tun, was sie wollten. Im Juni 1943 bekam Rosts Vorgesetzter, Freiherr von Neubronn, der deutsche General, der das Reich in Vichy vertrat, Befehl, das französische Verteidigungsministerium durchsuchen zu lassen. Hitler und Himmler hatten entschieden, daß die Franzosen eine geheime Armee aufbauten, und wollten Beweise. Der adlige General fand den Auftrag schrecklich peinlich, aber als guter Offizier nahm er die Durchführung selbst in die Hand. Wie er in einem Brief an von Rundstedt schrieb, waren die französischen Offiziere und Beamten verständlicherweise besorgt, daß dies der erste Schritt zu einer Welle von Festnahmen sein könnte.[107]

Die italienische Besetzung frustrierte die SS in mehrfacher Hinsicht. Die italienische 4. Armee schien außerhalb der Kontrolle des Oberkommandierenden West zu stehen, der aus nur ihm bekannten Gründen weder in der Lage noch willens war, Autorität über sie auszuüben. Die Italiener waren damit beschäftigt, durch höfliche Behandlung die Sympathie der französischen Bevölkerung zu erringen, während sie der Vichy-Polizei die Erlaubnis verweigerten, gegen die Juden vorzugehen.

Mit der Zeit wurde – vom Standpunkt der SS aus – alles noch schlimmer. Mitte Januar 1943 verkündete das *Comando Supremo* in einem Brief an den italienischen Militärattaché in Vichy, den Herzog von Avarna, daß die italienische Armee »alle Rechte einer Besatzungsmacht auszuüben« beabsichtige.[108] Danach brach das italienische Militärrecht das französische zivile Recht. Als die französischen Behörden den Juden der italienischen Zone das Tragen des Davidsterns aufzuzwingen versuchten, griff die italienische Militärregierung ein und verbot das. Diesmal wurde die Geschichte am 21. Januar von der Londoner *Times* berichtet, unter der Überschrift »Judensterne in Frankreich«:

> »Letzte Woche unterrichten in den italienisch besetzten Departements Savoie, Haute Savoie, Basses Alpes, Hautes Alpes, Alpes Maritimes und Var die italienischen kommandierenden Generäle die Präfekten, es sei mit der Würde der italienischen Armee unvereinbar, daß in von Italienern besetzten Gebieten Juden gezwungen würden, mit einer stigmatisierenden Kennzeichnung in der Öffentlichkeit zu erscheinen; sie teilten demgemäß den Präfekten mit, daß die Befehle aus Vichy rückgängig gemacht werden müßten.«[109]

Dies war ein weiterer riskanter Aspekt der italienischen Politik. In Kroatien wußten westliche Geheimdienste eine ganze Menge über die Einzelheiten des Völkermords im nördlichen Balkan (zum Beispiel war Churchill genau informiert über die Uneinigkeit der Achsenmächte bei der Frage der *Tschetniks*[110]), aber Zeitungen kamen an solche Informationen nicht so leicht heran. Frankreich war etwas anderes. Es war leicht zu erreichen, und die Zeitungen in England konnten über das Freie Frankreich und andere Untergrundquellen mit großer Genauigkeit und innerhalb von wenigen Tagen einen Bericht wie den obigen bringen. Die Geschichte wurde dann durch den italienischen Dienst der BBC noch einmal aufbereitet, und die italienischen Militärbehörden merkten, daß ihre Politik im besetzten Frankreich als Nachricht durch die ganze Welt ging. Ein paar Tage nach dem Bericht in der *Times* rief Marschall Cavallero General Mario Vercellino, den kommandierenden General der 4. Armee an, um ihm davon zu berichten.[111]

Anfang Februar informierte der Polizeiattaché bei der deutschen Botschaft in Paris Obersturmführer Röthke von der Sicherheitspolizei,

»daß die Durchführung der vorgesehenen Judenmaßnahmen nicht in Angriff genommen werden könne … solange die Italiener mit unseren Judenmaßnahmen nicht konform gingen«. Jetzt hatte das Außenministerium in Berlin Befehl gegeben, die »vorgesehenen Maßnahmen« durchzuführen:

> »Falls die französischen Behörden bei Durchführung ihrer Maßnahme von seiten des italienischen Oberkommandos Schwierigkeiten haben, ist hierüber unter genauer Darlegung des konkreten Tatbestandes genau zu berichten, damit diese Spezialfälle von der italienischen Regierung aufgegriffen werden können.«[112]

Die italienische Politik gegenüber den Juden brachte die beiden Achsenpartner auf Kollisionskurs. Der Generalkonsul in Marseille meldete, daß die deutsche Polizei in Marseille eine Volkszählung durchführte – immer der erste Schritt zur Isolierung der Juden.[113] Die Italiener konterten, indem sie die gleiche Politik wie in Kroatien anwandten: Internierung. Am Sonntag, den 14. Februar, gab das Hauptquartier des 1. Armeekorps Befehl an alle Divisionskommandeure:

> Sie sollten sich darauf einstellen, »bis zum 20. des Monats Operationen zur Einweisung der Angehörigen von Feindstaaten und aller ausländischen Juden im Departement Alpes Maritimes in Zwangswohnsitze in Gang zu setzen … Das Kommando hat auch den Präfekten des Departements Alpes Maritimes davon in Kenntnis gesetzt, daß er die Hotels in St. Martin Vesubie und Vence wieder öffnen und die Versorgung der Internierten mit Lebensmitteln sicherstellen muß … Generell sind Menschen von 60 Jahren oder darüber sowie alleinstehende Frauen [Unterstreichung im Original] nicht zu internieren. Die Einweisung der Menschen in die verschiedenen Örtlichkeiten wird in Absprache mit Dr. Barranco durchgeführt werden, unter Berücksichtigung der Nationalität der Betroffenen und des Grades ihrer Gefährlichkeit.«[114]

Zur Rechtfertigung der Internierung war unter anderem immer angeführt worden, daß die Juden den Alliierten gewogen seien und Feindpropaganda und Spionage trieben. Die italienischen Behörden betonten diesen Punkt mit wechselnder Aufrichtigkeit gegenüber den Juden wie den Deutschen. Die internierten Juden zweifelten in Frankreich genausowenig wie in Kroatien daran, daß die Internierung sie schützte. Ein

Überlebender, Albert Sharon, berichtete Joseph Rochlitz in einem Interview, das in dem Dokumentarfilm *The Righteous Enemy* wiedergegeben ist, daß St. Martin Vesubie eine Art Idylle für die bedrängten Juden aus Mittel- und Osteuropa gewesen sei. Sie bekamen Erlaubnis zu einer Synagoge, und der zuständige *Maresciallo* der Carabinieri, ein Opern-Buffo, kam gern zu den Gottesdiensten, um die wunderbare Stimme des Vorsängers zu hören.[115]

Ungefähr 1100 ausländische Juden wurden an sieben Stellen in den vom I. und XV. Armeekorps kontrollierten Gebieten zwangseingewiesen[116], aber die Internierung beeindruckte weder die SS noch die Vichy-Regierung, die weiterhin versuchten, die Juden aus dem italienisch besetzten Frankreich in ihre Gewalt zu bekommen. Am 22. Februar berichteten der kommandierende Offizier der Alpini-Division »Pusteria« und das Hauptquartier des 20. Ski-Regiments in Chambéry, daß die Präfekturen in Valence, Chambéry und Annecy begonnen hätten, auf »direkten Befehl« der Vichy-Regierung ausländische Juden festzunehmen. Als die italienische Armee intervenierte, erklärten die Präfekten, daß sie keine andere Wahl hätten, als ausdrückliche Befehle ihrer Regierung durchzuführen. Sobald er diese Nachricht erhielt, bat General Vercellino, kommandierender General der 4. Armee, das *Comando Supremo* um die Erlaubnis, den französischen Präfekten weitere Festnahmen zu verbieten und sie im Fall einer Weigerung festzunehmen.[117] Es folgte ein Patt, als italienische Truppen die französische Polizei daran hinderten, festgenommene Juden abzutransportieren. Einige Tage später widmete der die Waffenstillstandskommission leitende italienische General einen Teil seines monatlichen Berichts der Krise. Er meldete, daß die Präfekten weiterhin Juden festzunehmen versuchten:

> »... ohne unser Wissen, und ebenfalls ohne unser Wissen haben sie versucht, diese Juden in die von deutschen Truppen besetzten Gebiete zu schicken. Diese Haltung geht vielleicht auf den Wunsch von Vichy zurück, lieber ausländische Juden zur Arbeit ins Reich zu schicken als französische Arbeiter. Die ausländischen Juden haben natürlich unser ausdrückliches Eingreifen zu ihren Gunsten mit tiefer Dankbarkeit begrüßt, und als sich in der Gegend von Nizza das Gerücht verbreitete, daß die italienischen Behörden Juden zur Arbeit anwerben wollten, stellten sich viele freiwillig und baten um die Erlaubnis in Italien zu arbeiten ... In den hiesigen katholischen Kreisen wurde unsere Intervention

zur Verhinderung des Abtransports der Juden sofort bekannt und als Unterstützung der verfolgten Juden interpretiert und sehr gewürdigt.«[118]

Zum ersten und einzigen Mal während des Zweiten Weltkriegs stand die italienische Politik gegenüber den Juden im Rampenlicht. Das *Comando Supremo* und das Außenministerium mußten eine Strategie entwerfen, und zwar schnell. Oberst Cesare Cremese, Chef des Büros für allgemeine Angelegenheiten beim Oberkommando, schrieb am 1. März 1943 auf Befehl des Stabschefs General Ambrosio ans Außenministerium, um die Einzelheiten der jüngsten Maßnahmen der französischen Präfekten zu melden. Er fuhr dann fort:

> Maßnahmen für Recht und Ordnung betreffend Juden im italienisch besetzten Frankreich »müssen unseren Militärbehörden vorbehalten bleiben, und das ohne Diskriminierung, was die Nationalität dieser Juden angeht, mögen sie nun Italiener oder Franzosen oder Ausländer sein. Ich bitte Sie, die notwendigen Schritte bei der Vichy-Regierung zu unternehmen, um obiges Prinzip zu bestätigen und die Vichy-Regierung zu veranlassen, daß sie bereits durchgeführte Festnahmen und Internierungen rückgängig macht.«[119]

Das waren starke Worte. Die Italiener beanspruchten die Gewalt über *alle* Juden unabhängig von ihrer Nationalität. Später am selben Tag informierte das *Comando Supremo* das Außenministerium, daß es dem italienischen Verbindungsoffizier in Vichy, dem Herzog von Avarna, Anweisung gegeben habe, der französischen Regierung die italienische Position darzulegen.[120] Am folgenden Tag besuchte Avarna Admiral Platon, Vichy-Verteidigungsminister, und führte seinen Auftrag aus.[121] General von Neubronn meldete das Treffen dem deutschen Oberbefehlshaber West. Es gibt einen decouvrierenden Satz in seinem Bericht. Während die italienische Note nur konstatierte, daß die italienischen Behörden für die Überwachung aller Juden verantwortlich sein würden, meldete von Neubronn, »daß in den von Italien besetzten Gebieten Frankreichs weder Juden italienischer und französischer noch sonstiger Staatsangehörigkeit *verfolgt* werden dürfen«.[122]

Freiherr von Neubronn hatte versehentlich in einem offiziellen Dokument die Wahrheit verraten. »Verfolgt« ist ein starkes Wort. Welche Euphemismen das NS-Regime auch sich und seinen Dienern auferlegt haben mochte, die Wahrheit sickerte durch. General Alexander Freiherr von Neubronn, ein Gegner des Nationalsozialismus, kannte die Wahrheit, wie die meisten seiner Gesellschaftsschicht. Wie der inzwischen verstorbene Wolfgang von Tirpitz einmal zu mir sagte: »Wenn jemand aus meinen Kreisen Ihnen erzählen will, er hätte nicht gewußt, was da vor sich ging, dann lügt er.« Die italienische Politik in Südfrankreich stoppte die »Verfolgung der Juden«, und alle Beteiligten waren sich dessen bewußt.

Die SS beobachtete diese Entwicklung mit wachsender Ungeduld. Eichmann fuhr selbst nach Paris. Helmut Knochen appellierte an Gruppenführer Heinrich Müller, Chef des Amtes IV Gestapo im Reichssicherheitshauptamt. Es mußte schnellstens etwas geschehen. Nicht nur, daß Pétain den deutschen Forderungen nach Auslieferung der Juden widerstand, sondern die Franzosen wurden auch immer sicherer, daß Deutschland den Krieg verlieren würde, und nahmen jetzt eine abwartende Haltung zur »Endlösung« ein. Außerdem schoben die Franzosen nun die Italiener als Argument vor:

> »Man [die Franzosen] erklärt, daß die Italiener – dies sind Tatsachen, die auch von allen Dienststellen der Sicherheitspolizei wie von anderen deutschen Dienststellen gemeldet und unterstrichen werden – überall östlich der Rhône für die Juden eintreten. Nicht nur, daß die offiziellen italienischen Stellen Noten an die französische Regierung richten, in denen sie verbieten, die Juden zu kennzeichnen, und daß man auf diesem Wege für Juden aller Staatsangehörigkeit eintritt, sondern es besteht auch zwischen der italienischen Besatzungstruppe und der jüdischen Bevölkerung bestes Einvernehmen. Italiener wohnen bei Juden und lassen sich von Juden einladen und bezahlen, so daß dort unten der Eindruck entsteht, daß die deutsche und italienische Auffassung absolut verschieden ist… Um die Maßnahmen für Gesamtfrankreich durchzuführen ist Voraussetzung, daß auch im italienisch-besetzten Gebiet die Maßnahmen durchgeführt werden dürfen, da andernfalls schon heute eingesetzte Abwanderungen von Juden in das italienisch-besetzte Gebiet große Formen annehmen würden und es bei halben Maßnahmen bliebe.«[123]

Halbe Maßnahmen waren natürlich unerträglich. Es konnten ja auf französischem Gebiet ein paar Juden überleben! Die »Endlösung«

würde nicht endgültig sein! Es wurde Zeit, auf die Spitze der italienischen Regierung Druck auszuüben. Die SS trat mit einer inzwischen langen Liste von Klagen an das deutsche Außenministerium heran. Helmut Bergmann, Ministerialdirigent im Außenamt, schrieb ein Memorandum, das sie zusammenfaßte, und schickte es als Telegramm an den Sonderzug »Westfalen«, in dem der Reichsaußenminister eben zu einem Treffen mit dem Duce nach Rom reiste. Bergmann listete SS-Berichte von italienischer Obstruktion der »Endlösung« in Griechenland und Frankreich auf. Die Abteilung DIII des Außenministeriums, so fuhr Bergmann fort, »kann Richtigkeit dieser Ausführungen... nur bestätigen«. Das Reichssicherheitshauptamt sei ersucht worden, »seine Wünsche noch zu konkretisieren und sagt dies für 25.2. zu«.[124]

Der Duce, flankiert von seinem neuen Außenminister Giuseppe Bastianini und dem italienischen Botschafter in Berlin, Dino Alfieri, empfing von Ribbentrop und den deutschen Botschafter von Mackensen im Palazzo Venezia. Es gab viel zu besprechen, und nichts davon war angenehm. Obwohl Ribbentrop General Walter Warlimont mitgebracht hatte, den sehr fähigen stellvertretenden Chef des deutschen Generalstabs, traf er sich doch ohne ihn mit dem Duce und war bald in eine lange Verteidigung von Hitlers Strategie in Rußland verwickelt, die er in seiner üblichen optimistischen und überzeugenden Weise vortrug. Dann wandte er sich der Lage in Jugoslawien zu und der Tatsache, daß sich die Italiener nach wie vor auf die *Tschetniks* stützten. Bastianini und Ribbentrop waren sich über die Zuverlässigkeit der von den Italienern bewaffneten Einheiten und darüber, ob sie sich im Falle einer Landung auf dem Balkan sofort den Alliierten anschließen würden, nicht einig. Es waren die alten, schwer zu glättenden Reibungspunkte.

Dann wandte sich der Reichsaußenminister der »Judenfrage« zu. Dem Duce sei bekannt, daß Deutschland hinsichtlich der Behandlung der Juden »radikal eingestellt« sei und daß »auf der Feindseite als grausam bezeichnet« würde, daß die Juden in »Reservate im Osten« abtransportiert würden. Die Erfahrung habe gelehrt, daß solche Maßnahmen notwendig seien. Der Bericht fährt fort:

> »Auch Frankreich habe gegen die Juden Maßnahmen ergriffen, die äußerst nützlich seien. Sie seien nur vorübergehend, da die endgültige Lösung auch hier im Abtransport der Juden nach dem Osten bestehen würde. Er (der RAM) wisse, daß man in militärischen Kreisen Italiens, wie übrigens auch gelegentlich unter den

deutschen Militärs, der Judenfrage oft nicht das notwendige Verständnis entgegenbringe. Nur so könne er sich einen Befehl des Comando Supremo erklären, der Maßnahmen, die die französischen Behörden auf deutsche Einwirkung hin gegen die Juden ergriffen hätten, in dem italienischen Besatzungsgebiet Frankreichs wieder rückgängig gemacht habe. Der Duce bestritt die Richtigkeit dieser Mitteilung und führte sie auf die Taktik der Franzosen zurück, zwischen Deutschland und Italien Uneinigkeit hervorzurufen... Trotzdem gebe er dem RAM hinsichtlich der Bemerkung recht, daß die Militärs in der Judenfrage nicht das richtige Gefühl hätten. Dies führe er u. a. auf ihre verschiedene geistige Vorbereitung zurück.«[125]

Die Diskussion ging dann zu Stalin über, dann zu dem bevorstehenden Zusammenbruch in Afrika und anderen strategischen Problemen. Entschieden wurde nichts, aber zum ersten Mal war der Konflikt der Achsenpartner in der »Judenfrage« als Problem von höchster Bedeutung auf der gleichen Ebene diskutiert worden wie militärische Operationen in Rußland oder Afrika. Es muß ein gespenstisches Erlebnis gewesen sein, auf der italienischen Seite des Tisches zu sitzen und dem adretten grauhaarigen Mann zuzuhören, wie er über »Reservate« für Juden im Osten plauderte, und zu wissen, was das in Wirklichkeit für »Reservate« waren. Ahnte Ribbentrop, daß die Italiener wußten, wo die »nach Osten abtransportierten« Juden landeten? Ich habe keinen Beweis gefunden, der darauf schließen läßt, daß das der Fall war; andererseits muß ihm genau wie ihnen der Inhalt der alliierten Rundfunksendungen bekannt gewesen sein. Wenn er wußte, daß sie die Wahrheit kannten, wußten sie auch, daß er das wußte?

Pietromarchi berichtete über den Besuch Ribbentrops in seinem Tagebuch. Er hatte erfahren, daß Ribbentrop die »Judenfrage« angesprochen hatte, glaubte aber, daß der Duce ihm »scharf ins Wort gefallen« sei, worüber das deutsche stenographierte Protokoll nichts sagt. Aus der Unterhaltung danach hielt Pietromarchi den folgenden Dialog zwischen Bastianini, Staatssekretär für Außenpolitik, und Graf Leonardo Vitetti, Generaldirektor für europäische und mediterrane Angelegenheiten im Außenministerium fest:

»Es steht zu hoffen«, bemerkte der Staatssekretär, »daß nicht Bismarck selbst zurückkommt und sich mit dem Thema befaßt.« – »Bismarck gegenüber«, antwortete Vitetti, »habe ich geäußert, daß sein Großvater sich geschämt haben würde, Fragen wie diese zu diskutieren, worauf er entgegnete, daß ich recht hätte.«[126]

Der Besuch war kein großer Erfolg. Ribbentrop weigerte sich, einen Besuch bei dem neuen italienischen Außenminister zu machen, mit der Begründung, daß dieser schließlich formell nur Staatssekretär sei. Die Tatsache, daß Ciano nichts anderes gewesen war und dennoch mit aller diplomatischen Aufmerksamkeit behandelt worden war, entging Bastianini nicht.[127] Ribbentrop hatte Bastianini längst als »Ehrenjuden«[128] abgetan, und das dürfte seine grobe Unhöflichkeit erklären.

Außerhalb dieses erlauchten Zirkels warteten ehemalige Minister besorgt auf Nachrichten. Bottai, einer der gefallenen Götzen, trug unter dem 1. März in sein Tagebuch ein:

> »Ribbentrop ist vier Tage in Rom gewesen. Über das offizielle Kommuniqué hinaus ist nichts durchgesickert. Ansaldo [Giovanni, Herausgeber und Verleger des *Telegrafo* in Livorno], der mich besucht hat, erzählt von einer Forderung nach Verschärfung unserer antijüdischen Politik: um uns, wie er sagt, mit ihrer Politik der Verfolgung zu kompromittieren und jeden Vorwand für eine mögliche Diskriminierung im Vergleich zu uns zu beseitigen. Tatsächlich steht im heutigen Kommuniqué die Formel von der ›jüdischen Plutokratie‹, die – ich glaube zum ersten Mal, soweit es das offizielle Italien betrifft – den antisemitischen Charakter des Kampfes bestätigt.«[129]

Bottai und Ansaldo waren nicht die ersten von mir zitierten Personen, die dieses Argument vorbrachten: daß die Deutschen die Kooperation der Italiener wünschten, um sie in ihre Verbrechen hineinzuziehen. Diese Ansicht wird nicht durch deutsche Zeugnisse gestützt. Das offizielle Deutschland war immer auf den mit Bottais Worten »antisemitischen Charakter des Kampfes« festgelegt, und wenn die Ermordung von Juden ein Verbrechen war, so wurde es doch offiziell nicht als solches anerkannt. Für Himmler und die SS war es eine großartige Errungenschaft. Für Hitler blieb die Vernichtung der Juden die eine Leistung, die ihm weder Niederlage noch Tod streitig machen konnte, wie er der Welt in seinem Testament vom April 1945 ins Gedächtnis rief.

Ribbentrops Ziel war einfach. Er wollte, was Himmler und Oberg und Röthke und Eichmann wollten. Er wollte die Juden unter italienischem Schutz in seine Gewalt bekommen, damit man sie zum Sterben nach Osten deportieren konnte. Das war schließlich nur eine bescheidene Forderung. Verglichen mit den Millionen, die bereits gestorben waren, schienen diese paar Tausend kaum die Aufregung wert. Die Gefahr bestand, wie Helmut Knochen dargelegt hatte, nicht darin, daß vielleicht ein paar tausend Juden durch die Maschen schlüpften, sondern daß das italienische Beispiel die Hilfsmörder in Frankreich, Kroatien oder der Slowakei veranlassen konnte, sich die Sache zu überlegen. Das würde ernsthafte Folgen für die Deutschen haben, denn – das kann nicht oft genug betont werden – die Deutschen brauchten die Hilfe ihrer Verbündeten bei der Vernichtung der Juden. Es war die französische Polizei und nicht die SS, die in Frankreich die schmutzige Arbeit tat. Ihre Mitarbeit war entscheidend.

Die Berichte von Massenmorden in Polen erreichten hochgestellte Italiener weiterhin. Pietromarchi schrieb, daß die italienische Botschaft in Berlin »makabre Einzelheiten über die Massenermordung von Juden in besetzten Ländern« geliefert hätte. Dann umriß er, was italienische Truppen in Frankreich, Kroatien und Griechenland unternommen hatten, um Juden beizustehen:

> »Die Deutschen zeigen deutlich ihre Verärgerung. Ribbentrop hat sich nicht gescheut, uns am 26. Februar eine Note zu schicken, in der alle Maßnahmen unserer Behörden in den besetzten Ländern zugunsten der Juden aufgeführt sind. Er fügte hinzu, daß diese Haltung andere Länder ermutigen würde, sich ähnlich zu verhalten. Ich habe zu meinen Kollegen gesagt, daß wir dieses Dokument eifersüchtig bewahren müssen, als unwiderlegbaren Beweis für unsere Art zu handeln, als wertvolles Zeugnis vor der Geschichte, das zahlreiche Akte der Niedertracht wettmachen wird.«[130]

Am 6. März 1943 schrieb Monsignore Konrad von Preysing, katholischer Bischof von Berlin, an den Papst und flehte ihn an, die Juden zu retten, die aus Berlin deportiert würden. »Wohl noch bitterer trifft uns gerade hier in Berlin diese neue Welle von Judendeportationen, die gerade die Tage vor dem 1. März eingeleitet worden sind. Es handelt sich um viele Tausende, ihr wahrscheinliches Geschick haben Euere Heiligkeit in der Radiobotschaft von Weihnachten angedeutet... Wäre es nicht möglich, daß Euere Heiligkeit noch einmal versuchten, für die vielen Unglücklichen-Unschuldigen einzutreten? Es ist die letzte Hoffnung so vieler und die innige Bitte aller Gutdenkenden.«[131] Monsignore

Burzio, päpstlicher Nuntius in der Slowakei, berichtete aus Preßburg (Bratislava) von der bevorstehenden Deportation der restlichen 20 000 slowakischen Juden und der Tatsache, daß das gesamte slowakische Episkopat einen Hirtenbrief unterzeichnet habe, in dem gegen die Verfolgung der Juden protestiert wurde.[132] Am folgenden Tag kam Schwester Margherita Slachta, zusammen mit Edit Farkas Begründerin der Kongregation der Sozialen Mission, persönlich, um sich für die slowakischen Juden einzusetzen, und bekam eine Audienz beim Kardinalstaatssekretär.[133]

Die Reaktion des Vatikans war schwach. Als Mitte März 1943 der Erzbischof von Westminster, Kardinal Hinsley, starb, erinnerte sich der britische Botschafter beim Heiligen Stuhl, D'Arcy Osborne, in einer Tagebucheintragung mit echter Trauer an ihn:

> »Er war ein großer Patriot, obwohl vielleicht mutiger und unver
> blümter, was die Nazi-Verfolgung der Kirche und andere Ver
> stöße gegen Gottes und der Menschen Recht anging, als den
> übersensiblen Neutralen im Vatikan angenehm war. Sie sind sich
> wahrscheinlich gar nicht im klaren darüber, wieviel er getan hat,
> um die ungünstigen Auswirkungen ihrer Neutralität im Ausland
> zu bekämpfen.«[134]

D'Arcy Osborne für Großbritannien und Harold Tittmann für die USA hatten den Papst und Kardinal Maglione, den Staatssekretär, seit Monaten gedrängt, die Vernichtung der Juden durch die Nationalsozialisten anzugreifen, und waren gescheitert. Dabei hatte Osborne kein Blatt vor den Mund genommen. Bei einer Begegnung wenige Monate zuvor hatte er dem Kardinalstaatssekretär mitgeteilt, »daß der Vatikan, statt an nichts als an die Bombardierung von Rom zu denken, lieber seine Pflichten gegen die beispiellosen Verbrechen gegen die Menschlichkeit in Hitlers Feldzug zur Vernichtung der Juden« wahrnehmen sollte.[135]

Ob eine deutliche Stellungnahme Pius XII. den Lauf der Dinge verändert hätte, läßt sich nicht mit Bestimmtheit sagen. Denkbar ist, daß sie Prälaten in den besetzten Ländern gestützt hätte, in denen Marionettenregierungen immer noch einen Schein von Unabhängigkeit bewahrten, wie Kadinal Gerlier in Lyon in Frankreich oder Kardinal Stepinac in Zagreb. Sie hätte die Durchführung von Verbrechen in katholischen Ländern wie der Slowakei und Litauen ein bißchen erschwert. Ich bezweifle, daß sie die deutsche Mordmaschinerie angehalten hätte. Die Männer, die den NS-Staat lenkten, schienen für Appelle an die Menschlichkeit nicht erreichbar; sie besaßen keine. Und so lautete Goebbels Reaktion auf die Deportation der Berliner Juden; sie klingt ein bißchen anders als die von Monsignore von Preysing:

>Wir schaffen nun die Juden endgültig aus Berlin hinaus. Sie sind am vergangenen Samstag schlagartig zusammengefaßt worden und werden nun in kürzester Frist nach dem Osten abgeschoben. Leider hat sich auch hier wieder herausgestellt, daß die besseren Kreise, insbesondere die Intellektuellen, unsere Judenpolitik nicht verstehen und sich zum Teil auf die Seite der Juden stellen. Infolgedessen ist unsere Aktion vorzeitig verraten worden, so daß uns eine ganze Menge von Juden durch die Hände gewischt sind. Aber wir werden ihrer doch noch habhaft werden. Jedenfalls werde ich nicht ruhen, bis die Reichshauptstadt wenigstens gänzlich judenfrei geworden ist.«[136]

Kein Appell des Vatikans würde eine so verbogene und böse Seele wie die von Joseph Goebbels angerührt haben. Erreicht hätte er höchstens die »besseren Kreise«, wie Goebbels sie nannte, die die »Judenpolitik nicht verstehen«, und er hätte eine Botschaft an Tausende guter Christen bedeutet, die in ihrem kleinen Bereich bereit waren, etwas gegen die Verbrechen zu unternehmen, die sich vor ihren Augen abspielten, diese mutigen slowakischen Bischöfe und Laien, die im Herzen der Hitlerschen Finsternis das Licht der Menschlichkeit entzündeten. Er hätte andere selbst in Deutschland zum Widerstand ermutigt, Männer wie Kardinal Graf Galen, den Bischof von Münster, der in drei eindringlichen Predigten 1941 die NS-Brutalität anprangerte und durch seinen offenen Angriff die Ermordung der geistig Behinderten durch die Nationalsozialisten stoppte. »Warum läßt Rom Galen so allein kämpfen?« fragte Ulrich von Hassell.[137] Auf diese Frage gab es damals keine Antwort, es gibt sie auch heute nicht.

Der deutsche Druck auf Italien ließ nicht nach. Die Italiener hatten kaum den roten Teppich für Ribbentrop eingerollt, als sie ihn am 5. März für Göring wieder ausrollen mußten, der, wie Botschafter von Mackensen berichtete, zu einem Besuch »rein militärischen Charakters« kam, aber wünschte, sich »in groben Zügen über die Besprechungen unterrichten zu lassen, die der Herr Reichsaußenminister bei kürzlichem Aufenthalt in Rom mit dem Duce gehabt hat«.[138] In diesem Krieg »aller gegen alle« am Hofe Hitlers war die Kenntnis dessen, was die Rivalen vorhatten, überlebenswichtig. Wenige Tage nach Görings Abreise kehrte Ribbentrop zur Offensive zurück. Italien war schließlich sein Gebiet, und jetzt, wo er Martin Luther los war, wollte er auch erfolgreich »Judenpolitik« machen. Am 9. März wies er von Mackensen an, den Duce »persönlich« aufzusuchen. Der Botschafter sollte ihm ein Memorandum überreichen, das die Fakten in Frankreich zusammenfaßte:

> »Auf Anregung der deutschen Regierung wurde von der französischen Polizei im gesamten Frankreich eine Aktion zur Verhaftung sämtlicher Juden ohne Rücksicht auf ihre Staatsangehörigkeit durchgeführt. Präsident Laval hat unserem Geschäftsträger in Paris davon Kenntnis gegeben, daß der Vertreter des Italienischen Oberkommandos in Vichy, General Avarna, am 2. März d. Js. folgende Note übergeben hat, in der die Aufhebung der bisher angeordneten Verhaftungen und Internierungen von Juden und die Weisung an die Präfekten des gesamten von italienischen Streitkräften besetzten Gebietes, künftig keine Juden mehr zu verhaften, verlangt wird...«

Es folgte der vollständige Text der Note in einem langen Bericht vom Chef der Vichy-Polizei, René Bousquet, über die Haltung der italienischen Behörden gegenüber Juden und über jüdische Reaktionen in der italienisch besetzten Zone. Dann wies Ribbentrop den Botschafter an, den Duce möglichst deutlich daran zu erinnern, er habe sich bei den Besprechungen in Rom

> »klar auf den Standpunkt gestellt, daß in den Judenfragen usw. einheitlich schärfstens vorgegangen werden müsse. Ich hätte dem Duce damals bereits eine Notiz hinterlassen, daß die italienischen Behörden in Frankreich in der Judenfrage gegenteilige Weisungen hätten herausgehen lassen, wodurch eine Differenz der deutschen und italienischen Auffassung in dieser Frage zu Tage getreten sei. Der Duce habe seinerzeit dazu geäußert, er könne dies nicht glauben und es dürfe sich wohl um eine Intrige der Franzosen handeln... Heute hätten wir durch diese beiden Ihnen übermittelten Unterlagen den klaren Beweis, daß die italienischen militärischen Stellen und das Comando Supremo selbst in Frankreich anscheinend eine Politik verfolgen, die diametral den Auffassungen und Intentionen des Duce entgegengesetzt sei...«

Es gebe drei Möglichkeiten zur Lösung, die von Mackensen dem Duce vorlegen solle:

>1.) Der Duce gibt dem Comando Supremo die Weisung, daß es diese Dinge der französischen Polizei überlassen solle und dieser nicht in die Arme fallen dürfe.

2.) Der Duce entzieht die Behandlung dieser Fragen in dem italienisch besetzten französischen Gebiet den militärischen Kommandostellen und überträgt sie der italienischen zivilen Polizei, die dann in der Handhabung dieser Dinge von den Militärbehörden unabhängig sein müßte. Eine Regelung in diesem Sinne hat der Reichsführer SS Himmler in Vorschlag gebracht.

3.) Der Reichsführer SS übernimmt es, diese Fragen gemeinsam mit der französischen Polizei auch im italienisch besetzten Gebiet in die Hand zu nehmen, so daß dann italienische Stellen damit nichts mehr zu tun haben würden...

Uns würde als beste Lösung eine solche im Sinne der Ziffer 2.) oder auch 3.) erscheinen. Natürlich würden ... ganz klare Befehle an das Comando Supremo ergehen müssen... Sie können im übrigen noch bemerken, daß dem Führer diese Angelegenheit auch von militärischer Seite vorgetragen wurde und daß der Führer in dieser Sache besonders bei mir hat anrufen lassen.<[139]

Der >Führer< war, Goebbels Tagebucheintragung für denselben Tag zufolge, mehr als interessiert:

>Der Führer ist sehr erbost über die Italiener, weil sie tatsächlich nichts leisten. Für die Ostfront eignen sie sich nicht, für Nordafrika eignen sie sich nicht, für den U-Boot-Krieg eignen sie sich nicht; sie eignen sich nicht einmal für die Heimatflak. Der Führer fragt mit Recht, warum sie denn überhaupt Krieg führen.<

Wobei die Italiener interessanterweise nicht der einzige Grund zu einem Wutausbruch Hitlers an diesem Tag waren. Er begann sich über die schwache Kampfmoral seiner Generäle zu beschweren: >A priori glaubt er einem General nicht. Es beschwindeln ihn alle, machen gut Wetter, kommen mit Zahlen, die ein Kind widerlegen kann, und stellen damit Zumutungen an die Intelligenz des Führers, die geradezu beleidigend sind.<[140]

In der Frage der Juden in Frankreich verband sich seine Verachtung für die Italiener mit dem zunehmenden Haß auf die Berufssoldaten, diese Männer mit Monokel, Adelstitel und akzentfreiem Hochdeutsch, die recht gehabt hatten, wo es um ungeschützte Flanken und Nachschublinien und russische Gegenangriffe gegangen war, während der »größte Führer aller Zeiten« sich entsetzlich geirrt hatte. Die italienische Armee lieferte den passenden Hintergrund für seine Irritation. Sie war voller unzuverlässiger Berufssoldaten, die nicht zur Kriegführung taugten.

Während die Deutschen die Juden Frankreichs forderten, hatten sie doch die Juden Kroatiens nicht vergessen. Es gibt in *Jews under the Italien Occupation* von Poliakov und Sabille einen Bericht aus den Nachkriegsaussagen von Oberst Vincenzo Carla, Chef des Ersten Büros des Hauptquartiers der 2. Armee in Kroatien, der vermuten läßt, daß Mussolini insgeheim mit Ribbentrop übereinkam, die kroatischen Juden auszuliefern. Carla beschreibt eine Audienz, die Anfang März 1943 stattgefunden haben muß, in der Mussolini General Ambrosio und General Robotti (Roattas Nachfolger in Kroatien) mitteilte, daß er Ribbentrop versprochen habe, die Juden Kroatiens auszuliefern. Carla zufolge protestierte Robotti so heftig, daß der Duce nachgab:

> »Es stimmt, ich war gezwungen, der Ausweisung zuzustimmen, also denken Sie sich irgendeine Entschuldigung aus, damit kein einziger Jude ausgeliefert wird. Sagen Sie, daß Sie keine Fahrzeuge hätten, um sie nach Triest zu transportieren, und daß der Transport über Land unmöglich sei.«[141]

Es gibt Beweise in den Akten des italienischen Außenministeriums, daß irgendeine Entscheidung gefällt worden war. Ein Memorandum der Abteilung Kroatien vom 9. März 1943 listete die genauen Aufenthaltsorte der 2 661 in Kroatien internierten Juden auf, und ein anderes, aus Luigi Vidaus Abteilung A.G. IV, die sich mit vertraulichen Angelegenheiten befaßte, faßte den Stand der Verhandlungen zusammen.[142] Wenn die Juden Kroatiens ausgeliefert waren, blieb für die Rettung der Juden in Frankreich nicht viel Hoffnung.

Berlin verlor eindeutig die Geduld mit Rom und verlangte, zumindest in der »Judenfrage«, sofortige Maßnahmen. Erstmals in diesem Krieg sahen sich der Duce und seine Berater mit konkreten Vorschlägen konfrontiert, wie sie sich direkt an der Vernichtung des jüdischen Volkes beteiligen sollten. Drei Möglichkeiten hatte ihnen der Reichsaußenminister großzügig angeboten, aber die Möglichkeit, sich nicht zu beteiligen, war nicht vorgesehen.

Der deutsche Militärattaché, Enno von Rintelen, der nach sieben Jahren Dienst in Rom die italienische Lage besser durchschaute als jeder andere deutsche Beamte, berichtete am 12. März dem Oberkommando, daß sich das italienische Offizierskorps einem gewissen »Fatalismus« ergeben habe:

> »Hinzu käme das mangelnde Verständnis für die deutscherseits geübte Judenbehandlung und die deutsche Politik gegenüber dem Katholizismus, während in Italien Bedeutung und Einfluß der Kirche gerade infolge des längeren Verlaufs des Krieges wachsen. Die italienische Wehrmachtführung bediene sich gerade vermehrt der Kirche, um somit entsprechend der Erziehung des italienischen Volkes die Moral der italienischen Soldaten zu fördern.«[143]

Die Kirche selbst hatte inzwischen zuverlässige Kenntnis von der Forderung des deutschen Außenministers nach Auslieferung der Juden. Am Tag nachdem von Rintelen seinen Bericht abgeschickt hatte, notierte der Kardinalstaatssekretär:

> »Wie ich in meiner Notiz vom 22. Januar 1943 schrieb, hat Mussolini die Deportation von Juden aus Kroatien aufgeschoben. Ich weiß jetzt, daß die Deutschen neue Forderungen nach einer standfesteren Haltung Italiens gegenüber den Juden (!) erhoben haben. Man kann deshalb (ohne obiges zu erwähnen) den Nuntius (oder P. Tacchi Venturi) beauftragen, noch einmal zu vermitteln.«[144]

Vier Tage später vertraute Kardinal Maglione Pater Tacchi Venturis »gutem priesterlichen Herzen« die Fürsorge für die Juden Kroatiens an und bat ihn, mit seinem »bekannten Takt« an die italienische Regierung heranzutreten und sich für Menschen zu verwenden, denen sonst ein »sehr bitteres Schicksal« drohe[145], und am 18. März notierte Monsignore Montini (der spätere Papst Paul VI.): »Es ist notwendig, daß Seine Exzellenz, der Herr Nuntius, noch heute abend Ortona, den Sekretär von Exzellenz Bastianini, um einen Termin für morgen früh bittet und ihn ersucht, zugunsten der Juden in Frankreich zu intervenieren.«[146]

Es war keine Zeit zu verlieren. Der 17. und 18. März waren die kritischsten Momente für die Juden unter italienischer Protektion. Der Vatikan wußte offenbar, daß am 17. März Botschafter von Mackensen dem Duce in einer Privataudienz die neuen Forderungen vorgelegt hatte, die in Ribbentrops Brief vom 9. März enthalten waren. Der Heilige Stuhl wußte außerdem, wie brutal, oberflächlich und vor allem unberechenbar Mussolini sein konnte. Er hatte die jüdischen Flüchtlinge in Kroatien erst zum Tode verurteilt, dann seine Meinung geändert und sie jetzt offensichtlich wieder geändert. Es waren Monate und viel Druck von seiten des Militärs, der Diplomatie und der Kirche nötig gewesen, um beim ersten Mal Aufschub für die Juden Kroatiens zu erlangen. Jetzt, da die SS-Einsatzkommandos mobilisiert waren, war keine Zeit mehr, ein zweites Mal solch ein Wunder zu bewirken. Der Nuntius mußte Bastianini sofort sehen.[147]

Es gibt verschiedene Berichte über das, was geschah, als von Mackensen Mussolini aufsuchte, und über das, was danach geschah. Von Mackensen selbst fand das Gespräch am späten Abend des 17. März 1943 höchst zufriedenstellend. Während er die verschiedenen Schriftstücke vorlas, die Ribbentrop dem Botschafter mitgegeben hatte, sagte Mussolini nichts, zeigte aber sein Einverständnis »mit lebhaft zustimmenden Gesten«. Als der Botschafter geendet hatte, bat ihn der Duce, dem Reichsaußenminister seinen Dank zu übermitteln, und brachte seine Bereitschaft zur Zusammenarbeit zum Ausdruck. Laut Botschafter von Mackensen äußerte er sich etwa folgendermaßen:

»Unser [der deutsche] grundsätzlicher Standpunkt hinsichtlich der absoluten Notwendigkeit durchgreifender Maßnahmen gegen die Juden... sei sonnenklar und unabweisbar geboten. Wenn seine Generale sich quer gelegt hätten, so deshalb, weil sie aus ihrer nun einmal auf andere Dinge gerichteten Denkweise heraus die Tragweite der ganzen Maßnahme nicht erfaßt hätten. Das sei keine böse Absicht, sondern einfach die logische Folge dieser ihrer Denkweise. Tatsächlich lägen die Dinge doch so, daß wir froh sein könnten, daß eine französische Regierung existiere, die diese polizeilichen Maßnahmen durchzuführen bereit sei. Es sei ein Unding, ihr in den Arm zu fallen... Das Verhalten seiner Generale sei ein Ausfluß nicht nur des schon hervorgehobenen mangelnden Verständnisses für die Bedeutung der Aktion, sondern ebenso sehr Auswirkung einer falschen Humanitätsduselei, die unserer harten Zeit nicht entspreche. Er werde – das möge ich dem Herrn Reichsaußenminister melden – noch heute den Generalobersten Ambrosio mit entsprechenden Weisungen versehen, damit fortab die französische Polizei in dieser Aktion völlig freie Hand habe.«[148]

Mussolini habe sich, bemerkte der Botschafter, für Ribbentrops Lösungsvorschlag Nr. 1 entschieden: die französische Polizei die Juden weiter abholen zu lassen.

Vittorio Ambrosio, Chef des italienischen *Comando Supremo,* stammte, wie viele der italienischen hohen Offiziere, aus Piemont. Er war umstritten. Von Rintelen hielt viel von ihm als einem »ruhigen, sachlichen und tüchtigen Soldaten«.[149] Cavallero, sein Vorgänger, nannte ihn einen »Kretin«. Acquarone, Minister für den königlichen Hof und oberster Berater des Königs, hielt ihn für etwa ein Zehntel so tüchtig wie Cavallero[150], und Marschall Caviglia notierte: »Ambrosio sieht einem nicht in die Augen und hält einem geraden Blick nicht stand, aber seine Worte sind offen und aufrichtig, und ich möchte nicht glauben, daß das alles nur Maske ist.«[151]

Ob Ambrosio Mussolinis Blick standhielt, als es um die »Judenfrage« ging, geht aus dem Protokoll nicht eindeutig hervor. Er hatte mit Sicherheit Befehle unterzeichnet, in denen italienischen Militärbehörden verboten wurde, Juden an Franzosen oder Kroaten auszuliefern. Wie der Duce es von Mackensen zugesagt hatte, wurden Bastianini und Ambrosio in den Palazzo Venezia zitiert und von seinem Versprechen an von Mackensen unterrichtet. Nach seiner in den fünfziger Jahren geschriebenen eigenen Darstellung protestierte Bastianini heftig und forderte, daß der Duce keinen solchen Befehl geben solle, der dem italienischen Ansehen im Ausland einen fürchterlichen Schlag versetzen würde. Er schlug statt dessen vor, die Juden, alle Juden, unter italienischer Polizei zu internieren; tatsächlich übernahm er, auch wenn er das nicht erwähnt, Ribbentrops zweiten Lösungsvorschlag, der italienischen Polizei die Kontrolle über die Juden zu geben. Es war die von Himmler bevorzugte Methode, der sicher auf seine Kollegen von der Polizei mehr Druck ausüben zu können hoffte als auf die italienische Armee. Mussolini stimmte, Bastianini zufolge, »mit deutlichen Zeichen der Erleichterung zu und telefonierte selbst mit Senise [dem Polizeichef], wies ihn an, sofort in den Palazzo Venezia zu kommen und gab ihm in meiner Gegenwart den Auftrag, die Möglichkeit eines solchen Transfers zu prüfen«.[152]

Carmen Senise, Chef der italienischen Polizei, war ein schlauer, verschwiegener Neapolitaner, der immer schwarze Anzüge trug, eine lange Karriere in der Polizei hinter sich hatte und ein noch längeres Gedächtnis haben sollte. Er hatte bereits einmal Besuch von SS-Gruppenführer Heinrich Müller gehabt, dem Gestapochef, der auf Himmlers Geheiß gekommen war, um die Politik in der »Judenfrage« zu koordinieren. Das Treffen war nicht sehr glatt gelaufen. Müller hatte mit Bedauern erwähnt, daß die Deutschen die in Frankreich mit Fallschirmen abgesetzten Agenten nie lebend bekämen; sie nähmen immer Gift. Senise bemerkte dazu, dieses Problem hätten die Italiener nicht, und setzte boshaft hinzu: »Sie sehen, daß die Nachrichten über die Behandlung, die sie von Ihnen erwarten können, solcherart sind, daß sie lieber sterben als Ihnen in die Hände fallen wollen.«[153]

Müller erbleichte, Senise zufolge, und verließ Rom unerwartet früh noch am gleichen Abend. Sowohl Bastianinis als auch Senises Berichte stammen aus der Zeit nach 1945, als hohe Beamte des faschistischen Staates gute Gründe hatten, auf ihren Heldenmut gegenüber den Deutschen und ihre Standhaftigkeit bei der Verteidigung der Juden hinzuweisen. Zuverlässiger, weil aus derselben Zeit stammend, ist ein Bericht, den Pietromarchi in seinem Tagebuch festhielt. Bastianini erzählte Pietromarchi offenbar, was er und Mussolini tatsächlich gesagt hatten. Danach hatte der Duce, als Bastianini und Ambrosio sein berühmtes Büro im Palazzo Venezia betraten, ihnen den Inhalt von Ribbentrops Note und Mackensens Kommentaren mitgeteilt. Ambrosio versuchte abzustreiten, daß die Armee die Abholung von Juden systematisch verhindert hatte, und die Schuld der französischen Polizei zuzuschieben. Mussolini schnitt ihm das Wort ab und zeigte die berühmte »Liste«, die das Reichssicherheitshauptamt auf Bitten der Abteilung DIII des deutschen Außenministeriums am 26. Februar erstellt und am 9. März durch Ribbentrop nach Rom geschickt hatte. Von Mackensen hatte sie am Vorabend vorgelegt. Sie enthielt eine unwiderlegliche Darstellung von vierundzwanzig Fällen der Behinderung durch italienische Militärbehörden bei dem Versuch, Juden abzuholen, zu kennzeichnen, abzutransportieren und zu ermorden. Bastianini bat um Zeit, damit er eine »präzisere Antwort« vorbereiten könne. Pietromarchis Tagebucheintragung fährt fort:

»Tatsächlich hatte er von Vidau (Chef der Sektion IV, Vertrauliches) die neuesten Informationen aus Berlin über die entsetzlichen an Juden begangenen Massaker erhalten und gab sie jetzt an den Duce weiter: ›Den wahren Grund für das Verhalten unserer Offiziere hat Ambrosio nicht genannt, aber ich werde ihn Ihnen sagen, Duce. Unser Volk weiß, welches Schicksal die an die Deutschen ausgelieferten Juden erwartet. Sie werden alle vergast werden, ohne Unterschied, alte Frauen, Babys. Deshalb wollen unsere Leute nicht erlauben, daß solche Greuel mit ihrem Einverständnis durchgeführt werden. Und Sie, Duce, dürfen Ihre Zustimmung auch nicht geben. Warum wollen Sie Verantwortung für etwas übernehmen, das voll auf Sie zurückfallen wird?‹ Soweit Bastianinis mutige Rede. Der Duce war erschüttert.

›Aber ich habe Mackensen versprochen, daß ich dem Militär Befehl geben würde, nichts mehr zu vereiteln‹, sagte er.

›Mit Ihrer Erlaubnis werde ich mit Mackensen reden.‹

›In Ordnung.‹«[154]

Bastianini erinnert sich in seinen Memoiren, daß Mussolini erleichtert gelächelt habe, zum ersten Mal seit Wochen, daß er aber während der Unterredung unter Leibschmerzen zu leiden geschienen habe, so daß er sich mit den Händen auf dem Magen gekrümmt habe oder von seinem Stuhl aufgesprungen sei, wenn das Bauchgrimmen unerträglich wurde.[155]

Am Abend des 18. März suchte wie angewiesen der Nuntius Monsignore Borgoncini Duca Bastianini auf und bekam von dem Staatssekretär, was er als »beruhigende Versicherungen« bezeichnete.[156] Bastianini muß zuversichtlich gewesen sein, daß er mit der Situation fertig werden würde, denn er schickte den italienischen Botschaftern in Paris und Vichy eine Kopie von General Ambrosios Befehlen vom 8. März:

Die französische Regierung müsse »… die von Präfekten in besagten Gebieten durchgeführten Festnahmen und Internierungen widerrufen und die Festgenommenen und Deportierten heimkehren lassen… Ich habe deutlich gemacht, daß das keine Frage von Verhandlungen oder Forderungen ist, sondern eine präzise Mitteilung an die französische Regierung, daß die Politik gegenüber den Juden in von Italien besetzten Gebieten Frankreichs der ausschließlichen Kompetenz der italienischen Behörden vorbehalten ist.«[157]

Das war genau das, was, wie Mussolini dem deutschen Botschafter am Vortag versprochen hatte, nicht mehr der Fall hätte sein sollen. Bastianini würde noch einiges zu tun haben mit dieser Quadratur des Kreises. Früh am Morgen des 20. März 1943 empfing der Staatssekretär den deutschen Botschafter im italienischen Außenministerium im Palazzo Chigi. Es gibt zwei Berichte über die Vorgänge. Der eine gibt das wieder, was Pietromarchi von Bastianini erfuhr:

»Mackensen suchte ihn auf. Bastianini hatte sowieso noch ein Hühnchen mit ihm zu rupfen, weil er direkt zum Duce gegangen war und ihn übergangen hatte.

›Mackensen‹, sagte er, ›der Duce hat Anweisung gegeben, daß sich unsere Militärbehörden nicht mehr mit den Juden des besetzten Frankreich beschäftigen sollen.‹

›Ja‹, unterbrach der Botschafter, ›das hat mir der Duce bereits gesagt, und das ist sehr gut so.‹

›Unsere Polizei wird das übernehmen.‹

›Aber das ist nicht das, was der Duce zu mir gesagt hat.‹

›Richtig, aber der Duce hat seine Meinung geändert, und ich werde Ihnen den Grund dafür nennen. Die französische Polizei sollte die Abholung der Juden nicht durchführen, weil sie mit ihnen unter einer Decke steckt. Sie teilt es ihnen eine Stunde vorher mit und läßt sie dann gegen eine Entschädigung laufen. *Elle se fit graisser la patte.* Sie verstehen. Wir werden sie in Konzentrationslager stecken und sie bewachen.‹

Der alte Fuchs begriff und fand, daß der Staatssekretär absolut recht hätte. So sind die Juden aus Südfrankreich durch uns gerettet. Sie werden in Savoien interniert werden, wo es genügend Hotels aller Kategorien gibt, in denen sie untergebracht werden können.«[158]

Von Mackensens eigener Bericht findet sich in einem Telegramm an den Reichsaußenminister vom gleichen Tag. Die beiden Berichte beginnen ganz ähnlich. Dem deutschen Botschafter zufolge sagte Bastianini dann, der Duce hätte sich nun doch für die Lösungsmöglichkeit Nr. 2) entschieden und die notwendigen Anweisungen gegeben. Als der erschrockene Botschafter seine »Überraschung« darüber zum Ausdruck brachte, weil der Duce nicht nur sich in seiner Gegenwart für die Lösung 1) entschieden, sondern sie auch noch mit »überzeugenden Argumenten« gestützt habe, erklärte Bastianini, Ambrosio habe den Duce überzeugt, daß man der französischen Polizei nicht trauen könne, und ein hoher Polizeiinspektor, Guido Lospinoso, den der Duce selbst aus einer von Senise vorgelegten Liste von vier hohen Polizeioffizieren ausgewählt habe, werde die Abholung und Internierung der Juden in Frankreich in die Hand nehmen. (Seinem eigenen Bericht zufolge war Lospinoso am Abend zuvor gerufen worden und hatte seine Befehle bekommen.)[159] Für jeden Zweifel von Mackensens hatte Bastianini eine Beruhigung parat. Alle Juden würden interniert. Ja, es stünden genug Polizisten zur Verfügung, um die Maßnahmen durchzuführen, und ja, es sei ein sehr »scharfer« Befehl an General Vercellino, den Kommandeur der 4. Armee, ergangen, der ihn auf die Konsequenzen für jeden Kommandeur hingewiesen habe, der sich nicht fügte.[160]

Der Botschafter scheint diese Erklärung akzeptiert zu haben, was in Anbetracht der Charakterisierung, die Eugen Dollmann von ihm gegeben hat, nicht verwundert. Hans Georg von Mackensen, Sohn eines berühmten preußischen Feldmarschalls, trat in den diplomatischen Dienst ein, nachdem er eine Weile als Armeeoffizier gedient hatte:

> »Als junger Mann hatte er einen Eid auf die alte preußische Monarchie abgelegt, und als Wilhelm II. verschwand, hatte er nichts mehr, wofür zu sterben sich lohnte. An die Stelle der Monarchie und des Eides traten Ebert, dann Hindenburg und schließlich Hitler... Die politische Linie, der er in Rom folgte, war schlicht und geradeaus. Er hatte dem Führer Treue geschworen, und der Führer war auf Leben und Tod mit dem Duce verbunden. Mussolini war ihm ebenfalls zu einer Art autoritärer Idee geworden, so daß ihm die Möglichkeit von geheimen diplomatischen Tricks nicht in den Sinn kam... Wer sich mit Hans Georg von Mackensen und seiner Tätigkeit als Botschafter beschäftigen will, muß wissen, daß ihn das zu einer ernsthaften Untersuchung des lutherischen Preußentums und seiner Stärken und Schwächen zwingt.«[161]

Mit einem solcherart beschränkten, aber aufrechten Botschafter hatte die italienische *Furberia* – in diesem Fall zu einem guten Zweck – leichtes Spiel bei der Täuschung. Von Mackensen glaubte, was man ihm immer wieder sagte, selbst wenn ein weniger informierter Mensch es längst bezweifelt haben würde. Auch das stärkte 1943 auf paradoxe Weise die dünnen Schutzmauern der italienischen Souveränität und damit Italiens Fähigkeit, den Juden zu helfen.

Aber auch weniger leichtgläubige Menschen akzeptierten Bastianinis Geschichte. Gestapo-Müller, ein Karrierepolizist, für zahllose Verbrechen verantwortlich, kann kaum der Naivität bezichtigt werden. Trotzdem war er hocherfreut über die Entscheidung der italienischen Regierung, die Judenangelegenheiten der italienischen Polizei zu übertragen. Am 2. April schrieb er, Lospinoso werde die jüdischen Probleme regeln, in Übereinstimmung mit den deutschen Vorstellungen und in enger Zusammenarbeit mit der deutschen Polizei.[162]

Das war auch gar nicht uneinleuchtend. Das Innenministerium war sowohl für die Leitung der Polizei als auch für die Durchsetzung der italienischen Rassengesetze verantwortlich. Unter Guido Buffarini Guidi als Staatssekretär war es das am konsequentesten antisemitische unter den italienischen Ministerien. In dem Augenblick, als 1942 Bastianini und die 2. Armee in Jugoslawien begonnen hatten, Komplotte zur Rettung der Juden zu schmieden, verkündete Buffarini Guidis Ministerium ein umfassendes Programm der Zwangsarbeit für Juden im Einberufungsalter. Es wurde *alla italiana* durchgeführt, nämlich unregelmäßig, manchmal gar nicht oder mit großen Verzögerungen, aber die römischen Zeitungen vom 5. Juni 1942 stellten Berichte mit Bildern über Einheiten von jüdischen Zwangsarbeitern heraus, die am Tiberufer eingesetzt wurden.[163] Buffarini Guidi fuhr fort, Gestapo-Müllers hohe Meinung von sich zu rechtfertigen, indem er den Deutschen nach 1943 unter der Marionettenregierung von Salò half, Juden aufzuspüren und zu deportieren. Die Geschichte des italienischen Antisemitismus wie die Geschichte der italienischen Versuche zur Rettung der Juden ist keine Geschichte von gut kontra böse, sondern von besser kontra schlechter, von unterschiedlichen Beweggründen und zweifelhaften Handlungen. Es ist die wirkliche Geschichte von wirklichen Menschen; was sie bemerkenswert macht, ist das Ergebnis. Italienische Diplomaten, Soldaten und die meisten Beamten konnten sich einfach nicht an dem beteiligen, was, wie sie wußten, gemeinschaftlich begangener Mord war.

Generalinspekteur Lospinoso brach zu seinem neuen Posten auf und machte, seinem eigenen Nachkriegsbericht zufolge, einen Höflichkeitsbesuch bei seinem deutschen Pendant in Marseille. Dort erfuhr er zu seiner Verblüffung, daß seine Regierung sich bereit erklärt hatte, die Juden zu internieren, bevor sie nach Drancy und von da nach Auschwitz deportiert würden. Lospinoso behauptet, er habe geargwöhnt, daß Mussolini ein doppeltes Spiel spielte, und beschlossen, den deutschen Forderungen auszuweichen, indem er schwer zu finden blieb.[164] Es ist durchaus möglich, daß sich ein hoher Polizeioffizier in Italien so verhielt; plausibler, aber in der antifaschistischen Atmosphäre in Italien nach dem Krieg besser nicht eingestanden, war, daß Mussolini oder Senise ihm einen Wink gegeben hätten, daß die Befehle etwas anders gemeint wären, als sie aussähen. Was immer die Gründe waren, Lospinoso entzog sich, so gut er konnte. Am 24. Mai beklagte sich Helmut Knochen, er wisse nichts von einer Anwesenheit Lospinosos in der italienischen Zone.[165] Schließlich konnte er am 26. Mai SS-Obersturmführer Moritz aus Marseille melden, daß für den Beauftragten für Judenfragen ein Hauptquartier in der Villa Surany in Nizza eingerichtet worden sei und daß Lospinoso einen Stab dort etabliert habe. Moritz erwähnte auch, daß der »Halbjude Donati« als Lospinosos Berater fungierte. Er fuhr fort:

> »Die Italiener beabsichtigten, den Küstenstreifen von 50 Kilometer Tiefe bis in ca. 3 Monaten judenfrei zu machen. Diese Maßnahmen werden ausschließlich von der italienischen G...durchgeführt. Danach werden die dort ansässigen Juden aufgefordert, um mit Lastwagen in kleinen Transporten in das Landesinnere evakuiert zu werden.«[166]

Auch in Kroatien waren Juden in Bewegung. Schon am 18. Februar 1943 hatte das Büro für zivile Angelegenheiten bei der 2. Armee vorgeschlagen, die Juden aus den bestehenden Lagern in Kraljevice (italienisch Porto Re) und von den Inseln an einen sichereren Ort auf der Insel Rab zu bringen, wo es bereits ein Lager für slowenische Zivilisten gab.[167] Die Beziehungen zu den Internierten waren inzwischen nicht mehr so idyllisch wie zuvor. Die Ältesten in Kraljevice, die das Memorandum unterzeichnet hatten, in dem sie General Roatta ihre Dankbarkeit für ihre Errettung ausgedrückt hatten, hatten kürzlich wieder geschrieben; sie hatten zwar abermals der italienischen Armee und dem Volk gedankt, sich aber auch beklagt über »das schlammige Gelände, das Fehlen von Abwässerkanälen, die unzureichenden, schlecht gebauten Toiletten mit den zu kleinen Löchern, die so niedrig sind, daß es fast unmöglich ist, sie so sauberzuhalten, wie es nötig wäre«.[168]

Die italienischen Behörden wurden gereizt. Polizeichef Senise verweigerte DELASEM, der jüdischen Flüchtlingshilfe-Organisation, die Erlaubnis, die Lager zu besuchen, und es gab Ärger wegen der Eröffnung von Schulen.[169] Aber viel bezeichnender ist die kleine Sache mit den Strassbergers. Frau Janke Strassberger, auf der Insel Mezzo interniert, bat darum, daß ihr 18jähriger Sohn Branko von einem anderen Lager zu ihr verlegt würde, »weil mein Sohn und ich uns vom Augenblick unserer Flucht vor der *Ustascha* nicht mehr gesehen haben«. Die Sache ging bis zu Brigadegeneral Clemente Primieri, Stabschef der 2. Armee, der am 28. April »in Anbetracht der außergewöhnlichen Umstände in diesem Fall« die Erlaubnis erteilte.[170]

Slowenen waren schlechter dran und wurden durchweg weniger gut behandelt als Juden. Die Entscheidung, die südliche Hälfte Sloweniens mit der Hauptstadt Ljubljana zu besetzen, hatte die Italiener, wie selbst Roatta zugab, in eine absurde Lage gebracht. Sie hatten völlig fremde Menschen und fremdes Gebiet einseitig zu einem Bestandteil Italiens erklärt. Es konnte nicht funktionieren. Als die Italiener den Slowenen die italienische Staatsbürgerschaft anboten, »nutzten nur sehr wenige diese Sonderbestimmung«.[171] Die Deutschen hatten eine sehr viel einfacherere Methode, mit unbequemen ethnischen Minderheiten umzugehen: Sie deportierten sie. Anfang Februar 1943 berichtete das Hauptquartier des italienischen XI. Korps, daß die slowenische Bevölkerung der Region »fortgebracht« worden sei und daß die Provinzhauptstadt »den Anblick eines durch und durch deutschen Ortes« biete.[172]

Die italienische Militärbehörde war weder rücksichtslos noch tüchtig genug dazu. Dennoch mußte sie etwas unternehmen. Was sie tat, war häßlich. Sie begann Geiseln zu nehmen, »die ins Gefängnis gebracht und dort festgehalten werden. Sie werden mit ihrem Leben für die hinterhältigen Angriffe zahlen.«[173] Im Februar 1942 wurde ein Konzentrationslager für kroatische und slowenische Zivilisten in Buccari bei Sussak errichtet. Der Major der Carabinieri, der die Örtlichkeit prüfte, berichtete, daß es keine Duschen gäbe, keinen Gemeinschaftsraum, daß das Dach leckte und die Unterkünfte gereinigt werden müßten. Trotz dieser Mängel kamen zwei Wochen später die ersten Männer, Frauen und Kinder an.[174] Im Dezember 1942 wurde ein sehr viel größeres Lager für Slowenen auf der Insel Rab vor der dalmatinischen Küste errichtet. Die Bedingungen waren so schlimm, daß der kommandierende Offizier vom 14. Bataillon der Carabinieri sich Anfang Januar 1943 tatsächlich beklagte:

»In den letzten Tagen sind einige Internierte in einem solchen Zustand der Auszehrung, manche in geradezu elender Verfassung aus dem Konzentrationslager zurückgekehrt, daß unter der Bevölkerung ein schrecklicher Eindruck entstanden ist. Die slowenische Bevölkerung auf diese Weise zu behandeln untergräbt fühlbar unsere Würde und ist den Prinzipien von Gerechtigkeit und Menschlichkeit, auf die wir in unserer Propaganda dauernd verweisen, konträr entgegengesetzt.«[175]

Der slowenische Historiker Franc Potočnik schätzt, daß mehr als 7 000 slowenische Zivilisten während des Krieges in italienischen Lagern gestorben sind, vor allem in dem Lager auf Rab, in das er selbst im Dezember 1942 eingeliefert wurde. Er behauptet, daß Tausende als Geiseln festgenommene Zivilisten bei Vergeltungsmaßnahmen von italienischen Soldaten erschossen wurden.[176] Seine hohen Zahlen beruhen auf hohen Forderungen und haben zu Kontroversen geführt. Es läßt sich jedoch nicht leugnen, daß slowenische Partisanen und Zivilisten unter harter Behandlung von seiten der italienischen Truppen zu leiden hatten. Die Bedingungen in dem Internierungslager für Zivilisten auf Rab waren tatsächlich erschreckend: Es war dreckig, schlammig, überfüllt und wimmelte von Ungeziefer. Man kann sich vorstellen, was die Slowenen fühlten, als sie im Sommer 1943 sahen, wie in ihrer Nähe das jüdische Lager mit anständigen Unterkünften, sanitären Einrichtungen und Versorgungseinrichtungen gebaut wurde. Potočnik schreibt:

»Die Internierten im Lager I [Slowenen] konnten durch den doppelten Stacheldrahtzaun sehen, was im Lager der Juden vor sich ging. Die jüdischen Internierten lebten unter Bedingungen echter Internierung zu ihrem ›Schutz‹, während die Slowenen und Kroaten einem System der ›Unterdrückung‹ unterworfen waren... Sie brachten eine Menge Gepäck mit. Italienische Soldaten trugen ihnen das Gepäck in die ihnen zugewiesenen kleinen Ziegelhäuser. Fast jede Familie hatte ihr eigenes Häuschen... Sie waren ziemlich gut gekleidet, verglichen mit anderen Internierten natürlich.«[177]

Die italienische Menschenfreundlichkeit muß den Slowenen im Lager I ziemlich hohl vorgekommen sein und stellt für uns auf diese Szenen Zurückschauenden ein Problem dar. Wie kann man die unterschiedliche Behandlung der Slowenen und Juden im gleichen Konzentrationslager erklären? Die Juden stellten eindeutig keine militärische Bedrohung der politischen Ambitionen der Italiener dar. Bei den Slowenen hingegen war genau das ebenso eindeutig der Fall. Sie bestritten, daß der Duce und seine Offiziere das Recht hätten, ihre Heimat zu einem Bestandteil Italiens zu erklären, und griffen zu den Waffen, um Widerstand zu leisten. Insofern kann die italienische Behandlung slowenischer Zivilisten als »normale« Reaktion einer Besatzungsarmee betrachtet werden, die von einem Guerillakrieg frustriert ist. Willkürliche Internierungen wirken immer attraktiv: Sie sind so einfach. Man sieht, daß der Besatzer etwas gegen Partisanen oder Terroristen unternimmt.

Juden waren weder das eine noch das andere. 1943 wußte jeder, einschließlich der slowenischen Insassen in Lager I, daß den Juden etwas besonders Gräßliches zugedacht war. Das Ausmaß des Entsetzlichen wurde erst 1945 bekannt, aber es war genug geschehen, um die Juden in eine eigene Kategorie einzuordnen. Die Juden waren für viele Italiener auf eine tiefe, nicht immer sehr deutliche Weise zu einem Symbol für den Haß und den Abscheu geworden, die sie nun für ihre deutschen Verbündeten empfanden. Für andere stand die Aufrechterhaltung der bröckelnden Fassade italienischer Souveränität für den letzten Fetzen militärischer und politischer Ehre. Das hieß, daß sie die Juden anders behandeln mußten als ihre Feinde auf dem Balkan. Die Deutschen wollten diese Juden, die Italiener gedachten nicht, wagten nicht, sie auszuliefern.

Bis zum 1. Juli 1943 hielt die italienische Armee in Jugoslawien eine große Zahl von Zivilisten in bewachten Lagern; die offizielle Zahl lautete 33 464, darunter 2 118 Juden. Allein auf Rab lebten 6 646 internierte Zivilisten, und die Zahl wuchs noch, als die letzten Transporte mit Juden das Lager erreichten.[178] Das Büro für zivile Angelegenheiten beim Hauptquartier der 2. Armee mußte jetzt Leitlinien für die Verwaltung der Lager ausgeben und erarbeitete Anfang Juli einen Entwurf zu einem Memorandum mit dem Titel »Die Behandlung der Juden im Lager Rab«. Es ist eine längere Schrift von Major Prolo vom Büro für zivile Angelegenheiten, mit Randbemerkungen von Oberst Rolla, dem Chef des Büros, und Brigadegeneral Clemente Primieri, dem Stabschef der 2. Armee. Es ist eine lehrreiche Lektüre für den zweiten Sommer des europäischen »Holocaust«. Major Prolo zufolge mußte die Infrastruktur im Lager

»bequem sein für alle Internierten, ohne die Aufrechterhaltung von Ordnung und Disziplin zu gefährden... Untätigkeit und Langeweile sind schreckliche Übel, die in der Stille an einzelnen wie an der Gemeinschaft nagen. Es wäre klug, im großen Lager von Rab die den Juden von Porto Re (Kraljevice) gemachten Zugeständnisse nicht zu vernachlässigen.«

An den Rand schrieb Oberst Rolla: »Selbstverständlich! Die Verlegung von der Halbinsel wurde aus militärischen Gründen für uns notwendig, darf aber die Behandlung der Juden nicht beeinträchtigen, die dieselbe bleiben sollte.« Der Major schlug in seinem Entwurf des weiteren vor, Schmuck aller Art nicht einzuziehen, weil es »allzu grausam die Vergangenheit ins Gedächtnis zurückrufen würde«, und legte dar, daß die innere Disziplin »mit einer gewissen Toleranz« angewandt werden sollte. Er schloß seinen Bericht mit folgendem denkwürdigen Absatz:

> »Schließlich stellen die Juden der Armee 2 700 Menschen dar, die die Pflichten aller aus Gründen des Schutzes internierten Zivilisten haben und das Recht auf gleichwertige Behandlung, aber aus besonderen, außergewöhnlichen politischen Gründen und Umständen scheint es angebracht, ihnen unter Aufrechterhaltung der Disziplin bewußt eine als ›italienisch‹ empfundene Behandlung zukommen zu lassen, die sie von unseren Militärbehörden gewöhnt sind, und zwar mit vollkommener und niemals halbherziger Höflichkeit.«

Rolla schrieb an den Rand: »Ja! Ja! Ja! Geben Sie eine Kopie an den Verbindungsoffizier [des Außenministeriums beim Hauptquartier der 2. Armee].« Stabschef Primieri fügte hinzu: »Sehr gut. Dies alles steht in Übereinstimmung mit unseren gegenwärtigen Vorkehrungen. Major Prolo soll dahin fahren und prüfen, was getan werden muß.«[179]

Im Sommer 1943, dem letzten Sommer des faschistischen Regimes, hielten die italienische Armee und Polizei rund 2 700 Juden »zum Schutz« in Lagern in Jugoslawien und fünf- oder sechsmal so viele in Frankreich, und sie erlaubten Tausenden von griechischen Juden, ein normales Leben unter der rot-weiß-grünen Trikolore zu leben. Sie beschützten sie, weil sie wußten – das zeigt sich deutlich an der Formulierung, als Major Prolo von »außergewöhnlichen politischen Gründen und Umständen« spricht –, daß ihre deutschen Verbündeten angefangen hatten, das jüdische Volk zu vernichten. Es war eine Frage der nationalen Ehre geworden, vielleicht des letzten bißchen Ehre, diesen Menschen »bewußt eine als italienisch empfundene Behandlung« zukommen zu lassen. Ein langer Prozeß, der im Frühjahr 1941 mit der spontanen Reaktion einzelner junger Offiziere begonnen hatte, die nicht dabeistehen und zusehen konnten, wie kroatische Schlächter serbische und jüdische Männer, Frauen und Kinder niedermetzelten, endete im Juli 1943 mit einer Art nationaler Verschwörung zur Vereitelung der viel größeren und systematischeren Brutalität des nationalsozialistischen Staates. Diese Verschwörung reichte von Mussolini bis zum schlichten *Maresciallo* der Carabinieri. Sie beruhte auf bestimmten Vorstellungen dessen, was »italienisch« hieß; wenn sie auch nicht immer so deutlich formuliert waren, wie in Major Prolos Leitlinien, wurden sie doch weithin verstanden.

Dieser bemerkenswerte nationale Widerstand entwickelte sich im Angesicht eines großen Übels und wurde von Menschen getragen, die, wie wir gesehen haben, oft identisch waren mit denen, die unschuldige slowenische und kroatische Zivilisten internierten und quälten. Sie waren keine Engel, und viele machten sich der Verbrechen schuldig, die im Namen des Faschismus oder des italienischen Imperialismus begangen wurden. Viele von ihnen mochten die Juden nicht. Anderen waren sie gleichgültig. Sie waren sich in einer Mischung von Entsetzen, Menschlichkeit, Prestige, Ehrgefühl, militärischer Notwendigkeit und Eigeninteresse darüber einig, daß es Grenzen gebe, die sie nicht überschreiten konnten und wollten. Sicher gab es, wie der Nuntius Bastianini mitgeteilt hatte, Anzeichen, daß die italienischen Gefangenen von den Russen besser behandelt wurden als die deutschen, weil die Italiener sich den Juden gegenüber menschlich verhalten hatten[180], aber die Verschwörung hatte sich entwickelt, bevor solche Nützlichkeitserwägungen auftauchten. Sicher ließ die Tatsache, daß der Krieg verloren war, es geraten erscheinen, soviel Distanz wie möglich zwischen dem faschistischen Regime und NS-Deutschland zu schaffen. Aber die wahre Erklärung über- und unterschreitet solches Kalkül und nimmt die charakteristischen Merkmale einer Kultur an, die das Verhalten bestimmen, manche Handlungen erlauben und andere verbieten.

Die Verschwörung war um so erfolgreicher, als Italien eine totalitäre Diktatur war. Wenn man den Duce überreden konnte, seine Meinung zu ändern, konnten die Untergebenen mit umfassender Autorität handeln. Die Verschwörung war erfolgreich, weil der Duce nie vollständig Kontrolle über den Staat, die Monarchie und die Armee hatte und das wußte. 1943 konnten Bastianini und andere Mussolini unangenehme Dinge sagen, und vielleicht hörte er zu. Hitler hatte diesen Punkt in seiner wahnhaften Isolierung längst überschritten. Die Verschwörung war erfolgreich, weil in Italien Befehle einen gewissen Spielraum lassen, und sie war erfolgreich, weil Verschwörertum in der italienischen Kultur eine natürliche Faszination ausübte, in einer Kultur, in der Macchiavelli und nicht Hegel dominierte, in der Karbonari, Freimaurer, Jesuiten, Mafiosi, Abhängige und Herren Gewebe von Intrigen und Einfluß gesponnen haben, bei denen durchtriebene Schlauheit, *Furberia,* Ansehen genießt. Schließlich war sie erfolgreich, weil Hitler es zuließ. Wie würde sich Hitler einem Italien ohne Mussolini gegenüber verhalten?

Hitler und seine engsten Mitarbeiter hatten Mussolini immer als Garanten der Partnerschaft in der Achse betrachtet. Der Duce sei der einzig wirklich verläßliche Rückhalt in Italien, meinte Goebbels im März 1943: »Solange der Duce in Italien das Heft in der Hand hat, können wir über die Bündnistreue des Faschismus durchaus beruhigt sein.«[1]

Wie lange würde das noch der Fall sein? Anfang April 1943 trafen sich Hitler und Mussolini auf Schloß Kleßheim, einem wunderschönen Barockpalast, der einst Mozarts Gönner, dem Erzbischof von Salzburg, gehört hatte. Die beiden Diktatoren sprachen überwiegend unter vier Augen miteinander und zeigten sich erst am Schluß, als sie die große Freitreppe herunterkamen. Die Delegierten waren erschüttert. »›Sie sehen aus wie zwei Invaliden‹, sagte einer. ›Eher wie zwei Leichen‹, entgegnete Dr. Pozzi, Mussolinis Leibarzt.«[2]

Bastianini, der Mussolini häufig sah, wußte, wie krank der Duce wirklich war. Mit einer Ausnahme aß er allein in seinem Privatzug, meistens Milch und Zwieback. Seine Magenschmerzen waren so unerträglich geworden, daß er einen großen Teil der Zeit mit Bastianini hochaufgerichtet und gestreckt saß, wobei er sich auf die Unterarme stützte.[3]

Draußen, vor den Fenstern mit den schweren Vorhängen, schneite es die meiste Zeit; die italienischen Delegierten kamen zu dem Schluß, daß 1943 der Frühling ausfallen würde. Die Atmosphäre im Inneren war nicht weniger kühl, trotz der ausgesuchten Höflichkeit der Deutschen. Bastianini hatte Mussolini präpariert, er sollte bei den Gesprächen zwei Probleme ansprechen: einen Separatfrieden mit den Russen und eine Art »europäischen Staatenbund«, um der zunehmend wirksameren alliierten Propaganda zu begegnen. Kein Dolmetscher begleitete den Duce zu seinen privaten Gesprächen mit Hitler, aber als er nach dem ersten dreistündigen Treffen wieder auftauchte, teilte er Bastianini mit einer Geste des Abscheus mit, daß Hitler das Reden übernommen habe: »Er hat nur die alten Platten gespielt. Ich hab' ihn reden lassen, aber morgen werde ich reden, und zwar sehr deutlich.«[4]

Er redete weder am nächsten Tag noch sonst irgendwann. Er ließ sich wie immer von Hitler zu eingeschüchterter Schweigsamkeit hypnotisieren und sprach keins der beiden Themen an. Es hätte ihm bei Hitler auch wenig genützt. Der Krieg würde entweder zum vollständigen Sieg oder zur vollständigen Niederlage führen. Andere Kategorien erkannte Hitler nicht an.

Am letzten Tag verkündete der Duce plötzlich, daß er Himmler zu sehen wünsche. Der SS-Polizeiattaché an der deutschen Botschaft in Rom, Eugen Dollmann, war als Dolmetscher dabei. Das Ersuchen des Duce, so notierte er, »schlug wie eine Bombe ein. Ribbentrop und seine Leute sahen rot und taten alles, um diesen Besuch zu verhindern, dem jedoch Hitler bereits zugestimmt hatte.«[5]

Bastianini beobachtete den SS-Chef, als er ankam. Er rauchte eine dicke Zigarre und »lächelte ständig in der Leichblässe seines Gesichts«.[6] Die Tagesordnungspunkte, die Mussolini Himmler vorschlug, enthielten vier decouvrierende Fragen. Der Duce wollte folgendes vom Reichsführer SS wissen: 1.) Welche Maßnahmen plante Himmler, um mit den inneren Unruhen fertigzuwerden, wenn der Krieg sich hinzog; 2.) wie dachte er über Senise, den italienischen Polizeichef; 3.) welchen Eindruck hatte er von der Entlassung Cianos (die im Februar stattgefunden hatte) und der damit verbundenen Wachablösung; 4.) was wußte er über die Haltung des italienischen Königshauses und besonders des Prinzen von Hessen (der mit einer italienischen Prinzessin verheiratet war) und ihre möglichen Kontakte zum Ausland.

Himmler beruhigte den Duce in den drei ersten Punkten. Sein System von Konzentrationslagern und Polizei habe sich als sehr wirksam erwiesen, was ja auch zutraf. Senise sei ein tüchtiger Profi. Und was die Wachablösung anging, so erging er sich in Gemeinplätzen und erwähnte den Sturz der zwei am stärksten pronationalsozialistischen Minister Buffarini Guidi und Ricci nicht einmal. Bei Punkt vier begann Himmler sich zu erregen und schwang eine längere Rede über das Elend mit der korrupten, internationalistischen und judenfeindlichen Monarchie und der Aristokratie allgemein. Was Philipp von Hessen anging, so sei er dem Nationalsozialismus zweifellos von Nutzen gewesen, aber seine »Doppelnatur« zeige sich in seiner Doppelidentität: General der SA und Schwiegersohn der antifaschistischen italienischen Monarchie. Der Duce antwortete: »Lieber Himmler. Sie werden sehen, daß die Krone nichts Ernsthaftes gegen mich unternehmen wird. Sehen Sie, Faschismus und Nationalsozialismus haben ähnliche Möglichkeiten.«[7]

Die Fragen lagen weiterhin in der Luft, obwohl der Duce beruhigt worden war, und das sagt uns einiges über seine Gemütsverfassung.

Mussolini traute niemandem. Er ließ das Telefon aller wichtigen Leute abhören und verbrachte Stunden damit, die Berichte seiner Geheimagenten zu lesen. Vor allem mißtraute er seiner eigenen Polizei, wie Senise selbst sehr wohl wußte:

> »Mussolini verachtete sogar das Gefühl von Freundschaft und machte sich fast darüber lustig. Er pflegte zu sagen, daß er nie in seinem Leben einen Freund gehabt habe... Die Verachtung Mussolinis [galt] besonders denen, die ihm in der politischen Hierarchie am nächsten standen, einschließlich derer, die sich am meisten seiner Gunst erfreut hatten... In der schlechten Meinung, die er von ihnen allen hatte, war er zu der Überzeugung gelangt, daß einer so gut wie der andere war und daß es somit Zeitverschwendung war, einen zu ersetzen, der sich als übel gesinnt erwiesen hatte, weil der nächste nicht besser sein würde.«[8]

Dieser tiefsitzende Zynismus, einer der beständigsten Charakterzüge in seinem Leben, machte ihn jetzt unfähig, irgend jemandem in seiner Umgebung zu trauen. Der getreue Goebbels starb nicht nur 1945 mit seinem Führer in seinem Bunker, sondern vergiftete auch noch seine Frau und sechs Kinder in einer Aufwallung von »Nibelungentreue«. Clara Petacci hing zwar kopfüber neben ihrem Liebhaber an einer Laterne auf der Piazza Loretto, aber im übrigen hatten alle Ratten das sinkende Schiff längst verlassen. In seiner zunehmenden Isolierung wandte sich der Duce an den fremden Polizeichef, der allein zuverlässige Aussagen über die Lage im Inneren eines Staates machen konnte, dessen Diktator er seit mehr als zwei Jahrzehnten war. Himmler fühlte sich offensichtlich zu sehr geschmeichelt, um zu erkennen, was für eine politische Bankrotterklärung diese Audienz war.

Hitler verließ Schloß Kleßheim zufrieden mit seinem Werk. Er berichtete Goebbels, der nicht dabeigewesen war, davon.

> »Der Duce ist, wie der Führer mir erzählt, in den viertägigen Unterredungen wieder richtig in Form gebracht worden. Der Führer hat sich alle Mühe gegeben, und unter Aufbietung seiner ganzen Nervenkraft ist es ihm gelungen, Mussolini wieder ganz in die Reihe zu bringen. Er hat in diesen vier Tagen eine vollkommene Verwandlung durchgemacht, die auch von seiner Umgebung mit Verwunderung festgestellt worden ist. Als er den Zug verließ, so meint der Führer, sah er aus wie ein gebrochener

Greis; als er wieder zurückfuhr, war er ein gehobener, tatenfreudiger Mensch … «[9]

Der Rückzug des »Führers« aus der Realität erstreckte sich offenbar jetzt auch auf persönliche Beziehungen. Mussolini hatte sich nicht erholt. Zugegebenermaßen entfernte er kurz nach seiner Rückkehr Aldo Vidussoni als Sekretär des *Partito Nazionale Fascista* und ersetzte ihn durch den unnachgiebigeren und rücksichtsloseren Carlo Scorza.[10] Die faschistische Partei erwachte für kurze Zeit. Mussolini zeigte sich auf dem Balkon des Palazzo Venezia und sprach zum ersten Mal seit fast drei Jahren zur Menge, aber es war auch das letzte Mal. Ein sehr viel zutreffenderer Kommentar zum Gipfel auf Schloß Kleßheim kam überraschenderweise vom Reichsaußenminister Ribbentrop selbst. Bastianini berichtete: »Der RAM schloß diesen Fragenkomplex mit der Bemerkung, daß man die Geister, die man gerufen hätte, schließlich nicht mehr los würde.«[11] Ob diese Geister als ausgemergelte Skelette in den Stacheldrahtzäunen von Auschwitz und Bergen-Belsen hingen oder als blutige Leichen aus Massengräbern stiegen, sagte Ribbentrop nicht. Die Bemerkung war deshalb nicht weniger wahr, und Bastianini wußte es.

Bei seiner Rückkehr nach Rom traf Bastianini mit von Mackensen zusammen und brachte seinen tiefen Pessimismus über den Krieg zum Ausdruck. Der Achse sei jetzt die diplomatische wie die politische Initiative genommen, und es bestehe keine Aussicht, sie zurückzugewinnen.[12] Die italienischen Streitkräfte begannen sich aufzulösen. General Wilhelm Speidel berichtete aus Griechenland: »Zu einem erfolgversprechenden Unternehmen gegen die Banden können sich die Italiener derzeit nicht aufraffen … deren Verhalten gegenüber den Banden, wie auch in Athen selber, als Kriegsmüdigkeit und als Furcht ausgelegt wird.… «[13] Der deutsche Bevollmächtigte in Athen stützte diese Beurteilung und fügte die Bemerkung hinzu, daß jeder italienische Soldat, »wie von boshafter griechischer Seite behauptet wird, für den Fall der englischen Landung schon einen Zivilanzug bereithält und sich die notwendigen Geldpfunde zur Flucht gesichert hat«.[14] Die Kapitulation der Achsen-Streitkräfte in Tunis am 13. Mai 1943 hatte, so berichteten die Carabinieri aus Jugoslawien, »die Kampfmoral der Truppen und der Bevölkerung ungünstig beeinflußt«. Wie die Franzosen später in Indochina erfuhren und die Amerikaner in Vietnam und die Sowjets in Afghanistan, ist ein erfolgreicher Krieg gegen Guerillas eine Frage des Zutrauens. Die einheimische Bevölkerung muß überzeugt sein, daß die Ordnungskräfte die Partisanen besiegen werden. Die Carabinieri hatten das durchaus erkannt:

> »Inzwischen ist jedermann überzeugt, daß die Achse den Krieg verliert. Diese Überzeugung vertreibt selbst die wenigen Leute, die Sympathie für uns hegen, weil sie fürchten, daß sie das Ziel von Vergeltungsmaßnahmen werden, wenn die Niederlage da ist.«[15]

Glaise von Horstenau hatte Probleme im Umgang mit den Italienern in Kroatien und schob die Schuld daran in einem Telegramm ans deutsche Oberkommando auf Bastianini, der seinen »schon bestehenden Haß« noch gesteigert hätte und jetzt »zorngeschwollen« und »vielleicht auch beeinflußt durch den Verlust von Tripolis, alle ›Versäumnisse‹ nachholen« wolle.[16] Ende Mai schrieb er in einem privaten Brief an seinen alten Schulfreund Generaloberst Löhr:

> »Alles blickt, wie das Kaninchen auf die Kobra, auf den bösen Feind im Mittelmeerraum. Was unsere Bundesgenossen angeht, so fragt niemand ›ob‹, sondern nur ›wann‹. Leider scheint man oben über solche Eventualitäten nicht viel nachzudenken, sondern den Vogel Strauß zu spielen.«[17]

»Ob« und »wann« bedurfte keiner Erklärung; sie bezogen sich auf einen Separatfrieden. Die deutsche Botschaft in Rom sah zu, wie die Zahl der Besucher im königlichen Palast zunahm. Am 19. Mai sagte der König zum Chef seiner Garde, General Puntoni:

> »Ich fürchte, daß irgendwann die britische Regierung oder der König von England direkt an mich herantreten, um wegen eines Sonderfriedens zu verhandeln. Ein solcher Schritt würde mich ernstlich in Verlegenheit bringen. Sollte es geschehen, so würde ich ohne Hinterhalt handeln. Ich würde mit dem Duce sprechen und mich mit ihm über mein Vorgehen verständigen.«[18]

Nichts war unwahrscheinlicher. Der König, ein schweigsamer, verschlagener »kleiner« Mann, hatte in seiner langen Regierungszeit »nie ohne Winkelzüge« gehandelt. Er wand und schlängelte sich, wich aus und drückte sich. Mehr als zwanzig Jahre lang hatte er jede Art von Übergriffen, Korruption, Brutalität und Inkonsequenz geduldet. Es bedurfte der verzweifelten Einbildungskraft von Männern am Ende ihrer Möglichkeiten, etwas anderes zu glauben.

Italien war natürlich nicht Deutschland. Die alten herrschenden Klassen waren nicht in einer »Nacht der langen Messer« ermordet oder in der Schreckensburg der Gestapo in der Prinz-Albrecht-Straße eingeschüchtert worden. Ein früherer Ministerpräsident wie Ivanoe Bonomi lebte friedlich in Rom und tauchte im Juni 1943 blinzelnd aus dem Verborgenen auf. Bonomi ging zum König und sagte, die faschistische Partei sei »die Ursache allen Übels in Italien« und müsse gestürzt werden:

> »Der König, der allein das Prestige der höchsten Macht besitze und die Streitkräfte auf seiner Seite habe, könne, sobald er wolle, den Ministerpräsidenten und Regierungschef entlassen... Natürlich müsse der Duce, wenn er entlassen werde, unter Arrest gestellt werden, damit er nicht mit Hilfe der bewaffneten Parteimiliz das Land in den Bürgerkrieg stürzen könne.«

Es müsse eine Militärregierung unter Marschall Badoglio, Marschall Caviglia oder General Ambrosio gebildet werden, und die erste Handlung müsse sein, das Bündnis mit Deutschland zu kündigen, mit der Begründung, daß der Achsenpakt nicht ein Bündnis zwischen Staaten sei, sondern »zwischen zwei Regimes und zwei Revolutionen«. Mit dem Fall des Faschismus sei das Bündnis nicht mehr gültig.[19]

Die Unvollständigkeit des Faschismus besiegelte sein Schicksal. Mussolini hatte nie den »totalen Staat« erreicht. Seine Revolution hatte vor den Arkaden Berninis rund um den Vatikan und an den Toren des Quirinalspalastes haltgemacht. Die Partei hatte den alten Beamtenstand nicht ersetzt, ganz im Gegenteil. Große »Gauleiter« wie Dino Grandi, Giuseppe Bastianini, Italo Balbo und Giuseppe Bottai waren »rechtschaffen« geworden, in den diplomatischen Dienst eingetreten oder hatten Ministerämter übernommen. Sie hatten sich mit der alten Artistokratie auf dem Land und dem »schwarzen Adel« Roms verbunden und sich mit den zivilen Leitern von Ministerien und Ämtern zusammengetan. Die Ewige Stadt hatte sie in sich absorbiert, wie sie neue Herrscher immer schon allmählich gezwungen hatte, »römisch« zu werden. Mussolini hatte sich auch nicht die Mühe gemacht, eine eigene private Polizeitruppe aufzubauen. In der Krise des Regimes mußte er sich auf Leute wie Carmen Senise verlassen, Karrierepolizisten, die innerhalb der ministeriellen Hierarchie aufgestiegen waren und selbst Himmler als bestenfalls Nichtfaschisten bekannt waren. Er hatte keine »Leibstandarte« und keine SS-Leibwache, die ihn beschützen und den König einschüchtern würde. Bei ihrem Zusammentreffen auf Schloß Kleßheim hatte Himmler abermals darauf hingewiesen, daß es für den Duce gefährlich sei ohne eine richtige faschistische Garde, und die SS unternahm tatsächlich mit Mussolinis Erlaubnis Versuche, eine solche Einheit auszubilden. Sie war natürlich nicht bereit, als sie gebraucht wurde.

Große Macht stellt eigenartige Anforderungen an die Psyche der wenigen Menschen, die damit geschlagen sind. Sie läßt sie vorzeitig altern und ruft oft eine Art selbstmörderischer Blindheit hervor. Die gerissensten, rücksichtslosesten und zynischsten Männer machen Fehler, die gewöhnliche Sterbliche vermieden haben würden. Manchmal trifft das Ende große Persönlichkeiten in vollkommener Bewegungslosigkeit. Robespierre verlor die Macht am 9. Thermidor 1794 bei der Abstimmung in einer Versammlung, die er vorher dominiert hatte; er hatte viele ihrer Mitglieder guillotinieren lassen, und die Überlebenden fürchteten ihn sämtlich. Am folgenden Tag ging er selbst, ohne zu protestieren, zur Guillotine. Dabei hatten in ganz Paris loyal gesinnte Jacobinerklubs mobil gemacht und warteten auf seinen Befehl. Er kam nicht.

Etwas von dieser Lähmung der Willenskraft quälte Mussolini während der Monate Juni und Juli 1943. Am 11. Juni landeten die Alliierten auf der italienischen Insel Pantelleria. Zwei Tage später fiel Lampedusa. Es war jetzt nur noch eine Frage der Zeit, wann die Alliierten in großer Zahl irgendwo an der italienischen Küste landen würden. Hauptmann Beck von der Wehrmacht war von General von Rintelen nach Sizilien geschickt worden, um die Verteidigungsanlagen dort zu prüfen. Für die Verteidigung der Insel standen neun italienische Divisionen und eine Brigade, eine einzige deutsche Division und eine Luftabwehrbrigade zur Verfügung. Das bergige Gelände, die schlechten Straßen und Eisenbahnverbindungen und die »Luftüberlegenheit des Feindes« gaben den Verteidigern keine Möglichkeit, weitere Streitkräfte an die bedrohte Küste zu werfen. Die italienischen Truppen waren schlecht ausgebildet, und die deutschen nicht viel besser, es war ein »Haufen« von Soldaten, keine »kampfkräftige Trupe«. Es mangelte an Spezialisten, an Offizieren und »insbesondere an geeigneten Kompaniechefs«. Eine Landung würde Erfolg haben.[20]

Am 10. Juli 1943 landeten alliierte Fallschirmverbände in Sizilien, und Hauptmann Becks Vorhersage wurde Wirklichkeit. Eine Woche später faßte General Ambrosio im *Comando Supremo* die Situation so zusammen:

»Das Schicksal von Sizilien muß über kurz oder lang als besiegelt betrachtet werden.

Die wesentlichsten Gründe für diese schnelle Niederlage sind:
– Der völlige Mangel an unserer Gegenwirkung zur See und der schwache Widerstand in der Luft...
– Die Unzulänglichkeit der Bewaffnung und Zusammensetzung der Küstendivisionen, das geringe Ausmaß und die geringe Widerstandsfähigkeit der Verteidigungsanlagen, die geringe Kampfkraft (Bewaffnung) und Beweglichkeit der italienischen Felddivisionen.

Es ist nutzlos, wieder die Gründe für diesen Zustand hervorzusuchen: Dieser Zustand ist das Resultat von drei Jahren Krieg, der mit geringen Mitteln begonnen wurde. In dieser Zeit wurden die wenigen Vorräte und Kraftquellen in Afrika, in Rußland und auf dem Balkan verbraucht.«

Dann umriß Ambrosio die Möglichkeiten zur Verteidigung des italienischen Festlands, die der Achse noch offenstanden, und fand sie nicht besser als die Verteidigung der Inseln. Der Bericht schloß:

»[Es] stände den höchsten politischen Stellen zu, sich zu überlegen, ob es nicht ratsam und notwendig ist, dem Lande weitere Trauer und Ruinen zu ersparen und das Ende des Kampfes vorwegzunehmen, weil das Endresultat zweifellos noch schlimmer wäre ein oder zwei Jahre später.«[21]

Das italienische Oberkommando empfahl Mussolini zu kapitulieren; es gebe keine andere Möglichkeit. Der leichtfertig und ohne ökonomische oder strategische Vorbereitung begonnene Krieg sei vorbei. Das faschistische Italien habe den Krieg verloren. Um das zu unterstreichen, bombardierten fünf Tage später die Alliierten Rom; das Arbeiterviertel um Bahnhof und Markt von San Lorenzo wurde schwer getroffen. Giuseppe Bottai unternahm an jenem Julinachmittag einen Gang, um zu schauen, wie es stünde:

»Ich mache eine Runde: Polyklinik, Universität, San Lorenzo, Porta Maggiore. Schwere Schäden, aber leider nur der Anfang. Die Reaktion der Leute ist einstweilen typisch ›römisch‹: ungeordnet, aber gutmütig, unter Grunzen und Derbheiten immer noch lächelnd. Abends auf den Straßen ins Hügelland – der Tuscolana, der Appia, der Casilina – Schlangen von armen Leuten mit Karren und Fahrrädern, gelegentlich einem Taxi oder Laster, oder zu Fuß, die die Stadt mit ihrem Hausrat und Vorräten auf dem Buckel verlassen. In Pilozzo finde ich trotz allem in meinem Haus und innerhalb meiner vier Wände wieder süßen, zarten Frieden, dessen Absurdität Verzweiflung in nicht mehr menschlichen Glauben verwandelt.[22]

Bottai, den Ungnade und Niederlage vom Glauben an den Duce zum Glauben an Christus geführt hatten, mag den Frieden, der »höher ist denn alle Vernunft« gefunden haben; das gelang sonst nur wenigen. Italien war völlig am Ende, und es wurde immer deutlicher, daß auch Mussolini es war. Das Problem war, ihn loszuwerden.

Die Gefahr für Mussolini hatte Hitlers Argwohn geweckt. Sowohl von Mackensen als auch General von Rintelen waren ins Führerhauptquartier bestellt worden; beide wurden nicht sehr freundlich empfangen.[23] Hitler wollte keine Entschuldigungen und Erklärungen mehr hören von Leuten, die mit Italienern sanft umgingen. Am Samstag, dem 17. Juli, entschied er, daß er den Duce selbst sehen und seinen Zauber auf den schlaffen Achsenpartner ausüben müsse. Dino Alfieri, italienischer Botschafter in Berlin und ein alter Faschist, wurde aus seiner Sonntagsruhe aufgeschreckt, um zu erfahren, daß für den folgenden Tag ein Treffen angesetzt sei. Bastianini, der dem Telefon nicht trauen mochte, konnte über den Ort nur Andeutungen machen:

> »Sie wissen schon, wo dieser große Fliegerhorst ist«, sagte er. »Tr–, Tr–. Egal, Sie erfahren das früh genug von Steengracht [Staatssekretär im deutschen Außenministerium]. Ich freue mich darauf, Sie zu sehen. Ich hab' Ihnen einiges zu erzählen. Bis morgen früh also.«[24]

Die Teilnehmer, Italiener wie Deutsche, hatten Schwierigkeiten, zum Flugplatz in Treviso zu gelangen, wo sich die beiden Delegationen versammeln wollten, um dann miteinander die zweistündige Fahrt zur Villa des Senators Gaggià in Feltre anzutreten. Keitel kam in einem Militärflugzeug. Als er General von Rintelen sah, flüsterte er: »Alle Macht dem Duce, Ausschaltung des Königshauses, stärkerer deutscher Einsatz unter deutschem Oberbefehl.«[25]

Was er meinte, war klar. Hinter der Fassade von Mussolinis nominellem Kommando hatten die Deutschen vor, die Verteidigungs- und die Innenpolitik auf der Apenninenhalbinsel zu übernehmen und zu kon-

trollieren. Die italienische Delegation war im Sonderzug aus Rom gekommen. Der Duce kam im eigenen Flugzeug aus Riccione. Der junge
Egidio Ortona, der Bastianini als einer seiner Privatsekretäre aus Dalmatien in den Palazzo Chigi gefolgt war, begleitete seinen Chef zu dem
Treffen und fand Mussolini »insgesamt in Form. Er begann sofort mit
Marschall Kesselring zu sprechen, über einer Karte, die auf einer Motor-
haube ausgebreitet war.«[26]

Weitere Flugzeuge mit Marschällen und Botschaftern landeten auf
dem bereits am frühen Morgen sehr heißen Flugplatz. Um fünf Minuten vor neun kam das Flugzeug des Führers im Sinkflug heran, zog über
die Landebahn hinweg, stieg höher, kreiste, kreiste abermals. Als ein verblüffter Italiener von Mackensen fragte, was das zu bedeuten hätte, antwortete dieser: »Es ist drei Minuten vor neun. Die Landung ist für genau
neun Uhr vorgesehen.«[27]

Hitler und Mussolini begrüßten einander herzlich und stiegen in
den ersten einer Kolonne von Wagen, die bereitstanden, sie zum Bahnhof zu bringen. Ortona drängte sich vor, um einen Blick auf den Führer
zu bekommen:

> »Ich finde ihn gealtert und erstarrt. Er läßt die Füße deutlich schlei-
> fen. Er macht einen unstabilen und ungesunden Eindruck … Ich
> beobachte Hitler weiter, so gut ich kann. Er sieht tatsächlich wie
> ein lebloses Gespenst aus. Er scheint irgendwie unwirklich. Sein
> Gesicht ist bleich, die Gestalt gebeugt; er scheint in unirdischen
> höheren Sphären zu schweben.«[28]

Hitler und Mussolini blieben ganz allein auf der zweistündigen Zug-
fahrt nach Feltre, wo es, wie Mussolini später schrieb, »einen wunderschönen, kühlen schattigen Park und ein labyrinthisches Gebäude gab,
das manche Leute fast unheimlich fanden. Es war wie ein zu einem
Haus erstarrtes Kreuzworträtsel.«[29] Die Vorkehrungen waren hastig
getroffen worden und chaotisch. Die rangjüngeren Offiziere mußten
sich mit einem Schlafzimmer begnügen, das die Familie eilig geräumt
hatte. In der Langeweile des stundenlangen Wartens begann einer von
ihnen die Schubladen zu durchsuchen und fand eine Stoffpuppe in der
Uniform eines amerikanischen Matrosen, mit *Stars and Stripes* in der
Hand. Sie unterhielten sich, um sich die Zeit zu vertreiben, darüber, was
für ein Getue die Deutschen wohl gemacht hätten. Hinter der verschlos-
senen Tür des großen Wohnzimmers konnten sie das schrille Monologi-
sieren des »Führers« hören, der zwei Stunden ununterbrochen redete.[30]

Ambrosio hatte Keitel schon gesagt, daß Italien innerhalb von vierzehn Tagen am Ende sei, wenn die Deutschen nicht massive Verstärkungen zur Stützung der bröckelnden italienischen Verteidigung schickten. Während der Mittagspause nahm Alfieri, der die fruchtlose Morgensitzung über sich hatte ergehen lassen, all seinen Mut zusammen und hielt den Duce lange genug auf, um ihm zu sagen, er müsse Hitler klarmachen, daß das Ende da sei. Zu seiner Überraschung winkte Mussolini Alfieri, Bastianini und Ambrosio, ließ sie Platz nehmen und eröffnete ihnen ohne Umstände:

>Angenommen, wir wollten einen Separatfrieden schließen. Das sieht einfach aus. Eines schönen Tages, zu einer bestimmten Zeit, funken wir dem Feind eine Botschaft. Aber was wäre das Ergebnis? Der Feind würde ganz zu Recht unsere Kapitulation fordern. Sind wir bereit, mit einem einzigen Federstrich zwanzig Jahre Faschismus auszulöschen? Alles, was wir durch so unermüdliche Bemühungen erreicht haben, zu zerstören? Unsere erste politische und militärische Niederlage einzugestehen? Von der internationalen Bühne zu verschwinden? Es ist ja so leicht, von einem Separatfrieden zu sprechen. Aber welche Haltung würde Hitler einnehmen? Können Sie glauben, daß er uns unsere Handlungsfreiheit lassen würde?«[31]

Es gab keine Antwort auf diese Fragen, aber das konnten Alfieri und seine wohlmeinenden Verschwörer nicht erkennen. Mit dem politischen sechsten Sinn, der Mussolini zum Führer und Alfieri, Bastianini, Balbo und Konsorten zu den Geführten machte, hatte er begriffen, was sie zu ihrer Bestürzung eine Woche später erfahren sollten: Mussolini *war* der Faschismus. Der alte Marschall Caviglia hatte in seinem bitteren Ruhestand erkannt, was der italienische Botschafter in Berlin zu allen Geschehnissen zu bemerken versäumte:

>Es gibt keinen Zweifel, daß der Krieg verloren ist, aber jetzt ist er kein nationalsozialistischer oder faschistischer, sondern ein Hitlerischer und Mussolinischer Krieg. Hitler und Mussolini können nicht aufgeben. Wenn sie sich geschlagen geben, würden sie für immer verschwinden. Deshalb wird der Krieg weiter und weiter gehen, bis zum Ende. Ein paar Monate mehr Sauerstoff für die beiden sind das Leben, und wo Leben ist, gibt es Hoffnung. Solange es noch ein Tischbein zu verbrennen gibt, werden Hitler und Mussolini den Krieg fortführen.«[32]

Um sicherzustellen, daß die Tischbeine in seiner Hand blieben, hatte Hitler ein paar Vorsichtsmaßnahmen ergriffen. Der italienischen Armee konnte man offensichtlich nicht mehr trauen. An demselben Montag, an dem sich die beiden Diktatoren in Feltre trafen, kam der 44jährige Generalmajor Heinz von Gyldenfeldt, ein fähiger, erfahrener, italienischsprechender Offizier, in Athen an, zusammen mit einem kleinen Stab, darunter Oberleutnant Kurt Waldheim, der das Kriegstagebuch der Einheit führte. Waldheim schrieb an jenem ersten Tag in Athen, der General und seine Offiziere seien aus Saloniki gekommen, mit Anweisung, den deutschen Generalstab bei der italienischen 11. Armee einzurichten. »Beim Auftrag des Deutschen Generalstabes kommt es darauf an, deutschen Einfluß bei der 11. ital. Armee auf die Kampfführung in Griechenland durchzusetzen.«[33]

Mit anderen Worten, General von Gyldenfeld sollte das Nervenzentrum liefern und schließlich die Kontrolle über die Operationen von den schlaffen und demoralisierten Italienern übernehmen. Feldmarschall Rommel bekam nach Feltre neue Order: »GFM Rommel übernimmt die Führung in ganz Griechenland, einschl. Kreta und den Ägäischen Inseln... mit dem Sitz zunächst in Saloniki. GO Löhr als OB der Heeresgruppe E behält unter Fortfall der Bezeichnung OB Südost den Oberbefehl über die übrigen von deutschen Truppen besetzten Teil des Südostraums mit dem Sitz in Belgrad.«[34] Die Einzelheiten wurden aus den Plänen entwickelt, die später als »Unternehmen Achse« zur Übernahme der Kriegführung im Mittelmeerraum von den Italienern bekannt wurden. Hitler, Keitel und das OKW beobachteten gespannt, was in Rom geschehen würde.

Die italienische Delegation kehrte sehr niedergeschlagen aus Feltre zurück. Während Hitler monologisiert hatte, hatte ein Luftangriff Rom getroffen. Er zerstörte mehr als ein dicht besiedeltes altes Viertel; er vernichtete die letzten Illusionen, daß Rom ein Krieg erspart bleiben könnte, der bereits Warschau, Rotterdam und die Londoner City zerstört hatte. Die Alliierten würden bei Italien keine Ausnahme machen. Der Luftangriff zerbrach auch die allgemeine Apathie bei den Inhabern von Ämtern und Einfluß. Die alten Faschisten begannen sich in kleinen Gruppen zu treffen. Bottai, ehemaliger Erziehungsminister, traf Roberto Farinacci, den Parteichef von Cremona, am Morgen des Dienstag, 20. Juli 1943, im Grand Hotel, und obwohl sie gegensätzliche Positionen in der Bewegung vertraten, tauschten sie die neuesten Gerüchte aus. Zusammen gingen sie dann zum Palazzo Chigi, um von ihrem alten Kampfgefährten Bastianini zu erfahren, was in Feltre geschehen war. Bottai verzeichnete in seinem Tagebuch, es sei »eine ziemlich traurige Geschichte«. Bastianini teilte ihnen Einzelheiten über Mussolinis bestürzendes Versäumnis mit, etwas zu sagen oder gar zu handeln. Die Tagebucheintragung fährt fort:

> »Schließlich wurde unsererseits keinerlei Kommuniqué gewünscht. Aber jetzt hat der Duce, nach Rom zurückgekehrt, Bastianini telefonisch mitgeteilt, daß eins vonnöten sei, um eine Erklärung für seine Abwesenheit von den bombardierten Stadtvierteln gestern zu liefern, wohin sich der Papst, König und Königin und die Prinzen gleich begeben hätten. Und wieder geht es nur um seine Person ... bis zu Entschuldigungen und sogar Lügen, nicht ohne Spitzen und persönliche Animositäten. Grandi hat ihn vor allem mit dem Argument einer ›nationalen Regierung‹ um den König herum, – der dann das Kommando über die Streitkräfte wieder übernommen haben müßte, – zu bewegen und anzustoßen versucht. Er widerstand.«[35]

Der Faschismus war in seine allerletzte Krise geraten. Zwanzig Jahre dieses Regimes hingen jetzt am Ergebnis von Tagen und Stunden. Alle, die im Mittelpunkt der Ereignisse standen, Mussolini und sein Stab im Palazzo Venezia oder in seiner offiziellen Residenz in der Villa Torlonia, der König im Quirinalspalast, die Offiziere der königlichen Garde sowie Bastianini und sein Diplomatenstab im Palazzo Chigi, General Ambrosio und das *Comando Supremo* im Palazzo Vidoni, Graf Ciano in der italienischen Botschaft beim Heiligen Stuhl, von Mackensen, Bismarck, Rintelen und Dollmann in der deutschen Botschaft, Provinzfaschisten wie Farinacci im Grand Hotel, ehemalige Minister wie Bottai, Buffarini Guidi und Ricci – sie alle redeten, telefonierten, trafen sich und warteten. Diejenigen, die Tagebuch führten, begannen die Stunden festzuhalten, zu denen sie kamen und gingen, so daß der Historiker die Bewegungen vieler der Spieler fast Stunde für Stunde rekonstruieren kann. Als hätte das Bewußtsein großer Ereignisse jeden der Akteure gezwungen, sich dem ihn beobachtenden unbekannten Historiker zuzuwenden, um sicherzustellen, daß seine Taten richtig überliefert würden.

Während Farinacci und Bottai von Bastianini seine »ziemlich traurige Geschichte« hörten, war Dino Grandi auf dem Rückweg nach Rom. Grandi hat in dieser Geschichte bisher nicht im Vordergrund gestanden, weil er 1939 das Zentrum der politischen Bühne verlassen hatte, aber er hatte in der zwanzigjährigen Geschichte der Bewegung und des Regimes eine sehr große Rolle gespielt. Er war ein bedeutend aussehender Mann mit einem Knebelbart und gehörte in jeder Hinsicht zum inneren Kreis des Faschismus, und er hatte wie Bottai, Bastianini, Balbo, Farinacci und die anderen seine Ausbildung als junger Offizier in den Schützengräben des Ersten Weltkrieges bekommen. Wie die meisten von ihnen und Mussolini selbst stammte er aus dem Kleinbürgertum, hatte die gewalttätige Literatur des Irrationalismus gelesen und Nietzsche, Sorel und d'Annunzio bewundert. Er hatte von seiner Hochburg Bologna aus Anfang der zwanziger Jahre die erste Welle faschistischer Angriffe auf die Institutionen des Staates geführt, war der jüngste Parlamentsabgeordnete gewesen (1921 mit stillschweigender Duldung der Liberalen gewählt), war aufgestiegen und 1929 bis 1932 Außenminister gewesen und dann italienischer Botschafter in London bis 1939, als ihn Mussolini durch Bastianini ersetzte, weil er die Festlegung des Duce auf die Achse ablehnte. Wie Farinacci und die anderen sprach er den Duce mit dem vertraulichen *tu* (du) an.

Während des Zweiten Weltkrieges war Grandi zunächst Lordsiegelbewahrer, dann Präsident der Deputiertenkammer, so daß er auf dem Papier ein mächtiges Amt und Zugang zum König hatte. Am 25. März 1943 hatte ihn der König zum Ritter des Annunziatenordens ernannt und ihm die goldene Halskette dazu verliehen. Dieser Orden bedeutete höchste königliche Gunst; seine Träger hatten das Recht, sich »Vettern des Königs« zu nennen. Grandi schrieb in sein Tagebuch: »Ich verließ den Quirinalspalast ziemlich aufgewühlt. Ein lauer Märzmorgen. Piazza Monte Cavallo in strahlendem Sonnenschein. Vetter des Königs! Ich denke an meinen armen Vater, der einen Notar aus mir machen wollte.«[36]

Grandis königliche Beziehungen hatten ihn ermutigt, mehrmals an den König heranzutreten und ihn zu einer Änderung des Systems zu drängen, aber bis zu diesem Mittwoch, dem 21. Juli, war ihm noch kein vernünftiger Plan eingefallen. Grandi hatte keine Ahnung, wie Mussolini reagieren würde. Als er nach einer schwierigen Reise, teils per Bahn, teils im Auto, schließlich in Rom ankam, erfuhr er, daß das persönliche Sekretariat des Duce ihn den ganzen Tag gesucht hatte. Er antwortete, daß er Mussolini dringend sprechen müsse, spätestens morgen, und bekam einen Termin für Donnerstag, den 22. Juli, 17.30 Uhr.

»Ich werde meine Pflicht ganz tun und bin entschlossen, den Weg bis zu Ende zu gehen, welche Drohungen oder Einschüchterungen man auch versuchen mag. *Basta!* Der Augenblick zum Handeln ist endlich da, auch wenn der König nicht dazu bereit ist. Ich werde es tun. *I have to do it, by now.* Es kann so nicht weitergehen, nicht einen Tag mehr.«[37]

Am nächsten Morgen um neun Uhr ging Grandi ins Hauptquartier der Partei, um einen anderen alten Frontkämpfer aufzusuchen, Carlo Scorza, Generalsekretär der Partei. Scorza teilte ihm mit, daß Mussolini beschlossen hätte, den Großen Faschistischen Rat zum kommenden Sonnabend 17 Uhr einzuberufen. Grandi schrieb ins Tagebuch:

> »*Endlich!* Endlich. Nach mehr als drei Jahren hat er sich erinnert, daß es einen Großen Rat gibt. Also werde ich ihn im Großen Rat angreifen und den Kampf ausfechten. Mussolini wird mich wieder sehen, wie ich auf dem Kongreß 1921 im Augusteo war [wo Grandi Mussolini zwang, vorübergehend die Führung der Partei abzugeben], aber da ich loyal bin, werde ich ihm heute mitteilen, was ich Samstag öffentlich zu sagen gedenke.«[38]

Mussolini hatte versehentlich seinen Gegnern in die Karten gespielt. Der Große Faschistische Rat hatte, wie so viele Institutionen des Regimes, eine ungenau definierte Macht. Er war technisch gesehen das höchste Regierungsgremium der Partei, und die Vermischung von Partei und Staat, die das faschistische System charakterisierte, gab ihm eine Autorität, wie sie keine andere Institution haben konnte. Er bot seinen achtundzwanzig Mitgliedern ein Forum, in dem sie ihre Ansichten besprechen konnten, und Grandi hoffte jetzt, ihn dazu bringen zu können, als eine Art großer verfassungsmäßiger Deckmantel zu fungieren, unter dem die Macht heimlich und gefahrlos vom Duce an die Krone übergeben werden könnte.

Inzwischen war Rom eine einzige Gerüchteküche. Ortona hörte, daß die weiblichen Mitarbeiter an der deutschen Botschaft Befehl bekommen hätten, die Stadt zu verlassen.[39] Farinacci, der wütendste Antisemit und am stärksten prodeutsch eingestellte unter den faschistischen Provinzbossen, beschloß, den Botschafter aufzusuchen. Farinacci nahm den in Ungnade gefallenen, ebenfalls als deutschenfreundlich bekannten Marschall Cavallero mit. Der Parteichef von Cremona klärte den Botschafter über die Intrigen und Treffen auf, die stattgefunden hatten, einschließlich einer stürmischen Begegnung wenige Tage zuvor mit Mussolini. In seiner heftigen und schroffen Art begann er die Fehler des Duce aufzuzählen. Der korrekte preußische Aristokrat unterbrach den ungehobelten Kleinbürger mit einer höflichen Warnung, wie von Mackensen in einem privaten Telegramm an Ribbentrop meldete:

> »... ich müsse im übrigen ihn bitten ... in seiner Kritik an der Person des Duce nicht zu vergessen, daß ich, wenn auch sein persönlicher Freund, doch in erster Linie Vertreter des Führers sei, der die staatschaffende Schöpferkraft des Duce vorbehaltlos anerkenne«.[40]

Selbst als die Uhr für die faschistische Regierung fünf Minuten vor zwölf zeigte, war den Vertretern des Reiches der besondere Zauber bewußt, den die Zuneigung des Führers um den Duce gewoben hatte. Farinacci knurrte, daß er daran denken würde, und fuhr fort und forderte die größtmögliche militärische Unterstützung der Achse.

Am Freitag, dem 23. Juli, traf sich Bottai mit Grandi, um an der Resolution zu arbeiten, die letzterer vorbereitet hatte. Um 12.30 Uhr suchten sie Ciano auf, der dem Text zustimmte. Farinacci kam dazu und war auch einverstanden, aber wie Bottai es ausdrückte, »wir ahnen alle Sinn und Bedeutung seiner Zustimmung, die zu verstehen ist als Solidarität mit den Deutschen *jusqu'au bout*«.[41] Grandi war das Haupt der *Fronde* geworden. Er schickte Bottai, »die Mitglieder des Großen Faschistischen Rats einen nach dem anderen zu ›bearbeiten‹, weil er sie besser kennt als ich. Auf wie viele können wir zählen?«[42]

Die Zaghaften und Unschlüssigen machten noch immer die Mehrheit aus. Stunde um Stunde notierte er Bekehrungen, Gespräche und Enttäuschungen. Er schickte den einen, um mit dem anderen zu sprechen. Alfieri, Mitglied des Großen Rats, traf aus der Berliner Botschaft ein. Ciano brachte ihn, damit Grandi ihn »bearbeiten« konnte:

> »Wir fuhren die schmale Straße zwischen Palazzo Chigi und Montecitorio hinunter (eine Entfernung von vielleicht 200 Metern!) und waren innerhalb weniger Augenblicke am Ziel. Ciano ging zuerst hinein, und nach wenigen Minuten wurde ich auch gebeten einzutreten. Grandi empfing mich herzlich. Er war liebenswürdig und gewinnend wie immer, und sein zwangloses Auftreten wurde dadurch betont, daß er ein kurzärmliges Hemd mit offenem Kragen trug.«[43]

Samstag, der 24. Juli sollte, wie Grandi frühmorgens schrieb, der Tag werden, »der alles entscheidet. Ich fühle, daß dies wirklich und wahrhaftig der wichtigste Tag meines Lebens ist. Es ist wahrscheinlich, daß ich morgen früh von Mussolini erschossen, daß ich gleich nach dem Großen Rat festgenommen werde. Egal. Es muß sein. Für dieses Land.«[44]

Bottai ging nach einem arbeitsreichen Morgen nach Hause. Es war ein heißer, drückender Tag mit der typischen römischen *Afa,* der schwülheißen Luft, die die Italiener Ende Juli und August veranlaßt, aus der Stadt zu flüchten. Mit seinem großen literarischen Gespür hielt er diese unvergeßlichen Augenblicke der Stille im Wirbel der Historie fest: »Ich lege mich aufs Bett und folge in der Dunkelheit meinen Gedanken, die ihre eigenen Muster zeichnen, Gedanken, die sich schon von mir gelöst haben und mich, meine Person, nur noch als eine der Figuren in einem Drama sehen.«[45]

Während Bottai in seinem heißen, abgedunkelten Schlafzimmer lag, machte er Bestandsaufnahme von dem, was ihm »sein« Faschismus bedeutet hatte, worin die Werte und Impulse bestanden hatten, und überlegte, ob er früher hätte handeln müssen und auf welche Weise. Wie ein Mann, der auf die Vollstreckung seines Urteils wartet, ließ er sein Leben an sich vorüberziehen. Endlich kam er zum Anfang zurück:

> »Und Mussolini?... Keine Persönlichkeit meines Innenlebens mehr. Es geht nicht um ›verraten‹ oder nicht ›verraten‹, sondern darum, den Mut zu haben, den von ihm Tag für Tag begangenen Verrat zu offenbaren, von der ersten Enttäuschung bis zu diesem moralischen Zusammenbruch. Nicht ein Gedanke, nicht ein Fakt, nicht ein Gesetz, dem er treu geblieben wäre. Alles hat er ruiniert, korrumpiert, verbogen in seinem anmaßenden wenn auch listigen Empirismus, der auf der Verachtung der Menschen und ihrer Ideale gegründet war. In wenigen Stunden muß für all dies gezahlt werden.«[46]

Wie im Oktober 1914, als Mussolini seine sozialistischen Genossen verriet, indem er plötzlich ihren Pazifismus ablehnte und für den Krieg eintrat, sah Bottai, von Schuldgefühlen und Gewissensbissen geplagt, den allerletzten Verrat des Duce an den Faschisten voraus. Trotzdem klang in Bottais Worten noch die Enttäuschung des früheren Liebenden durch. 1943 konnte man wie 1914 über dem Murren der unzufriedenen Menge die Stimme Mussolinis hören, der rief: »Ihr haßt mich, weil ihr mich noch liebt!«

Grandis Revolution zwang Bottai und seine Kollegen zum Mißtrauensvotum gegen ihren Führer. Sie zielte darauf ab, den jeweils zuständigen Ministern die Regierungsfunktionen zurückzugeben und der Krone das Oberkommando wieder zu übertragen. Die Resolution begann:

> »Der Großrat erklärt… daß die unverzügliche Wiederherstellung aller staatlichen Funktionen notwendig ist, indem der Krone, dem Großrat, der Regierung, dem Parlament und den Korporationen die ihnen durch die Grundgesetze zugesprochenen Pflichten wiedergegeben werden.«[47]

Die Resolution lief auf einen konstitutionellen Staatsstreich hinaus, oder genauer, sie forderte, daß Mussolini politischen Selbstmord verübte. Der Duce sollte den König bitten, die verfassungsmäßige Ordnung wiederherzustellen, die er mehr als zwanzig Jahre lang mit Füßen getreten hatte. Praktisch sollte der Duce erklären, daß der Faschismus erledigt sei, und dann von der politischen Bühne abtreten. Es war kein vertrauenerweckendes Szenario, und die Mitglieder des Großen Rats bereiteten sich verzagt auf den Showdown vor. Einige nahmen Waffen mit in die Versammlung. Einer hatte sogar eine Granate.[48] Sie wurden jedoch angenehm überrascht, der Palazzo Venezia war nur leicht bewacht, als sie ankamen und ihren Platz in dem Raum neben dem berühmten Büro Mussolinis einnahmen, im *Mappamondo*- oder Weltkartenraum. Alfieri erinnerte sich:

> »Fünf Minuten nach fünf, als die anderen Mitglieder des Großen Rats bereits versammelt waren, schritt der Duce mit der üblichen lässigen, selbstsicheren Miene herein. Er trug die Uniform eines Ehrenoffiziers der Miliz; vor ihm ging Novarra, sein Zeremonienmeister, der die lederne Aktenmappe trug. Wie gewöhnlich sah Mussolini niemanden an. Scorzas Ruf ›Grüßt den Duce‹ wurde von allen Anwesenden mit einem lauten ›Wir grüßen ihn‹ beantwortet. Mussolini reagierte, indem er den rechten Arm hob. Er stieg zu seinem Tisch auf einem Podium hinauf und zog ein Bündel Papiere und Notizen aus der Aktenmappe. Dabei wandte er sich an Scorza zu seiner Linken und befahl ihm, die Anwesenheitsliste zu verlesen… Das Bedrückende der Atmosphäre wurde noch durch die Tatsache verstärkt, daß die beiden großen Fenster geschlossen waren; durch die verschossenen blauen Vorhänge sickerte ein blasser Sonnenschimmer, der in bizarrem

Gegensatz zu dem strahlenden Licht des Kronleuchters in der Mitte der Decke stand.«[49]

Mussolini sprach als erster. Er deckte sich, wich aus, griff an, drohte. Die anderen folgten. Kurz vor Mitternacht forderte Mussolini einen kleinen Aufschub und verschwand in seinem Arbeitszimmer, um sich Telegramme anzusehen. Er ließ Alfieri kommen und fragte: »Was geschieht in Deutschland?« Alfieri wiederholte, was er in Feltre gesagt hatte. Inzwischen brachte »Apriliti, der zweite nach Novarra unter den Mitgliedern des persönlichen Stabes des Duce, seinem Herrn ein Glas Milch, das Mussolini, nachdem er viel Zucker hineingegeben hatte, langsam trank«.[50]

Als Alfieri Mussolini weiterhin zu überreden versuchte, er sollte Hitler sagen, daß Italien nicht weiterkämpfen könne, machte Mussolini eine ablehnende Gebärde und entließ ihn »kalt«. Als Alfieri aus dem Arbeitszimmer kam, trat Grandi mit der Resolution zu ihm, und Alfieri unterschrieb; er war der neunzehnte und letzte Unterzeichner. Es gab nun eine überwältigende Mehrheit.

Buffarini Guidi, ehemaliger Innenminister, ein großer Antisemit und sehr deutschfreundlich, bekam eine kurze Audienz in dem abgedunkelten Arbeitszimmer. Sein Rat war schlicht: »Verhaften Sie alle. Es ist ein Komplott. Hier drin braucht man nicht einmal zwanzig einzusperren. Und draußen sollten wir uns Badoglio und ein Dutzend andere greifen...«[51]

Mussolini verhaftete niemanden, ließ die Sitzung weitergehen und rief schließlich zur Abstimmung auf. Neunzehn stimmten für, sieben gegen das Mißtrauen. Suardo enthielt sich, und Farinacci stimmte für seine eigene prodeutsche Veränderung.

»Der Duce packte seine Papiere zusammen und stand auf. Seiner späteren Darstellung zufolge sagte er: ›Ihr habt die Krise des Regimes heraufbeschworen. Die Sitzung ist geschlossen.‹ Scorza wollte zum rituellen Gruß an den Duce auffordern, doch der fiel ihm ins Wort: ›Nein, das ist euch erlassen‹, und zog sich in sein Arbeitszimmer zurück. Es war 2.40 morgens; man schrieb Sonntag, den 25. Juli.«[52]

Am folgenden Tag schien Mussolini anzunehmen, daß alles weitergehen würde wie gewöhnlich. Er ging um 8.30 Uhr in sein Büro, las wie üblich die eingehenden Telegramme und empfing den japanischen Botschafter zu einem langen und herzlichen Gespräch. Das einzige Anzeichen dafür, daß irgend etwas geschehen war, war, Grandi zufolge, die Beharrlichkeit, mit der Mussolinis Privatsekretär De Cesare Grandi sofort im Palazzo Venezia zu sehen wünschte:

> »Nein, ich ließ ausrichten, ich sei nicht in der Stadt. *Ich werde nicht in den Palazzo Venezia gehen* [kursiv im Original]... 15.00 Uhr. Im Palazzo Venezia versuchen sie mich immer noch zu finden. Um 18.00 Uhr teilt mir Ciano mit, daß Scorza dem Federale der Stadt [Verbandsführer der faschistischen Miliz] Befehl gegeben habe, die Squadre [›Sturmabteilungen‹] für heute abend bereitzustellen, damit sie ausrücken und die Verräter in ihren Häusern bestrafen können.«[53]

Die Spannung stieg den ganzen Tag an, aber als Mussolini um 17.00 Uhr den König aufsuchte, nahm er keine extra Wache mit und traf keine besonderen Vorkehrungen. Er muß angenommen haben, daß Viktor Emanuel, der in mehr als vierzig Jahren auf dem Thron nie auch nur einen Funken persönlicher Tapferkeit gezeigt hatte, es auch jetzt nicht tun würde. Schließlich hatte Mussolini den kleinen König zweiundzwanzig Jahre lang eingeschüchtert und gedemütigt. Der König hatte immer nachgegeben und würde es vermutlich wieder tun. Nachdem er dem König eine Zusammenfassung der militärischen Ereignisse gegeben hatte, wandte sich der Duce der Politik zu. Der König unterbrach ihn und sagte, da der Krieg unwiderruflich verloren zu sein schiene, habe er Marschall Badoglio zum Ministerpräsidenten ernannt. Ein wie betäubter Mussolini wurde festgenommen, in einen normalen Krankenwagen geschoben und an einen geheimen Haftort abtransportiert.[54] Der Faschismus endete in aller Stille.

Es folgte die Festnahme anderer, die mit einer unnachgiebigen Politik in Verbindung gebracht wurden oder ausgeprägt deutschfreundlich waren: Scorza, der Parteisekretär; Buffarini Guidi, der ehemalige Innenminister, und Marschall Cavallero, der ehemalige Stabschef. Farinacci flüchtete sich in die deutsche Botschaft und wurde, in eine deutsche Uniform gekleidet, in der Nacht nach Berlin geflogen.

Im Außenministerium im Palazzo Chigi warteten Bastianini und Ortona unruhig auf Nachrichten. Gegen 19.00 Uhr informierte der Minister des königlichen Hauses, der Herzog von Acquarone, Bastianini, daß die neue Regierung Badoglio ihn durch den erfahrenen Berufsdiplomaten Raffaele Guariglia ersetzt habe, der zu der Zeit Botschafter in der Türkei war. Am frühen Abend wurde die Lage so bedrohlich, daß Bastianini beschloß, die Nacht in Ortonas Wohnung zu verbringen.

»In der Dunkelheit gehen wir vom Ministerium zu meiner Wohnung. Um 10.45 gibt das Radio den Rücktritt Mussolinis und die Ernennung Badoglios bekannt. Wenige Minuten später bricht die erste Stimme aus: ›Viva l'Italia! Viva Badoglio! Viva l'esercito!‹ … Von dem Augenblick an ein eindrucksvolles Crescendo des Lärms. Während einer Stunde oder so nicht ein Ruf über den Duce. Dann hört man wie der Mut wächst und schließlich wird das akustische Bild vervollständigt durch ›Nieder mit dem Duce, Donna Rachele und dem Geliebten!‹. Ich kann ein so plötzliches und unmittelbares Phänomen gar nicht fassen. Ich gehe um 3.00 Uhr ins Bett, tieftraurig, bekümmert und gequält.«[55]

In seiner Wohnung beobachtete Grandi die gleichen Vorfälle:

»Eine ständige Demonstration auf der Piazza Colonna und auf der Via Umberto beginnt und geht bis in die späte Nacht weiter. ›Viva Badoglio! Viva l'Italia!‹ … Sie verfluchen den Faschismus und Mussolini. Die Menge versucht das Parteihauptquartier in der Piazza Colonna zu stürmen.«[56]

Grandi und seine Mitverschwörer in der faschistischen Hierarchie waren einer Illusion erlegen. Sie glaubten, daß der Faschismus oder doch etwas Ähnliches den Sturz des Duce überleben könnte. Minuten nachdem die Nachricht die Öffentlichkeit erreicht hatte, mußten sie ihren Irrtum erkennen. Der Faschismus löste sich in einer Rauchwolke auf. Millionen nahmen ihre Abzeichen vom Revers, verbrannten Uniformen und versteckten Ehrenzeichen. Die Demonstrationen gingen ununterbrochen weiter. Straßenschilder mit einem faschistischen Beiklang wurden herausgerissen, und die Straßen bekamen eine improvisierte antifaschistische Taufe. Am Abend des 26. Juli 1943, einem Montag, wurde Grandi klar, daß die Mehrheit beim Großen Rat einen Geist aus der Flasche gelassen hatte:

»18.00 Uhr. Muti kommt, Rotigliano. Bottai ruft an, Pareschi usw. Alle machen sich Sorgen, weil an vielen Stellen der Stadt die *Canaille* übernommen hat. Ich tue, was ich nur kann, um beim Innenministerium einen Schutzdienst durchzusetzen. Werden die 19 Gefährten, die am Samstag ihr Leben aufs Spiel setzten, als sie diese Krise heraufbeschworen, das Leben jetzt bei einem Angriff der *Canaille* verlieren?«[57]

Bei seiner Ansprache an die Nation hatte Marschall Badoglio ziemlich kryptisch verkündet: »Der Kampf geht weiter«, aber Hitler ließ sich nicht täuschen. Seine schlimmsten Befürchtungen wegen der Italiener hatten sich bewahrheitet, und das auf Kosten seines einzigen Freundes, Benito Mussolinis. Er prüfte hastig Pläne zur Besetzung Italiens (Unternehmen Schwarz), zur Verhaftung des Königs und Badoglios (Unternehmen Student) und zur Befreiung Mussolinis (Unternehmen Eiche). Er war schlechter Laune und ließ seine Umgebung seine Wut spüren:

> »Über eins kann es keinen Zweifel geben: die werden natürlich in ihrer Verräterei erklären, daß sie weiter bei der Stange bleiben; das ist ganz klar. Das ist aber eine Verräterei; die bleiben nämlich nicht bei der Stange … Der Dings [Badoglio] hat allerdings sofort erklärt: Der Krieg wird weitergeführt, an dem ändert sich nichts … Ich werde (Befehl geben), sich dieses Gesindels zu bemächtigen, vor allem des Badoglios und der ganzen Bagage. Dann werden Sie sehen, daß die schlapp machen bis in die Knochen …«[58]

Später am Abend beschloß er, das Gesindel im Vatikan auch gleich mit festzunehmen. Deutsche Truppen wurden südwärts in Marsch gesetzt. Im Hauptquartier des Oberkommandos Südost in Saloniki-Arsakli war Feldmarschall Rommel gerade eingetroffen, um die Befehlsübernahme mit General Löhr zu planen, als um 23.15 Uhr der »überraschende Umschwung der Lage in Italien« bekanntgegeben wurde. »Der Befehl über die neue Befehlsregelung wird zunächst zurückgestellt. GFM Rommel wird zum Führer befohlen.«[59]

Um 3.45 Uhr am Montagmorgen, dem 26. Juli, während Ortona auf seinem Bett in Rom lag und mit gebrochenem Herzen auf die Rufe »Nieder mit dem Duce« lauschte, war in Saloniki General Löhr wach und auf seinem Posten. Verschlüsselte Botschaften gingen an alle Kommandostellen auf dem Balkan, informierten sie über die Ereignisse in Rom und gaben Befehl, sich auf die Übernahme der italienischen Positionen auf Kreta, dem Peleponnes, den Inseln und in Kroatien vorzubereiten. Gegenüber »italienischen Dienststellen sind diese Bewegungen zu tarnen und notfalls mit anderen Aufgaben zu begründen. Beobachtungen über die Haltung der Italiener sind unauffällig anzustellen. Für

den Fall des Abspringens ital. Verbände gelten folgende Richtlinien...
Bei Widersetzlichkeiten ist rücksichtslos von der Waffe Gebrauch zu
machen.«[60]

Am nächsten Morgen flog General Löhr nach Athen, um die neue
Lage mit seinem italienischen Pendant zu erörtern. Er forderte, daß die
italienische Armee die Stellung des soeben etablierten deutschen Generalstabs sowie die übergreifende deutsche Befehlsgewalt über die Ach-
senstreitkräfte akzeptierte. General Vecchiarelli, Gelosos Nachfolger als
Kommandeur der italienischen 11. Armee, wies beide Forderungen »in
passender Form« zurück, weil er keine Instruktionen bekommen habe.
Am folgenden Tag bekam er sie, unterstellte seine Streitkräfte der Heeresgruppe E und akzeptierte die Stellung des deutschen Generalstabs.[61]
Binnen kurzer Zeit hatten die deutschen Streitkräfte in Griechenland
und Jugoslawien die Schritte durchgeführt, die im September zur Entwaffnung und Gefangennahme von mehr als 300 000 italienischen Soldaten durch deutsche Einheiten führen sollten, die etwa ein Zehntel so
stark waren; es war eine der bemerkenswertesten Operationen im Zweiten Weltkrieg.

Die Stimmung der deutschen Truppen war verzweifelt. Im Hauptquartier der Heeresgruppe E in Saloniki rief Stabschef Generalmajor
August Winter am 26. Juli morgens um neun Uhr seinen müden Stab
zusammen. Die Männer waren beinahe die ganze Nacht aufgewesen,
um die Befehle für den »Fall Achse« an alle Kommandostellen zu übermitteln. Der Stabschef analysierte die Lage und äußerte Zweifel an der
Aufrichtigkeit der Absichten der Regierung Badoglio. Das Kriegstagebuch schloß:

> »Wir müssen uns darüber im klaren sein, daß der 25. und 26. Juli
> die bisher ernstesten und schicksalsschwersten Tage des Krieges
> sind. Chef bringt den absoluten Willen zum Ausdruck: ›niemals
> zu kapitulieren und, wenn es sein muß, bis zum heroischen
> Untergang zu kämpfen‹.«[62]

Deutsche Divisionen strömten nach Italien. Bitter bemerkte Marschall
Ambrosio Feldmarschall Keitel gegenüber, als sie sich am 6. August in
Tarvisio trafen: »In Feltre sagten Sie mir, Sie könnten nicht einmal eine
Division erübrigen; jetzt sehen Sie mal, wie viele Sie hergeschickt
haben!«[63] Die Stimmung bei den einmarschierenden Truppen wurde
von der gebürtigen Deutschen Baronessa Carbonelli enthüllt, deren
Neffe eine deutsche Panzereinheit befehligte. Sie erzählte Ortona am

14. August, daß ihr Neffe Italien und alle Italiener haßte, genau wüßte, daß der Krieg verloren wäre, daß aber, bevor es soweit sei, alle Nationen Europas erst in Schutt und Asche sinken würden.[64] Hitler hatte kein Monopol auf die Denkweise des »alles oder nichts«.

Die deutschen Truppen waren nervös geworden. Es gab Zwischenfälle. Am 1. August wurde auf dem griechischen Luftstützpunkt Kolanaki versehentlich der »Fall Achse« ausgelöst, und die den Luftstützpunkt verteidigende deutsche Einheit griff eine italienische Einheit an und entwaffnete sie.[65] Das Hauptquartier mußte Anweisungen mehrfach wiederholen: »Unbedingt alles vermeiden, was auf Vorbereitungen schließen läßt, und was Italiener verstimmen könnte. Befohlene Bewegungen für Bereitstellung laufen weiter.«[66]

Die Deutschen spielten ein doppeltes Spiel mit den Italienern, aber die neue italienische Regierung gab es ihnen doppelt zurück. Innenpolitisch stand die königliche Regierung zwischen einem riesigen Staatsapparat, der mehr oder weniger in den Faschismus integriert und von ihm korrumpiert war, und den antifaschistischen Parteien, Gruppierungen und Untergrundbewegungen, von denen viele kommunistisch oder republikanisch gesinnt waren. Der brillante Journalist Paolo Monelli sah das aus der Nähe so:

> »Der König und Badoglio blieben verschreckt und verwirrt; wie jemand, der all seinen Scharfsinn und seine Kraft darauf verwandt hat, ein gewaltiges Hindernis zu überwinden, und sich dann vor einem unerwarteten, schwindelerregenden Abgrund findet.«[67]

Oberst Montezemolo vom italienischen Generalstab erklärte General von Rintelen, daß Vergeltungsmaßnahmen gegen ehemalige Faschisten nicht geplant seien, und bedauerte, daß die Presse ohne jede Ausrichtung gewesen und zu weit gegangen sei, als sie die Köpfe der früheren großen Tiere des Regimes forderten.[68] Eine Weile hielten sich Bastianini und sogar Ciano im Bereich der Macht auf und warteten darauf, daß man sie in hohe Ämter beriefe. Bastianini wurde vorübergehend zum Botschafter in der Türkei ernannt, aber die Welle von Haß und Verachtung war nicht mehr einzudämmen. Ciano floh nach Deutschland, Grandi nach Portugal, andere in Verstecke, und einige wenige starben unter verdächtigen Umständen. Der König, mit Spritzern von Faschismus teilweise befleckt, und Badoglio, die Brust voll von seinen Ehrenzeichen, hatten sich zu sehr kompromittiert, um sich nicht sehr vorsichtig gegenüber dem Antifaschismus zu verhalten. Wie es der König selbst in einem Memorandum an Badoglio ausdrückte: »Wenn das eingeführte System weiterginge, würde man zu der Absurdität kommen, die Tätigkeit des Königs selbst implizite zu richten und zu verdammen.«[69]

Es gab keinen anderen Weg, als den faschistischen Staat zu demontieren, seine Sondergerichte, seine Konzentrationslager und seine paramilitärischen Einheiten abzuschaffen, Straßen und Institutionen umzubenennen, seine Gesetzgebung außer Kraft zu setzen.

> »Die Leute amüsierten sich wie im Theater, wenn sie das Haus des Tyrannen zusammenbrechen sehen und jede neue Person auf der Bühne ihm eine neue Katastrophe verkündet.«[70]

Ein Teil der faschistischen Gesetzgebung blieb in Kraft: die Rassengesetze, die italienische Juden zu Bürgern zweiter Klasse erklärten. In der Nacht des 25. Juli hatte der Minister des königlichen Hauses, der Herzog von Acquarone, Dino Grandi gefragt, welche Dinge am dringendsten durch königlichen Erlaß geregelt werden müßten. Grandi hatte geantwortet: »Aufhebung des politischen Staatsschutzgerichts, Aufhebung der Rassengesetze und die Proklamation des Kriegsrechts, bis der Notstand überwunden ist.«[71]

Der König unternahm nichts sofort und Badoglio nichts später. Am 27. Juli entließ Carmen Senise, abermals Chef der Polizei, den Präfekten Antonio La Pera, den Chef der Abteilung »Demografie und Rasse« im Innenministerium, ließ ihn festnehmen und nach Regina Coeli bringen, wo sich die Zellen mit den Großen des Regimes zu füllen begannen, aber »Demorazza« selbst blieb bestehen. Am 29. befahl Senise die Freilassung politischer Gefangener, ausgenommen Kommunisten, Anarchisten, Spione und Irredentisten, und »außerdem müssen diejenigen internierten oder unter Hausarrest gestellten Juden befreit werden, die nichts mit den oben aufgezählten Aktivitäten zu tun haben und nichts besonders Schlimmes begangen haben«.[72]

Der König und Badoglio hielten die Abschaffung der Rassengesetze offensichtlich für zu riskant. Hitler machte aus seiner Wut auf die Italiener kein Geheimnis. General Marras, Militärattaché in Berlin, war einer Flut von Schmähungen und Drohungen unterworfen worden. Bei einem Besuch in Rom sagte er zu Ortona: »Es wird in jedem Sinne des Wortes heiß.«[73] Dem »Führer« in einer Sache, die ihm so wichtig war, unnötig in die Quere zu kommen, schien einfach zu gefährlich.

Die Regierung Badoglio dachte noch an bedeutendere Risiken. Einen Tag, nachdem Raffaele Guariglia sein Amt als Außenminister übernommen hatte, am 31. Juli, wurde er bei einer Kabinettssitzung ermächtigt, sich um einen Separatfrieden zu bemühen. Er versuchte den Vatikan als Vermittler zu nutzen und schickte den Marchese Blasco Lanza d'Ajeta, Cianos frühere Kabinettschef, als neuen Gesandtschaftssekretär in Portugal mit Instruktionen zur Aufnahme von Kontakten zu den Alliierten. Andere Boten, politische wie militärische, folgten.[74] Der Monat August war spannungsgeladen wegen dieser heiklen und schwierigen Verhandlungen. Am 10. August teilte Marschall Badoglio General Ambrosio mit, daß er beschlossen habe, sich nun selbst damit zu befassen und einen militärischen Vertreter loszuschicken, der die Bedingungen der Alliierten in Erfahrung bringen sollte. Am 12. August brach General Giuseppe Castellano mit einem falschen Paß nach Lissabon auf; er war es auch, der schließlich, am 3. September, in Sizilien den Waffenstillstand unterschrieb.

Die »fünfundvierzig Tage« zwischen dem Sturz Mussolinis und der Verkündigung der italienischen Kapitulation am 8. September waren Tage voller Intrigen, Besorgnisse, plötzlicher Hoffnungen und ebenso plötzlicher Enttäuschungen, aber vor allem Tage großer Unsicherheit. Niemand, vom König bis zum Straßenkehrer, wußte genau, was zu tun war. Der neue Außenminister befand sich in einer mißlichen Lage. Er war nominell Vertreter einer Achsenmacht, die in einen Krieg auf Leben und Tod gegen den »jüdischen Bolschewismus« und die »angloamerikanische Plutokratie« verwickelt war; er war ebenso beteiligt an Verhandlungen mit den Feinden der Achse, um die Fronten zu wechseln. Wie er es traurig ausdrückte: »Natürlich habe ich nicht einen Moment geglaubt, daß ich offen würde sprechen können ... aber ich hatte gehofft, nicht so furchtbar lügen zu müssen.«[75]

Diese schmerzliche Notwendigkeit wurde noch verschlimmert durch all die kleinen Schwierigkeiten der fünfundvierzig Tage. Als Hitler sich weigerte, Badoglio und den König zu treffen, wurde Guariglia klar, daß er Ribbentrop würde gegenübertreten müssen, der schließlich bereit war, ihn zu treffen. Am Abend des 5. August rief Guariglia seinen engsten Stab zu einer vorbereitenden Erörterung des für den folgenden Tag geplanten Treffens zusammen. Ortona, der von Guariglia als Leiter des Sekretariats übernommen worden war, berichtete in seinem Tagebuch:

»Ich machte ihn auf das Problem der Kleidung aufmerksam, die wir tragen sollten. Da wir hingehen, um den Deutschen zu sagen, ›der Krieg geht weiter‹, bemerkte ich, ist das nicht der rechte Augenblick, um in Zivil aufzutreten. (Ich erinnerte mich an die Begegnung mit Laval in Schloß Kleßheim.) Es ist besser, wenn wir Uniform tragen. Guariglia fragt mich: ›Und wie haben Sie sich für das vorige Treffen gekleidet?‹ Ich antworte: ›Zu dem mit Antonescu sind wir in der blauen Uniform der Beamten gegangen, mit weißen Hosen.‹ Also kommt Guariglia mit einer typisch neapolitanischen Lösung: ›Dann gehen wir in weißen Jacketts und blauen Hosen.‹ Dann weise ich darauf hin, daß wir auf den Mützen das faschistische Emblem tragen. Acquarone empfiehlt, das Barett der Herren des Hofes zu tragen, das nur einen Adler hat. Schließlich sage ich, daß nach meiner früheren Erfahrung Ribbentrop, lange bevor der Zug hält, sich aus dem Fenster lehnen und einen ausgedehnten Faschistengruß entbieten wird. ›Und Sie, Herr Minister, wie grüßen Sie zur Antwort?‹ – ›Ich werde improvisieren.‹«[76]

Diese letzten Worte könnten als Motto für die fünfundvierzig Tage gelten: »Ich werde improvisieren! Ich werde mir etwas einfallen lassen.« In letzter Minute und mit unzureichenden Vorbereitungen und Überlegungen, ohne Abstimmung untereinander oder Planung, schlitterte Italien aus dem Achsenpakt heraus und stolperte auf etwas zu, das eine »bedingungslose Kapitulation« werden mußte, aber vielleicht doch hingebogen, gedeichselt oder improvisiert werden konnte.

Was nicht improvisiert werden konnte, war die »Judenpolitik«. Hauptmann Merci in Saloniki notierte nach dem Sturz Mussolinis: »Unsere Möglichkeit, den Juden zu helfen, wird sehr eingeschränkt werden.«[77] Max Merten hatte in der Vergangenheit die Entscheidungen den Italienern überlassen, weil er davon ausging, daß der »Führer« und der Duce sich über die Frage verständigt hätten. Jetzt, da der Duce aus dem Weg war, konnten die Deutschen italienische Proteste ignorieren.

Die Juden in der besetzten Zone, berichtete der italienische Konsul in Nizza am 31. Juli, seien »unter den gegebenen Umständen und die Besetzung der Zone durch deutsche Truppen voraussehend« sehr beunruhigt. Er bat um die Erlaubnis, den italienischen Juden Visa auszustellen, damit sie ohne das zeitraubende Verfahren beim Einwanderungsbüro des Innenministeriums nach Italien einreisen könnten.[78] Einige Tage später genehmigte Senise ihre Repatriierung.[79]

Aber was war mit den nichtitalienischen Juden? Die Welt kannte jetzt die Lage der Juden unter italienischer Besetzung. Anfang August hatte die italienische Gesandtschaft in Stockholm berichtet, daß die schwedische Presse ihre Besorgnis über das Schicksal der Juden auf dem Balkan geäußert hätte. Am 3. August diskutierte die *Aftontidningen* ausführlich das Schicksal »der einzigen überlebenden Juden auf jugoslawischem Boden« und zitierte »den deutschen Korrespondenten Hermann Ginsel, der mit kaum verhohlener Verärgerung das normale Leben beschrieb, das die Juden in der italienisch besetzten Zone führen«.[80]

Die Irritation der SS in Frankreich war gar nicht mehr verhohlen. Laval hatte begonnen, ein »Gesetz zur Entnationalisierung eingebürgerter Juden« zu verschleppen. Wie er SS-Gruppenführer Oberg am 11. August mitteilte: »Er könne sich dem Vorwurf nicht aussetzen, daß er Gesetze erlasse, um uns Juden zuzutreiben. Die von uns beabsichtigte Maßnahme sei so schwerwiegend, daß er zunächst noch einmal mit dem Marschall Rücksprache halten müsse.«[81]

Die Italiener fuhren fort, auch in ihrer Zone die »Endlösung« zu verhindern. Auf Befehl von Oberg suchte SS-Sturmbannführer Hagen am 18. August Leutnant Malfatti in der italienischen Botschaft in Paris auf, um sich über die »nicht entschiedene Haltung der italienischen Besatzungstruppen« zu beklagen, die Juden aus der deutschen in die italienische Besatzungszone zu fliehen erlaubt hätten und damit dem Laval-Regime eine willkommene Entschuldigung für die Nichterfüllung ihrer Versprechen geliefert hätten. Hagen betonte, wie wichtig eine einheitliche Politik der Achse in dieser Frage sei:

> »Malfatti hat versichert, daß der Standpunkt der jetzigen italienischen Regierung in der Judenfrage derjenige sei, wie er in den italienischen Judengesetzen festgelegt sei. Er wies ausdrücklich darauf hin, daß von allen von der faschistischen Regierung erlassenen Gesetzen nur die Judengesetze nicht aufgehoben worden seien.«[82]

Es ist kaum zu glauben, daß die SS das schluckte, aber es blieb ihr wenig anderes übrig. Italien war immer noch Partner der Achse, und seine antisemitische Gesetzgebung galt noch. Die Regierung Badoglio fügte dem Wirrwarr von Paradoxa noch einen weiteren Knoten hinzu, der für die italienische Politik gegenüber den Juden bezeichnend war. Das Versäumnis, die *Leggi razziali* zu widerrufen, nahm der SS die einzig mögliche Handhabe, mit der sie die Italiener zur Auslieferung der Juden hätte zwingen können. Es beschwichtigte den Argwohn, und so schützte absurderweise eine überholte antisemitische Maßnahme die Juden noch eine Weile länger.

Mitte August 1943 tauschten italienische Diplomaten und das Außenministerium fast täglich Telegramme zur »Judenfrage« aus. Nicht-italienische Juden sollten ins Land gelassen werden; Juden, die durch Exil oder Antifaschismus ihre Pässe verloren hatten, sollten sie wiederbekommen.[83] Am 19. August schickte Augusto Rosso, der neue Generalsekretär des italienischen Außenministeriums, ein Telegramm an das Hauptquartier der 2. Armee in Kroatien: »Es ist zu vermeiden, daß die kroatischen Juden entlassen werden oder ohne jeden Schutz in fremde Hände fallen und Vergeltungsmaßnahmen ausgesetzt werden, außer in Fällen, in denen sie selbst nach außerhalb unserer Schutzzone entlassen zu werden wünschen«.[84]

Als am 25. August der Präfekt von Lyon die italienischen Behörden informierte, daß männliche Juden zwischen 18 und 50 Jahren zur Zwangsarbeit an die deutsche Organisation Todt zu übergeben seien, gab das *Comando Supremo* bekannt, es habe »... im Zusammenhang mit den früheren Ansichten des Kommandos, die Verlegung von Angehörigen der jüdischen Rasse in die von Deutschen besetzte Zone zu verhindern, dem Kommando der 4. Armee Befehl gegeben, sich nicht an obige Anordnung zu halten.«[85]

Das italienische Außenministerium war völlig einverstanden mit diesem Vorgehen, und um die italienische Politik in allen drei Besatzungszonen zu koordinieren, gab es am 28. August ein Treffen zwischen Vertretern der Armee, des Außenministeriums und des Innenministeriums. Die drei Ministerien kamen überein, die Aushebung von Juden zur Zwangsarbeit unter deutschem Befehl nicht zuzulassen. Botschafter Rosso bemerkte in einem Telegramm ans *Comando Supremo,* »es versteht sich bei so heiklem Gegenstand von selbst, daß man umsichtig und diskret vorgehen und sich die etwaige Möglichkeit, jüdische Menschen zur Arbeit in der italienischen Zone einzusetzen, vorbehalten muß«.[86] Die bewährte Technik scheinbaren Einverständnisses war das Verfahren, auf das sich die drei Ministerien geeinigt hatten, die am stärksten mit dem Schicksal der Juden befaßt waren. In der italienischen Zone Frankreichs hatte Angelo Donati, der Berater des Polizeigenerals Lospinoso, einen noch gewagteren Plan zur Evakuierung der Juden per Schiff nach

Nordafrika entwickelt. Auch diesem sagte die Regierung Badoglio schließlich ihre Unterstützung zu.[87]

Was selbst dem Generalsekretär des italienischen Außenministeriums noch nicht bekannt war, und was auch der größte Teil des Kabinetts erst später erfahren sollte, war der Stand der Verhandlungen mit den Alliierten. Am 27. August kehrte General Castellano mit der deprimierenden Nachricht nach Rom zurück, daß die Alliierten die bedingungslose Kapitulation auf der Entweder-oder-Basis forderten, und als ob sie diese Position noch einmal unterstreichen wollen, entfesselten sie die heftigsten Luftangriffe des ganzen Krieges auf italienische Städte.[88] Zu diesem Zeitpunkt war die Apenninenhalbinsel faktisch in deutscher Hand. Ambrosio hatte keine Zeit gehabt, die Divisionen vom Balkan zurückzurufen, und hätte das auch mit dem, was Monelli die »Geheimhaltungsobsession« der Regierung nannte, kaum tun können.[89] Die Entscheidung war bitter, aber unvermeidbar. Am 3. September 1943 unterzeichnete in einem großen Zelt in einem Olivenhain in Cassibile bei Syrakus General Castellano den »kurzen Waffenstillstand«, wie er dann genannt wurde.[90]

Kaum ein Dutzend Menschen in Rom wußten davon, und die Deutschen bekamen es trotz intensiver Nachforschungen auch nicht heraus. Sie wußten nicht, daß am 7. September der amerikanische General Taylor heimlich in Rom eintraf, um die Verteidigung der Stadt zu koordinieren, zu einer Zeit, in der nach Senises Schätzung bereits fünf- bis sechstausend deutsche Soldaten in der Stadt waren, einige von ihnen unauffällig in Zivil.[91] Selbst der allgegenwärtige Dollmann wurde von den Ereignissen überrascht, aber das wurden schließlich alle durch die Art, wie der Waffenstillstand verkündet wurde.

Eisenhower verkündete den Waffenstillstand am Mittwoch, dem 8. September, um 16.30 Uhr, und die Presseagentur Reuter verbreitete um 17.45 eine Kurznachricht. Die italienische Regierung wurde vollkommen überrascht und sammelte sich eiligst im königlichen Palast. Als Guariglia, der an diesem sonnigen Septembertag im Park der Villa Borghese spazierengegangen war, hereineilte, begegnete er im Vorzimmer des Empfangssaals des Königs Marschall Badoglio: »Ich lief, um die neuesten Nachrichten zu hören, auf ihn zu. Er antwortete buchstäblich: ›Wir sind beschissen worden.‹«[92]

Jetzt, wo es heraus war, mußten die Italiener entweder bestätigen oder leugnen. Es war keine Vorsorge für eine Rundfunksendung getroffen worden. Badoglio mußte ins Studio und verlas hastig die folgende Bekanntmachung, die um 20.00 Uhr gesendet wurde:

»Die italienische Regierung hat erkannt, daß es unmöglich ist, den ungleichen Kampf gegen die überwältigende Macht des Gegners fortzusetzen, und hat in der Absicht, dem Land weitere und größere Katastrophen zu ersparen, General Eisenhower, den Oberkommandierenden der anglo-amerikanischen alliierten Streitkräfte, um einen Waffenstillstand gebeten. Der Bitte wurde entsprochen. Demgemäß muß jeder Akt der Feindseligkeit gegenüber den Anglo-Amerikanern von seiten der italienischen Streitkräfte allerorts aufhören. Sie werden auf eventuelle Angriffe von jeder anderen Seite reagieren.«[93]

»Schlimmer«, schrieb Alberto Pirelli, »hätte man es kaum machen können.«[94] Die Mitteilung war vage und verwirrend. Ambrosio hatte seinen Kommandos unter dem Kodenamen »OP 44« bereits Befehle gegeben, die die Italiener verpflichteten, »mit Entschiedenheit« gegen die Deutschen zu reagieren.[95] Was sollte das heißen?

In der 2. Armee war das Chaos perfekt. Dem offiziellen »Bericht über die auf den Waffenstillstand folgenden Ereignisse auf der Balkanhalbinsel« der Armee vom 2. Dezember 1943 zufolge entwickelte sich die Geschichte folgendermaßen: General Mario Robotti und sein gesamter Kommandostab entwichen am Abend des 9. September per Schiff und erreichten schließlich auch Italien. General Gambara, der Kommandeur des XI. Korps, blieb in Sussak und ergab sich kampflos der deutschen 71. Division. Das schlimmste Durcheinander gab es in der Division »Bergamo«, die am Morgen des 9. September um 8.30 Uhr Befehl bekam, »OP 44 durchzuführen«. General Emilio Becuzzi wies seine Leute an, den Deutschen Widerstand zu leisten, und befahl um 16.00 Uhr den »Widerstand bis zum Ende«. Um 16.52 Uhr erneuerte das XVIII. Korps den Befehl, »OP 44 durchzuführen, aber ohne Blutvergießen«. General Becuzzi bat um Klarstellung: »Wie sollen wir die Deutschen unter solchen neuen Befehlen gefangennehmen?« Als sich die Division am 10. Dezember schließlich ergab, war der General zu Recht verbittert und berichtete, daß »wegen der durch Befehle und Gegenbefehle in den letzten Tagen hervorgerufenen Verwirrung die große Masse der Offiziere und Mannschaften weder auf Deutsche noch auf Partisanen geschossen hätte«.[96]

Die Division »Bergamo« hatte wenigstens Befehle bekommen, wenn sie auch widersprüchlich waren. Der Kommandeur der *Lupi di Toscana* (»Wölfe der Toskana«) bekam keine. Das Regiment wurde per Bahn aus Frankreich verlegt, als der Waffenstillstand verkündet wurde, die einzelnen Abteilungen waren über die ganze italienische Halbinsel verteilt. Der Kommandeur, General Ernesto Cappa, und sein Stabschef, Oberstleutnant Emiliano Scotti, waren mit dem Wagen vorausgefahren, um alles für die Ankunft der Division, die an der Verteidigung Roms beteiligt werden sollte, vorzubereiten, Oberstleutnant Scotti führte sehr genau Tagebuch über die Ereignisse, und seine Verbitterung ist nicht zu überhören.

> »Da wir ohne Angaben über Bestimmung und Aufgaben der Division waren, nahm der Kommandeur sofort Kontakt zum Kommandeur des Armeekorps ›Bereich Rom‹, zum Kommandeur des Panzerkorps und zum dem Generalstab der Armee angegliederten Offizier auf, aber niemand konnte ihm irgendwelche Hinweise geben.«[97]

Die einzige Anweisung, die die Division bekam, war die Ansprache von General Badoglio im Rundfunk, die sie so interpretierte: Widersteht den Deutschen mit Waffengewalt. Noch um 18.55 Uhr am 10. November, fast 48 Stunden nach Badoglios Mitteilung, bekam der Stab der *Lupi* keine Verbindung mit dem Führungsstab der Armee, »weil niemand im Amt war«.[98]

In Karlovac in Kroatien hatte Hauptmann Bruno Fiaschi das gleiche Problem:

> »Fiaschi wollte die Isolation durchbrechen, indem er die Telefonisten im Armee- und Korps-Hauptquartier anrief. Niemand da, niemand antwortet. Von Verzweiflung getrieben versuchte er eine Verbindung nach Rom zu bekommen. Selbst im Kriegsministerium kein Lebenszeichen. Unglaublich die Abwesenheit aller hohen Offiziere in der Nacht, in der König, Regierung, Oberkommando und Kommandeure großer Einheiten den Waffenstillstand hätten sichern müssen.«[99]

Fiaschi im fernen Karlovac konnte nicht wissen, daß die Stabsoffiziere im Kriegsministerium nicht die einzigen Abwesenden waren. Früh am Morgen des 9. September hatten sich der König, die Königin, die höchsten Offiziere und Mitglieder der königlichen Familie davongemacht zur Küste, von wo ein Schiff sie nach Brindisi im Süden brachte. Noch immer tobt eine heftige Auseinandersetzung über die Richtigkeit dieser Entscheidung, aber es gibt keinen Zweifel, daß sie die Hauptstadt der politischen Führung beraubte, die sie bisher genossen hatte. Es gibt eine ebenso heftige Kontroverse über das Versäumnis, Rom angemessen zu verteidigen, sowie über das Durcheinander in der Führung überall.

Die deutschen Pläne dagegen wurden sofort und erfolgreich umgesetzt. Minute für Minute gingen Befehle an die einzelnen Kommandos hinaus. Um 20.05 Uhr, fünf Minuten nach Badoglios Radiosendung, gab General Jodl im Führerhauptquartier dem Oberkommando Südost das Signal zur Durchführung des »Fall Achse«.[100] Um 21.35 Uhr konnte General von Gyldenfeldt aus Athen melden, daß er Vereinbarungen über die Kapitulation der italienischen 11. Armee getroffen habe. General Hubert Lanz, Kommandeur des XXII. Gebirgsjäger-Korps, wollte »es erst mit Güte, dann erst mit Waffengewalt« versuchen. Die folgende Unterhaltung zwischen General Lanz und General Winter, dem Stabschef des Oberkommandos Südost/Heeresgruppe E, fand fünf Minuten vor Mitternacht statt:

»General Winter: ›Sämtliche Waffen müssen ausnahmslos erfaßt werden.‹

General Lanz: ›Das bedeutet Kampf. Ist man sich der Folgen solcher Maßnahmen klar?‹

General Winter: ›Ja, wir haben ja schon seit Wochen die Maßnahmen ›Achse‹ vorbereitet. Wenn man den Italienern sagt, für sie ist der Krieg aus und sie können in die Heimat zurückkehren, so werden sie sie wie die Schafe abgeben.‹

General Lanz: ›Das wird sich erst zeigen.‹

General Winter: ›Der Führer hat die Entwaffnung befohlen, wir müssen sie durchführen. Wir sind uns der Schwierigkeiten bewußt, wenn es nicht mit anderen Mitteln zu machen ist, müssen wir eben die Entwaffnung mit Gewalt durchführen.‹

General Lanz: ›Soll ich zum Blutvergießen schreiten?‹

General Winter: ›Der Befehl ist uns erteilt und muß durchgeführt werden.‹«[101]

Es war ein verhängnisvoller Befehl, und er veranlaßte General Lanz, seinen Männern den Befehl zur Erstürmung der Insel Kephalonia zu geben, wo General Antonio Gandin und seine Leute von der Division »Acqui« sich fast eine Woche lang heftig verteidigten und hinterher sofort erschossen wurden. Es war der Beginn eines Prozesses, der General Hubert Lanz schließlich als Kriegsverbrecher auf die Anklagebank in Nürnberg brachte.[102]

Feldmarschall von Weichs in Belgrad hatte ebenfalls Probleme mit den Italienern, aber Probleme anderer Art. Als Oberst Ricci, der italienische Attaché beim Hauptquartier der deutschen Heeresgruppe F, Tirana in Albanien zu erreichen versuchte, wo die neue italienische Heeresgruppe (Ost) gebildet worden war, mußte er dem Feldmarschall gestehen: »Weder der ital. Oberbefehlshaber noch dessen Chef anwesend. Beide sind spazieren gegangen.«[103]

Das war zuviel für Generaloberst Lothar Rendulic, den kommandierenden General der deutschen 2. Panzerarmee:

> »Am Vormittag [des 11. September] landete der OB der 2. Panzerarmee mit 1. Fallschirmjäger-Kp. der Luftwaffe in Tirana und nahm in raschem Zugriff den OB der italienischen Heeresgruppe Est und seinen Generalstabschef gefangen. Hierdurch wurde die Hauptquelle des noch bestehenden italienischen Widerstands beseitigt.«[104]

General Rendulic nahm sie wegen ihrer »deutschfeindlichen Einstellung« fest. Ein 56jähriger österreichischer General und eine Kompanie Fallschirmjäger waren genug, um das gesamte Hauptquartier einer Armee von 250 000 Mann gefangenzunehmen. Kein Wunder, daß Bruno Fiaschi bitter äußerte:

> »Einzelne deutsche Feldwebel mit einem bißchen Schneid und einer Pistole in der Hand setzen ganze Kasernen von Generälen, Obersten, Offizieren und Hunderten von Soldaten aller Ränge fest. Ohne schriftliche Befehle sind Kommandeure von Divisionen oder Regimentern oder Kompanien und Batterien nicht in der Lage, irgendeine Form von Widerstand zu organisieren.«[105]

Das Paradox ist klar. Die deutsche Armee mit ihrer eisernen Disziplin und starren Befehlsstruktur ließ der Initiative einzelner mehr Raum. Innerhalb ihres Rahmens hatten Offiziere und Soldaten Freiheit. Die italienische Armee mit ihrem systematischen Ungehorsam, den dunklen Machenschaften und ihrer Unordnung konnte ohne schriftliche Befehle nicht funktionieren. Das ist einer der tieferen Gründe für das unterschiedliche Verhalten der beiden Armeen gegenüber den Juden. General Lanz wollte keine Italiener erschießen, gehorchte aber Befehlen ebenso wie später, als er Juden in der vormals italienischen Zone Griechenlands abholen ließ. Der Dialog zwischen General Winter und General Lanz veranschaulicht den Kern der deutschen militärischen Tradition genauso wie der wagemutige Überfall eines Vier-Sterne-Generals, der mit nur einer Kompanie Soldaten mit dem Fallschirm absprang und ein komplettes Hauptquartier gefangennahm. Es gab nicht einen General in der italienischen Armee, der solch ein Bravourstück gewagt hätte, und wenige in anderen Armeen. Andererseits hielten die vier Sterne weder Rendulic noch Löhr davon ab, an den Verbrechen gegen die Menschlichkeit mitschuldig zu werden, die sie mißbilligten. »Hoffnungslose Feldwebel« hatte Ulrich von Hassell die deutschen Generäle genannt. Es fehlte ihnen die Unabhängigkeit, sich unmoralischen Befehlen zu widersetzen.[106] Als ihn die Jugoslawen im Mai 1945 als Kriegsverbrecher vor Gericht stellten, hatte General Löhr nur eine Antwort zu seiner Rolle bei der »Endlösung der Judenfrage«:

> Ja, er habe gehört, daß »Juden in Ghettos eingeschlossen wurden, und auch hörte ich, daß unter ihnen manche ums Leben kamen. Später hörte ich auch erzählen, daß seitens der Polizeibehörden Gaskammern-Autos zur Vernichtung der Zivilisten angewandt wurden und angeblich in Polen. Ob diese Nachrichten der Wahrheit entsprechen, habe ich nicht nachgeprüft, da ich dafür auch nicht zuständig war und dazu keine Möglichkeit hatte.«[107]

Daß er als Armeekommandant in der Ukraine von der Tätigkeit der SS-Einsatzgruppen, die Juden zu Hunderttausenden niedermetzelten, hatte erfahren müssen, daß in Saloniki Juden nahe seinem Kommando abgeholt und ermordet wurden, daß ein Drittel der Einwohner Salonikis unter den Fenstern seines Büros vorbei deportiert wurde, daß er die Transportmittel für die Abholung und Vernichtung der griechischen Juden in der vormals italienischen Zone bereitstellte, erwähnte er natürlich nicht. Die Jugoslawen waren geneigt, ihn in jedem Fall zu erschießen, warum ihnen zusätzlich Gründe dafür liefern?

Dabei war Löhr kein Monster. Konsul Zamboni, der viel zur Rettung der Juden von Saloniki tat, erinnert sich sehr deutlich an ihn als einen ausgesprochenen Nazigegner. Richard Mitten, der überlebende Offi-

ziere aus Löhrs Kommando für eine Fernsehdokumentation über Waldheim befragte, erzählte mir, daß er buchstäblich keinen aus seinem
Stabe gefunden habe, der etwas Schlechtes über ihn gesagt hätte.[108] Es
ist die Sprache, die so erschreckend ist: »Da ich dafür nicht zuständig
war…« Daß das *Dienstliche* vom *Menschlichen* getrennt wurde, hatte zu
schrecklichem Unglück geführt.

> Inzwischen war es, wie Guariglia bemerkte, »nicht möglich,
> angemessen für die Juden zu sorgen, die sich in unsere Besat-
> zungszone in Frankreich geflüchtet hatten und die mit dem
> Rückzug der 4. Armee den Deutschen anheimfallen würden…
> Die vorzeitige Verkündigung des Waffenstillstands hatte alles
> verdorben.«[109]

Die Juden flohen aus der Internierung. Manche machten sich auf den
Weg zur bergigen Grenze zwischen Frankreich und Italien, wo sie sich
den Gruppen versprengter italienischer Soldaten anschlossen, die in
Auflösung ebenfalls zurückstrebten. Andere zogen hinunter zur Küste
und gerieten in Nizza in die Falle, als schwarze Horden der SS über die
Stadt hereinbrachen, den Männern auf der Straße die Hosen herunter-
rissen, um zu sehen, wer beschnitten war, und jede Wohnung Zimmer
für Zimmer durchsuchten. Nizza wurde der Schauplatz einer der brutalsten Judenjagden des Krieges.[110] Die italienischen Soldaten konnten die
Juden nicht mehr schützen.

In Rom strömten deutsche Truppen in die Stadt und schoben die
gelegentliche und erfolglose Verteidigung einfach beiseite. Selbst der
Außenminister Guariglia bekam mehrere Tage lang keine Befehle, und
nach ein paar vergeblichen Versuchen, die Autorität des Kabinetts aufrechtzuerhalten, löste er es auf und flüchtete sich in die spanische Botschaft, wo er und seine Frau fast neun Monate lang in größter Enge aus-
halten mußten.[111]

Guariglia hatte am 3. September erfahren, daß der Waffenstillstand
unterzeichnet war, und begonnen, kompromittierende Dokumente im
Palazzo Chigi zu vernichten. Andere hatte er heimlich nach Lissabon
geschickt, und manche konnte er in Rom verstecken. Diplomaten wie
Graf Pietromarchi und Roberto Ducci wußten, daß sie auch gut daran
täten zu verschwinden; irgendwo würden sie auf einer Liste stehen. Wie
Roberto Ducci Nicola Caracciolo in einem Interview kurz vor seinem
Tode erzählte, war er in den chaotischen Tagen nach dem Waffenstillstand noch im Palazzo Chigi. Es gab noch eins zu tun:

»Die Akten über die Juden in Kroatien, wie die anderen, späteren, waren als streng geheim eingestuft. Ich hatte sie in meinem Panzerschrank eingeschlossen. Dort nahm ich sie am 9. oder 10. September heraus, als wir die Archive im Palazzo Chigi verbrannten. Ich beschloß, diesen Ordner nicht zu verbrennen, sondern ihn mit in mein Haus zu nehmen, weil ich fand, es wäre gut, wenn jemand zu wissen bekäme, daß wir einmal im Leben anständig gehandelt hatten.«[112]

Warum mordete das nationalsozialistische Regime Millionen von Juden? Kann irgendein Historiker, können die Historiker gemeinsam diese Frage beantworten? Sie haben es fünfundvierzig Jahre lang versucht, und es ist ihnen nicht gelungen. Keine einzelne Arbeit erklärt den Massenmord an den Juden. Es gibt vielleicht Grenzen für das, was durch die Nutzung von Dokumenten, die Anhäufung von Beweismaterial und vernünftiges Argumentieren erreicht werden kann. Vielleicht versagt die Vernunft im Angesicht des radikal Bösen. Während des Zweiten Weltkriegs haben seriöse Philosophen, wie Denis de Rougemont, zu bestimmen versucht, ob Hitler tatsächlich der Teufel sei.

Ich habe in diesem Buch eine sehr viel bescheidenere Frage gestellt: Warum haben einige italienische Diplomaten und Militärs zu einer bestimmten Zeit und an bestimmten Orten Juden zu retten versucht, während ihre deutschen Kollegen sie zu ermorden halfen? Ich glaube, es gibt mehrere Antworten auf diese zweifache Frage, und sie werden sowohl durch den Verlauf der Ereignisse als auch durch den Vergleich bestimmter Grundzüge der zwei Kulturen, der zwei Diktatoren, der zwei Armeen und der Stellung der Juden in der italienischen und der deutschen Geschichte deutlich. Natürlich sind noch weitere Dinge miteinander zu vergleichen, etwa das »Funktionieren« der zwei Staaten, die Arbeitsweise ihrer Wirtschaft, die Rolle von Recht und Gesetz in Deutschland und Italien, und die Denkungsart in den zwei Ländern. Ein umfassender Vergleich wäre ein Lebenswerk, und ein Autor sollte, wie Burckhardt einst bemerkte, die Kürze des Lebens des Lesers bedenken. Ich biete meine vier Vergleiche als Abrisse dessen an, was die Unterlagen in diesem Fall nahezulegen scheinen; größere Ansprüche erhebe ich nicht.

Roberto Ducci nahm die wertvollen Akten über die Juden aus dem Palazzo Chigi mit, weil er wollte, daß die Geschichte bekannt würde. Es ging um Leben und Tod. Die Gestapo suchte ergrimmt ganz Rom nach Beweisen für einen italienischen Verrat ab. Wenn Ducci mit diesen Akten erwischt worden wäre, hätte man ihn, Pietromarchi, Vidau, Vitetti, Lanza d'Ajeta, Castellani und viele andere erschossen. Für Ducci waren diese Akten ein Beweis für seine und seiner Mitverschwörer Menschlichkeit. Wie Pietromarchi bemerkte, würden die Unterlagen »zahlreiche Akte der Niedertracht wettmachen«. Wirklich?

Jede und jeder von uns wird diese Frage auf ihre oder seine Weise beantworten. Befreit eine Rettungstat die Mitglieder einer Klasse, die zwanzig Jahre lang den Faschismus getragen (und von ihm profitiert) hat? Wer hatte, als Mussolini 1940 Italien in den Krieg stürzte, zu handeln gewagt? Wer trat unter Protest zurück? Die deutschen Gegner Hitlers verhielten sich richtiger. General Beck dankte 1938 ab. Ulrich von Hassell, Carl Goerdeler, Adam von Trott, Helmuth von Moltke, Claus Graf von Stauffenberg verschworen sich gegen Hitler und starben nach dem 20. Juli 1944 für ihre Überzeugungen. Die italienischen Verschwörer zur Rettung der Juden überlebten und dienten der Republik Italien nach dem Krieg, oft an höchster Stelle. Nur Galeazzo Ciano, der nichtsnutzige Playboy und Liebling der Frauen, Mussolinis Schwiegersohn, starb für seine Beteiligung am Widerstand gegen die Deutschen und wegen seines Verrats am Duce. Er starb mutig und gefaßt.[1] Ein Märtyrer, aber wozu?

Das wiederum ist davon abhängig, was die Geschichte des italienischen Widerstands gegen die deutsche Brutalität »bedeutet«, und sie »bedeutet« natürlich all diese widersprüchlichen und unvereinbaren Dinge, die menschliches Handeln, selbst tugendhaftes Handeln, so schwer erklärbar machen. Sicher spielte auch Berechnung eine Rolle. Ducci rettete diese Akten, weil sie schließlich ihm als hohem Vertreter eines diskreditierten Regimes zum nützlichen Beweismittel für die Verteidigung werden konnten. Tatsächlich veröffentlichte er im Sommer 1944 unter dem Pseudonym »Verax« einen Bericht über die Art und Weise, wie das italienische Außenministerium sich bei der Rettung der

Juden ausgezeichnet hatte.[2] Das war sinnvoll zu einer Zeit, als die Luft vom Schrei nach Rache erfüllt war und der Faschismus zusammengebrochen war. Eine italienische Regierung, die beweisen konnte, daß sie »nicht gar so schlecht« gewesen war, konnte auf den Status einer »mit kriegführenden« Macht bei den alliierten Kriegsanstrengungen hoffen, eine Art Strafnachlaß wegen guter Führung.

Giuseppe Bastianini, der sich 1943 als Verteidiger der Juden hervortat, hatte 1942 jüdische Flüchtlinge aus Kroatien an der Grenze zum italienisch besetzten Jugoslawien abzuweisen versucht. Der General der Carabinieri Pièche, der nach dem Krieg von der italienisch-jüdischen Gemeinde wegen seiner Menschlichkeit ausgezeichnet wurde, hatte während des Krieges empfohlen, die Juden an die Kroaten auszuliefern. Er wurde bekehrt, als er erfuhr, welches Schicksal sie in Wirklichkeit erwartete. Graf Ciano selbst, der 1937 gemeint hatte, es gebe kein »Judenproblem« in Italien[3], widersetzte sich den 1938 von Mussolini oktroyierten »Rassengesetzen« nicht. Die »Bedeutung« historischen Handelns ist vom Zeitpunkt abhängig.

Im Spätsommer 1942 wußten General Roatta und seine Soldaten, was Kroaten den Juden angetan hatten, und sie begannen zu ahnen, was die Deutschen wahrscheinlich tun würden. Pietromarchi im italienischen Außenministerium war seinerseits zu ähnlichen Schlüssen gekommen. Zufällig waren die Monate September und Oktober 1942 eine Zeit, in der Mussolinis schlechter Gesundheitszustand und der Kampf um die Macht im deutschen Außenministerium sowohl die italienische als auch die deutsche Entscheidungsfindung behinderten. Diejenigen, die schnell hätten handeln und die Verschwörung zur Rettung von Juden unterbinden können, waren paralysiert. Im November befand sich Rommel in der westlichen Wüste auf dem Rückzug, die Alliierten waren in Marokko und Algerien gelandet, die Wehrmacht kämpfte bereits die Schlacht um Stalingrad, und die Italiener kamen erstmals zu der Überzeugung, daß sie jedenfalls den Krieg verlieren würden. Der November war auch der Monat, in dem die italienischen Behörden unwiderlegbare Beweise für den »Holocaust« bekamen. Im Dezember konnte Roatta Mussolini seinen Befehl zur Auslieferung der Juden aus den besetzten Zonen an die Deutschen ausreden. 1943 stellte sich das gesamte Regime zwischen die Juden und die SS und blieb bis zum Waffenstillstand dabei. Die Juden zu schützen war für diejenigen sinnvoll, die Pläne zur Herauslösung Italiens aus der Achse entwarfen. Ende Februar und März 1943 schwankte Mussolini unter dem außerordentlichen Druck Ribbentrops und der SS, wurde aber bald überredet, sich der allgemeinen Widerstandshaltung wieder anzuschließen.

Es gab also eine beträchtliche Portion Berechnung bei der italienischen Politik gegenüber den Juden, aber daneben wird in dieser Zeit eine besondere nationale Tugend deutlich. Unter all den Regimen, die unter dem Druck der Neuen Ordnung der Nationalsozialisten standen oder an ihr mitwirkten, läßt sich beim Widerstand gegen den Völkermord der Nazis nur Dänemark mit Italien vergleichen. Ich zitiere noch einmal den Satz aus Hannah Arendts *Eichmann in Jerusalem:*

> »Was in Dänemark das Ergebnis eines echten Sinnes für Politik war, eines anerzogenen Verständnisses für die Voraussetzungen und die Verpflichtungen, die Bürgertum und Unabhängigkeit garantieren, das war in Italien Ausfluß einer fast automatisch gewordenen, alle Schichten erfassenden Humanität eines alten und zivilisierten Volkes.«[4]

Es gibt auf diesen Seiten viele Zeugnisse der »fast automatisch gewordenen, alle Schichten erfassenden Humanität« der Italiener. Wir haben das auch in Major Prolos Entwurf für die Verwaltungsleitlinien im Internierungslager auf Rab gesehen, in dem er darauf bestand, daß man den Juden dort »bewußt eine als ›italienisch‹ empfundene Behandlung« zukommen ließe.[5] Wir haben das auch in Hauptmann Mercis Tagebuch aus Saloniki gesehen und in den Berichten über das Verhalten junger Offiziere in Kroatien 1941. Italiener sein hieß, ein Gefühl von Solidarität mit den Verfolgten zu haben.

Aber die Wirklichkeit ist komplizierter als Hannah Arendts kräftige Pinselstriche vermuten lassen. Die primäre Tugend der Menschlichkeit wuchs aus dem Nährboden einer sekundären Untugend. Unordnung, Ungehorsam und *Menefreghismo* (Wurstigkeit) im italienischen öffentlichen Leben erleichterten die spezielle Unfolgsamkeit in der »Judenfrage«. Durchtriebenheit *(Furberia),* die allgegenwärtige Korruption in der Verwaltung *(la bustarella)* und die lässige Gleichgültigkeit der Beamten *(Pressappochismo)* machten es wohlhabenden Juden leichter, Wächter zu bestechen, die richtigen falschen Papiere zu bekommen und zum entscheidenden Beamten vorzudringen. Sie erleichterten den Verschwörern auch die Rettung von Juden. Schließlich wollten alle, daß der Staat etwas nicht tat, was er bei seiner natürlichen Schwerfälligkeit sowieso zu unterlassen geneigt war.

Tatsächlich erleichterten die Untugenden des italienischen öffentlichen Lebens die Ausübung der Tugend der Menschlichkeit. Die in den vorhergehenden Kapiteln vorgelegten Zeugnisse machen das ganz deutlich. Gewohnheitsmäßiger Ungehorsam war so bezeichnend für italienische Ämter, daß selbst die Armee ihre Befehle nicht durchsetzen konnte. Es gibt eine atemberaubende Eintragung in Marschall Cavalleros stenographischem Bericht über den 14. Januar 1943, die ich vollständig zitiere:

> »10.05 Uhr: Empfange Exzellenz Scuero [Unterstaatssekretär im Kriegsministerium] und Exzellenz Ambrosio [Stabschef der Armee]. Thema – Unterdrückung der Gewohnheit, Befehle nicht zu befolgen.«[6]

Ein erstaunliches Geständnis für das Kriegstagebuch des Stabschefs einer kriegführenden Großmacht im dritten Jahr eines Weltkriegs. Die italienischen Generäle brachten ihre Leute nicht dazu, zu gehorchen. Oberst Ravenni mißachtete seinen kommandierenden Offizier systematisch und kam damit durch, genau wie in jedem Amt in Italien die Bürokraten handelten oder nicht handelten, wie es die Laune oder die Hoffnung auf Profit wollten. Das soll den Wert dessen, was die Verschwörer taten, nicht mindern, es verkleinerte nur ihr Risiko.

Wenn die italienische Menschlichkeit auf dem Nährboden einer sekundären Untugend wuchs, so war die deutsche Unmenschlichkeit fest eingebunden in das System sekundärer Tugenden. Reinlichkeit, Pünktlichkeit, Tüchtigkeit, Hingabe, Ehrlichkeit, Pflichtgefühl und Verantwortungsbewußtsein sind deutsche Tugenden und nicht zu verachten. Kein vernünftiger Mensch, der in einem deutschen Bus gefahren ist oder die deutsche Post benutzt hat, würde freiwillig die italienischen Entsprechungen vorziehen. Die bürgerlichen Tugenden sind wertvoll, weil sie so selten sind. Wie viele Staaten auf der Welt sind heute überwiegend frei von Korruption? Würde die Liste zweistellig werden? Ich wage das zu bezweifeln.

Doch bürgerliche Tugenden sind sekundäre Tugenden. Sie ermöglichen es uns, auf eine organisierte und funktionierende Art zu leben. Sie sind Hilfsmittel zu einem Ziel, nicht das Ziel an sich, und das zeigt das Beweismaterial auf diesen Seiten und die darin eingeflossene Forschung ganz zwingend. Das durchgängig brutale Verhalten in der deutschen Wehrmacht, das Fehlen fast jeglichen Ausdrucks von Menschlichkeit sowohl in amtlichen als auch in privaten Papieren macht ihre Lektüre außerordentlich bedrückend. Der kurze Dialog um Mitternacht am 9. September 1943 zwischen den Generälen Lanz und Winter über die Frage, wie die Italiener zu entwaffnen seien, spricht Bände. General Lanz wollte keine Italiener erschießen und sagte das auch, aber er konnte nicht anders als gehorchen.

Obwohl General Lanz und General Winter schließlich beide wegen Kriegsverbrechen vor Gericht gestellt wurden, deren sie sich, wie die Feldmarschälle List und von Weichs und die anderen Befehlshaber auf dem Balkan, zweifellos schuldig gemacht hatten, waren sie nach meiner Überzeugung keine gewöhnlichen Verbrecher. Ihre Brutalität war eine Perversion auf primärem Niveau dessen, was auf sekundärem Niveau vortrefflich war. Wie Eugen Dollmann von Hans-Georg von Mackensen sagte: Um seine Haltung gegenüber Mussolini zu verstehen, mußte man einen Kurzlehrgang in preußischer Geschichte und lutherischer Kultur absolvieren.

Von all den Dokumenten, die ich zu dieser Arbeit herangezogen habe (und es waren eine Menge), ist das auf der nächsten Doppelseite reproduzierte in mancher Hinsicht das bemerkenswerteste. Ein Stabsoffizier der Armee stellte eine Tabelle über die Zahl der in der serbischen Zone durchgeführten Vergeltungsmaßnahmen bis zum Dezember 1941 auf, die auf der Zahl der als tot oder verwundet gemeldeten deutschen Soldaten basierte. Dann berechnete er die Zahl der Geiseln, die nach der vorgegebenen Quote daraufhin hätten erschossen werden müssen, zog großzügig »tote Feinde« ab und gelangte zu der Summe von 20 174 nicht getöteten Personen, die hätten getötet werden müssen. Es ist der Bericht eines Buchhalters über die Unterproduktion der Mordmaschinerie der Wehrmacht.[7] (Siehe Dokument 3)

Die Sprache in diesem Dokument ist absolut unpersönlich, bürokratisch, der Satzbau amtssprachlich. Der Offizier vermerkt, daß die Angaben ungenau sind. Die Zahl der durchgeführten Exekutionen ist nur als »Faustzahl« zu werten. Er schließt damit, daß die Ausgabe eines neuen Befehls, der »auf dem Sachgebiet Sühnemaßnahmen klare Verhältnisse« schafft, unerläßlich sei. Das Wort »Menschen« kommt nicht vor. General Böhme sprach von Personen, die er zu erschießen plante, als aus »altserbischen Beständen« stammend. Die Sprache in solchen Unterlagen machte aus Menschen »Material« oder »Bestände« oder »Inventar«. Gleich nach dem Krieg begannen die Publizisten Dolf Sternberger, Gerhard Storz und W. E. Süskind ihre Beiträge *Aus dem Wörterbuch des Unmenschen* zu veröffentlichen, in denen die Implikationen solcher Sprache, solcher aus dem Vokabular des totalitären Staates stammenden Wörter wie »Einsatz«, »Menschenbehandlung« und »Zeitgeschehen« deutlich werden.[8]

Der »Holocaust« war von dieser entmenschlichten Sprache abhängig. Wehrmacht, SS und Bürokratie verbargen ihr Handeln teilweise sogar vor sich selbst durch Euphemismen für Mord: »Sonderbehandlung«, »Endlösung« oder, wie bei Turner, »Entlausung«. Schließlich gestattete es die scharfe Abgrenzung der Verantwortlichkeiten, die die deutsche Verwaltung in säuberlich getrennte Abteilungen spaltete, den wegen Kriegsverbrechen angeklagten Generälen anzuführen, es habe nicht in ihrer »Zuständigkeit« gelegen, sich wie Menschen zu verhalten.

Aber es gibt auch hier ein Problem beim Verstehen dessen, was das Beweismaterial bedeutet. General Edmund Glaise von Horstenau war kaum ein Nationalsozialist und als ehemaliger kaiserlich österreichischer Generalstabsoffizier nicht einmal Preuße. Drei volle Jahre lang vertrat er als Generalbevollmächtigter die Wehrmacht gegenüber dem Unabhängigen Staat Kroatien. Er kannte jeden, der in Berlin etwas zählte, und unterhielt eine umfangreiche Korrespondenz, von der ein großer Teil den Krieg überstanden hat. Er protestierte öffentlich und privat gegen die Brutalität der *Ustascha*-Schlächter und gegen die wahllose Hinrichtung von Geiseln. Er schrieb ganz rückhaltlose geistreiche Briefe an seinen Landsmann, den Oberkommandierenden Südost, General Löhr. Er benutzte keine Euphemismen und verhüllte auch die Wahrheit nicht durch bürokratische Abstraktionen. Er sagte »Mord«, wenn er »Mord« meinte – außer, wenn die Opfer Juden waren. Dann sagte er nichts. In einer ominösen Nebenbemerkung deutete er in einem Brief an Löhr im März 1943 an, daß seine beste Informationsquelle Martin Luther gewesen sei, der Mann im deutschen Außenministerium, der in seiner erbarmungslosen Verfolgung der Juden Eichmann am meisten ähnelte.[9] Warum schwieg Glaise?

Im Mai 1944 erhob Oberst Jäger, Kommandant auf Korfu, Einwände gegen die Deportation der 2 000 Juden der Insel, weil Transportmittel knapp seien und die Juden keine Bedrohung darstellten. Vor allem aber:

»Es kann nicht erwünscht sein, die Evakuierung der Juden um den Preis moralischer Einbuße seitens der Truppe, effektiver Stärkung der feindlichen Nachrichteneinrichtungen, Anfachung der Bandentätigkeit und eines ethischen Prestigeverlusts in den Augen der Bevölkerung zu erkaufen. Letzteres deshalb, weil die

A k t e n n o t i z .

zu den

seit Beginn der Aufstandsbewegungen i.Serbien
bis 5.12.1941 vollzogenen Sühnemaßnahmen.

1.) Mit Übergabe der Geschäfte des Bevollm.Kdr.Gen.i.Serbien von
XVIII. auf das XXXXII.A.K. sollen mit Wirkung vom 5.12. die bis
zu diesem Zeitpunkt vollzogenen Sühnemaßnahmen zusammengefaßt
festgestellt werden.

2.) Grundlegende Befehle liegen im Qu.2 Akt (Bevollm.Kdr.Gen.i.S.
VIII 7) a.

3.) Auf Grund der Truppenmeldungen ergeben sich folgende Abschluß-
zahlen:

	J.R.125 I./A.R.220	342.J.D.	Bfh.Serb. Verw.Stb.	113.J.D.	Höh.Kdo. LXV.	III/697
Eigene Verluste						
a) Tote	11	82	—	—	117	—
b) Verwundet	30	130	—	—	218	—
Feind Verluste						
a) im Kampf	369	923	24	—	2246	—
b) Sühne- maßnah- men	214	2685	3616	—	4649	— 11.164zus.

Bei dem zugrunde liegenden Schlüssel von 1:100 bzw. 1:50 ergibt
sich als zu vollziehende Sühnmaßnahme:

Bev.Kdr.Gen.+S.S.i.Serb.
34476,5

$$160 \times 100 = 16\,000$$
$$378 \times 50 = \underline{18\,900}$$
$$34\,900$$

4.) Durchgeführte Sühnemaßnahme = 11.164

    Abgerechnete tote Feinde   =   3.562
        Quote ./. tot Feinde== 34.900
                             31 338

    Damit waren noch zu sühnen: 31.338
                            ./. 11.164
                             20.174
                             ========

5.) Am 16.12. morgens fehlten zu dieser Meldung noch die Angaben
der 718.J.D. des III./I.R.697 und 113.J.D.

Hptm. von H a a c k e und Hptm. S c h u s t e r wurden zur
fernmündlichen Meldung aufgefordert. Für 718.J.D. ist nichts
veranlaßt.

6.) Es wird eindringlich festgestellt, daß die Meldungen der unterstellten Einheiten lückenhaft und ungenau sind, da vor allem
zu Beginn des Aufstandes die Exekutionen ohne schriftliche
Wiederlegung erfolgen und nachträgliche Meldungen ungenau sein
mußten.

Die angegebene Zahl von 11.164 durchgeführten Exekutionen ist
als Faustzahl zu werten.

7.) Um auf dem Sachgebiet Sühnemaßnahmen klare Verhältnisse zu
schaffen, ist die Ausgabe eines neuen Befehls, der klare Melde-
verhältnisse schafft, unterläßlich. Er ist bereits ausgearbei-
tet und z.Zt. im Druck.

Dokument 3: Deutsche Berechnung der Zahl zu exekutierender Geiseln 1941 unvermeidbaren Brutalitäten nur abstoßend wirken können. Hierzu kommt das Unvermögen, diese Aktion kurz und schmerzlos durchführen zu können. *Vorschlag:* die Aktion wäre auf unbestimmte Zeit zu verschieben.«[10]

Die »Aktion« wurde natürlich nicht verschoben. Im Juni 1944 wurden die Juden von Korfu zusammengeholt und mit derselben unbarmherzigen Gründlichkeit in den Tod geschickt, die die Vernichtung der Juden auf allen anderen griechischen Inseln kennzeichnete, gleichgültig, wie klein und harmlos diese Gemeinden waren.[11] Trotzdem verdient Oberst Jäger erwähnt zu werden. Sein Bericht an das XXII. (Gebirgsjäger-) Armeekorps ist das einzige Dokument in den riesigen Archiven der Heeresgruppen E und F, in dem das Wort »moralisch« erscheint. Wörter wie »moralisch«, »ethisch« oder »gerecht« waren offenbar in den Dienstvorschriften des deutschen Offizierkorps nicht vorgesehen.

Der Gegensatz zu den italienischen Militärakten könnte nicht krasser sein. Italienische Soldaten benutzten gewohnheitsmäßig die Sprache christlicher Tugenden sowohl in öffentlichen als auch in privaten Äußerungen. Und es gab ein Erbe an ritterlichem Verhalten, ein lebendiges Bewußtsein der Gebote von Ehre und die Entschlossenheit, die Schwachen und Bedrängten zu schützen. Die deutsche Armee und der deutsche Staat gründeten sich auf die gleichen westlichen Traditionen. Warum und wie war diese Sprache bei den Deutschen außer Gebrauch gekommen?

1928 faßte Kurt Tucholsky das Problem in einem prophetischen kleinen Essay mit dem Titel *Das Menschliche* zusammen:

»Das ›Menschliche‹ ist das, was sich anderswo von selbst versteht ... Aus dem ›Menschlichen‹ aber, das man nie mehr ohne Anführungsstriche schreiben sollte, ein eigenes Ressort gemacht zu haben, ist den Deutschen vorbehalten geblieben, die sich so ziemlich im Gegensatz zur gesamten andern Welt einbilden, es gäbe etwas ›rein Dienstliches‹, oder, noch schlimmer: ›rein Sachliches‹. Wenn die Herren Philologen mir das freundlichst in eine andere Sprache übersetzen wollen – ich vermags nicht.«[12]

Der Dienst und *die Sache.* Wenn man vor die daraus abgeleiteten Adjektive ein *das* setzt, macht man sie zu Substantiven, zu Neutren und damit zu abstrakten Kategorien. Tucholsky fährt fort:

»Aber das ist die deutsche Lebensauffassung, die die Verständigung mit anderen Völkern so schwer macht. Das ›Menschliche‹ steht hierzulande leicht im Ludergeruch der Unordnung, der Aufsässigkeit, des unkontrollierbaren Durcheinanders... Das ›Menschliche‹ ist das, was keinen Schaden mehr anrichtet.«[13]

Der Schaden wurde angerichtet durch Kommandanten von Konzentrationslagern, Sekretäre von Nazi-Bonzen, Geschäftsleute mit Verträgen über die Lieferung von Giftgas oder Vorarbeiter in Krematorien, die später »das Dienstliche« zu ihrer Verteidigung anführten. Die trockene, unpersönliche Sprache der »Endlösung« erwuchs aus zwei Jahrhunderten der Amtssprache, der unveränderlich festgelegten Haltungen und der strengen Trennung der »Zuständigkeiten«. Hannah Arendt nannte es die »Banalität des Bösen«, als sie den platten, pedantischen Antworten Adolf Eichmanns in seinem Glaskäfig in Jerusalem lauschte.

Böse ist die Perversion von gut. Die Traditionen der deutschen Bürokratie waren nicht böse an sich. Die Preußen erreichten, was nur wenige Gesellschaften erreicht haben: sie beseitigten die Korruption im Staatsdienst. Sie flößten ihren Staatsdienern Pflichtbewußtsein ein und lehrten sie, die eigene Person von der offiziellen Position zu trennen. Gianfranco Poggi sieht in diesem Prozeß die Essenz des modernen Staates: »Das moralische Ideal, das den modernen Staat letztendlich legitimiert, ist die Zähmung der Macht durch die Entpersönlichung ihrer Ausübung.«[14] Der italienische Staat muß das erst noch erreichen. Dort sucht der Bürger das Gesetz zu umgehen, indem er sich Hilfe bei »einem, der einen kennt«, holt. Er erwartet, nicht nach dem Gesetz, sondern nach seinen Verbindungen behandelt zu werden. Die Mafia nennt sich »Freunde der Freunde«; der Ausdruck zeigt, daß die Personen über dem Gesetz stehen. Der Staat beugt sich der Macht des Mannes im weißen Anzug und mit Sonnenbrille.

Deutsche Bürokraten dienten dem Staat als Absolutum mit einer Art Sendungsbewußtsein. Sie erwarteten von sich selbst die höchstmögliche Leistung. Sie ließen sich nicht bestechen. Es ist bemerkenswert, wie selten reiche Juden sich durch Bestechung von Deutschen retteten. Sie trennten das eigene Selbst vom Dienst. Als der Dienst zum Mord an unschuldigen Männern, Frauen und Kindern wurde, waren sie in der Falle ihrer Tugenden gefangen; sie wurden zu Komplizen und Helfershelfern des schlimmsten Verbrechens in der Geschichte der Menschheit. Ihre Innenwelt war in wasserdichte Abteilungen unterteilt, die verhinderten, daß moralische Überlegungen in ihre Amtshandlungen sickerten.

Die von deutschen Beamten erwartete »Objektivität« führte, wie Nietzsche bemerkte, zu »ewiger Subjektlosigkeit« oder tatsächlich zum Verschwinden des Selbst. Alle amtlichen Handlungen und Dokumente waren theoretisch austauschbar und genau wie andere Handlungen und Dokumente. Es sollte keine einzelne Stimme zu hören sein; da sprach das Amt. Vielleicht können Menschen einen solchen Grad von Unterdrückung der Persönlichkeit gar nicht ertragen. Wie eine zu stramm aufgezogene mechanische Feder überschnappt, so setzt sich das Selbst wieder durch. Sicher gab es einen gleichen und umgekehrten Ausbruch des Selbst in den Schriften Nietzsches und seiner verzückten Anhänger. Er bekämpfte die abstumpfende Macht des bürokratischen Ideals mit einer Doktrin von Jugend, Leben, Wagnis und Seele:

> »Die Geschichte gehört vor allem dem Tätigen und Mächtigen, dem, der einen großen Kampf kämpft, der Vorbilder, Lehrer, Tröster braucht und sie unter seinen Genossen und in der Gegenwart nicht zu finden vermag«, rief Nietzsche, und meinte, »daß der am schönsten lebt, der das Dasein nicht achtet.«[15]

Der große Mann stand über Gut und Böse und über der kleinbürgerlich pedantischen Perfektion des Staates. Deutschland sehnte sich nach ihm, wie Oberleutnant Kurt Hesse es in einem außerordentlichen Buch 1922 ausdrückte:

> »Und so wird er sich denn einmal ankündigen, er, auf den wir alle voller Sehnsucht warten ... Woher er kommt, niemand vermag es zu sagen. Aus einem Fürstenpalaste oder einer Tagelöhnerhütte. Doch jeder weiß: Er ist der Führer; ihm jubelt jeder zu; ihm gehorcht auch ein jeder. Und warum? Weil er eine eigentümliche Gewalt ausübt: Er ist ein Herrscher der Seelen.«[16]

Die Macht des Führerkults spiegelte die Erbitterung der Geführten. Der Führer würde irgendwie die harte Schale zerbrechen und die Seele befreien. Spontaneität und Blut würden den Bürokratismus überwinden. Blumen würden aus den Schubladen der Aktenschränke wachsen. Und Hitler enttäuschte sie nicht. Er war auch ein Schwärmer, ein Wagnerianer, ein Visionär und Träumer großer Träume.

Niemand kann ermessen, wie wichtig diese Wesenszüge deutscher Kultur waren. Wenn wir eine Skala von null bis hundert annehmen:

Kein Forscher würde den Einfluß von Sprache, Literatur, Werten und Gebräuchen ganz unten ansetzen, aber auch nicht ganz oben. Sie gehören irgendwo dazwischen, und leider wissen wir nicht, wohin.

Der Ausgang des Ersten Weltkriegs, die Verbitterung über den aufgezwungenen Frieden von 1919, der Wahnsinn der schlimmsten Inflation in der Geschichte der Menschen (in der eine Dame einen Korb mit 60 Millionen Reichsmark auf der Straße stehenließ und, als sie zurückkam, das Geld noch vorfand, nur der Korb war geklaut), die fürchterliche Depression mit ihren sechs Millionen Arbeitslosen, das Tun und Lassen anderer Staaten, die Persönlichkeit Adolf Hitlers, der Verlauf des Zweiten Weltkriegs, alle diese Tatsachen formten das Ergebnis. Trotzdem spielte die Kultur eine Rolle, die die Deutschen vorhersagbar sich als Deutsche verhalten ließ.

Die deutsche Kultur kann dem Lauf der Geschichte nicht ausweichen. Auschwitz wirft seinen Schatten über das Grab Friedrichs des Großen, und Wagner kann man in Israel nicht aufführen. Die deutsche Geschichte ist, wie Graf Kielmannsegg einmal bemerkte, »post-katastrophisch«, und das macht es noch schwieriger, die unwägbaren Elemente der deutschen Kultur zu bewerten. Das Gebräu aus Hegel, romantischem Sehnen, Vertiefung in das Absolute, bürokratischer Effizienz und pünktlicher Pflichterfüllung war instabil und konnte eines Tages explodieren. Dieser Gedanke kam dem deutsch-jüdischen Dichter Heinrich Heine. 1834 veröffentlichte er seine bemerkenswerte *Geschichte der Religion und Philosophie in Deutschland*. Darin gibt es eine Stelle von visionärer Kraft, ein Jahrhundert vor der »Nacht der langen Messer« und Theresienstadt geschrieben. Ich zitiere:

»Das Christentum – und das ist sein schönstes Verdienst – hat jene brutale germanische Kampflust einigermaßen besänftigt, konnte sie jedoch nicht zerstören, und wenn einst der zähmende Talisman, das Kreuz, zerbricht, dann rasselt wieder empor die Wildheit der alten Kämpfer, die unsinnige Berserkerwut, wovon die nordischen Dichter so viel singen und sagen. Jener Talisman ist morsch, und kommen wird der Tag, wo er kläglich zusammenbricht. Die alten steinernen Götter erheben sich dann wieder aus dem verschollenen Schutt, und reiben sich den tausendjährigen Staub aus den Augen, und Thor mit dem Riesenhammer springt endlich empor und zerschlägt die gotischen Dome... Lächelt nicht über meinen Rat, den Rat eines Träumers, der euch vor

Kantianern, Fichteanern und Naturphilosophen warnt. Lächelt nicht über den Phantasten, der im Reich der Erscheinungen dieselbe Revolution erwartet, die im Gebiet des Geistes stattgefunden. Der Gedanke geht der Tat voraus, wie der Blitz dem Donner. Der deutsche Donner ist freilich auch ein Deutscher und ist nicht sehr gelenkig, und kommt etwas langsam herangerollt; aber kommen wird er, und wenn ihr es einst krachen hört, wie es noch niemals in der Weltgeschichte gekracht hat, so wißt: der deutsche Donner hat endlich sein Ziel erreicht. Bei diesem Geräusche werden die Adler aus der Luft tot niederfallen, und die Löwen in der fernsten Wüste Afrikas werden die Schwänze einkneifen, und sich in ihren königlichen Höhlen verkriechen. Es wird ein Stück aufgeführt werden in Deutschland, wogegen die französische Revolution nur wie eine harmlose Idylle erscheinen möchte.«[17]

Heine hatte die Geschichte richtig erfaßt; das Problem der Ursache überließ er uns. Für seine Generation, die mit dem Hegelschen Dualismus von Materie und Geist aufgewachsen war, war es völlig logisch, daß Veränderungen im Reich des Geistes eines Tages zu Veränderungen in der Realität führen würden. Unsere Generation hat diese Gewißheit verloren. Wir können nicht sagen, was was und durch welche Kraft bewirkt hat. Ich kann es nicht beweisen, ich kann nur fühlen, daß Heine recht hatte. Die Sprache, die Kategorien des Denkens und die kulturellen Einstellungen, die Heine als explosiv ansah, scheinen mir zwischen 1933 und 1945 explodiert zu sein.

Es hätte vielleicht nicht sein müssen. Wenn Hitler 1933 nicht die Macht ergriffen hätte – und es stand bis zum Schluß immer auf Messers Schneide –, wäre die Explosion vielleicht nie eingetreten, oder, wenn doch, dann weniger heftig. Aber auch das Gegenteil ist richtig. Hitler verkörperte bestimmte Merkmale der deutschen Kultur, zugegebenermaßen in verzerrter und extremer Form, die durch den Zusatz seines Fanatismus auf die kritische Temperatur gebracht wurden. Es war dieser erschreckende Fanatismus, der italienischen Beobachtern so abstoßend und fremdartig erschien. Oberst Antonio Gandin[18], der im März 1940 Chef des Sekretariats von Marschall Badoglio war, zu der Zeit Chef des Generalstabs, wollte seinen Achsenpartner kennenlernen und las deshalb (auf französisch) Hermann Rauschnings *Die Revolution des Nihilismus:* »Dieses Buch erweckt im Leser – wenn er das nicht ohnehin schon empfindet – ein unwiderstehliches Gefühl der Abneigung gegen Hitler und die Deutschen, vor allem, wenn der Leser Italiener ist.«[19]

Die deutsche Kultur schien den Italienern in beiderlei Gewand unbegreiflich: als Tüchtigkeit wie als romantische Schwärmerei. Wenn über der deutschen Kultur der Geist Hegels schwebte, dann stand Macchiavelli für Italien. Den Deutschen schienen die Italiener korrupt und zynisch, wirklichkeitsnah, aber auf unterster Ebene. Im tiefsten Krieg führten die Marschälle Cavallero und Kesselring eine erhitzte Debatte über die Befehlsgewalt. Kesselring hatte Cavallero aufgesucht, um ihm mitzuteilen, daß der »Führer« jetzt entschieden hätte, daß im Falle einer Landung der Alliierten auf dem Balkan General Löhr das Kommando über die vereinigten Achsen-Streitkräfte übernehmen sollte. Cavallero fuhr auf:

> »... er könne keine Befehle vom Führer entgegennehmen oder dem Duce sagen, daß der Führer dem Comando Supremo Befehle erteilt habe. Der Führer solle lieber selbst mit dem Duce sprechen. Er sei nicht bereit, dem Duce mitzuteilen, wir geben das Kommando über vier Armeen (Griechenland, Montenegro, Dalmatien und Kroatien) ab. Das Comando Supremo kann nicht gehorchen... Bei Italienern muß man die Form wahren.«[20]

Es gibt im Italienischen den Ausdruck *fare una bella figura* – eine gute Figur machen. Er bedeutet etwas mehr als nur »einen guten Eindruck machen«. Man sieht das an dem Staunen der Italiener über die schlechtsitzende oder farblich unharmonische Kleidung, die die Engländer tragen. Es drückt sich in der automatischen Annahme aus, daß die bildenden Künste im Zentrum aller Primar- und Sekundarschullehrpläne stehen, sowie in der Vorzüglichkeit italienischen Industrie-Designs. Wie etwas aussieht, ist in Italien von Bedeutung, und Marschall Cavallero, der im Januar 1943 wußte, daß der Krieg verloren war und er selbst vermutlich ebenfalls – Mussolini entließ ihn eine Woche später aus seinem Amt –, mußte doch gegen den Eindruck protestieren, den Hitlers Absichten machen würden.

Der deutsche »Geist«, zumindest in seiner nichtkatholischen Form, lehnt den schönen Schein ab. »Mehr sein als scheinen«, heißt es. Goethe läßt eine der Personen in den *Wahlverwandtschaften* sagen:

> »Das Höchste, das Vorzüglichste am Menschen ist gestaltlos, und man soll sich hüten, es anders als in edler Tat zu gestalten.«[21]

231

Nichts könnte der italienischen Mentalität fremder sein als die »Gestaltlosigkeit des Vorzüglichen«. Das Vorzügliche zeigt sich in der Gestalt, Form, Linie und Farbe, kurz in der *bella figura*. Die Empfindlichkeit italienischer Generäle und Diplomaten bei der »Wahrung der Form« erscheint ernsthaften Deutschen, die nur die Durchführung ihrer Aufgabe im Kopf hatten, einfach frivol oder kindlich oder als Teil des allgemeinen italienischen »Minderwertigkeitskomplexes«, mit dem deutsche Offiziere jedes nicht zufriedenstellende italienische Verhalten zu erklären pflegten.

Als der Krieg unerbittlich auf die Niederlage der Achsenmächte zutrieb und Italiens Kriegsanstrengungen zusammenbrachen, konnten die italienischen Streitkräfte und der Staat nur noch *fare una brutta figura,* eine schlechte Figur machen. Was in den Ruinen der italienischen Selbstachtung noch blieb, waren Werte: Ehre, Menschlichkeit, Mitgefühl, *Civiltà*. Ich kann das natürlich nicht beweisen, aber die Niederlage führte dazu, daß italienische Diplomaten und Soldaten womöglich noch weniger als vorher geneigt waren, an der Vernichtung der Juden mitzuwirken. Deutsche Tugenden und Untugenden stellten das Gegenteil der italienischen dar: Innerlichkeit kontra äußere Form, Sein kontra Scheinen, Unerbittlichkeit kontra Nachgiebigkeit, ideal kontra real, kalt kontra heiß. Zwei unseligere und weniger zueinander passende Verbündete konnte man sich kaum vorstellen.

Der Kampf zur Rettung einiger tausend Juden war, wie sich herausstellt, abhängig von den extremen Unterschieden zwischen den an der Oberfläche so ähnlichen und im Inneren so verschiedenen Regimen. Hitlers Regime war ernsthaft auf eine Weise, wie es Mussolinis nicht war. Es widmete seine Energien, seine bürokratischen Fähigkeiten und effizienten Strukturen dem Versuch, die Welt zu erobern und die Juden zu vernichten. Anfangs konnten die Italiener kaum glauben, daß jemand wirklich eines von beiden in Erwägung zog. 1943 zweifelten sie nicht mehr. Hitler würde nicht nachgeben. Er würde nicht verhandeln. Er würde entweder triumphieren oder sich selbst und sein ganzes System zerstören. Die Italiener mochten frivol sein und sich Illusionen hingeben, aber verrückt waren sie nicht. Der NS-Staat war vollkommen, unausweichlich und verheerend verrückt. Die zwei Achsenpartner waren in einer Allianz der Paradoxa und Gegensätze miteinander verbunden. Nichts illustriert das besser als der Charakter der zwei Diktatoren.

Es ist außerordentlich schwierig, von Mussolini ein scharfes Bild zu zeichnen. Die Albernheiten in seinen Posen, das vorgeschobene Kinn, der verächtlich verzogene Mund, die Hände auf den Hüften, das Sich-in-die-Brust-Werfen, der Personenkult, der verlangte, daß der Duce alles wußte, alles sah, alles hörte, alles verstand, der verlangte, daß das Licht in seinem Büro Tag und Nacht brannte, damit Vorübergehende sahen, daß der Duce zu jeder Tages- und Nachtstunde arbeitete, lieferten den Stoff für Karikaturen und gaben Charlie Chaplin eine seiner wirkungsvollsten Inspirationen. Trotzdem war für Bottai und seine Generation in Italien, diese nach den Erfahrungen in den Schützengräben und in der chaotischen Welt der Friedenszeit wütenden und desorientierten jungen Menschen, die Begegnung mit Mussolini ihr »Schicksal«. Antonio Salandra, früherer Ministerpräsident und einer der Politiker alter Schule, die Mussolini verdrängte und ausmanövrierte, zeichnete folgendes Porträt:

> »Eine rätselhafte Mischung von abwechselnd Genie und Gewöhnlichkeit, von echter edler Gesinnung und niedrigen Instinkten, von Vergeltung und Vendetta, von grober Offenheit und kaum verhüllter Effekthascherei, von hartnäckigen Behauptungen und plötzlichen Meinungsumschwüngen, von wirkungsvoller und gelegentlich überwältigender Eloquenz, geschmückt mit Kultur und mit anmaßender Ignoranz, die sich in pöbelhafter Sprache ausdrückt; im Kern … eine exklusive, ich möchte sagen wütende Selbstbeweihräucherung … ohne Grenzlinien einer Unterscheidung zwischen Gut und Böse, ohne Anzeichen eines Gefühls für Rechtlichkeit, insgesamt eine Naturgewalt, die nur durch noch größere Gewalten zu zähmen wäre.«[22]

In vielen Beschreibungen Mussolinis durch Menschen, die ihn gut kannten, kehrt die Vorstellung von der Naturgewalt wieder: von der nicht zu bändigenden, explosiven Persönlichkeit. Die jüdisch-russische Sozialistin Angelica Balabanoff kannte ihn vor dem Ersten Weltkrieg, zu einer Zeit, als er erledigt zu sein schien, und erinnerte sich an einen charakteristischen Ausbruch gegen die Reichen in Lugano: »›Schau!‹ sagte er und wies mit ausladender Armbewegung auf die Restaurants und Hotels am Pier. ›Leute, die essen und trinken und sich amüsieren. Und ich werde dritter Klasse fahren und schlecht und billig essen. *Porca Madonna,* wie ich die Reichen hasse! Warum muß ich diese Ungerechtigkeit erleiden? Wie lange müssen wir noch warten?‹«[23] Dabei waren es nicht die Schätze dieser Welt, die Reichtümer und der Luxus, die Mussolini erstrebte. Er war kein Göring, der Ringe udd Pelze sammelte, sondern ein genügsamer Mann, der einfach lebte. Was Mussolini wollte, war Macht. »›Ich bin von diesem unbändigen Verlangen besessen‹, gestand er ohne Scheu Jahre später. ›Es durchdringt mein ganzes Wesen. Ich möchte meiner Ära mit meinem Willen ein Zeichen eingraben, wie ein Löwe mit seiner Pranke. Ein solches Zeichen!‹ Und wild grub er in eine Sessellehne von einem Ende zum andern eine Furche.«[24]

Seine sexuellen Meisterleistungen bekamen legendäre Ausmaße, und Reihen von Gräfinnen, Filmstars, Journalistinnen und Diplomatengattinnen verhalfen ihm dazu. Seine Sexualität war, wie er selbst sie in einer längeren Passage seiner Autobiographie beschrieb, gewalttätig und gefühllos:

> »Ich erwischte sie auf der Treppe, warf sie in eine Ecke hinter der Tür und machte mich über sie her… Als sie aufstand, weinte sie und fühlte sich gedemütigt. Sie beschimpfte mich, ich hätte ihre Ehre geraubt. Vielleicht hatte sie tatsächlich recht. Aber was für eine Ehre kann sie wohl gemeint haben?«[25]

Gewalttätigkeit gegenüber Frauen gehörte zum Stil der Faschistenführer. Wenn Achille Starace, der jahrelang Parteisekretär der Faschisten war, in einer italienischen Stadt ankam, pflegte er, in Uniform und mit allen Orden geschmückt, die Hauptstraßen entlangzustolzieren und sich schließlich ins wichtigste Bordell zu begeben, wo er seine Potenz durch die Zahl der Sexualakte demonstrierte und durch die Brutalität, mit der er Prostituierte und Bordellbesitzerin behandelte.[26]

Der psycho-sexuelle Aspekt der faschistischen Bewegung verdient Berücksichtigung. Frauen waren dazu da, vergewaltigt zu werden, und Männer dazu, verprügelt und eingeschüchtert zu werden. Die Sprache der Faschisten stinkt nach *Machismo.* Man findet Metaphern aus der Genitalsphäre in Mussolinis privaten Äußerungen und öffentlichen Reden. Wie Mozarts Don Giovanni sorgte Mussolini für die *mille e tre* – und sorgte ebenso dafür, daß das auch zur Kenntnis genommen wurde. Daneben hatte er tiefergehende und dauerhaftere Verhältnisse mit intelligenten Frauen, die er vermutlich anders behandelte als das arme Mädchen im Treppenhaus. Die Journalistin und Biographin Margherita Sarfatti, die übrigens jüdisch war – eine Ironie des Schicksals angesichts der späteren Ereignisse –, schrieb Kunstkritiken für die sozialistische Zeitung *L'Avanti,* wo sie ihm begegnete und sich »wahnsinnig« in Mussolini verliebte, der damals Sozialist war. Ihre Beziehung bestand viele Jahre und endete erst, als sie wegen der »Rassengesetze« für den Duce peinlich wurde.[27] Seine letzten Jahre widmete er einer Dame der Gesellschaft, Clara Petacci, die 1945 sein Ende teilte; auf einer Mailänder Piazza wurde ihre Leiche neben der seinen an den Füßen aufgehängt.

Er hatte auch eine Familie und scheint allen Berichten nach ein treusorgender und aufmerksamer Vater gewesen zu sein. Besondere Zuneigung hegte er für sein ältestes Kind, seine Tochter Edda, die den späteren Außenminister Galeazzo Ciano heiratete. Goebbels begegnete ihr bei einer Gesellschaft in Berlin im April 1942: »Sie macht im Gegensatz zu früher diesmal einen außerordentlich guten, seriösen, um nicht zu sagen ernsten Eindruck. Sie ist besonders intelligent und entpuppt sich bei einer längeren Unterhaltung als die echte Tochter ihres Vaters.«[28]

Mussolini herrschte über eine Gesellschaft, die weithin ungebildet war, aber nach Kultur lechzte. Vielen seiner Anhänger schien er ein intellektuelles Wunder zu sein; er führte Nietzsche, Sorel, Hegel, Baudelaire im Munde. Er hatte die Bildung des Emporgekommenen, des Unsicheren, des Rektors einer Grundschule aus Zeiten, als Schulmeister und Priester im Dorf die Auseinandersetzungen zwischen der neuzeitlichen Welt und dem Aberglauben verkörperten, oder zwischen Teufel und Gott, wie man es nimmt. Zu dieser Generation gehörte Benito Mussolini (geboren 1883), sie sprach er an. Er hatte knapp die für eine staatliche Lehrerlaubnis notwendigen Schulen absolviert und konnte jedenfalls lesen. Vor allem konnte er schreiben. Der brillante Journalist Paolo Monelli hat sich (zugegebenermaßen nachdem Mussolini gestürzt war und nicht zurückschlagen konnte) in seinem wundervollen Buch *Roma 1943* über Mussolinis Prosa lustig gemacht.[29] Immerhin wurde Mussolinis Zeitung *Il Popolo d'Italia* im November 1914 innerhalb weniger Monate nach ihrer Gründung ein finanzieller Erfolg.

Ein Mensch, dem er imponierte, war der ebenfalls aus der unteren Mittelklasse stammende, ebenso unsichere Adolf Hitler. In einem seiner berüchtigten Monologe während des Krieges sagte der »Führer«:

»Eine ganz besondere Freude ist stets eine Begegnung mit dem Duce; er ist eine ganz große Persönlichkeit. Seltsam, daß er zur gleichen Zeit wie ich als Bauarbeiter in Deutschland tätig war… Wer mit ihm durch die Villa Borghese ging und seinen Kopf und die römischen Büsten vor sich hatte, der fühlte: er ist einer der römischen Cäsaren! Irgendwie hat er die Erbmasse eines großen Mannes aus jener Zeit in sich… Wie wir den Duce bei uns empfingen, dachten wir, es wäre schön; aber unsere Fahrt durch Italien, der Empfang dort – bei allem überholten Zeremoniell –, die Fahrt zum Quirinal, das war doch etwas anderes noch.«[30]

Die Gebildeten und Sicheren waren weniger beeindruckt. Der kultivierte und weitgereiste Marschall Caviglia beobachtete Mussolini bei einem Empfang zur Feier des Staatsvertrages zwischen Italien und dem neuen Unabhängigen Staat Kroatien im Mai 1941, wie er herumstolzierte und angab. Er notierte trocken, daß Mussolini mit Fürst Bismarck, dem Gesandten an der deutschen Botschaft, Deutsch sprach, »damit wir alle sähen, daß er die Sprache beherrscht. Die Unterhaltung zwischen den beiden wäre vielleicht auf französisch weniger mühsam gewesen.«[31] Einige Tage später bekam Caviglia eine Audienz beim König:

»Einmal sprach er bei der Unterhaltung vom ›*Cavaliere* Mussolini‹. Und dann, als spräche er mit sich selbst: ›*Cavaliere* und so vieles andere.‹ In diesen paar Worten steckte seine Ansicht von Mussolini als kleinem Geist und Scharlatan.«[32]

Sicher war vieles an Mussolini windig, aber er war ein phänomenaler Redner. Beim Parteitag der Sozialisten in Reggio Emilia 1912 machte ihn sein heftiger Angriff auf Italiens Krieg in Libyen zu einer nationalen Berühmtheit. Vier Monate später wurde er im Alter von 29 Jahren, wie einer der Helden in F. Scott Fitzgeralds Phantasien, Herausgeber der wichtigsten sozialistischen Zeitung, *L'Avanti* in Mailand. Er verdankte seinen Erfolg der Gewaltsamkeit seiner Rede, obwohl es pikanterweise Gewaltsamkeit gegen den Krieg gewesen war. Mussolini sprach die extreme Sprache jener Generation von ruhelosen, halbgebildeten, unterbeschäftigten jungen Männern des Kleinbürgertums, die Zeitschriften lasen, bei Demonstrationen lärmten, den Zorn ihrer Eltern hervorriefen und Zelluloidkragen trugen, wenn sie als Angestellte in Versicherungsbüros arbeiteten, Männern, die Zeug wie dieses schrieben:

»Was wir schließlich brauchen, ist ein heißes Bad in schwarzem Blut nach all der lauen Dumpfigkeit mütterlicher Tränen… Es gibt zu viele von uns. Der Verlust von Tausenden in der Umarmung des Todes gleichen Leichen, die sich nur in der Farbe ihrer Kleidung unterscheiden, wird zwar für das Gedächtnis nicht gerade ein Vergnügen sein, es wird aber tausendfach wettgemacht dadurch, daß Hunderttausende von hassenswerten, schwachköpfigen Gaunern, Idioten, Schuften, Langweilern, nutzlosen Ausbeutern und Schurken so auf schnelle, edle, heroische und vielleicht – wer weiß? – vorteilhafte Weise aus dieser Welt entfernt würden.«[33]

So am 12. Oktober 1914 Giovanni Papinis Beitrag zu dem immer durchdringenderen Ruf nach der Teilnahme Italiens am Ersten Weltkrieg. Mussolini fuhr noch eine Weile fort, die Linie der Sozialistischen Partei gegen eine Intervention lautstark zu vertreten, aber sein Ungestüm – seine Feinde behaupteten, französische Bestechung – bekehrte ihn. Vom kämpferischen Pazifisten wurde er zum kämpferischen Kriegstreiber, verriet seine bisherigen sozialistischen Genossen und überschrie bei einer stürmischen Sitzung das Durcheinander: »Ihr haßt mich… Ihr haßt mich, weil ihr mich noch liebt!«[34]

Mussolini und Italien traten 1915 in den Krieg ein, der sich bald aus einem patriotischen Traum in einen blutigen Alptraum verwandelte. Die italienische Armee sah sich mit allen Schrecken des Grabenkriegs konfrontiert, mit Giftgas, Stacheldrahtverhauen und Maschinengewehren, und sie mußte bergauf kämpfen. Italien hatte eigentlich nur ein Kriegsziel: die verlorenen italienischen Gebiete unter österreichischer Herrschaft zu »befreien«. Diese Gebiete lagen überwiegend an den Hängen der Alpen, die die italienische Halbinsel abschließen; damit war der italienisch-österreichische Krieg eine lange Schlacht aus der Ebene hinauf ins Gebirge. Die italienischen Verluste gehörten zu den höchsten unter denen der kriegführenden Staaten. 5 698 581 Männer der Jahrgänge 1871 bis 1900 dienten in den italienischen Streitkräften, 45,9 Prozent waren Bauern. 600 000 Männer fielen, weitere 100 000 starben an ihren Verwundungen. 946 000 wurden verwundet.[35] 1918 war die zerbrechliche Wirtschaft ruiniert, das Land gespalten, ein großer Teil der Industrie aufgebläht und unproduktiv, und die Bedrohung des Bolschewismus hing über den unruhigen Großstädten. Aus diesem Chaos ging die faschistische Bewegung hervor und gelangte schließlich an die Macht.

Ich kann in diesem Abriß, der schließlich nur Hintergrund für eine andere Geschichte zu einer anderen Zeit an anderem Ort sein soll, nicht viel über den Faschismus und seinen Aufstieg zur Macht in den Jahren 1919 bis 1922 sagen. Zwei Dinge sollte man jedoch festhalten. Niemand konnte seine Doktrin definieren. Jedesmal, wenn Mussolini gefragt wurde, hatte er eine andere Definition. Es wird erzählt, daß ihn einmal einer seiner Söhne bei Tisch fragte, was Faschismus sei, und die Antwort bekam: »Halt den Mund und iß!« Eine gar nicht ganz irreführende Zusammenfassung dessen, was aus der Bewegung später wurde. Im Mai 1919 gab Mussolini die folgende Definition: »Vorurteile sind Panzerhemden oder Harnische... Wir haben weder republikanische Vorurteile noch monarchistische. Wir haben weder katholische Vorurteile noch sozialistische noch antisozialistische. Wir sind ›Problemlöser‹, Verwirklicher, Umsetzer.«[36]

Wir anderen könnten Mussolinis »Vorurteile« auch anders bezeichnen, als Prinzipien etwa oder als Werte; ihm, Mussolini, machte es diese Definition möglich, jederzeit alles zu sein, aus einer republikanischen Vergangenheit in eine monarchistische Zukunft überzugehen, von der Begeisterung für die Gemeinschaft zum Kult des Individuums, vom Atheismus zum Katholizismus und vom Sozialismus zum Kapitalismus. Es wäre ein schwerer Fehler, die faschistische Doktrin einfach als Augenwischerei abzutun, als eine Art intellektuelles Hütchenspiel, bei dem die Hand schneller ist als das Auge. Hinter seinem Wortschwall stand die Erhebung des Willens über das Denken, und eine selbstbewußte Ablehnung der Ideale der französischen Revolution, der Freiheit, Gleichheit und Brüderlichkeit. Unter den Faschisten waren sehr kluge Leute, die scharfsinnige kritische Abhandlungen über Liberalismus, Demokratie und Kapitalismus schrieben. Mussolini wußte sie zu nutzen und zu lenken, so daß sich alle an ihn, den Allwissenden, wandten, damit er sie führte. Die Flexibilität in der Doktrin des Faschismus machte Mussolinis intellektuelle Beweglichkeit zur hohen Tugend.

Der andere Wesenszug des Faschismus war Gewalttätigkeit. Der Nationalsozialismus kam durch eine Kombination von Straßenagitation, Hitlers Demagogie, fachmännische Nutzung der modernen Massenmedien, Wahlerfolge und Intrigen der oberen Klassen zur Macht; die Faschisten dagegen prügelten sich buchstäblich nach oben. Vom November 1920 an bestiegen kleine Trupps von Schwarzhemden Lastwagen und fuhren in sozialistisch beherrschte Dörfer bei Bologna, Florenz oder Triest. Mit Knüppeln und Rizinusöl ausgerüstet, unter den wohlwollenden Blicken von Carabinieri oder Polizei, schlugen sie die sozialistischen Führer zusammen, demütigten sie, plünderten die Hauptquartiere und Leseräume und die Gewerkschaftsabteilunen der Sozialisten. Sozialisten in ländlichen Gemeinden hatten keine Waffen. Ihr Transportmittel war bestenfalls ein rostiges Fahrrad, und wenn sie Glück hatten, gab es ein Telefon. Sie hatten keine Chance gegen die bewaffneten, gewalttätigen ehemaligen Offiziere und Kommandos, die sich in hellen Scharen den Faschisten anschlossen. Der Faschismus knüppelte sich in norditalienischen Dörfern und 1922 auch in etlichen Großstädten an die Macht. Dann beschlossen die Schwarzhemden den »Marsch auf Rom« zur Durchführung ihrer Revolution. Dreißigtausend starteten Ende Oktober 1922 in strömendem Regen und in beträchtlicher Unordnung. Die Geschichte der Menschheit hätte sich bedeutend besser entwickelt, wenn nur ein einziger aufsässiger Armeekommandeur auf sie geschossen hätte. Ein »Kartätschenschuß« hätte vielleicht 1922 den Faschismus erledigen können, so wie ein Jahr später Hitlers Nationalsozialisten auf den Straßen Münchens erledigt zu sein schienen. Aber Mussolini spekulierte auf die Bedeutungslosigkeit des »kleinen« Königs und hatte ohnehin Verhandlungen begonnen, mit denen er legal Ministerpräsident werden wollte. In einer Rede am 21. Februar legte er die Tatsachen dar, die sich klarzumachen Hitler ein Jahr Haft brauchte:

> »Die Revolution ist keine *Boîte à surprise,* aus der man mit ein bißchen Hokuspokus die Überraschungen zutage zaubert... Die Geschichte, die nur eine Sammlung ferner Fakten ist, hat die Menschen wenig zu lehren; doch sollte die Chronik, die Geschichte dessen, was sich unter unseren Augen zuträgt, etwas mehr Glück haben. Diese Chronik aber lehrt uns, daß man Revolutionen mit den Armeen macht und nicht gegen die Armeen; mit Waffen und nicht ohne Waffen; mit gewaltigen, straff disziplinierten Verbänden und nicht mit den Bewegungen amorpher Massen, die man zu Versammlungen auf die Plätze ruft.«[37]

Daß Mussolini die Macht ergreifen konnte mit einer Bewegung, deren Stärke im Land nicht bekannt war, und gegen die Ordnungskräfte und gegen den Staat, deren Macht nur zu gut bekannt war, gehört zu den Glanzstücken politischer Hexerei in der Geschichte. Mussolini war ein bemerkenswerter Mann. Der Kommunist Angelo Tasca, einer der Verlierer, wußte sehr gut, daß er und die Linke nicht von einem der Helden aus dem *Großen Diktator* geschlagen worden waren: »Mussolini hat nichts von einem Genie. Er besitzt, wie Bolton King mit Recht hervorhebt, nur ›die niedrigen Eigenschaften des Staatsmanns‹, aber die besitzt er im höchsten Grad.«[38]

Zu diesen Eigenschaften gehörte der tiefe Zynismus, mit dem er seine Mitmenschen betrachtete. Wie Shakespeares Cäsar wünschte er, »laßt wohlbeleibte Männer um mich sein, mit glatten Köpfen, und die nachts gut schlafen«. Leonardo Arpinati stürmte 1932 wütend in das riesige Büro des Duce (damals konnte man das noch), um gegen die Ernennung von Achille Starace zu protestieren: »Er ist ein Kretin!« – »Ich weiß«, sagte der Duce, ohne von seinen Papieren aufzublicken, »aber ein Kretin, der gehorcht.«[39]

Mussolini traute niemandem. Er bemerkte einmal, er habe nie einen Freund gehabt[40], und selbst seine engsten und ältesten Mitarbeiter wußten nicht, was er dachte. Ihre Entlassungen erfuhren sie aus der Zeitung. Gedankt wurde ihnen selten. Außerdem bespitzelte er sie. In dem riesigen, leer wirkenden weißen Marmorpalast in der römischen Satellitenstadt EUR, den Mussolini für sein Museum der Streitkräfte vorgesehen hatte, sind jetzt die nationalen Archive untergebracht. Dazu gehört die umfangreiche Geheimkorrespondenz des Duce. Dort kann der Forscher die Berichte der Geheimagenten nachlesen, die die Tätigkeit buchstäblich aller überwachten und ihre Telefone abhörten. Sie meldeten dem Duce, daß General Soddu ein Haus mit vierzehn Räumen gekauft habe, und weckten Zweifel an der Herkunft seiner Mittel.[41] Sie bemerkten den großzügigen Lebensstil des Stabschefs General Cavallero und berichteten, wie oft der General einen Stabswagen für private Zwecke benutzte.[42]

Am 20. Januar 1942 meldete der italienische Geheimdienst das skandalöse Benehmen des Ehrenwerten Luigi Russo, von 1939 bis 1943 Unterstaatssekretär im Amt des Präsidenten des Rates, ein italienisches Pendant von Sir Humphrey aus der Fernsehserie *Yes, Premierminister:*

»Unter den Funktionären des Ratspräsidiums herrscht lebhafte Unzufriedenheit wegen des unseriösen Verhaltens des Unterstaatssekretärs Exzellenz Russo, der, statt sich während der Arbeitszeit der Arbeit für das Gemeinwohl zu widmen, sich der Pflege der persönlichen Sauberkeit hingibt. Fast jeden Tag nimmt er, wenn er im Büro ankommt, ein Bad, und er hat ein Rundfunkgerät und ein Telefon im Badezimmer, um dringende Anrufe entgegennehmen zu können. Im Bad läßt er sich rasieren und maniküren und gewisse Spritzen geben. Er empfängt viele Damen dort, mit denen er stundenlange Gespräche führt.«[43]

Am gleichen Tag berief in einer abgelegenen Villa am Ufer des Wannsees Reinhard Heydrich von der SS das berüchtigte Treffen ein, mit dem die bürokratische Maschinerie zur »Endlösung der Judenfrage« in Gang gesetzt wurde. Ein Kommentar dürfte überflüssig sein.

Kein Wunder, daß sogar Mussolini sich angeekelt von seiner Entourage abwendete. Am 25. Juli 1943, dem Morgen nach der Nacht, in der der Große Faschistische Rat ihm das Mißtrauen ausgedrückt hatte, wandte sich Mussolini an einen der wenigen Faschistenführer, der ihn nicht verraten hatte, und bemerkte bitter:

> »Sie spüren den widrigen Wind und wittern, daß Sturm aufkommt, wie es bei gewissen Tieren der Fall ist, und sie betrügen sich selbst, wenn sie sich ein Alibi schaffen. Diesen kleinmütigen Kreaturen kommt nicht in den Sinn, daß sie sich im irdischen Staub recht elend fühlen werden, wenn der nicht mehr da ist, der sie auf seinen Schultern emporgehoben hat.«[44]

Auch Mussolini erlag der herrschenden Korrumpierung des Regimes. Von Schmeichelei und Beweihräucherung umgeben, begann er schließlich an seine Allmacht und Allwissenheit zu glauben. Giuseppe Bottai war entsetzt, als er, aus dem Krieg in Äthiopien zurückkehrend, sah, was mit Mussolini geschehen war: »Ein furchtbarer Schlag... Nicht der Mann, sondern sein Denkmal stand mir gegenüber.«[45]

Jahrelang übernahm Mussolini die wichtigsten Staatsämter selbst. 1929 hatte er acht der dreizehn Ministerien inne; er war Vorsitzender der faschistischen Partei, des Großen Rats, des Nationalrats der Korporationen und des Kabinetts. Er war Oberbefehlshaber der Miliz und bei Beginn des Krieges Kommandeur der Streitkräfte und Kriegsminister, Flottenminister und Luftwaffenminister. Daneben war er Vorsitzender oder Präsident unzähliger Organisationen, Ausschüsse, Korporationen und Komitees.[46] Um sicherzustellen, daß seine Kreaturen wußten, wohin sie gehörten, demütigte er sie 1941, indem er seine höchsten Minister (technisch nur Staatssekretäre) und die höchsten Ränge der Partei zum aktiven Militärdienst an die Front schickte.

Die faschistische Regierung war ein einziges Chaos. Nie wurden Prioritäten gesetzt. Der Duce befaßte sich mit Trivialitäten, etwa der Frage, an welchem Tag die römische Verkehrspolizei die Winter- mit der Sommeruniform vertauschen sollte. Er verbrachte wertvolle Zeit damit, Berichte in Provinzzeitungen zu lesen und zu kommentieren. Wie immer, wenn ein Mensch zuviel Macht auf sich vereinigt hat, entwickelte sich eine *Kamarilla*. Mit diesem Wort beschrieben deutsche Beobachter Ende des achtzehnten Jahrhunderts, wie der königlich preußische Absolutismus funktionierte. Man kann es auch für die amerikanische Präsidentschaft unter Nixon einsetzen oder den Palazzo Venezia unter Mussolini. In einer Kamarilla-Regierung kommt es nicht darauf an, wie hoch ein Amt ist, sondern wie oft sein Inhaber den »Großen« sieht. Um Mussolini herum entstand ein Netz von Günstlingen und »Freunden der Freunde«. Spekulanten deuteten die Zeichen darauf hin, ob Ciano, der Schwiegersohn, im Auf- oder im Absteigen begriffen war. Sie hefteten sich an die Angehörigen des Petacci-Clans, der Claras Liebesaffäre mit dem Duce bei der Suche nach Posten und Vergünstigungen nutzte.

Schein ersetzte Sein. Unter dem »Kretin« Achille Starace wurden für das Regime Uniformen zur Obsession. Starace entwarf immer großartigere und absurdere Uniformen und trug sie selbst bei jeder denkbaren Gelegenheit. Eines Tages besichtigte er eine Panzereinheit und fuhr ein Stück in einem Panzer. Als er den Kopf aus dem Turm steckte, rief ein Spaßvogel: »Seht mal! Starace, als Panzer gekleidet!«[47] Starace entwarf neue Mützen für die Partei. 1940, in den ersten Monaten des Krieges, sah der Schriftsteller Piero Calamandrei ins Schaufenster eines modischen römischen Hutladens am Corso Umberto:

»Das Fenster war vollkommen schwarz ausgekleidet wie ein Beerdigungsinstitut, und rund zwanzig Uniformmützen waren aufgereiht oder auf ebenfalls schwarz gemalten Ständern befestigt. Manche hatten den Nazi-Schnitt, der in jenen Jahren Mode geworden war, aber die Mützenschirme waren noch steiler nach unten gerichtet und finster, und die Spitze oben war noch spitzer und aggressiver. Manche waren grau, aber die meisten waren schwarz. Auf den schwarzen, wie auf Sargtüchern, das Silber und Gold der Standes- und Ranginsignien. Am Fuße jedes Ständers stand ein Kärtchen, auf dem der Rang in der Hierarchie angegeben war, für den die angemessene Kopfbedeckung angeboten wurde: ›Landessekretär‹, ›Nationalrat‹, ›Minister‹, ›Parteisekretär‹. Auf jeder höheren Stufe der Hierarchie nahm das Glitzern der Streifen zu. Aber im Zentrum lag eine Art gigantischer Bratpfanne, wie für einen majestätischen, makrozephalen Schädel hergestellt. Sie dominierte die kleineren Pfannen der Satelliten. Absolut schwarz, ohne jeden Rangstreifen, aber mit einem grimmigen Vogel aus Gold an der Spitze. Auf der kleinen Karte stand: ›Duce‹. Die Passanten, die vor dem Schaufenster anhielten, betrachteten die Auslage schweigend und wagten einander nicht anzusehen.«[48]

Das war der Faschismus als Schein, eine verlogene Welt aus Marmor und Schneiderpuppen. Pompöse Bauwerke wurden errichtet; die in römischen Ziffern eingravierten Daten des Regimes sollten das Volk daran erinnern, daß dies keine Regierung, sondern ein Regime war, ein Imperium, ein welthistorisch-kosmisches Phänomen.[49] Mussolini halb und Starace ganz ernst spielten mit dem Gedanken von einem »neuen Menschen«, einem neuen, aggressiven, asketischen, disziplinierten Militär, einer römischen Version des preußischen Generalstabsoffiziers. Mussolini führte, als er 1937 aus Berlin zurückkam, sofort den Stechschritt ein, umbenannt in *Passo romano*.

Nach den Siegen – wenn man sie denn so nennen kann – der dreißiger Jahre in Äthiopien und Spanien begann Mussolini mit Vorbereitungen für die größte Show der Erde, die Weltausstellung, die 1942 das Jahr XX des Regimes feiern sollte. Dabei vernachlässigte er die Kriegsvorbereitungen. Sicher, der italienische Staat gab seit 1936 mehr als ein Drittel seines Haushalts für die Verteidigung aus, aber der Prozentsatz des für die Militärs bestimmten Budgets stieg zwischen 1936 und 1939 nur von 37,3 auf 39,6 Prozent.[50] Dabei wuchs, wie Enrico Montovani dargelegt hat, »die Produktionskapazität in der Schwerindustrie und in der chemischen Industrie zu eben der Zeit, als es eine ständige Unternutzung der Kapazitäten auf diesen Gebieten gab«.[51]

Italien blieb in seiner Produktivität weit hinter anderen Großmächten zurück. 1937 produzierten die USA 4,11 mal soviel Industrieprodukte wie die Italiener pro Kopf der Bevölkerung, Großbritannien 3,28 mal, Deutschland 2,72 mal und Frankreich 2,11 mal soviel.[52] 1938 lag Italien mit dem aus der Industrie stammenden Anteil seines Bruttosozialprodukts hinter Deutschland, Tschechoslowakei, Großbritannien, Schweden und Ungarn.[53] Die italienische Wirtschaft war stark abhängig von der Einfuhr von Kohle. 1939 importierte Italien jeden Monat eine Million Tonnen Kohle, drei Viertel davon auf dem Seeweg.[54]

Achtzig Jahre des falschen Pathos und der Rhetorik hatten die Fähigkeit, solche Fakten zu sehen, in Italien untergraben. Das Regime begann den Krieg ohne echte Kriegsziele, ohne glaubwürdige Kriegsmaschinerie und ohne zuverlässige Informationen. Eine Bewertung des »nationalen Interesses« war nicht vorgenommen worden. Geschicklichkeit in politischer Beeinflussung verband sich in einzelnen Personen in wechselndem Maß mit der Absonderung leerer Phrasen und unechter Emotionen. Tatsächlich gehörte zu den eigenartigsten Aspekten in Italiens Krieg von 1940 bis 1943 die Verschwommenheit der von Rom genannten Kriegsziele. Natürlich gab es Gebiete zu erobern, die angeblich oder in historischen Zeiten italienisch (nämlich venezianisch) gewesen waren, aber jetzt slowenisch, kroatisch, montenegrinisch oder griechisch waren. Doch italienische Militärs sprachen selten oder nie vom Zweiten Weltkrieg als einem Eroberungskrieg. Manchmal sprach ein General wie Geloso, als er um mehr Truppen für sein griechisches Kommando bat, von einem »Territorium, das als unser ›Lebensraum‹ definiert wurde«[55], aber niemand definierte, was »Lebensraum« hieß. Im allgemeinen vermied man es, konkrete Kriegsziele zu diskutieren, indem man sie in verblasener Rhetorik vernebelte. Ein nicht untypisches Beispiel ist der Tagesbefehl, den General Vittorio Ambrosio an dem Tag ausgab, an dem er sein Amt als Chef des Generalstabs der Armee im Januar 1942 übernahm:

> »Pflichttreue, Leidenschaft, Disziplin in der Vision eines größeren Vaterlandes sind die Ideale, aus denen jeder in jeder Lage die Kraft ziehen muß, die notwendig ist, damit er den Weg gehen kann, der uns zum sicheren Sieg führen wird. Ich schicke in diesem Augenblick einen besonderen und aufrichtigen Gruß an die Kameraden, die überall, von den endlosen Wüsten Afrikas bis zu den eisigen Ebenen Rußlands, so tapfer kämpfen, um in einer durch das Blut der Helden gereinigten Welt die unvergängliche Größe Roms zu sichern.«[56]

Ambrosios Tagesbefehl hatte Verdi mehr zu verdanken als Mussolini. Der Duce, der Faschismus oder sonst eine Ideologie, abgesehen von der traditionellen romantischen Schwärmerei, wurden nicht erwähnt. Die Alpini und Bersaglieri, die eine Kerze anzünden mußten, um ihre Gesichter aufzutauen, wenn sie in den »eisigen Ebenen Rußlands« von draußen kamen, hätten sich sehr gewundert, wenn sie erfahren hätten, daß sie das römische Reich wiedererrichten sollten.

Es kann kein Zufall sein, daß die italienische Außenpolitik in der Neuzeit das Land so oft in »unnatürliche« und gefährliche Bündnisse manövrierte. In das politische Leben Ialiens vor 1940 war ein fast automatischer Mechanismus der Selbsttäuschung eingebaut. Mussolini hatte die Politik der Illusionen und der falschen Grandezza nicht erfunden. Er erbte sie von seinen liberalen Vorgängern, von Mazzini, Garibaldi, Balbo und Crispi. Auch sie hatten die bestehende Welt zugunsten einer von Rhetorik und Willenskraft neu erbauten Welt verworfen. Giuseppe Bottai, ein Faschist »der ersten Stunde«, wie die frühesten Mitglieder der Partei genannt wurden, und vielleicht der intelligenteste oder doch zumindest nachdenklichste aus Mussolinis nächster Umgebung, überlieferte diese Erkenntnis in einem außerordentlichen Brief an seinen Sohn, den er 1944 schrieb, kurz bevor er im Alter von 50 Jahren fortging, um sich zur »Sühne« der französischen Fremdenlegion anzuschließen:

> »... Ich und viele meiner Generation, wir wurden dazu erzogen, vor allem auf uns selbst zu vertrauen, das heißt auf unseren Willen, der uns unsere kreative Kraft für unbegrenzt halten ließ, mehr als auf unser Gewissen, das uns unsere Grenzen enthüllt haben würde. Daher unser *»Volontarismo«*, unser *»Arditismo«* [Freiwilligen- und Sturmtruppen im Ersten Weltkrieg], unser Kampfgeist, unser *Ducismo* ... «[57]

Italien gehörte von 1870 bis 1940 zu den Entwicklungsländern oder sich entwickelnden Ländern unter den Staaten Europas. Es war von seiner bäuerlichen Landwirtschaft abhängig wie Rußland oder Spanien, und noch 1936 waren mehr als 50 Prozent seiner Einwohner entweder als landlose Bauern (16,2 Prozent) oder Kleinbauern (35,6 Prozent) tätig.[58] Es hatte die typische Altersstruktur der Entwicklungsländer mit über 30 Prozent der Bevölkerung unter 14 Jahren[59], und es »exportierte« seinen Überschuß an Menschen in alle Ecken der Welt. Zwischen 1901 und 1955 emigrierten 16 067 000 Italiener, manche mehrmals; 5 978 000 kehrten zurück und ließen über zehn Millionen Italiener in Übersee zurück – in den USA, Australien, Argentinien, Chile, Kanada und so weiter.[60]

Die großen Gesten romantischer Nationalisten konnten das wirkliche Italien nicht verbergen (oder zumindest nicht völlig verbergen): arm, analphabetisch, der fremden piemontesischen Dynastie, die nicht einmal in der Lage gewesen war, ihre Kriege allein zu gewinnen, feindselig gesinnt. Echte Nationalisten wie Mazzini waren angewidert. Auf die Schaumschlägerei der Ära Garibaldi mit ihren roten Hemden, den Demonstrationen und den patriotischen Parolen folgten Korruption,

Nepotismus, Mafia und Unvermögen. Wie der große Skeptiker Pirandello in seinem 1909 geschriebenen politischen Roman *I vecchi e i giovani* bemerkte: »Ah, wirklich, ein schreckliches Schicksal, das Schicksal eines Helden, der nicht stirbt, des Helden, der sich selbst überlebt. Tatsächlich stirbt der Held immer, im Augenblick: der Mensch überlebt und fühlt sich elend.«[61]

Das war Italiens Problem. Es überlebte und »fühlte sich elend«, rastlos, unzufrieden und unterlegen. Es konstruierte Monumente, die ganz im Gegensatz zur Größe des täglichen Lebens standen. Am Ende des Corso in Rom baute 1911 das Königreich Italien das »Vittoriano«, das vielleicht bizarrste Monument Europas, zur Feier des fünfzigsten Jahrestags der Einigung. Da steht es, ein riesiges, häßliches weißes Stück Marmor, das das Forum der wirklichen Cäsaren überschattet, aufgeblähte Rhetorik aus Stein. Dann gibt es da den *Palazzaccio,* den Justizpalast an der Piazza Cavour, so überladen mit allegorischen Figuren, Marmorornamenten und Friesen, daß er schon im Tiberschlamm zu versinken drohte.

Das Regime war zerfressen von Korruption und dominiert von einer Art närrischer Frivolität. Einige Zwischenfälle sind kaum zu glauben. Der Chef des italienischen Generalstabs, Ugo Cavallero, lehnte am Sonntag, dem 6. Dezember 1942 um 9.45 Uhr das Angebot von General von Horstig, den neuen deutschen Panzer Panther zu liefern, mit der Begründung ab, der italienische P 40 sei »im Bau«. Um 10.45 teilte ihm General Ago mit, »der P 40 existiert in Wirklichkeit nicht«.[62] Diese Art Inkompetenz veranlaßte den deutschen Major Friedrich Karl von Plehwe, der unter Rintelen beim italienischen *Comando Supremo* diente, zu der Bemerkung:

> »Die oberflächliche und vielfach korrupte faschistische Führung hatte es verschuldet, daß die italienischen Truppen nicht einmal die wenigen Mittel erhielten, die das Land hätte liefern können. Jahrelang haben die italienischen Offiziere neidvoll die hervorragende Ausrüstung der deutschen Streitkräfte aus nächster Nähe gesehen. Die meisten von ihnen lehnten daher auch aus diesem Grund das faschistische Regime ab. Aus Abneigung wurde allmählich Haß. Es kam zu den wachsenden Spannungen zwischen Soldaten und Schwarzhemden. Sie trugen beträchtlich zur Aushöhlung des Faschismus bei.«[63]

Anfang Dezember 1942 schrieb Bottai in sein Tagebuch: »Das Drama eines Regimes beginnt, wenn es nicht mehr in der Lage ist, die Wahrheit zu finden, und endet, wenn es nicht mehr den Willen hat, sie zu suchen. Die Frage ist nur, ob wir in der ersten oder in der zweiten Phase sind.«[64]

Der Faschismus hatte Bottais erste Phase offensichtlich lange vor dem Beginn des Zweiten Weltkriegs erreicht. Die Kette von Niederlagen und die Entdeckung des Massenmordes an den Juden riß die italienischen Führer aus ihren Träumen. Im Verlauf des Jahres 1943 mußten Mussolini und seine Anhänger harten Realitäten ins Auge sehen. Der kleine Dialog in Treviso im Juli 1943, als Mussolini erklärte, warum ein Separatfrieden sinnlos wäre, läßt vermuten, daß am Schluß der Duce sein Verständnis für die Grenzen des Machbaren wiedergefunden hatte. Ein unerschrockener Geist wie Bastianini konnte ihm nun wieder die Wahrheit sagen – zu spät, um das Regime zu retten. Aber in abschließender Analyse: Als Mussolini im Juli 1943 stürzte, war er bei gesundem Verstand.

Viel weniger klar ist, ob Hitler je geistig ganz gesund war. Im Mai 1905 kam der junge Adolf Hitler in Wien an. Die Stadt bezauberte ihn mit ihrem Glanz und der Pracht ihrer Bauwerke. Wie er in *Mein Kampf* schrieb:

> »Ich lief die Tage vom frühen Morgen bis in die späte Nacht von einer Sehenswürdigkeit zur anderen, allein es waren immer nur Bauten, die mich in erster Linie fesselten. Stundenlang konnte ich so vor der Oper stehen, stundenlang das Parlament bewundern; die ganze Ringstraße wirkte auf mich wie ein Zauber aus Tausendundeiner Nacht.«[65]

Wien bot dem jungen Kunststudenten mehr als Bauwerke. Es gab Vorstellungen im Burgtheater und in der Oper. Bei den »mächtigen Tonwellen«, wie er seinem Freund Kubizek schrieb, und dem »furchtbaren Rauschen der Tonwogen« fühlte er »Erhabenheit«[66], das echte Über-sich-selbst-Hinauswachsen, das deutsche Propheten kultureller Ekstase ein Jahrhundert lang gepredigt hatten. Er nahm das gefährlichste Element deutscher Kultur in sich auf, ihre rauschhafte Betörung der Vernunft.

Es gab viel rauschhaft Betörendes in der Wiener Kultur. In der Kunst den Jugendstil Klimts und Kokoschkas, in der Architektur die Moderne Schule von Otto Wagner und Adolf Loos. Es war das Wien des späten Brahms, das Wien Mahlers, Richard Strauss', Schönbergs, Weberns und Bergs; es war das Wien der Schriftsteller Hofmannsthal, Schnitzler, Musil und Karl Kraus, das der Philosophen Mach, Brentano, Husserl und Buber, das der großen »österreichischen Schule« der Volkswirtschaftslehre von Menger, Böhm-Bawerk, Schumpeter und von Wieser. Es gab den »Austromarxismus«, den Sozialismus Victor Adlers, Rudolf Hilferdings, Karl Kautskys und Otto Bauers. Sigmund Freud und Alfred Adler wandten die neue Psychiatrie an und lasen Wiens wichtigste Zeitung, *Die Neue Freie Presse,* deren literarischer Redakteur Herzl der Begründer der zionistischen Bewegung war. Wien bot seine berühmten Torten mit Schlagobers, und Herren küßten Damen die Hand. Was für eine Stadt!

Aber Hitler akzeptierte die »moderne« Seite der Wiener Kultur nicht. Sein eigener Kunstgeschmack neigte zum Klassizismus, zum Grandiosen, zum wagnerischen Stil der achtziger Jahre des 19. Jahrhunderts. Er liebte Opernhäuser, ihre Pomphaftigkeit außen und ihren Plüsch innen. Als die Deutschen im Zweiten Weltkrieg Frankreich überrannten, schickte er einen Bevollmächtigten, Oberst Heim, um die Bibliothek des Regisseurs und Kritikers Edward Gordon Craig zu erwerben, dessen Sammlung über Opernhäuser einzigartig war. Er verblüffte seine Gastgeber in Paris mit seinen Kenntnissen von der Struktur der Pariser Oper. Die Wiener Oper, ihr Programm und ihre Architektur, blieben sein Ideal: des Provinz-Kleinbürgers Traum vom Paradies.

Die »modernen« Aspekte der Wiener Kultur brachte Hitler mit den Juden in Verbindung, und nicht ganz ohne Grund. Zum einen lebten in Wien viele Juden. 1910 waren es 175 318 Juden, 8,6 Prozent der Gesamtbevölkerung von 2 031 498 Einwohnern.[67] Ein Drittel der Juden Wiens lebte in der Leopoldstadt, überwiegend mittel- und osteuropäische Juden mit Bart und Kaftan, die aus Galizien in die Stadt geströmt waren. Galizien gehörte zu den ärmsten Regionen und war 1869 mit bis zu 69 Einwohnern pro Quadratkilometer eine der dichtest besiedelten Agrarregionen in Europa.[68] Juden spielten auch in anderen Städten eine große Rolle; etwa in Budapest, wo sie die Wirtschaft und die freien Berufe dominierten, oder in Prag, wo die Hälfte derjenigen, die bei Vorkriegsvolkszählungen Deutsch statt Tschechisch als ihre Muttersprache angaben, Juden waren.[69]

Juden spielten eine herausragende Rolle beim Aufblühen der Wiener Kultur vor 1914. Die Psychoanalyse war nach Freuds Ansicht peinlich »jüdisch«, weshalb er Jung so herzlich willkommen hieß. Die wichtigste Zeitung Wiens, die *Neue Freie Presse,* hatte einen jüdischen Besitzer und Herausgeber. Viele führende Journalisten, Dramatiker, Komponisten und Schriftsteller waren jüdisch. Die zweite Generation der österreichischen Schule der Volkswirtschaftslehre war überwiegend jüdisch, und praktisch alle Führer des österreichischen Sozialismus waren es. Hitler bemerkte:

> »Seit ich … auf die Juden erst einmal aufmerksam wurde, erschien mir Wien in einem andern Lichte als vorher. Wo immer ich ging, sah ich nun Juden, und je mehr ich sah, um so schärfer sonderten sie sich für das Auge von den anderen Menschen ab. Besonders die innere Stadt und die Bezirke nördlich des Donaukanals wimmelten von einem Volke, das schon äußerlich eine Ähnlichkeit mit dem deutschen nicht mehr besaß… Abgestoßen aber mußte man werden, wenn man über die körperliche Unsauberkeit hinaus plötzlich die moralischen Schmutzflecken des auserwählten Volks entdeckte… Gab es denn da einen Unrat, eine Schamlosigkeit in irgendeiner Form, vor allem des kulturellen Lebens, an der nicht wenigstens ein Jude beteiligt gewesen wäre? Sowie man nur vorsichtig in eine solche Geschwulst hineinschnitt, fand man, wie die Made im faulenden Leibe, oft ganz geblendet vom plötzlichen Lichte, ein Jüdlein.«[70]

Diese Passage macht etwas sehr Wichtiges deutlich. Hitler wirft Juden körperliche und, davon abgeleitet, moralische Unsauberkeit vor. Juden beschmutzen, korrumpieren und verunreinigen die Kultur. Für ihn und viele seiner Klasse und Generation war das Wien des freien Geistes, der neuen Sexualität und neuen Kunst höchst bedrohlich. Die Moderne kam in vielerlei Gestalt, vom jüdischen Warenhaus, das die kleinen Ladenbesitzer bedrohte, bis zu dem jüdischen Romancier, der über Sexualität schrieb. Während Mussolini den Futurismus und andere, wildere Formen des neuzeitlichen künstlerischen Ausdrucks in Anspruch nahm und sich mit ihnen verbündete, schrak Hitler davor zurück und ließ später alle solche Arbeiten als »entartet« aus den Museen entfernen.

In dieser Hinsicht ähnelte der Nationalsozialismus dem moralischen Umschwung, der in den zwanziger Jahren Amerika erfaßte. Die Prohibition griff die Trinkgewohnheiten der ausländischen Einwanderer an, und der Ku-Klux-Klan griff die Einwanderer körperlich an. In den Kleinstädten verteidigten die Amerikaner ihre *Bible-Belt-morality* mit der gleichen Ehrfurcht und Beharrlichkeit, wie Hitler die germanische Kultur verteidigte. Beide fürchteten und haßten die Großstadt, die smarte Gesellschaft, die moderne Frau und »den« Juden. Die obige Passage wurde natürlich nicht geschrieben, als Hitler in Wien war, sondern

1924, als er nach seinem mißlungenen Putsch in Haft war, in dem gleichen Jahr, in dem der Parteitag der amerikanischen Demokraten sich nicht entschließen konnte, einen römisch-katholischen, Zigarren rauchenden Großstadtpolitiker als Kandidaten für die Präsidentschaft aufzustellen und um diese Entscheidung viel Wind machte.

»Sauber« für »gut« ist ein markanter Zug in SS-Dokumenten und in der Soldatensprache. Gebiete wurden von Partisanen und Juden »gesäubert«. Der Obersturmbannführer berichtet von der »Sauberkeit« bei der Durchführung seiner Aufgaben. »Sauber« bedeutet höchstes Lob. Hitler teilte diese Wertschätzung und achtete bis zum Schluß auf seine persönliche Erscheinung. Henry Picker, der seine Tischgespräche festhielt, erinnert sich:

> »Selbst … an jenem Tage, an dem er seinem Leben … ein Ende setzte, rasierte er sich morgens … mit gleicher Sorgfalt wie sonst… Hitler … versäumte bis 1942/1943 nie, mit kleinbürgerlicher Pedanterie morgens bei der Toilette seine Erinnerungsstücke anzulegen: die Manschettenknöpfe mit dem Danziger Wappen; seine vom Vater ererbte silberne Remontoir-Taschenuhr, bei der er regelmäßig das Aufziehen vergaß; seine Brieftasche, in der er Fotos von seinem Vater, seiner Mutter, seiner Schwester und von sich (als Baby, und als Bub mit dem Vater) herumtrug…«[71]

Pickers Beschreibung von Eva Braun sagt von ihr das gleiche: »Sie war stets ›wie aus dem Ei gepellt‹, auch in ihren persönlichen Dingen peinlich sauber, pünktlich und akkurat.«[72] Diese drei Adjektive – sauber, pünktlich und akkurat – stehen in deutlichem Gegensatz zu der »schmutzigen« Sexualität italienischer Werte, und sie zeigen auch, wie sekundäre Tugenden im deutschen Denken die primären Tugenden ersetzt hatten. Sauberkeit kommt gleich nach Rechtschaffenheit, ist aber keine Rechtschaffenheit. Die Tugenden Liebe, Mitgefühl, Zusammengehörigkeitsgefühl und Wärme verschwinden hinter »sauber«, »pünktlich« und »akkurat«.

Juden wurden zu Maden, Bakterien, Schmutz, Fäulnis, Verwesung. In Hitlers verworrener Einbildung mußte er einen ständigen Krieg gegen Infektionen führen. Im April 1943 erklärte er Admiral Horthy, Juden »… wären wie Tuberkelbazillen zu behandeln, an denen sich ein gesunder Körper anstecken könne. Das wäre nicht grausam, wenn man bedenke, daß sogar unschuldige Naturgeschöpfe wie Hasen und Rehe getötet werden müßten, damit kein Schaden entstehe.«[73]

Das grundlegende Element hinter Hitlers Wahnsinn war reinster Sozialdarwinismus. Ein paar Wochen nach seinem Gespräch mit Horthy sagte er zu Goebbels:

> »Man könnte hier die Frage aufwerfen, warum es in der Welten-ordnung überhaupt Juden gibt. Es wäre dieselbe Frage wie die, warum es Kartoffelkäfer gibt. Die Natur ist vom Gesetz des Kampfes beherrscht. Immer wieder wird es parasitäre Erschei-nungen geben, die den Kampf beschleunigen und den Auslese-prozeß zwischen den Starken und den Schwachen intensivieren. Das Prinzip des Kampfes herrscht so auch im menschlichen Nebeneinanderleben. Man muß die Gesetze des Kampfes nur kennen, um sich darauf einstellen zu können. Der intellektuelle Mensch hat der jüdischen Gefahr gegenüber nicht die natürli-chen Abwehrmittel, weil er wesentlich in seinem Instinkt gebro-chen ist. Infolgedessen sind Völker mit einem hohen Zivilisations-stand am ehesten und am stärksten der Gefahr ausgesetzt. In der Natur handelt das Leben immer gleich gegen den Parasitismus; im Dasein der Völker ist das nicht ausschließlich der Fall. Daraus resultiert eigentlich die jüdische Gefahr. Es bleibt also den moder-nen Völkern nichts anderes übrig, als die Juden auszurotten.«[74]

Es ist verrückt, aber, wie bei Paranoia so oft, innerhalb ihrer verrückten Welt völlig logisch. Wir wissen nicht, wann Hitler diese Ideen zuerst for-muliert hat, aber wir wissen, daß er sein Denken nie änderte. Wie Seba-stian Haffner dargelegt hat, veränderte sich Hitler überhaupt nie. Er sagte 1920 dasselbe wie 1945. Es gab kein Wachsen, keine Änderung, kein Lernen aus Erfahrung. Haffner:

> »In diesem Leben fehlt – ›nachher‹ wie ›vorher‹ – alles, was einem Menschenleben normalerweise Schwere, Wärme und Würde gibt: Bildung, Beruf, Liebe und Freundschaft, Ehe, Vaterschaft. Es ist, von der Politik und der politischen Leidenschaft einmal abgesehen, ein inhaltloses Leben, und daher ein zwar gewiß nicht glückliches, aber eigentümlich leichtes, leicht wiegendes, leicht wegzuwerfendes. Ständige Selbstmordbereitschaft beglei-tet denn auch Hitlers ganze politische Laufbahn. Und am Ende steht wirklich, wie selbstverständlich, ein Selbstmord.«[75]

Hitler war gewiß einer der seltsamsten Menschen, die je einen großen Staat regiert haben. Er hatte eigenartige Ernährungstheorien und nächtliche Angewohnheiten. Er hatte weder Frau noch Kinder, und über seine sexuellen Aktivitäten, wenn es sie gab, wird viel gerätselt. Er hatte als Erwachsener keine Freunde, und Gleichgestellte schon gar nicht. Seine Umgebung fürchtete ihn, und in der gesamten Geschichte der NSDAP gibt es kein Beispiel für einen ernsthaften Versuch, sich ihm zu widersetzen. Ein Verhalten wie das von Farinacci oder Arpinati war in Hitlers Fall undenkbar. Er dominierte seine militärischen Berater vollkommen. Großadmiral Dönitz faßte das noch im September 1943 so zusammen:

> »Die ungeheure Kraft, die der Führer ausstrahlt, sein unerschütterliches Vertrauen, sein weitsichtiges Einschätzen der italienischen Situation ... das alles hat deutlich zutage treten lassen, daß wir alle im Vergleich zu ihm sehr unbedeutend sind ... Jeder, der glaubt, er könne es besser machen als der Führer, ist töricht.«[76]

Hitler ernannte General (später Feldmarschall) Wilhelm Keitel zum Chef des OKW. Keitel verdiente sich wegen seiner Unterwürfigkeit schnell etliche Spitznamen. Manche nannten ihn *Lakai*tel, für andere war er der *Nick*-Esel. Auf jeden Fall war er für Hitler keine Bedrohung.

Tatsächlich kommandierte Hitler seine Truppen, wie es Mussolini nie gekonnt hätte. Er studierte die Karten und empfing Meldungen. Er setzte Feldmarschälle ein und ab. Er wies Einheiten bis hinunter zur Division ihren Platz an. Er gab seinen Truppen bindende Befehle. Und insgesamt machte er das sehr gut. Generaloberst Alfred Jodl, der später gleich nach Keitel kam in der Kommandostruktur, bemerkte im September 1938: Die Generale »können nicht mehr glauben und nicht mehr gehorchen, weil sie das Genie des Führers nicht anerkennen, in dem sie zum Teil sicher noch den Gefreiten des Weltkriegs sehen, aber nicht den größten Staatsmann seit Bismarck«.[77]

Jodls Hinweis auf Bismarck versetzt uns gewissermaßen in die Anfänge Preußens. Der preußische Staat stieg aus dem Chaos der frühen Neuzeit in Deutschland nicht auf »natürliche« Weise auf, sondern durch die Willensakte bemerkenswerter Individuen. Der Große Kurfürst, Friedrich Wilhelm I., Friedrich der Große, Bismarck und dann Hitler – eine Reihe von »staatsmännischen Genies«, die die Welt zu dem, was sie wünschten, zwingen konnten. Wie der italienische Faschismus litt die preußische politische Kultur unter Voluntarismus, aber in einer viel extremeren Form. Eine Tradition kollektiver Entscheidungsfindung, des Gebens und Nehmens, der Diskussion auf höchster Ebene gab es nicht. In den drei Jahrhunderten von 1640 bis 1945 – dem Anfang und dem Ende Preußens – gab es nur vierzehn Jahre einer relativ demokratischen Regierung. Kein Wunder, daß Hitlers diplomatische Erfolge und Blitzsiege 1940 ihm den Titel »Größter Feldherr aller Zeiten« eintrugen.

In Hitlers Fall hatten sich die Geschichte und die eigene Persönlichkeit verflochten. Sein Sendungsbewußtsein war so stark, daß er schließlich glaubte, was er selbst nicht erreichte, würde nie geschehen. Deshalb mußte er den historischen Prozeß durch eigene titanische Willensakte beschleunigen. Er errichtete keine dauerhaften Strukturen und traf keine Vorsorge für seine Nachfolge. Es war die extremste Form jener wagnerianischen Tendenz in der deutschen Kultur, eine Leistung nur als *alles oder nichts* zu akzeptieren, und wenn es auf *nichts* hinauslief, dann hieß das so vollkommene Vernichtung, daß sie das Reich mit all seinen Werten in einer kolossalen Götterdämmerung zusammenbrechen ließe.

Als militärischer Stratege war Hitler sowohl genial als auch selbstzerstörerisch. Er kommandierte seine Armeen selbst. Er persönlich befahl Einheiten bis hinunter zur Division, welche Positionen sie einzunehmen hätten, und verfolgte ihre Aktivitäten. Er zwang den Nachkommen der größten militärischen Tradition in Europa seinen Willen auf, und seine frühen Erfolge brachten die Zweifler zum Schweigen. Doch seine Strategie spiegelte, wie Sir Harry Hinsley schreibt, sein Temperament, »wenn er... vorzeitig zu einer Strategie der Verzweiflung griff... Mutlosigkeit und dazu der Hang, sich in wütende Verzweiflung hineinzusteigern – das war nur die eine Seite seiner eigenartigen Natur; die andere war als die logische Ergänzung dazu Eigensinn und falsches Selbstvertrauen.«[78]

Seine Einstellung gegenüber dem deutschen Volk war kühl. Er scheint weder Zuneigung noch Loyalität empfunden zu haben. Wie er am Ende zu seiner Umgebung sagte, habe sich das deutsche Volk »als schwächer erwiesen und würde somit aufhören, eine Rolle unter den Völkern dieser Erde zu spielen... Das schwächere Volk bedürfe auch keiner Lebensgrundlagen mehr...«[79] Es bestand also keine Notwendigkeit, sich über seine Zukunft Sorgen zu machen. Er, Hitler, würde zugrunde gehen, und das deutsche Volk mit ihm.

Noch eine weitere Tradition erbte er von seinen preußischen Vorgängern: die absolute Unfähigkeit, Entscheidungsfindungen zu organisieren. Um die größten preußischen Könige hatte es immer um Macht ringende Gruppierungen gegeben. Friedrich der Große, der niemandem traute, vermehrte seine Beamten, damit sie sich gegenseitig beobachteten. Unter dem Kaiser war das Treffen von Entscheidungen zu einem Hobbesschen Krieg aller gegen alle geworden. Unter Hitler gab es, wie Ciano bemerkte, »mindestens vier Außenpolitiken – die von Hitler, die von Göring, die von Neurath, die von Ribbentrop. Von den kleineren ganz abgesehen.«[80]

Der Hobbessche Kampf aller gegen alle umwirbelte Hitlers Thron und hatte tiefreichende Folgen für die Achse. Ribbentrop erklärte Italien zu seinem Revier und verteidigte es gegen die Konkurrenz, vor allem die SS. Zu Beginn des Krieges machte er einen Staatsbesuch. Er war kein großer Erfolg, jedenfalls nicht auf italienischer Seite. Ciano notierte im Tagebuch: »Ribbentrop wollte in diesen Tagen viele Leute treffen, auch außerhalb der politischen Welt. Er ist allen unsympathisch gewesen.«[81]

Der arme Ribbentrop gewann die Herzen seiner italienischen Verbündeten nie. Sie fanden ihn geschwätzig, leichtgläubig und immer zu optimistisch. Ribbentrop, ein adretter, grauhaariger Mann, der in einem früheren Leben Champagner-Vertreter gewesen war, verdankte seine Position seiner Fähigkeit zur Intrige und einer klettenhaften Anhänglichkeit an die Person Hitlers. Er kannte die Regeln des Überlebens am Hofe des »Führers« sehr gut, deren wichtigste lautete: »Halt dich an den Chef.« Im Verlauf des Krieges verbrachte Ribbentrop immer mehr Zeit in dem gepanzerten Eisenbahnwaggon, der den Führer von einem finsteren Schlupfwinkel zum anderen brachte. Ende 1942 beschrieb Ciano, wie Ribbentrop seine Tage zubrachte:

> »Die Atmosphäre ist lastend. Vielleicht tragen zu den schlechten Nachrichten noch der Eindruck dieses feuchten Waldes bei und auch die Unannehmlichkeiten des kollektiven Lebens in den Baracken des Hauptquartiers. Man sieht nicht einen einzigen farbigen Fleck, nicht einen einzigen lebhaften Ton. Die Vorzimmer sind voll von rauchenden, essenden und plaudernden Leuten. Geruch von Küchen, Uniformen, schweren Stiefeln. Alles ist zum größten Teil überflüssig, mindestens für eine große Menge von Leuten, die gar nicht hier zu sein brauchten. Vor allem Ribbentrop, der den größten Teil seiner Beamten zu einem Troglodytenleben zwingt, das zu nichts führt und sogar das Funktionieren des Auswärtigen Amtes hindert.«[82]

Bei aller Klugheit übersah Ciano einen Punkt, den sein Freund Bottai zur gleichen Zeit bemerkte. In einem Europa im Kriege und unter deutscher Besatzung gab es für Herrn von Ribbentrop nicht viel Spielraum, den Staatsmann zu spielen:

> »Bei dem zunehmenden Verschwinden von ›Ausland‹ für den Außenminister neigt dieser dazu, sich mit den inneren Angelegenheiten der besetzten Länder zu beschäftigen. Und da niemand auch nur im entferntesten vorhat, in diesen Ländern irgendeine Art von Autonomie wiederherzustellen, beschäftigen sich Ribbentrop und seine Männer damit, unter der Neuen Ordnung die stetige Aushöhlung ihres Ministeriums zu umgehen. Inzwischen gibt es eine europäische ›Innenpolitik‹, die die alte ›Außenpolitik‹ ersetzt.«[83]

Im Kampf um die Kontrolle der »Innenpolitik« im besetzten Europa hatte Ribbentrop, so eng er sich auch an Hitler hielt, gegen die Wehrmacht und das finstere Imperium der SS keine Chance. Italien und Dänemark waren schließlich die einzigen Staaten unter NS-Kontrolle auf dem europäischen Kontinent, die nicht aufgelöst, annektiert, umgebaut oder zu Marionetten gemacht worden waren, und damit der einzig übriggebliebene Bereich mit einer Außenpolitik, in dem Ribbentrop Bismarck spielen konnte. Stockholm und Bern waren die Aufmerksamkeit des Prokonsuls eines Weltreichs, wie Reichsaußenminister von Ribbentrop es war, nicht wert, aber Rom, das »war doch etwas anderes noch«, wie Hitler sagte. Von Ribbentrop besuchte Italien, so oft er konnte, und schützte es gegen seine NS-Rivalen in der düsteren Welt um Hitler. Einer der Gründe dafür, daß die italienische Armee Juden retten konnte, war, daß Ribbentrop ein Interesse daran hatte, Italien zu retten.

Militärische Angelegenheiten waren nicht verständlicher. General Bader, Befehlshaber einer großen Partisanenabwehr-Unternehmung im Sommer 1942 in Jugoslawien, bemerkte bitter, daß »die linke Hand nicht weiß, was die rechte tut«.[84] General Alexander Freiherr von Neubronn, der der Vichy-Regierung angegliederte deutsche General, beschrieb die bloße Zahl der sich überlappenden militärischen Kommandos in Frankreich:

> »Da die zahlreichen Instanzen sich unter der diktatorischen Spitze alle gegenseitig bekämpften, entstand in der Regierung und Kriegsführung ein Chaos ... Ohne Fühlungnahme miteinander leiteten ihre Ansichten selbständig an ihre obersten Stellen: der Oberbefehlshaber West, der Militärbefehlshaber in Frank-

reich, der Oberbefehlshaber der Marine in Frankreich, der Oberbefehlshaber der Luftwaffe in Frankreich, die Waffenstillstandskommission, die Botschaft in Paris, der Landesgruppenleiter der
Nazipartei, die SS, die Gestapo, die Organisation Todt, der Vertreter des Propagandaministeriums, die leitende Dienststelle der
militärischen Abwehrabteilung in Frankreich, der Zollgrenz-
schutz usw.«[85]

Ein staatsmännisches Genie von welthistorischem Format kann Entscheidungen nicht in einem Komitee treffen. Es ist per definitionem
groß, und die anderen, um mit Dönitz zu sprechen, sind »unbedeutend«.
Genau das Gegenteil ist in der Demokratie der Fall. Gewiß dominierte
Churchill die britische Kriegsmaschinerie, aber er mußte Gegenspieler
und Rivalen im Kabinett anhören. Er mußte ins Unterhaus gehen, wo er,
wie sein Sekretär John Colville 1944 in seinem Tagebuch berichtete,
»sich stundenlange parlamentarische Raufereien gefallenlassen« mußte.[86] Der Witz ist, daß die scheinbare Verschwendung bei dem britischen Verfahren eine effektivere Kriegsplanung zur Folge hatte. Chur-
chills Helfer waren nicht »unbedeutend«. Er mußte zuhören, und in
dem Geben und Nehmen war es wahrscheinlicher, daß der klügste Kurs
eingeschlagen wurde.

Das staatsmännische Genie kann sich irren, und das tat es auch bei
Stalingrad. Niemand hatte genug Mut und Stehvermögen, das zu sagen.
Wenn das staatsmännische Genie etwas nicht wußte, erfuhr es das auch
nicht, solange es nicht fragte. Absolute Herrschaft verdirbt alle Untergebenen. Sie zwingt sie, ihren Herrn anzulügen, um der Macht nahezu-
bleiben. Da ihre Position auf die Laune des Allerhöchsten gegründet ist,
müssen sie darum kämpfen zu gefallen. Diese Merkmale wiederholten
sich auf den niedrigeren Stufen der Hierarchie. General von Neubronn
äußerte über seine Zeitgenossen:

> »Eine der markantesten deutschen Eigenschaften ist, die eigene
> Person für besonders wichtig zu halten, eine Einstellung, deren
> Wurzel vielleicht in der inneren Unsicherheit des normalen
> Deutschen, in dem ›unsicheren Hochmut‹ – wie sich einmal ein
> Ausländer treffend ausdrückte – zu suchen ist.«[87]

Hitlers Behörden konnten nicht kooperieren, weil Kooperation bedeutet hätte, daß einer seine oder seines Amtes Bedeutung im Vergleich zu
der eines anderen herabgesetzt hätte. Es gab ein groteskes und langes

Kompetenzgerangel zwischen Gruppenführer Meyszner und Gruppenführer Turner, zwei der brutalsten Massenmörder auf dem Balkan. Beide wandten sich oft direkt an Himmler. In einem Brief vom 28. April 1942 weigert sich Meyszner, Dokumente mit Turners Kommentaren darauf zu akzeptieren:

> »Sind sie versichert, lieber Turner, daß ich keineswegs die Ansicht habe, mich in Kleinigkeiten zu verlieren. Das liegt mir gänzlich ferne. Ich muß aber selbstverständlich bemüht sein, mein Aufgabengebiet in die Hand zu bekommen und meiner Entscheidung vorzubehalten... (während) andererseits ich mich beim Einlangen dieser von Ihnen mit Blaustift-Randbemerkungen versehenen Akten als Ihr Referent fühlen muß.«[88]

Die Meyszner-Turner-Korrespondenz zog sich über sechs Monate hin, umfaßte mindestens zwanzig Briefe und beschäftigte die SS-Hierarchie bis an die Spitze. Die Personalakten der SS-Offiziere im Berliner Dokumentationszentrum quellen über von solchem Zeug. Zuständigkeitsstreitigkeiten sind keine gelegentlichen Auswüchse, sondern gehörten zu der Art und Weise, wie Hitlers Staat funktionierte. Wenn die Richtung der Befugnisse immer vertikal verläuft, ist die Einigung in horizontaler Richtung undenkbar. Die Traditionen der preußischen bürokratischen Klarheit waren zu abscheulichen Zerrbildern verkommen bei dem Streit um Einflußbereiche zur Ermordung von Menschen.

Das macht die Frage nach Hitlers Rolle bei der Vernichtung der Juden problematischer, als es zunächst den Anschein haben mag. Wie kann ein so chaotischer Staat Juden so offenbar systematisch getötet haben? Ein ausdrücklicher Befehl Hitlers zur Vernichtung der Juden ist nie gefunden worden. Zwei Richtungen historischer Theorie haben sich ausgebildet. Die eine sieht Hitler als Urheber und treibende Kraft in der »Endlösung«, mit oder ohne besonderen Befehl, und die andere sieht die Vernichtung der Juden als Reaktion der chaotischen Maschinerie des NS-Staates, der langsam in diese allgemeine Richtung trieb, sicher mit Hitlers Segen, aber nicht völlig unter seiner Kontrolle. Kein seriöser Historiker leugnet, daß Hitler schließlich verantwortlich war für die Ermordung der Juden; die Diskussion dreht sich nur um seinen genauen Anteil bei den Befehlen dazu. Hitlers Luftwaffenadjutant, Major von Below, der acht Jahre in des »Führers« unmittelbarer Umgebung verbrachte, zweifelte nicht:

»Allerdings bin ich fest überzeugt davon, auch ohne schriftliche
Beweise, daß die Vernichtung der Juden auf eine ausdrückliche
Anweisung Hitlers zurückgeht, da es undenkbar ist, daß Himmler und Göring so etwas ohne sein Wissen unternommen hätten.«[89]

Hitlers Stab bemühte sich, sicherzustellen, daß nichts Schriftliches an
ihn ging. Wie Gerald Fleming gezeigt hat, wies Martin Bormann zu
Beginn der Mordaktionen den Chef von Hitlers Kanzlei darauf hin:
»Nach außen hin darf die Kanzlei des Führers unter keinen Umständen
in Erscheinung treten.«[90] Er und sie alle verwendeten eine Reihe von
Beschönigungen, die als »Sprachregelung« bekannt sind, um zu vermeiden, daß sie ihm gegenüber und untereinander aussprächen, was sie
taten. General Jodl berichtete seinen Richtern in Nürnberg, daß die
»Endlösung« ein »Meisterstück der Geheimhaltung« gewesen sei.[91]

Die Italiener konnten die Festgelegtheit von Hitlers Vorhaben einfach nicht ermessen. Der Psychohistoriker Peter Loewenberg meint,
daß die Juden eine wichtige Rolle in der Struktur von Hitlers Ego
gespielt haben:

>»Hitlers Antisemitismus war psychotischer Natur. Alle seine wol-
lüstigen, bösen und sadistischen Seiten wurden auf Juden proji-
ziert. Er blieb gut, rein und gerecht. Die Juden waren eine Projek-
tion der abgespaltenen ›schlechten Meinung‹ von sich selbst. Er
mußte diese Gefühle loswerden und fortschieben dorthin, wo sie
zerstört werden konnten. Daher die paranoide Rechtfertigung.«[92]

Hitler war eindeutig und ganz und gar verantwortlich für alles, was zwischen 1933 und 1945 in Deutschland geschah, aber er konnte nicht alles
selbst durchführen. Er hatte auf jeder Stufe Helfer. Reaktionäre Generäle wie Ludendorff unterstützten ihn in der Anfangszeit. Dann verhalfen ihm 1933 andere aus der Führungsschicht an die Macht. Fast
ausnahmslos unterschätzten sie ihn, aber das tun Insider immer. Die Tatsache, daß Insider die Spielregeln kennen, macht sie ungeeignet, einen
Napoleon oder Hitler einzuschätzen. Was sie sich nie vorstellen können,
ist, wie die Napoleons und Hitlers diese Regeln zu brechen gedenken.
Hitler machte die Weisheit der Weisen lächerlich.

Am 4. Mai 1965, zwanzig Jahre nach Hitlers Selbstmord, versuchte
Albert Speer im Gefängnis von Spandau eine Beurteilung von Hitlers
Charakter:

»Letzthin, in diesen Tagen voller Erinnerung, habe ich überlegt, wie ich Hitler wohl heute, nach zwanzig Jahren, charakterisieren würde. Ich glaube, ich weiß es weniger denn je. Alles Nachdenken vergrößert die Schwierigkeiten, macht ihn unfaßbarer. Natürlich bin ich mir über die historische Beurteilung klar. Aber ich wüßte nicht, wie ich den Menschen zu schildern hätte. Wohl könnte ich sagen, daß er grausam, ungerecht, unnahbar, kalt, unbeherrscht, wehleidig und ordinär gewesen sei, und tatsächlich war es das alles auch. Zugleich jedoch war er von fast allem auch das genaue Gegenteil. Er konnte ein fürsorglicher Hausvater, ein nachsichtiger Vorgesetzter, liebenswürdig, selbstkontrolliert, stolz und begeisterungsfähig über alles Schöne, Große sein. Nur zwei Begriffe fallen mir ein, die alle seine Charaktereigenschaften decken und der gemeinsame Nenner dieser vielen Gegensätze sind: undurchschaubar und unaufrichtig. Heute, in der Rückschau, bin ich mir ganz unsicher, wann und wo er einmal wirklich ganz er selbst war, durch keine Schauspielerei, keine taktische Erwägung, keine Lust an der Lüge verstellt. Ich wüßte noch nicht einmal zu sagen, was sein Gefühl mir gegenüber war – wirkliche Sympathie oder nur Erwägungen der Benutzbarkeit.

Selbst was er für Deutschland empfand, weiß ich nicht. Liebte er dieses Land auch nur ein klein wenig, oder war es nur Instrument für seine Pläne? Und was, so habe ich mich seit unseren Auseinandersetzungen über meine Denkschriften häufig gefragt, hat er beim Untergang des Reiches empfunden? Hat er darunter gelitten?«[93]

Speer hatte Hitler gut gekannt. Während er seine Strafe als Kriegsverbrecher absaß, hatte er über wenig anderes nachgedacht. Wenn er sich Hitler nicht erklären konnte, darf man es den Historikern nachsehen, wenn sie es auch nicht können. Dennoch, eins steht fest: Hitler mochte Mussolini wirklich. Im Juli 1941 sagte er zu seiner Entourage: »Eine ganz besondere Freude ist stets eine Begegnung mit dem Duce; er ist eine ganz große Persönlichkeit.«[94] SS-Obersturmbannführer Eugen Dollmann, Experte der deutschen Botschaft zur römischen *High society,* ihr Übersetzer und Spion, sah die beiden Diktatoren bei seiner Arbeit oft zusammen:

»Die größte politische Liebe in Hitlers Leben war zweifellos Mussolini, eine Liebe, die unter ständigen Veränderungen litt, aber es war traurig für den Führer, daß der einzige Ausländer, den er wirklich bewunderte, zu einer Nation gehören sollte ... die er in seinem Herzen verachtete ... Schließlich blieb eine grenzenlose Bewunderung für den Duce übrig wegen des Wunders, das er unter so widrigen Bedingungen zustandegebracht hatte.«[95]

Natürlich hatten sie viel miteinander gemein. Beide litten unter dem, was Paolo Monelli »*Complesso del caporale*«[96] nannte, den Gefreiten-Komplex, dieses Gefühl von Unterlegenheit und Ressentiment gegenüber den Generälen, den Diplomaten, den Fürsten, den Eleganten und Angehörigen der Oberschicht, die hinter behandschuhten Händen über schlechten Geschmack und schlechte Gewohnheiten ihrer neuen Herren kicherten. Hitler und Mussolini kochten vor Wut über die Perfidität der Oberschicht, und nach dem 20. Juli 1944 ließ Hitler viele von ihnen im Todeskampf filmen, um das, was von Hassell seinen »gesteigerten Haß gegen die Oberschicht«[97] nannte, zu befriedigen. Nachdem er den Kontakt zu den Gefährten seiner Jugend verloren hatte, hatte Hitler keinen Freund und erst recht keinen Gleichgestellten mehr. Mussolini war der einzige Mensch auf der Welt, mit dem er seine Erfahrungen teilte. Sie trafen oft allein zusammen, und niemand wußte, was zwischen ihnen vorging. Mussolini sprach einigermaßen Deutsch, aber nicht gut genug, um Hitlers Wortschwall zu folgen. Trotzdem kam Mussolini immer in »gehobener Stimmung« wieder, wie Ciano notierte, und Hitler bedeuteten diese Gipfel viel.

Ende November 1943 bekam der kroatische Verteidigungsminister eine Audienz beim »Führer«. Der Faschismus war inzwischen zusammengebrochen und Mussolini gestürzt. Hitler hatte ihn in einem der gewagtesten Bravourstücke des ganzen Kriegs befreien lassen und am Ufer des Gardasees mit einem Marionettenregime, der häßlichen kleinen *Repubblica Sociale Italiana,* wieder eingesetzt. Mussolini war auf das Niveau eines Pavelić, eines Laval, eines Quisling gesunken. Der Kroate nutzte die Gelegenheit, um sich über die lächerlichen italienischen Forderungen nach dalmatinischen Gebieten zu beklagen, und begann sich über die Absurdität der Politik Mussolinis auszulassen. Hitler schnitt ihm das Wort ab. »Er sagt, mehr mit sich selbst sprechend, ›... Mussolini hat mir in schweren Stunden geholfen – ich habe ihm gegenüber gewisse Verpflichtungen‹.«[98] Scharfsichtige Beobachter merkten, welche Mühe sich Hitler gab, Mussolinis Gefühle nicht zu verletzen. Ihre »herzliche Freundschaft«, wie General Ugo Cavallero sie nannte[99], war ein Fixpunkt in den Beziehungen zwischen den Achsen-Partnern. Goebbels notierte im März 1942 in seinem Tagebuch:

> »Der Führer hängt sehr an Mussolini und sieht in ihm den einzigen Garanten für das deutsch-italienische Zusammengehen. Das italienische Volk und der Faschismus werden so lange an unserer Seite bleiben, so lange Mussolini da ist... Der Führer hatte eigentlich die Absicht, ihm eine neue Condor-Maschine zu schenken; er will aber davon Abstand nehmen, weil er weiß, daß Mussolini sich gleich ans Steuer setzen wird, und passiert ihm etwas, könnte man sich das niemals verzeihen...«[100]

Im folgenden Jahr, drei Tage nachdem ihn der Große Faschistische Rat aus dem Amt gejagt hatte, feierte Mussolini seinen 60. Geburtstag. Sein treuer Freund Hitler stand in diesem Augenblick der Verzweiflung zu ihm und schickte ihm ein sorgfältig ausgewähltes Geburtstagsgeschenk: Nietzsches Werke, in blaues Leder gebunden, mit Goldornamenten verziert und mit einer Widmung von Hitlers Hand auf dem Innentitel, »Adolf Hitler seinem lieben Benito Mussolini«.[101]

Ein normaler Mensch mit Familie, Freunden, normalen Eßgewohnheiten und ungestörtem Schlaf kann sich nicht leicht in die verbogene Welt Adolf Hitlers hineinversetzen. Kein Autor hat je eine befriedigende Ähnlichkeit zustande gebracht, und alle Biographen Hitlers versagen bei der Vermittlung der vollen Abscheulichkeit des Objekts. Aber Hitlers Beziehung zu Mussolini scheint mir einleuchtend. In der kalten Einsamkeit seiner »Sendung«, in der Gewißheit seines Genies und dem drückenden Bewußtsein der eigenen Sterblichkeit schätzte Hitler Mussolini über alle anderen Menschen, weil er der einzige war, der diese Isolierung teilte. Es gibt ein unvergeßliches Foto, aufgenommen am 20. Juli 1944. Hitler, der soeben knapp die Explosion im Konferenzraum der Wolfsschanze überlebt hatte – seine Uniform war noch schmutzbespritzt, Bärtchen und Augenbrauen angesengt und er halb taub von der Druckwelle –, war erschienen, um Mussolini zu begrüßen, der zu einem Besuch kam. Da stehen sie, beide mitgenommen, vor der Zeit gealtert, zwei böse und zerstörerische Männer, aber immer noch aneinander gebunden.

Die »brutale Freundschaft« zwischen Hitler und Mussolini, wie F.W. Deakin sie genannt hat, hatte weitreichende Folgen für die Kriegführung. Als Mussolinis Position schwächer wurde, stützte Hitler ihn und tolerierte die Inkompetenz und den Verrat seiner Anhänger. Nach und nach begann Mussolini die Macht, die Hitler über ihn hatte, zu fürchten. 1943 verfluchte er Hitler seinem Stab gegenüber, kam aber aus Konferenzen mit ihm wie geblendet und ergeben wieder. Marschall Caviglia kommentierte diesen Aspekt in seinem bitteren Ruhestand:

> »Es gibt keinen Zweifel, der Krieg ist verloren, aber es ist kein nationalsozialistischer oder faschistischer Krieg mehr. Er ist Hitlerisch und Mussolinisch. Hitler und Mussolini können nicht aufgeben; wenn sie aufgäben, würden sie für immer ausgelöscht werden. Deshalb wird der Krieg immer weitergehen, bis zum bitteren Ende ... Solange es noch ein Tischbein zu verbrennen gibt, werden Hitler und Mussolini den Krieg fortsetzen wollen.«[102]

Eine weitere Konsequenz ergab sich aus dem Charakter des NS-Staates. Inmitten des Chaos war der Wunsch des »Führers« Befehl und Richtschnur des Handelns. Der Führer wünschte Mussolini beizustehen, und alle Satrapen des Regimes hatten sich danach zu verhalten. Selbst ein Rohling wie Martin Luther, der im Außenministerium für die Vernichtung der Juden verantwortliche Mann, ermahnte seine Untergebenen, die italienischen »Empfindlichkeiten zu schonen«.[103] Der Reichsführer SS Heinrich Himmler sorgte dafür, daß seine Beamten im Außendienst im Umgang mit Italienern ihre Grenzen kannten. Im Mai 1942 rief Himmler Gruppenführer Meyszner, den Polizeichef im besetzten Serbien, zur Ordnung:

> »Denken Sie nur daran, daß Sie der Höhere SS- und Polizeiführer des Reichs Adolf Hitlers sind, des Führers, den eine enge und herzliche Freundschaft mit dem kongenialen Duce Benito Mussolini verbindet. Sicherlich haben wir an manchen einzelnen Italienern das und jenes auszusetzen, in einer ähnlichen Form werden die Italiener an uns etwas aussetzen. Das nützt jedoch nichts, wir sind Bundesgenossen und sind nur als solche stark. Dulden Sie auch keine Witze und keine sonstigen Kritiken an Italienern, sondern vertreten Sie stur gegenüber Deutschen und erst recht gegenüber Ausländern die Linie der Achse.«[104]

Hitlers Zuneigung zu Mussolini gab den Italienern begrenzte Freiheit, eine Politik zu verfolgen, die deutsche Pläne vereitelte, deutsche Offiziere an der Front irritierte, SS- und Gestapo-Aktivitäten durchkreuzte und von Zeit zu Zeit einen von Hitlers legendären Wutausbrüchen auslöste. Trotzdem stand er treu zu dem »kongenialen Duce« und ließ sich von Italienern Dinge gefallen, die er nirgendwo sonst in seinem finsteren Imperium duldete. Die italienische Armee konnte zum Teil deshalb Juden retten, weil Hitler sie gewähren ließ, genauso wie er sie andere Sachen tun ließ, die er mißbilligte.

Die beiden Diktatoren teilten dasselbe Schicksal und übten ihre Macht auf so ähnliche Weise aus, daß dies Theorien über Totalitarismus und totalitäre Staaten hervorrief. Sie fühlten eine Verwandtschaft, an der niemand sonst teilhatte. Hitler empfand Zuneigung zu Mussolini; Mussolini fand Hitler abstoßend, aber anregend, von einer hypnotischen Kraft, letztendlich erschreckend. Auf kulturellem Niveau aber stellten sie absolute Gegensätze dar. Mussolini war zwar gewalttätig, lüstern, brutal und setzte sich dramatisch in Szene, aber er hielt Kontakt zu seinen Mitmenschen und blieb fest der Wirklichkeit verhaftet. Hitler, frigide, entrückt, isoliert und seltsam, nahm von ihr Abschied. Mussolini stand in der Tradition der zynischen und verderbten *Condottieri,* halb Machiavelli und halb Cesare Borgia. Hitler hatte keine solchen Vorläufer, außer vielleicht in den wilden Phantasien der schwärmerischen Philosophen des Irrationalismus.

Die Wehrmacht und das *Regio Esercito Italiano* kämpften Seite an Seite in Afrika, auf dem Balkan und an der Ostfront. Wie bei den zwei Regimen und den zwei Diktatoren trugen die Ähnlichkeiten dazu bei, die großen Unterschiede zu verhüllen. Die deutsche Armee war den Traditionen des preußischen Staates sehr verhaftet. Sie hatte eine reiche Geschichte und ein außerordentliches Register militärischer Erfolge aufzuweisen. Die königlich italienische Armee hatte keins von beiden. Italien war in viele Kleinstaaten zerteilt gewesen, wie Deutschland, aber unter denen hatte keiner auch nur im entferntesten eine so dominierende Rolle gespielt wie Preußen in Deutschland. Das Königreich Piemont unter dem Haus Savoyen war zu schwach gewesen, um Italien ohne fremde Hilfe zu einigen, und die piemontesische Armee hatte demütigende Niederlagen von den Österreichern hinnehmen müssen. Im Ersten Weltkrieg hatte sie tapfer gekämpft, aber auch da war sie Demütigungen und einem Beinahe-Zusammenbruch nicht entgangen.

Bis zu den dreißiger Jahren hatte sich nicht viel geändert. Die königlich italienische Armee hatte sich im spanischen Bürgerkrieg nicht ausgezeichnet und einen großen Teil ihrer Ausrüstung sowie ihres Ansehens verloren. General von Rintelen, der die *Scuola di guerra* in Turin, Italiens berühmteste Militärakademie, besuchte, war hinterher deprimiert:

> »Im Gegensatz zu deutschen Militärakademien, die der taktischen Ausbildung als dem wichtigsten Fach Priorität einräumten, stellte die italienische Armee die Frage des Nachschubs in den Vordergrund des Unterrichts. Das Unterweisungsverfahren in Taktik war sehr schematisch.«[105]

Der frühere Ministerpräsident Giolitti nannte das italienische Offizierskorps einmal einen Haufen »schwarzer Schafe und Dummköpfe«.[106] Auf jeden Fall waren die Offiziere zu alt. Italienische höhere Offiziere waren im allgemeinen fünf oder zehn Jahre älter als ihre deutschen Pendants. Ich habe das Alter der Offiziere, die in den Heeresberichten auftauchten, verglichen; der Vergleich zeigt, daß am 1. Mai 1943 alle italienischen Armeekommandeure und der Chef des Generalstabs in den Sechzigern, die deutschen Feldmarschälle und Generäle auf dem Balkan und im Mittelmeergebiet in den Fünfzigern waren. Ein oder zwei Korpskommandeure, wie Hubert Lanz, waren noch in den Vierzigern.[107] Alberto Pirelli entdeckte zu seinem Entsetzen 1939, daß General Alfredo Dallolio im Alter von 87 Jahren immer noch als Chef der Abteilung Beschaffung im Amt war.[108] Die Beförderung in der italienischen Armee ging langsam vor sich und beschwerlich. Im Januar 1943 erklärte Marschall Kesselring Marschall Cavallero das neue System schneller Beförderung in der Wehrmacht. Cavallero notierte:

»Nach den neuen deutschen Gesetzen kann es vorkommen, daß ein Hauptmann ein Regiment befehligt und zum Oberst befördert wird, wenn er seine Sache vier Monate im Kampf gut gemacht hat. Ein Oberstleutnant kann eine Division befehligen und nach vier Monaten an der Front zum Brigadegeneral und nach weiteren vier Monaten zum Generalmajor befördert werden. Für uns wäre das als Ausgangspunkt ein bißchen stark.«[109]

Die deutsche Praxis und General Cavalleros Reaktion sind typisch für die Unterschiede zwischen den beiden Armeen. Die Italiener hörten ihren deutschen Kollegen mit Interesse zu und taten nichts. Was die jüngeren Offiziere angeht, so wurden ihre Unzulänglichkeiten schon zu Beginn des Krieges deutlich. Im August 1940 schrieb General Claudio Trezzani über die jüngeren Offiziere an Marschall Pietro Badoglio, zu der Zeit Stabschef, als Piemontese an einen Piomontesen:

»Solange es darum geht, das Leben zu riskieren, sind sie bewundernswert; wenn sie aber die Augen öffnen, nachdenken, kaltblütig Entscheidungen treffen sollen, sind sie hoffnungslos. Wenn es um Spähtrupps, Marschsicherung, Fühlungnahme, Vorbereitungsfeuer, koordinierte Truppenbewegung und so weiter geht, sind sie praktisch Analphabeten.«[110]

Das hatte sich auch zwei Jahre später nicht gebessert, als General Carlo Geloso, kommandierender Offizier der italienischen 11. Armee in Griechenland, die Ergebnisse einer taktischen Übung begutachtete:

»Taktische Erkundung auf kurze Strecken... Die Übung wird fortgesetzt, aber ein kleiner feindlicher Feuerstoß an der Flanke reicht aus, daß unsere Truppen vergessen und ignorieren, weshalb sie da sind und wo ihre taktische Verantwortung liegt, und sich in den Kampf stürzen.«[111]

Italienische Generäle und Offiziere reagierten außerordentlich empfindlich auf das, was sie als deutsche Bevormundung ansahen, und es gab oft unerfreuliche Zusammenstöße über Strategie und Taktik. An der Ostfront, wo die italienische 8. Armee den weiten Donbogen besetzt hielt, waren die Beziehungen zwischen den Armeen sehr gespannt. General von Tippelskirch, als deutscher Stabsoffizier dem italienischen Armeekommando angeschlossen, berichtete, daß »die Italiener den Austausch taktischer Erfahrungen als unerwünschte Belehrung betrachten«.[112] Wenige Monate nach seiner Ernennung hatte der General ein besonders unangenehmes Zusammentreffen mit dem italienischen General Malaguti, Stabschef der italienischen 8. Armee in Rußland, zum Thema Stützpunkte, die die Italiener *Presidios* nannten. Die Vorliebe der Italiener dafür, sich an befestigten Plätzen zusammenzudrängen, machte die Deutschen im Balkankrieg wütend; sie war bei der Wehrmacht in Rußland nicht populärer. Im Kriegstagebuch der Verbindungseinheit von General von Tippelskirch ist festgehalten:

> »Bei der Behandlung dieses mehrfach behandelten Themas betonte der General von Tippelskirch an Hand der Lage-Karte Alp.-Korps nochmals die Wichtigkeit, von der italienischen Taktik der großen Stützpunkte abzugehen und eine durchlaufende mit Feuer beherrschte Hauptkriegslinie zu schaffen. Es entstand sofort der Eindruck, daß General Malaguti dieser taktischen Aussprache ausweichen wollte. Er gab zu, die letzte Denkschrift des Generals von Tippelskirch, die teilweise das gleiche Thema behandelte, nicht dem Oberbefehlshaber vorgelegt zu haben. Er [Malaguti] habe sie mit der Bemerkung ›ha scoperto America‹ versehen. Hierauf kam es zu einer sehr erregten Auseinandersetzung.«[113]

Deutsche Beobachter, ob sie dem Achsenpartner wohlwollend oder feindselig gesinnt waren, machten Bemerkungen über die schlechte Disziplin und die elenden Ehrenbezeigungen der italienischen Soldaten. Deutsche Kommandeure und Verbindungsoffiziere sprachen oft von dem italienischen »Minderwertigkeitsgefühl« gegenüber den Deutschen. Ein Teil ihrer Verachtung war purer Rassismus. Ein Abwehroffizier in Afrika schrieb verächtlich:

> »Die italienischen Soldaten bestehen zum großen Prozentsatz aus Angehörigen der unteren Schichten. Diese – meist Süditaliener

und Sizilianer –, im Auftreten und Bildungsgrad durchaus nicht über dem Araber stehend, glauben sich andererseits als Eroberer, Sieger aufspielen zu müssen, indem sie ihre kolonisatorischen Fähigkeiten insofern unter Beweis stellen, als sie den Araber verachten und mißhandeln.«[114]

Die Deutschen jedoch, die den italienischen Truppen im Feld am nächsten waren, die Verbindungseinheiten und angeschlossenen Offiziere oder, auf höherer Ebene, die dem italienischen *Comando Supremo* angeschlossenen Generäle, respektierten und bewunderten fast ausnahmslos ihre italienischen Pendants. Sie erkannten an, daß ein so großer Teil der schwachen Leistung der Italiener durch die Unzulänglichkeit des Nachschubs und die schlechte Qualität ihrer Bewaffnung zu erklären war. Gelegentlich hatten sie buchstäblich gar keine Ausrüstung. Am 17. März 1941 schickte der Herzog von Aosta und Vizekönig von Italienisch-Ostafrika ein wütendes Telegramm an Mussolini:

> »Heute war die gesamte englische Streitmacht gegen uns gerichtet. Unsere Bomber sind auf drei 79er, drei 81er und neun 133er reduziert... Der Gegner setzt Dutzende und Dutzende ein und bombardiert unsere Linien ununterbrochen... Wenn Sie wollen, unternehmen Sie rechtzeitig etwas, um uns zu helfen; schicken Sie nicht ein Flugzeug, sondern gleich Dutzende. Vom 2. Februar bis heute haben wir ein, ich sage ein! 79er bekommen, dabei haben wir Besatzungen für zwölf geschickt.«[115]

Schon vor dem Krieg hatte die königlich italienische Armee Mussolinis Argwohn geweckt. 1938 oder Anfang 1939 (genauer ist das nicht festzustellen) forderte er einen Bericht über die Zahl der vermuteten Antifaschisten in den wichtigsten römischen Ministerien an. Zwölf Ministerien wurden untersucht, und die Personen namentlich aufgeführt, deren Loyalität gegenüber dem Faschismus zweifelhaft schien. Es gab zwei im Kolonialministerium, vier im Außenministerium, neun im Wirtschaftsministerium und so weiter. Nur zwei Ministerien hatten mehr als hundert verdächtige Fälle: das Unterrichtsministerium 222 und das Kriegsministerium – also die Armee – 375 Namen, die bei weitem eindrucksvollste Liste. Dagegen enthielt die Liste der Marine nur 33 Namen und die der Luftwaffe nur 11. Die Liste der Armee zeigte die Namen von 25 Generälen, 33 Obersten, 44 Oberstleutnants, 58 Majoren, 107 Hauptleuten, 90 Oberleutnants und 18 Zivilisten.[116]

Mit diesen Zahlen muß man sehr vorsichtig umgehen. Viel historische Interpretation vertragen sie nicht. Zum einen liefert der Überblick keine Zahl der Beschäftigten insgesamt in den jeweiligen Ministerien, sondern nur die Namen der »Antifaschisten«. Es gibt keine Möglichkeit, die Prozentsätze zu errechnen oder festzustellen, wer die Prüfung durchführte. Es ist möglich, daß die außerordentlich große Zahl von »Antifaschisten« im Kriegsministerium eher den Diensteifer der Geheimpolizei in diesem Ministerium und die Trägheit ihrer Kollegen in anderen Ministerien spiegelt. Es ist auch möglich, daß die Stabsoffiziere im Ministerium untypisch für die Armee als ganzes waren.

Möglich, aber nicht wahrscheinlich. Die Armee hatte sich an der faschistischen Machtergreifung kaum beteiligt, obwohl sie beim faschistischen Zusammenknüppeln der »Subversiven« wohlwollend zugesehen hatte. Sicher, einige Kommandeure hatten die faschistischen Sturmabteilungen offen mit Waffen und Transportmitteln unterstützt. Manche hatten angedeutet, daß sie sich weigern würden, auf junge Männer zu schießen, die kürzlich aus der Armee entlassen worden waren, zum Teil hoch dekoriert waren und oft von früheren Kollegen kommandiert wurden. Der König und seine bürgerlichen Ministerpräsidenten hatten solches Poltern ernstgenommen und die eiserne Regel der Armeen unter solchen Bedingungen vergessen: Für jeden Oberst, dessen Prinzipien ihn hindern, einen Befehl durchzuführen, gibt es einen Oberstleutnant, der gern Oberst werden möchte. Jedenfalls weigerte sich der König, Schießbefehl zu geben, als die Faschisten ihren »Marsch auf Rom« unternahmen. Damit war die Krise verschoben, aber nicht abgewendet.

Der gut informierte und aufmerksame deutsche Militärattaché General von Rintelen nahm im August 1939 an einem großen Manöver in der Poebene teil. Bei dieser Gelegenheit sprach er auch mit dem König:

»Mit seiner kleinen unscheinbaren Figur wirkte König Vittorio Emanuele III. weder königlich noch soldatisch. Wenn man aber Gelegenheit hatte, mit ihm zu sprechen, fühlte man seinen klugen und überlegenen Geist. Was er sagte, hatte Hand und Fuß. Im Heere war sein Ansehen groß; man vergaß ihm nicht, daß er 1917 das italienische Heer an der Piave vor dem Untergang gerettet hatte. So lange Krone und Faschismus zusammengingen, gab es für die Wehrmacht kein Problem in der Gehorsamsfrage, aber ich war überzeugt, daß bei einem Konflikt zwischen König und Duce das Offizierskorps sich für den Monarchen entscheiden würde.«[117]

Rintelens Stellvertreter, Major von Plehwe, schob die Feindseligkeit auf den Unwillen der Armee gegenüber einem Regime, das nicht imstande war, das für den Krieg notwendige Material zu liefern, und benutzte das Wort »Haß« für die Beschreibung der Beziehung zwischen Armee und faschistischen Schwarzhemden.[118] Aber es gab noch weitere Gründe, von denen man weniger gern offen sprach. Einer enthüllte sich mir in einer zufälligen Bemerkung bei einem Interview mit Dr. G. C. Garaguso in Rom. Dr. Garaguso war Hauptmann im Stab der italienischen 11. Armee in Athen unter General Carlo Geloso gewesen. Er hatte Geloso schon vorher gut gekannt, weil der General ein Freund und Nachbar seiner Eltern in Rom gewesen war. Beiläufig erwähnte Dr. Garaguso, daß Geloso nie Freimaurer gewesen sei. Ich fragte ihn, woher er das wüßte. Er stutzte, lächelte und antwortete: »Man wußte es eben, das ist alles.«[119]

Das ist keine Nebensächlichkeit. Dr. Garaguso versicherte mir, daß die große Mehrheit der höheren Offiziere Freimaurer gewesen seien und daß jedermann das gewußt habe. Freimaurer zu sein heißt immer, einer Geheimgesellschaft anzugehören, was bei der Allgemeinheit Mißtrauen weckt. Freimaurer mit sehr progressiven, liberalen und antiklerikalen Traditionen zu sein in einem katholischen Land heißt, politisch Stellung zu beziehen; Freimaurer zu sein in einer katholischen totalitären Gesellschaft wie dem faschistischen Italien, in einer Kultur voller wirklicher und eingebildeter Verschwörungen, war Subversion. Es war außerdem illegal. Im Februar 1923 hatte Mussolini erklärt, daß die Mitgliedschaft in einer Freimaurerloge mit der Mitgliedschaft in der faschistischen Partei unvereinbar sei. Viele führende Faschisten, darunter Ciano, Balbo, Rossoni, De Bono, Farinacci, Acerbo und Cesare Rossi, waren Freimaurer[120], was in Anbetracht des antiklerikalen, weltlichen Hintergrunds vieler Faschisten der »ersten Stunde« nicht überrascht.

1925 führten interne Parteistreitigkeiten in Florenz zu einem Mini-Pogrom, den sogenannten *Fatti di Firenze,* gegen bekannte Freimaurer und die Symbole der Maurerei.[121] Die Frage, wer Freimaurer war und wer nicht, tauchte in der trüben Welt der Satrapen des Regimes immer wieder auf. 1926 warnte Mussolini Roberto Farinacci, den zurücktretenden Generalsekretär der Partei, er solle »vor allem die Freimaurerei meiden«.[122] 1929 schließlich erklärte er im Zuge seiner Beilegung des Streits zwischen Staat und Kirche durch die sogenannten »Lateranverträge« die Freimaurerei für ungesetzlich.[123] Damit war es für einen Offizier, besonders für einen General, eine ernste Insubordination, wenn er Mitglied einer Freimaurerloge blieb.

Loyalität gegenüber der Krone, den überlieferten Werten und dem Erbe der italienischen nationalistischen Bewegung, für die die Freimaurerei in mancher Weise das Sinnbild war, isolierte die Armee vom Regime. Wie die Bauern im italienischen Süden und die organisierten Arbeiter in den FIAT-Werken lebten Soldaten in einer eigenen Welt. Mussolinis totalitäre Wünsche scheiterten an seinem eigenen Mangel an Seriosität, dem aufgeblasenen Widerstand der italienischen Bürokratie und der Duldung von Halbheiten, die die Italiener in dem Ausdruck *Pressappochismo* zusammenfassen – locker zu übersetzen mit »Über-den-Daumen-Peilen«. Es gab keine Säuberungen unter den höheren Generälen, keine Überprüfung ihrer Sympathie mit dem Faschismus. Insgesamt beeinträchtigte der Faschismus die Laufbahn der Berufssoldaten nur wenig und versäumte es, etwas an der langsamen Beförderung zu ändern. Er lieferte vor 1939 mehrere hilfreiche kleine Kriege, die neue Orden gewährten und die Möglichkeit, an exotischen Orten in Übersee zu dienen, aber im allgemeinen kämpfte die Armee im Namen des »Re Imperatore« und des Hauses Savoyen, nicht im Geist der schwarzbehemdeten Revolution.

Möglicherweise waren jüngere Offiziere und Unteroffiziere dem Regime stärker verpflichtet als höhere Offiziere. Schließlich hatten sie, vor allem die jüngsten, nichts anderes kennengelernt. Die Zahlen aus der Überprüfung des Kriegsministeriums lassen das Gegenteil vermuten. Die große Zahl von rangjüngeren Offizieren, die da als Antifaschisten aufgelistet werden, ist beeindruckend. Wie bei den Generälen stützt das Beweismaterial bei den Leutnants die Schlußfolgerung, daß die Armee vom faschistischen Einfluß verschont blieb.

Nichts zeigt die relative Immunität der Armee gegenüber dem Faschismus deutlicher als ihre Reaktion auf die »Rassengesetze« von 1938. Dan Vittorio Segre beschreibt seine eigenen Erfahrungen als junger Mann:

»In den militärischen Kreisen, in denen ich mich herumtrieb, entweder weil meine Schulfreunde die Söhne von Offizieren waren, oder weil es um Udine herum so viele Militärbasen gab, wo ich reiten konnte, soviel ich wollte, war es fast ein Ritual, seine Loyalität gegenüber dem König und seine Gleichgültigkeit gegenüber dem Faschismus zu zeigen, und dazu offene Feindseligkeit gegen die Deutschen. Bei solchen Gelegenheiten fühlte ich mich einer quasi geheimen Gesellschaft zugehörig, denn in Gegenwart meiner Mutter oder meines Vaters fand immer irgend jemand einen Vorwand, um für die Juden und gegen die Deutschen zu sprechen. Die Tatsache, daß in jenen Jahren der Oberst des renommiertesten Kavallerie-Regiments der Stadt ein Jude war, reichte, um jedem – wenigstens in unserer Gegenwart – die Lippen zu verschließen, der Kritik an den Juden hätte üben mögen.«[124]

Kein Wunder, daß Goebbels über die italienische Armee entsetzt war. Im Mai 1943, nachdem der NS-Führung klar geworden war, daß die italienische Armee Hitlers Vernichtung der Juden systematisch sabotierte, notierte Goebbels, der Duce sei schlecht dran, weil er keine Formation wie die SS befehlige. Er sei von seiner royalistischen Armee abhängig, die natürlich einem so brutalen Weltanschauungskrieg nicht gewachsen sei. Mit »Weltanschauungskrieg« meinte Goebbels offensichtlich die Ermordung der Juden. »Weltanschauungskrieg« war nur einer von vielen Euphemismen. Ein paar Zeilen später berichtete Goebbels: »Er [der »Führer«] vertritt den Standpunkt, daß der Antisemitismus, wie wir ihn früher in der Partei gepflegt und propagiert haben, auch jetzt wieder das Kernstück unserer geistigen Auseinandersetzung sein muß... Dem Judentum gegenüber kann nicht von Humanität die Rede sein, das Judentum muß zu Boden geworfen werden.«[125]

Antisemitismus scheint für die königlich italienische Armee weitgehend irrelevant gewesen zu sein. In Segres Udine kommandierte ein jüdischer Oberst ein Eliteregiment der Kavallerie. Als Mussolini seine antisemitischen *Legge razziali* vorzubereiten begann, sah er sich mit dem peinlichen, aber typisch italienischen Problem konfrontiert, daß niemand wußte, wer in der italienischen Armee Jude war. Am 15. Februar 1938 mußte, auf der wackligen Grundlage eines Sensationstextes von einem gewissen Gino Sottochiesa mit dem Titel »Hinter der Maske Israels«, eine »Liste jüdischer Offiziere« zusammengestellt werden. In der Vorbemerkung an den Unterstaatssekretär im Kriegsministerium steht: »Um eine wirkliche Kontrolle durchführen zu können, wäre es vonnöten, daß Eure Exzellenz eine Überprüfung auf der Basis einer Volkszählung des Zentralinstituts für Statistik verfügt.«[126]

Die Untersuchung wurde nach dem Zufallsprinzip auf der Grundlage für »jüdisch« gehaltener Nachnamen durchgeführt. Es war eine schwierige Sache, denn italienische jüdische Namen lauten oft wie die Namen großer Städte, und auf einer am 25. Februar 1938 erstellten Liste von Offizieren erscheinen die Namen der Obersten »Bologna«, »Modena« und »Fiorentino«. Sicherer waren sich die Kompilatoren schon bei dem General der Pioniere Ugo Levi, und bei dem General des Quartiermeisterkorps Edoardo Sacerdote, dessen Vater »Abramo« geheißen hatte. Bestimmte berühmte italienisch-jüdische Familiennamen wie De Benedetti und Mortara erscheinen auf der Liste neben dem der Brüder Rodriguez (beide Oberste) und dem unglaublichen Namen von Oberst Domenico Chirieleison (italienisierte Fassung von »Kyrie eleison«, dem Anfang der Messe).[127] Die Liste enthielt die Namen von sechs Generälen und vierzehn Obersten, und ob sie nun korrekt war oder nicht, sie spiegelte den einzigartigen, typisch italienischen Stand der Dinge. Nirgends sonst in Europa waren so viele Juden in der höheren Führung der Armee. Ich habe keine gleichwertige Liste für die Marine, aber auch dort gab es mehrere jüdische Flaggoffiziere. Schon 1902 hatte Italien einen jüdischen Kriegsminister gehabt, General Giuseppe Ottolenghi.

Im letzten Abschnitt dieses Teils will ich versuchen, die sehr verschiedenen Bedingungen für Juden in Italien und Deutschland klarzustellen, aber auch ohne weitere Kommentare ist klar, daß die königlich italienische Armee tatsächlich einen »Staat im Staate« darstellte – was man oft von der deutschen Wehrmacht gesagt hat. Andererseits kann man sich auf Goebbels' Standpunkt stellen und sagen, daß der Faschismus »an der Oberfläche haften« geblieben sei, eben weil er es versäumte, den Soldaten den richtigen Antisemitismus einzuflößen. Ich neige dazu zu sagen, daß sich das faschistische Regime nie ganz durchgesetzt hat. Es errichtete eine Fassade totaler Kontrolle, hinter der die Institutionen des präfaschistischen Italien weiterlebten wie zuvor. Krone, Armee und Kirche waren nie »gleichgeschaltet«, wie die Nationalsozialisten ihre radikale Umwandlung der deutschen Institutionen nannten. Und dem Duce fehlte, wie Himmler bei seinem Gespräch mit dem Duce bemerkte, eine SS. Tatsächlich fehlte ihm auch eine zuverlässige Partei, und die faschistische Miliz, selbst die im aktiven Dienst stehenden Einheiten, hatte einen schlechten Ruf bei den Berufssoldaten. Mit der Waffen-SS waren sie sicher nicht zu vergleichen.

Die traditionsgebundene, liberale, freimaurerische, philosemitische Kultur der königlich italienischen Armee sorgte für einen Rahmen, innerhalb dessen eine Verschwörung zur Rettung der Juden vor den Deutschen, Franzosen oder Kroaten Beifall ernten mußte. Wie Hitler und das deutsche Oberkommando argwöhnten, waren viele höhere Offiziere den Alliierten wohlgesinnt und glaubten, daß sie auf der falschen Seite kämpften, was sie, trotz des Faschismus, schließlich auch taten. Als also Roatta sagte, »so etwas ist einfach nicht möglich«, konnte er auf ein Offizierskorps zählen, das bereits oft und vernehmlich das gleiche gesagt hatte.

Nichts illustriert den Unterschied zwischen den beiden Armeen deutlicher als ihr Verhalten gegenüber den Juden. Am 30. November 1942, drei Tage, nachdem General Roatta die Juden im Internierungslager in Kraljewice besucht und ihnen den Schutz der italienischen Streitkräfte zugesagt hatte, leitete Generalmajor Hermann Foertsch, Chef des Stabes der deutschen Heeresgruppe E in Saloniki-Arsakli, die wöchentliche Chefbesprechung, eine informelle Betrachtung der Lage im Operationsgebiet der Heeresgruppe.[128] Am Ende des Treffens: »Chef gibt bekannt, daß am 1. 12. die Verpflegungskürzung für uns in Kraft tritt. Ferner gibt Chef eine Verfügung des OKH/Personalamts über die Einstellung zum Juden bekannt.«[129]

Der Sitzungsbericht endet hier. Offensichtlich waren die letzten Punkte über Verpflegungskürzungen und über Juden rein administrative Bekanntmachungen, Routinesachen, nur zur Information. Ich machte den Inhalt dieser »Verfügung« ausfindig. Ich stellte fest, daß solche Vorschriften Teil der vierteljährlichen Instruktionen waren, die alle Kommandeure von der Divisionsebene aufwärts den Offizieren zu geben hatten, als »Vierteljahres-Belehrung des Offizierskorps des Stabes über OKW-Befehle betreffend Lebensführung des Offizierskorps und Bekanntgabe kriegsgerichtlicher Urteile«.[130] Das gedruckte amtliche Papier wurde an mehrere hundert Kommandos verschickt und begann:

»Berlin, den 31. Oktober 1942
Geheim.

Betr.: Einstellung des Offiziers zum Judentum

Nachstehende Vorfälle werden hiermit dem Offizierskorps zur Kenntnis gebracht:

Ein Offizier hat in den letzten Jahren, wenn auch in loser Form, so doch fortlaufend durch Geburtstagsbriefwechsel Verbindung mit einem Juden, ehemaligem Schulkameraden und Jugendfreund, gehabt. Er hat diesen Briefwechsel sogar als Rgt. Kommandeur im Einsatz an der Ostfront fortgesetzt und versucht, einen Brief ohne Absender durch Vermittlung eines ihm unterstellten Offiziers, der auf Urlaub fuhr, an den Juden gelangen zu lassen.

Ein anderer Offizier hat sich mehrfach in Uniform in den Straßen einer deutschen Stadt mit einem Juden gezeigt, der zwar im Weltkrieg Offizier gewesen, jetzt aber als Jude auch äußerlich durch das Tragen des Davidsternes gekennzeichnet war.

Diese Vorfälle geben Anlaß, die Einstellung des Offiziers gegenüber dem Judentum nochmals eindeutig klarzustellen.

Jeder Offizier muß von der Erkenntnis durchdrungen sein, daß in erster Linie der Einfluß des Judentums dem deutschen Volk den Anspruch auf Lebensraum und Geltung in der Welt streitig macht und zum zweiten Male unser Volk zwingt, mit dem Blut seiner besten Söhne sich gegenüber einer Welt von Feinden durchzusetzen. Der Offizier muß deshalb eine eindeutige, völlig kompromißlose Haltung in der Judenfrage einnehmen. Es gibt keinen Unterschied zwischen sogenannten anständigen Juden und anderen ...«

Die Belehrung endet mit der Erklärung, daß es keinerlei Beziehungen irgendwelcher Art auf irgendeiner Stufe und zu irgendeinem Zweck »zwischen einem Offizier und einem Angehörigen der jüdischen Rasse geben« dürfe. »Wer gegen diese kompromißlose Haltung verstößt, ist als Offizier untragbar.«[131]

Kommandierende Offiziere verstärkten diesen Standpunkt oft durch besondere Hinweise auf die »Judenfrage«. Am 16. März 1944 gab General Lanz, kommandierender General des XXII. (Gebirgsjäger-)Armeekorps den »Korpsbefehl Nr. 1 für das Unternehmen ›Margarete‹« heraus, die Besetzung Ungarns, die am 19. März stattfand. Die Befehle, die an alle Kommandeure gingen, erklärten das politische Ziel folgendermaßen:

»Seit längerer Zeit ist dem Führer und der Reichsregierung klar, daß die ungarische Regierung Kallay den *Verrat Ungarns* an den verbündeten europäischen Nationen vorbereitet hat. Das in Ungarn alles beherrschende Judentum und einzelne reaktionäre oder jüdisch versippte und korrupte Elemente der ungarischen Aristokratie haben das uns befreundete ungarische Volk in diese Lage gebracht... Vor allem das Judentum hat es verstanden, trotz erlassener Judengesetze seine Position zu behaupten und zu erweitern. Es hat das geistige und kulturelle Leben Ungarns völlig zersetzt, soziale Reformbestrebungen zu unterdrücken gewußt und den Geist der Wehrhaftigkeit fast vernichtet.«[132]

Wie General Geloso in seinem Bericht vom Juli 1943 meldete, hatte sich Generaloberst Löhr im Frühjahr 1943 während der Massendeportation der Juden aus Saloniki selbst eingemischt und die Italiener bedrängt, mit den Juden aus ihrer Besatzungszone ebenso zu verfahren, eine Forderung, die durch Löhrs Stabschef Winter in einer Unterhaltung mit seinem italienischen Pendant noch verstärkt wurde.[133] Mit Ausnahme des Falles Korfu gibt es kein Zeugnis dafür, daß irgendein Kommandeur auf dem Balkan oder auch nur ein Unteroffizier die geringsten Einwände gegen die Deportation und Ermordung der Juden erhob. Typisch ist der Bericht des Unteroffiziers Bergmayer von der Geheimen Feldpolizei von Ende März 1944 über die »Evakuierung« der Juden aus Joannina in Nordwestgriechenland. Die GFP sperrte morgens um drei Uhr das Ghetto ab. Den Vorstehern der jüdischen Gemeinde wurde mitgeteilt, daß um 8.00 Uhr sämtliche Männer, Frauen und Kinder auf dem Platz versammelt sein müßten. Wer nicht erschiene und später gefunden würde, werde erschossen. Die Aktion lief ganz glatt ab. Der Unteroffizier notiert:

»Die griechische Bevölkerung, die inzwischen von der Aktion Kenntnis erhalten hatte, sammelte sich in den Straßen der Stadt. Mit stiller Freude, die man ihren Gesichtern ablesen konnte, verfolgten sie den Auszug der Hebräer aus ihrer Stadt. Nur in ganz seltenen Fällen ließ sich ein Grieche herbei, einem jüdischen Rassegenossen Lebewohl zuzuwinken. Man konnte klar erkennen, daß diese Rasse bei Alt und Jung gleich unbeliebt war. Mitleid mit deren Schicksal oder gar mißgünstige Beurteilung der Aktion wurden in keinem einzigen Falle bekannt... Insgesamt wurden am 25. 3. 44 1725 jüdische Rassenangehörige abtransportiert.«[134]

Es überrascht nicht, daß die griechische Bevölkerung den Aufbruch der Juden schweigend beobachtete. 1944 hatten die Zerstörung griechischer Dörfer und die Massenerschießungen griechischer Geiseln durch die Deutschen solche Ausmaße angenommen, daß der Ministerpräsident der griechischen Marionettenregierung, J. D. Rallis, bei General Speidel, dem Militärbefehlshaber in Athen, Protest angemeldet hatte, und Speidel selbst war so besorgt, daß er einen langen Bericht an Löhr schickte, in dem er von dem »verstärkten Haß gegen die deutsche Wehrmacht« sprach und von »der immer schlechter werdenden Disziplin der Truppe selbst. Das Ansehen der Truppe sinkt immer mehr.«[135]

Die Wehrmacht hatte sich jetzt von ihren eigenen Exzessen zu distanzieren begonnen. Im Dezember 1943 berief Löhr ein Treffen der Heeresgruppe E in Saloniki ein, zu dem alle Korps- und Divisionskommandeure sowie der Chef des Stabes des Militärbefehlshabers in Griechenland geladen waren. Das Problem der Vergeltungsmaßnahmen wurde diskutiert, und neue Richtlinien wurden ausgegeben:

> »Grundsätzlich: Es geht leider nicht an, alle Leute zu köpfen. Wenn man aber Sühnemaßnahmen durchführt, muß man sich an die wahrhaft Schuldigen und Geiseln halten, aber nicht völlig unbeteiligte Ortschaften dem Erdboden gleichmachen. Dies führt zur Vermehrung des Bandenwesens. Mindestquoten für Geiselerschießungen sind Höchstquoten geworden – 1:50 bei Toten; 1:10 bei Verwundeten.«[136]

Die Massaker hörten nicht auf, sondern wurden womöglich noch schlimmer. Botschafter Neubacher, deutscher Bevollmächtigter für die griechische Wirtschaft, schrieb am 5. April 1944 an Feldmarschall von Weichs, es sei schierer Wahnsinn, Babys, Kinder, Frauen und alte Leute zu erschießen, weil schwer bewaffnete Rote eine Nacht in ihrem Haus einquartiert gewesen seien und in der Nachbarschaft zwei deutsche Soldaten erschossen hätten. Die politischen Folgen solcher Taten könnten sehr ernst sein. Es sei offensichtlich einfacher, harmlose Frauen, Kinder und alte Männer zu erschießen, als eine bewaffnete Bande aufzuspüren. Er erwarte eine gründliche Untersuchung der Angelegenheit.[137]

Wie das Nürnberger Militärtribunal bemerkte, erweisen die Massaker in Griechenland »einen der wichtigsten jener Mythen als unwahr, die die Wehrmacht verzweifelt zu erhalten versucht – daß die schrecklichen Verbrechen der Truppe im Feld von SS-Einheiten begangen worden wären, über die die Wehrmacht keine Kontrolle gehabt habe«.[138]

Mit dem Nürnberger Tribunal begann eine Diskussion, die nicht nachlassen zu wollen scheint. In den ersten Jahren nach dem Krieg fuhren hohe deutsche Offiziere fort zu leugnen, daß die Wehrmacht in die Morde verwickelt gewesen sei, aber mit immer weniger Erfolg. 1978 veröffentlichte Christian Streit sein Buch *Keine Kameraden. Die Wehrmacht und die sowjetischen Kriegsgefangenen 1941–1945*. Er spürte dem nach, was er die »Einbeziehung der Wehrmacht in die nationalsozialistische Ausrottungspolitik« nannte. Deutsche Generäle waren nicht nur einverstanden mit der Vernichtung ganzer Gruppen von Menschen, sondern unterstützten solche Maßnahmen auch aktiv. Hitler führte eine ideologische Komponente in den Krieg ein, indem er Rußland angriff, was ihm die volle Zustimmung des Offiziersstands gewann:

> »Die Attraktivität des Hitlerschen Konzeptes für den Ostkrieg beruhte zu einem ganz entscheidenden Teil darauf, daß er mit dem Aggressionsobjekt ›jüdischer Bolschewismus‹ jene Feindgruppen zu *einem* Feind erklärt hatte, deren Bekämpfung seit dem Ende der Bismarck-Ära in der deutschen Innenpolitik die Funktion einer Integrationsklammer gehabt hatte – Juden und Sozialisten. Mit der Gleichung ›Juden = Bolschewisten‹ konnten auch Gruppen zu einer zumindest passiven Beteiligung an der Ausrottung der Juden bewegt werden, die sich ansonsten etwas darauf zugute hielten, dem ›vulgären‹ Antisemitismus Streicherscher Observanz fernzustehen.«[139]

Also, meint Streit, tat die Wehrmacht mehr, als nur Befehle zu dulden, mit denen seit dem Beginn des Rußlandfeldzugs deutsche Soldaten aufgefordert wurden, alle bestehenden Regeln des Krieges zu brechen. Sie taten das freiwillig und machten sich selbst zu Komplizen bei schrecklichen Verbrechen. Streit zitiert einen Vortrag von Ministerialdirektor Mansfeld, dem Leiter der Geschäftsgruppe Arbeitseinsatz im Vierjahresplan, über ›allgemeine Fragen des Arbeitseinsatzes‹, den er vor der Reichswirtschaftskammer hielt:

> »Die gegenwärtigen Schwierigkeiten im Arbeitseinsatz wären nicht entstanden, wenn man sich rechtzeitig zu einem großzügigen *Einsatz russischer Kriegsgefangener* entschlossen hätte. Es standen 3,9 Millionen Russen zur Verfügung, davon sind nur noch 1,1 Millionen übrig. Allein vom November 41 – Januar 42 sind 500 000 Russen gestorben. Die Zahl der gegenwärtig beschäftigten russischen Kriegsgefangenen (400 000) dürfte sich kaum erhöhen lassen. Wenn die Typhuserkrankungen abnehmen, besteht viel-

leicht die Möglichkeit, noch weitere 100 000–150 000 Russen in die Wirtschaft zu bringen.«[140]

Mit anderen Worten, man hatte innerhalb von acht Monaten zwei Millionen Menschen getötet oder sterben lassen. Viele Hunderttausende sollten noch folgen. Herr Mansfeld erwähnt diese Zahlen ähnlich, wie wir den Stabsoffizier in Belgrad seine Quoten für die »Sühnemaßnahmen« haben berechnen sehen (s. Dokument 3). Etwas Unheilvolles, Erstaunliches und letzten Endes Unbegreifliches scheint im gesamten bürokratischen und militärischen Apparat des Hitlerreiches geschehen zu sein. Im Juni 1942 notierte die SS, daß die Einführung der neuen »Gaswagen« sehr erfolgreich verlaufen sei:

»Seit Dezember 1941 wurden beispielsweise mit 3 eingesetzten Wagen 97 000 verarbeitet, ohne daß Mängel an den Fahrzeugen auftraten.«[141]

Die 97 000 »Verarbeiteten« waren natürlich Menschen, obwohl der Text das nicht vermuten läßt. Omer Bartov hat in seinem 1985 erschienen Buch *The Eastern Front 1941–45* die Verrohung zu erkären versucht, indem er »Geschichte von unten« betrieb, nämlich das Leben von gemeinen Soldaten und rangniederen Offizieren in drei deutschen Divisionen an der Ostfront untersuchte. Er erforschte im einzelnen den Einfluß der Strapazen an der Front, die soziale Mischung und das Alter des Offizierskorps', den hohen Anteil der NSDAP-Parteigenossen innerhalb der Truppen, schließt aber, daß die Verrohung der Wehrmacht grundsätzlich auf »Glauben« beruhte, besonders auf dem »Hitler-Mythos«. Und vor allem auf der Tatsache, daß »die zugrunde liegende nationalsozialistische Untermenschen-Theorie betreffend die Bevölkerung in Rußland eine wichtige Rolle spielte bei der Verrohung der Truppen«.[142]

Bartov ist vorgeworfen worden, er habe den Einfluß der Ideologie in einem so oder so brutalen Krieg überschätzt. Kritiker weisen auf andere Brutalitäten anderer Armeen hin, die nicht vom nationalsozialistischen Rassenwahn durchdrungen waren. Theo Schulte zeigt in seiner 1989 veröffentlichten faszinierenden Untersuchung über die von Deutschen besetzten Gebiete, wie Ideologie dazu neigte, gefiltert und verwässert zu werden durch die Trägheit des Soldatenlebens und die Langeweile des Besatzerdienstes. Die Soldaten, weit entfernt davon, grimmige Ideologen zu sein, waren zum Teil »Pantoffelsoldaten«, wie ein inspizierender Offizier Ende 1942 meldete.

Seine Eindrücke von der Inspektion dieser Stützpunkte: Die Männer rührten sich den ganzen Tag nicht aus ihren Stellungen und Stützpunkten heraus. Als Folge dieser Inaktivität seien die Soldaten lahm und unsoldatisch geworden. Er habe Männer auf Posten getroffen, die Pantoffeln trugen und, als sie ihn sahen, ein fröhliches Gesicht aufgesetzt und Meldung gemacht hätten, als seien sie Zivilisten. Wenn er einen Stützpunkt betreten habe, sei im allgemeinen keinerlei Notiz von dem genommen worden, was er tat. Befehle zum Haltungannehmen oder Ruhehalten kämen gar nicht in Frage. Die Männer blieben auf ihren Betten liegen oder auf Schemeln sitzen. Das sei zwar nicht überall der Fall gewesen, aber es könne wohl als Norm betrachtet werden.[143]

Der Bericht erinnert mich mehr an M.A.S.H. als an die Wehrmacht, aber jede Organisation, die Millionen von Menschen verpflichtet hat und sie an allen möglichen Stellen einsetzt, kann, wie Schulte richtig bemerkt, gar nicht umhin, uneinheitlich zu sein. Aber Schultes Zeugnisse aus rückwärtigen Heeresgebieten lassen vermuten, daß in bezug auf die Juden die Argumente überall gleich blieben. In einem Lagebericht vom 1. Januar 1941 bemerkte ein Ortskommandeur hinter der Front, die Juden, die in dem Bezirk herumstreiften, stellten eine besondere Bedrohung dar. Sie dienten als Verbindungsleute für Partisanenbanden, überbrächten Meldungen und arbeiteten als Werber für die Partisanen. In dieser Weise seien Frauen und Mädchen vielerorts tätig.[144]

Es gibt zahllose weitere Beispiele dafür, daß dieses Argument von der französischen Küste bis zu den griechischen Inseln benutzt wurde. Himmler benutzte es bei einem Besuch bei Mussolini. Jeder deutsche Funktionär in der italienisch besetzten Zone Jugoslawiens benutzte es. Glaise von Horstenau benutzte es in seinen Meldungen nach Berlin. Kurioserweise benutzten die Italiener selbst es im Frühjahr 1943, um den Deutschen zu erklären, weshalb es nötig sei, die Juden in der italienisch besetzten Zone Südfrankreichs zu internieren. Es entwickelte sich aus der anscheinend auf allen Ebenen deutscher militärischer Aktivitäten herrschenden Überzeugung, daß die Juden immer, überall, eine besondere Kategorie seien. Ein griechischer Jude war einfach ein Jude, nie ein Grieche. Diese geistige Absonderung bereitete den Boden für die physische Absonderung der Juden und schließlich für ihre Vernichtung.

In diesem Zusammenhang stützt die Forschung, die hinter meinem Bericht steht, die »revisionistischen« Historiker wie Streit, Browning, Bartov und Schulte. Kein deutscher Offizier oder Zivilist hat zu irgendeinem Zeitpunkt oder in irgendeinem Dokument oder einer Unterhaltung »das Judentum« anders als in solchen absoluten Kategorien gesehen. Keiner drückte Zustimmung oder Verständnis für die Haltung der Italiener gegenüber den Juden aus. Ob die deutsche Wehrmacht eine ideologische Armee geworden war oder nicht, inwieweit und in welcher Form sie an Verbrechen gegen die Menschlichkeit beteiligt war, sind immer noch zu diskutierende Fragen. An einem Punkt kann kein Zweifel mehr bestehen: In ihrer Haltung gegenüber den Juden lebten die zwei verbündeten Mächte in verschiedenen moralischen Welten.

Folgt daraus, daß Deutsche Juden haßten und daß Italiener sie nicht haßten? Es scheint bemerkenswert wenig italienischen Antisemitismus gegeben zu haben. Jüdische Gemeinden auf italienischem Boden waren natürlich alter Abstammung. Die jüdische Gemeinde Roms kann ihre ununterbrochene Existenz mit ziemlicher Sicherheit bis in die Zeiten der römischen Republik zurückverfolgen, als Juden *liberti,* die »Freigelassenen«, genannt wurden, weil sie so schwer zu versklaven waren.[145] In den folgenden 1800 Jahren hatten sie alle Verfolgungen, erzwungenen Konversionen, Ausschließungen und Einschränkungen erfahren, die typisch sind für jüdische Geschichte. Was italienische Juden von ihren Glaubensbrüdern anderswo unterschied, waren nicht die Juden, sondern die Umgebung, in der sie lebten.

Vom Ende des römischen Imperiums bis zur Mitte des neunzehnten Jahrhunderts war Italien, um Fürst Metternichs berühmten Ausdruck zu benutzen, nur ein »geographischer Begriff«. Geteilt und zerstritten, bekämpften die italienischen Staaten einander, bis sie Opfer der Fremden wurden. Schlüssel für die Stabilität in Italien und permanentes Zentrum im Gleichgewicht der Macht war die internationale Stellung der Päpste. Die Päpste selbst betrachteten sich mit einiger Berechtigung als Erben der Cäsaren und regierten nicht nur in Rom, sondern in einem großen Gebiet, das sich quer über die Halbinsel erstreckte. Kein Plan zur Einigung Italiens und zur Vertreibung der Fremden konnte die Souveränität des Papsttums übergehen. Deshalb erklärten italienischer Liberalismus und Nationalismus den Papst zum Feind.

Die Päpste zahlten mit gleicher Münze. Noch bevor die französische Revolution eine erschreckende Welle von Säkularismus und Antiklerikalismus entfesselte, hatte der Heilige Stuhl die Zensur verschärft und Einschränkungen auferlegt. In genau dem Augenblick, als amerikanische Patrioten sich anschickten, den »Schuß, den die Welt hört«, abzufeuern und die großen, »selbstverständlichen Wahrheiten« des modernen Liberalismus zu proklamieren, gab Pius VI. (1775–1799) am 5. April 1775 ein verschärftes »Edikt betreffend die Juden« neu heraus, das all die mittelalterlichen Beschränkungen jüdischen Lebens erneuerte. Es straffte die Bedingungen für die Ghettos. Es grenzte die jüdischen

Wohngebiete ein, das Recht der Juden auf Besitz, ihre Beweglichkeit, und im Rahmen der 48 Artikel verhängte es das *Segno,* das Zeichen, das Juden von Nichtjuden unterschied. Wie Attilio Milano in seinem großen Buch über die Geschichte der Juden in Italien sagt, wurden die italienischen Juden 1789 buchstäblich da »petrifiziert«, wo sie zwei Jahrhunderte zuvor gestanden hatten.[146]

Nationalisten, Liberale und Juden hatten einen gemeinsamen Feind: das Papsttum. Als die Franzosen kamen und das, was sie als mittelalterlichen Aberglauben betrachteten, hinwegfegten, schafften sie natürlich die Ghettos ab; gleichzeitig schlossen und säkularisierten sie Klöster, hoben Gemeindebesitz auf und führten Privatbesitz ein. Sie setzten eine Neuordnung zu großen modernen Einheiten in Italien durch und führten die jüngsten Errungenschaften des *Code Napoléon* ein: Bürgerrechte und politische Freiheit.

Als Napoleon stürzte, machten sich die Päpste und die wieder eingesetzten Monarchien eifrig daran, die Uhren zurückzudrehen, fast buchstäblich geschah dies im Fall des Königs von Piemont, Viktor Emanuels I., der am 25. Mai 1814 alle Erlasse, Beförderungen, Einrichtungen oder sonstigen Verfügungen der Regierung aus der Zeit nach dem 23. Juni 1800 widerrief, als hätte es diese Jahre nie gegeben. Am gleichen Tag wurde in Turin das Ghetto wieder eingerichtet. Am 1. März 1816 wurden im Königreich Piemont die freien Berufe wieder für Juden gesperrt. Im Herzogtum Modena wurde nicht nur das Ghetto mit all den alten Beschränkungen wieder eingerichtet, sondern das *Segno* – im Falle Modena ein rotes Band am Hut – erneut vorgeschrieben.

Die italienischen Staaten fielen in die schwärzeste Reaktion zurück. Papst Gregor XVI. widersetzte sich der Einführung einer Gasbeleuchtung in den Straßen Roms und anderer Städte des Kirchenstaates, weil sie die Menschen dazu verführen könnte, nachts herumzulaufen und aufrührerische Gedanken zu verbreiten. Aus dem gleichen Grund wehrte er sich gegen Eisenbahnen. Der englische Essayist Hazlitt geriet 1825 mit den Piemonteser Reaktionären in Konflikt:

»Wir kamen dann zum Zollhaus. Ich hatte zwei Kisten. Die eine enthielt Bücher. Als sie geöffnet wurde, war es, als sei die Büchse der Pandora aufgesprungen. Man hätte nicht erschrockener zusammenfahren oder überraschter sein können, wenn sie mit Kartuschpapier oder Schießpulver gefüllt gewesen wäre. Bücher waren das Ätzsublimat, das Despotismus und Pfaffentrug zerfrißt … Eine Kiste voll davon war eine Mißachtung der verfassungsmäßigen Autorität … Erst als ich in Turin ankam, stellte ich fest, daß sie [die Kiste] Staatsgefangene geworden war; man würde sie mir schicken, wohin ich wollte, außerhalb der Herrschaft seiner Sardinischen Majestät.«[147]

In einer solchen Zeit hatten Juden und liberale Nationalisten gemeinsame Interessen. Wie ein an jüdische Glaubensbrüder gerichtetes Pamphlet von 1831 es ausdrückte:

>»Italienische Israeliten! Die Zeit ist gekommen, da sich der Italiener erhebt, um seine verlorene Würde wiederzugewinnen… Das Feuer, das in anderen Italienern brennt, muß auch in unserer Brust brennen, denn Italien ist unser Vaterland und nicht das unfruchtbare Gebiet von Palästina.«[148]

Alle großen Führer der italienischen Bewegung der nationalen Wiedergeburt, des *Risorgimento,* schrieben über die »Judenfrage«. Massimo d'Azeglio äußerte sich sehr präzise in seinem *Dell'emancipazione civile degl'israeliti,* geschrieben im Revolutionsjahr 1848: »Die Sache der jüdischen Wiedergeburt ist eng verbunden mit der italienischen Wiedergeburt, weil es nur eine Gerechtigkeit gibt.«[149]

Juden wurden patriotische Italiener und beteiligen sich an den Kriegen zur nationalen Befreiung. Der Architekt der Einigung, Graf Cavour, beschäftigte den Juden Isaaco Artom als Privatsekretär, und Juden kämpften als Revolutionäre und reguläre Soldaten. Juden wurden Propagandisten des neuen Italien. Deutschsprachige Juden, die als österreichische Untertanen in Städten wie Triest gelebt hatten, verwandelten sich in italienischsprechende Patrioten. Einer von ihnen, Ettore Schmitz, wurde einer der größten Schriftsteller Italiens – unter dem Namen Italo Svevo. Felice Venezian gründete die Dante-Alighieri-Gesellschaft, ein Äquivalent der Goethe-Institute oder des British Council. Juden identifizierten sich mit der italienischen Monarchie. In einer Vorlesung an der Brandeis-University 1984 sagte der große Historiker Arnaldo Momigliano: »Das erklärt, weshalb meine Großmutter immer weinte, wenn sie den *Marcia Reale* – die Nationalhymne des Königreichs Italien – hörte, und wenn man bei so scheußlicher Musik weinen kann, kann man bei allem möglichen weinen.«[150]

Hilfreich war für die Integration der Juden, daß es nur wenige waren. Momigliano schätzt, daß es Anfang des 19. Jahrhunderts nur 30 000 waren. De Felice hat in seinem umfangreichen und maßgeblichen Werk über die Juden unter dem Faschismus die Unterlagen der Abteilung »Demographie und Rasse« der faschistischen Regierung benutzt und ist für die jüdische Bevölkerung 1938 zu den folgenden Zahlen gelangt:

	Großstädte	Andere Gemeinden
Italienische Juden	41 224	4 137
Ausländische Juden	7 767	1 975
Insgesamt	48 991	6 112[151]

Sie machten weniger als ein Prozent der Bevölkerung aus und gingen leicht in ihrer italienischen Umgebung auf. In Rom sprachen die Juden aus dem Ghetto und aus Trastevere das *Romanesco* anderer Slumbewohner, vermischt mit gelegentlichen hebräischen Redewendungen, und hatten ihre eigene Küche und eigenen Bräuche. Anderswo, wie in Ferrara und Städten weiter nördlich, teilten sich die Juden in drei verschiedene Gruppen, symbolisiert durch drei verschiedene Synagogen: *la scola tedesca* (aschkenasisch), *la scola spagnola* (sephardisch) und *la scola italiana* (italienisch); aber wie sich jeder Leser des wundervollen Buches *Die Gärten der Finzi-Contini* von Giorgio Bassani erinnern wird, waren die aschkenasischen Juden in Ferrara in den dreißiger Jahren bereits nicht weniger italienisch als ihre sephardischen oder judäo-italienischen Glaubensbrüder.[152]

Damals wie heute sahen die italienischen Juden für Juden aus Nordeuropa »nicht jüdisch aus« (so wenig wie die Juden aus China und Japan in den zahllosen Witzen). Wie Primo Levi bemerkte, kostete das viele von ihnen in nationalsozialistischen Todeslagern das Leben. Sie konnten nicht kommunizieren; sie sprachen nicht Jiddisch: »Die polnischen, russischen und ungarischen Juden waren erstaunt, daß wir Italiener kein Jiddisch sprachen: damit waren wir verdächtige Juden, solche, denen man nicht trauen konnte... Auch wenn man von den Verständigungsschwierigkeiten einmal absieht, war es nicht leicht, italienischer Jude zu sein.«[153]

Die jüdische Identität war nicht mehr sehr stark im 20. Jahrhundert. Dan Vittorio Segre erinnert sich, daß die Kenntnis des Hebräischen, der Rituale und Bräuche in seiner wohlhabenden norditalienischen Familie zu wenig mehr als symbolischen Akten der Identität geworden war.[154] Nello Rosselli, einer der Gründer der antifaschistischen Bewegung

Giustizia e Libertà, faßte 1924 die Lage vieler italienischer Juden in einer Rede so zusammen: »Ich bin ein Jude, der am Sabbat nicht in den Tempel geht, der kein Hebräisch kann und der keine Vorschriften der Religion befolgt... Ich bin kein Zionist und damit kein vollständiger Jude.«[155]

Jude sein war für gebildete italienische Juden wie das Lächeln der Cheshire-Katze – im Verschwinden gerade noch zu sehen. Heirat zwischen Juden und Nichtjuden war völlig normal geworden. Der Volkszählung von 1938 zufolge waren 43,7 Prozent der Eheschließungen, an denen Juden beteiligt waren, Ehen, in denen ein Partner nichtjüdisch war. Selbst das Amt für Demographie und Rasse war von der Zahl überrascht und kommentierte: »Der Prozentsatz von Juden beiderlei Geschlechts, die in Italien Personen anderer Rasse und Religion heiraten, ist merklich höher als in anderen europäischen Ländern.«[156]

Juden ergriffen die verschiedensten Berufe und Tätigkeiten, erreichten aber nirgends eine Berühmtheit, wie zum Beispiel im Bankwesen oder in den akademischen Berufen in Ungarn, jene Art Berühmtheit, die antisemitische Bemerkungen oder Abwehrmaßnahmen hervorrief. Natürlich gab es, wie H. Stuart Hughes in seinem Buch *Prisoners of Hope. The Silver Age of the Italian Jews*[157] bemerkt, viele bedeutende Schriftsteller, die Juden waren, aber nichts in Alberto Moravias oder Carlo Levis Werk ist spezifisch »jüdisch«. Selbst Primo Levi, der für unsere Generation zum Symbol des jüdischen Überlebens im »Holocaust« geworden ist, bewahrt sich in Auschwitz Geist und Seele nicht mit der Thora, sondern mit Dante. *Ist das ein Mensch* erforscht das Dilemma der italienischen Juden. Ein Mann mit dem so jüdischen Namen Levi ist von den Nationalsozialisten aus keinem anderen Grund ins Konzentrationslager deportiert worden, als weil er Jude ist, aber seine jüdische Identität ist so gering, daß er in der Zeit der Not Trost bei der überragenden christlichen Dichtung sucht. Tatsächlich, italienische Juden »sahen nicht jüdisch aus«.

Zum Teil aus diesem Grund und zum Teil aus anderen, weniger leicht zu durchschauenden Gründen wurde das öffentliche Bewußtsein in Italien nie auf diese bestimmte Weise erregt. Eine Quelle des Antisemitismus in anderen europäischen Ländern war das neuzeitliche Marketing. Das Warenhaus und der Postversandkatalog bedrohten die kleinen Läden und die Handwerker und die ortsansässigen Kaufleute. Juden wurden zum Symbol dieser Veränderung. Während der neunziger Jahre des vorigen Jahrhunderts begann an so verschiedenen Orten wie Dijon und Wien »Kauft nicht bei Juden« an den Wänden zu erscheinen. In Mailand, Italiens fortschrittlichster Handelsstadt, nahmen die Juden, verglichen mit ihrem Anteil an der Bevölkerung, in unverhältnismäßig großer Zahl am wirtschaftlichen Leben teil, aber eine neuere Untersuchung von Jonathan Morris über die die untere Mittelklasse betreffende Politik in Mailand von 1885 bis 1905, die auf einer umfassenden Auswertung der Archive der Stadt und der Zeitungen der Kleinhändler basiert, hat nicht einen einzigen Fall von Antisemitismus ans Licht gebracht.[158] Graf Ciano hatte recht, als er 1937 behauptete, es gebe keine »Judenfrage« in Italien.

> »Das Problem existiert bei uns nicht. Die Juden sind wenig an Zahl, und, von Ausnahmen abgesehen, in Ordnung. Und dann darf man niemals die Juden ›als solche‹ verfolgen. Das fordert die Solidarität aller Juden auf der Welt heraus. Man kann sie unter soviel anderen Vorwänden treffen. Aber, ich wiederhole, das Problem existiert bei uns nicht.«[159]

Juden waren auch im gesamten politischen Spektrum vertreten. Einer, Umberto Terracini, gründete zusammen mit Antonio Gramsci, Palmiro Togliatti und Angelo Tasca die italienische kommunistische Partei. Ein anderer, Aldo Finzi, schloß sich zu Beginn der faschistischen Partei an und stieg in den ersten Jahres des Regimes zum Unterstaatssekretär im Innenministerium auf. Dante Almansi, ein Jude, wurde Vizechef der faschistischen Polizei! Die Brüder Rosselli gründeten die wichtigste nichtmarxistische Widerstandsgruppe. Die Familie von Dan Vittorio Segre unterstützte die faschistische Partei in Udine, wie es die Finzi-Contini in Bassanis Roman tun. Es gab an sich keine »Judenfrage« in Italien.

Als sich Italien am 6. November 1937 im Antikomintern-Pakt NS-Deutschland anschloß, begannen die Juden nervös zu werden. Einen Monat nach der Unterzeichnung des Vertrages schrieb Ciano in sein Tagebuch: »Die Juden überschütten mich mit anonymen Schimpfbriefen, in denen sie mir vorwerfen, ich hätte Hitler ihre Verfolgung versprochen. Falsch. Niemals haben die Deutschen über dieses Argument zu uns etwas gesagt.«[160] Die Gerüchte nahmen so zu, daß das italienische Außenministerium am 14. Februar 1938 ein offizielles Dementi veröffentlichte:

> »Die Polemiken der letzten Zeit in der Presse waren geeignet, in bestimmten Ausländerkreisen den Eindruck zu erwecken, die

faschistische Regierung sei im Begriff, eine antisemitische Politik einzuleiten. Verantwortliche Kreise in Rom sind in der Lage zu versichern, daß dieser Eindruck völlig irrig ist.«[161]

Das traf schlicht nicht zu, und viele Leute wußten es. Genau zu dieser Zeit hatte das Kriegsministerium begonnen, Listen von den Juden im Offizierskorps aufzustellen. Irgendwann 1937/38 hatte Mussolini seine Haltung gegenüber den Juden geändert. Die Menschen jener Zeit und manche Forscher auch später noch nahmen an, daß die Einführung der antisemitischen Gesetze eine Bedingung für die Gründung der Achse gewesen sei. Meir Michaelis, dessen Buch *Mussolini and the Jews* diese Frage untersucht, konstatiert kategorisch, daß »das ganze umfangreiche Dokumentationsmaterial zu diesem Thema tatsächlich nicht den kleinsten Hinweis für eine deutsche Einmischung in Italiens innenpolitische Judenfrage während der betrachteten Zeit [nämlich 1936–1938] enthält«.[162]

Mussolini haßte den Eindruck, daß er, der Meister in diesen Dingen, Hitlers Schüler geworden sei, und am 10. August 1938 konnte Bottai über die italienische Presse schreiben:

> »Es ist ein Versuch der Journalisten im Gang, die Kontinuität im rassistischen Denken des Duce zu zeigen. Aber die Leute erinnern sich an die Seiten der *Colloqui* mit Ludwig. Sie erinnern sich, daß dieser für historische vertrauliche Mitteilungen ausgewählte Schriftsteller Jude ist. Daß die erste Biographin Mussolinis Jüdin ist. Und daß viele von ihm eingesetzte Senatoren Juden sind.«[163]

Der betagte General de Bono, der beim »Marsch auf Rom« eine der Abteilungen geführt hatte, war eine Art faschistischer Patriarch inklusive Spitzbart. Er war entsetzt über die neue Wendung der faschistischen Politik, obwohl er, wie er am 4. September 1938 in seinem Tagebuch bemerkt, »immer Antisemit gewesen« war.

> »Es scheint, als täten sie alles, sich Feinde zu schaffen. Diese Geschichte mit den Juden ist wie eine Bombe explodiert. Aber wenn ihr sagt, ihr hättet seit langer Zeit den schädlichen Einfluß der Juden erkannt, warum habt ihr dann nichts davon gesagt? Warum habt ihr auf das deutsche Vorbild gewartet? So argumentiert die Öffentlichkeit – wie würde sie all diese Widersprüche entschuldigen? Ich fühle mich wie ein Dummkopf, dessen Herz bricht. Es ist Mussolinis Schuld, aber auch die all jener um ihn

herum, die, statt seine Impulse zu mäßigen, ihn vorwärtsdrängen... Es gibt kein Maß, nie ein Gleichgewicht. Die schädliche Person ist Starace.«[164]

Diese Widersprüchlichkeit, vereint mit der allgemeinen Unbeliebtheit des Bündnisses mit NS-Deutschland, versetzte Mussolini in eine peinliche Lage. Er wurde reizbar und immer lauter. Bei einem typischen Ausbruch im Großen Faschistischen Rat am 6. Oktober 1938 versuchte er skeptische Räte davon zu überzeugen, daß er immer ein starker, konsequenter Antisemit gewesen sei. Wie Bottai in seinem Tagebuch festhielt:

> »Mussolini ›greift an‹, mit polemischen Schwung. Es ist eine interne Polemik, die sich ihren Weg mit bitteren Worten gegen wahrscheinliche Gegner, anwesende und abwesende, bahnt: ›Seit 1908‹, versichert er, ›denke ich über dieses Problem nach. Das läßt sich notfalls dokumentieren. Lesen Sie im übrigen meinen in Bologna gehaltenen Vortrag ›Über unsere arischen und mediterranen Wurzeln‹ vom 3. April 1921.‹«[165]

Aber es war alles andere als einfach für Mussolini. Nicht einmal die begeistertsten Anhänger der neuen antisemitischen Maßnahmen glaubten ihm, und manche, wie Italo Balbo, der Parteichef in Ferrara mit seinen reichen, oft profaschistischen jüdischen Landbesitzern (wie den Finzi-Contini), widersetzten sich offen. Balbo, der Flieger und Kriegsheld, hatte das Charisma und die Unabhängigkeit, sich über Mussolini hinwegzusetzen. Selbst Farinacci, Parteichef in Cremona und der lauteste unter den faschistischen Antisemiten, weigerte sich, seinen jüdischen Privatsekretär Joele Foà zu feuern.[166]

Wenn die Deutschen nicht direkt für Mussolinis plötzliche Bekehrung zu den Nürnberger Gesetzen verantwortlich gemacht werden können, so spielen sie und die von ihnen in Europa geschaffene Atmosphäre doch eine Rolle dabei. Im Mai 1938 erließ das ungarische Regime von Premierminister Bela Imredy das erste von mehreren diskriminierenden Gesetzen, die Schritt für Schritt die reiche, mächtige und leidenschaftlich loyale ungarische jüdische Gemeinde isolierte und schließlich vernichtete.[167] Anfang 1939 unterschrieb auch Ungarn den Antikomintern-Pakt. Meir Michaelis mag ja recht haben, daß keine Beweise dafür existieren, daß die Deutschen sich einmischten, um Mussolini zur Einführung der antijüdischen Gesetzgebung zu zwingen, aber das brauchten sie auch nicht. Jeder in Europa wußte, was Nationalsozialismus für die Juden bedeutete. Sich mit diesem Staat zu verbünden hieß zumindest, die Verfolgung der »Rasse« zu akzeptieren. Ansehen im Antikomintern-Club war verpflichtend, und das Horthy-Regime in Ungarn, das Antonescu-Regime in Rumänien und das Regime des Duce in Italien kamen dieser Verpflichtung nach. Die Juden zahlten für das neue Bündnis des Regimes.

Am 6. Oktober 1938 stimmte der Große Faschistische Rat dem Text der Rassengesetze zu, die am 17. November als Königliches Dekret Nummer 1728 in Kraft traten. Juden wurden plötzlich zu Bürgern zweiter Klasse; sie durften nicht mehr in der Armee oder der staatlichen Verwaltung dienen, nicht in staatlichen Schulen oder Universitäten unterrichten, keine Firmen besitzen oder leiten, die für das Militär produzierten oder mehr als eine bestimmte Zahl von Angestellten hatten, durften keine »arischen« Hausangestellten haben und so weiter.[168] Es waren die Nürnberger Gesetze, aber im italienischen Stil, nämlich durchlöchert von Widersprüchen und Ausnahmen für diese oder jene Kategorie von Menschen, die »Gutes von seiten des Staates verdienten«, etwa die Familien von Gefallenen, Trägern hoher Dekorationen und dergleichen. Ein Komitee des Amtes für Demographie und Rasse im Innenministerium trat zusammen, um Tausende von Anträgen zur *Discriminazione* zu verhandeln – so der Ausdruck für eine Ausnahme ehrenhalber von der Last des Judeseins.

Die Akten von »Demorazza«, wie die Abteilung genannt wurde, sind eine deprimierende Lektüre. Jüdische Generäle, Admiräle, angesehene Juristen und Bankiers, Kriegerwitwen, halb gebildete Kleinhändler – alle schrieben ihre Bittgesuche auf *Carta bollata,* jenes Stempelpapier, das der Bürger benutzen muß, wenn er an den italienischen Staat herantritt. Anonyme Briefe, eine spezielle Untugend im italienischen öffentlichen Leben, trugen zum Elend der Juden bei, indem sie alle möglichen unbegründeten Vorwürfe erhoben. Die Akten füllten sich mit Briefen über Beistand oder Widerstand. Aber der Haupteindruck ist der eines alles durchdringenden moralischen Abstiegs. Ein Admiral, dessen Vorfahren 1848 für Italien gekämpft hatten, der selbst ehemals Generalinspekteur für Rüstung in der Marine gewesen war, reichte untertänigst ein Gesuch ein, in dem er um die Wiederherstellung seiner italienischen Staatsbürgerschaft bat; er habe als Pionier im Ersten Weltkrieg das Kriegskreuz nicht bekommen, einen Orden, der automatisch die Befreiung von den Gesetzen vom 17. November 1938 gewährte. Er fügte hinzu, daß seine

Frau und seine Kinder katholisch seien, nur er selbst gehöre der *Religione ebraica* an.[169] Ich fand nur ein Beispiel für Rückgrat. Ein junger Fliegerleutnant verzichtete auf seine Offiziersstelle und gab seine Orden zurück.[170] Alle anderen übertrafen einander an Unterwürfigkeit und Bekundungen der Loyalität gegenüber einem Regime, das sie verraten und gedemütigt hatte.

Die jüdischen Faschisten waren in doppelt verzweifelter Lage; mit einem königlichen Federstrich hatte man ihnen ihre Partei und ihren Staat geraubt. Susan Zuccotti gibt die Zahl der jüdischen Mitglieder der faschistischen Partei mit fast 5 000 an, das wären zehn Prozent der jüdischen Bevölkerung.[171] So wie nicht alle Juden gleich jüdisch waren, so gab es solche Faschisten und solche. 1938 war die Mitgliedschaft in der Partei, wie mir Camillo Boitani erklärte, ein Dokument wie die Geburtsurkunde geworden, ein Beweisstück, das man brauchte, um zur Bewerbung um eine staatliche Anstellung oder eine Laufbahn bei den Streitkräften zugelassen zu werden. Nie wurde überprüft, ob die Beiträge bezahlt oder die Mitgliedschaft erneuert worden waren.[172] Das Mitgliedsbuch wurde als *Tessera del pane,* Brotkarte, bekannt. Man mußte natürlich nicht beitreten, aber viele taten es doch. Es machte das Leben einfacher und bedeutete für die meisten Leute kein großes Opfer ihrer Prinzipien. Hatte nicht schließlich »Er« (Mussolini) Italien vor dem Bolschewismus bewahrt?

Einige Juden waren überzeugte Faschisten. Unter ihnen war ein Cousin der Familie Segre, Ettore Ovazza, ein früher und begeisterter Verfechter der Bewegung. Wie Dan Vittorio Segre in seinen Memoiren beschreibt, kamen »an einem kalten, grauen Herbsttag« Ovazza und zwei andere auf dem Landsitz der Familie an:

> »Wir empfingen sie im Eßzimmer; meine Mutter war in einem nervösen Zustand und bot Tee und Plätzchen an und entschuldigte sich die ganze Zeit, daß sie kein Mädchen hätte (wegen der ›Gesetze‹). Nach einer Weile verließ sie das Zimmer, die Augen voller Tränen.«[173]

Ovazzas Vorschlag war einfach und ungeheuerlich; er wollte eine Strafexpedition von der Art, wie sie 1921 und 1922 dem Faschismus dazu verholfen hatte, sich seinen Weg an die Macht zu prügeln, gegen die in Florenz erscheinende kleine jüdische Zeitschrift *Israel* durchführen:

»Die Operation würde Mussolini an die heroischen Tage vor dem Marsch auf Rom erinnern, als ihn die Juden so glühend unterstützt hatten. Solch eine Aktion sollte von Leuten mit makelloser faschistischer Überzeugung und anerkannt nationalem Format ausgeführt werden. Dazu gehörte mein Vater. Wenn er sich der Strafaktion anschlösse, würde er der Initiative Glanz verleihen.«[174]

Signor Segre lehnte ab. Ettore Ovazza brach mit seinen Gefährten auf, und ein paar Wochen später verbrannten sie Büro und Druckerei der Zeitschrift *Israel.* Ovazzas groteske Geste änderte nichts, und seine »makellose faschistische Überzeugung« rettete ihn und seine Familie auch nicht vor den Deutschen. Am 9. Oktober 1943 fanden die Deutschen Ovazza und seine Frau und fünfzehnjährige Tochter in einem Versteck in Gressoney, und nachdem sie sie buchstäblich zerstückelt hatten, verbrannten sie die noch lebenden Körper im Ofen einer örtlichen Schule.[175]

Die »Gesetze« brachten Elend und Verderben über Tausende von patriotischen italienischen Juden, aber oft milderte das Verhalten der örtlichen Bevölkerung, wie mir Evi Eller erzählte, die Wirkung der »Gesetze«. Die Ellers waren 1925 aus Ungarn eingewandert und hatten sich in Orano bei Fiume, dem heutigen Rijeka, niedergelassen. Ihr Vater, der eine kleine Werkstatt betrieb, wurde 1937 italienischer Staatsbürger. Im Jahr darauf raubten ihm die »Gesetze« seine Bürgerrechte wieder und zwangen Evi, damals 20, ihr Universitätsstudium in klassischer Philosophie und Italienisch in Padua aufzugeben. Vater Eller mußte sein Unternehmen verkaufen, und Evi verlor als Jüdin augenblicklich ihre Arbeit als Aushilfslehrerin am *Liceo* im nahen Abbazia. Die Ortsansässigen halfen ihnen, wo sie nur konnten. Die kleinen Kaufleute schafften es irgendwie nie, den Ellers eine Rechnung zu schicken. Im Lebensmittelgeschäft bekamen sie Gemüse umsonst. Als Evi Privatstunden zur Vorbereitung auf Schulprüfungen anbot, war ihr erster Schüler der Neffe des Hauptmanns der faschistischen Miliz: »Als das die anderen sahen, fanden sie auch den Mut, mir ihre Kinder zum Unterricht zu schicken.«[176]

Tausende italienischer und ausländischer Juden erzählen ähnliche Geschichten: Wohltaten hier, Beweise der Zivilcourage dort, unentgeltliche Unterstützung durch vollkommen Fremde da. Ohne dieses bemerkenswerte angewandte Mitgefühl wären sehr viel mehr Juden umgekommen, als ohnehin starben, als der »Holocaust« Italien erreichte. Nicola Caracciolo machte für das italienische Fernsehen eine Sendung über Juden unter dem Faschismus und befragte in einem Jerusalemer Restaurant eine Gruppe von Überlebenden. Jeder hatte seinen, jede hatte ihren besonderen Italiener: den Polizeibeamten, der falsche Papiere zu besorgen half, den Arzt, der einen völlig Fremden fast zwei Jahre lang in seiner Wohnung verbarg, den Bürgermeister eines Dorfes, der eine Familie auf seinem Hof versteckte, und so weiter. Blanka Stern, die aus Jugoslawien nach Italien geflüchtet war, wies auf etwas Allgemeineres hin:

> »Ich möchte noch etwas hinzufügen. Es ist bekannt, wie es die Deutschen psychologisch verstanden, uns Juden zu einer minderwertigen Rasse zu machen, nicht mehr menschlich, Leute ohne Rechte. Als wir in Italien ankamen, gaben uns die Leute dort wieder das Gefühl, Menschen zu sein. Sie gaben uns das Gefühl von Menschlichkeit zurück, kurz, daß wir wieder Teil des Menschengeschlechts waren.[177]

Die Beamten, die das jüdische Konzentrationslager in Ferramonti in Kalabrien leiteten, verwandelten es in den größten Kibbuz auf dem europäischen Kontinent. Baracken wurden in koscher und nichtkoscher geteilt, und der *Maresciallo* der Carabinieri lernte sogar ein bißchen Jiddisch, um mit den fremden Gefangenen sprechen zu können. Die Gefangenen wurden mit *Signore* angeredet, und die jüdischen Ärzte errichteten Polikliniken für die Dörfer der Umgegend. Der Kommandant setzte 1943 sein Leben aufs Spiel, um die Erlaubnis zu erwirken, die Gefangenen freizulassen, bevor die aus Sizilien abziehenden deutschen Soldaten über die Juden herfielen und sie vernichteten.[178]

Juden waren nicht die einzigen Nutznießer der Menschlichkeit des italienischen Volkes. Nachdem Mussolinis Regime zusammengebrochen war und die Regierung Badoglio am 8. September 1943 ihren Frieden mit den Alliierten gemacht hatte, wurde eine neue, noch abscheulichere faschistische Marionettenregierung eingesetzt, die den Norden unter strenger Kontrolle der deutschen Besatzer regierte. Alliierte Gefangene und Flieger fanden bei den Bauern in den Hügeln und Bergen Norditaliens Unterschlupf. Roger Absalom schätzt, daß zu einem bestimmten Zeitpunkt die Zahl der versteckten alliierten Offiziere und Mannschaften mehreren Divisionen entsprach, obwohl den Bauern, die erwischt wurden, die Todesstrafe drohte.[179]

Nicht alle Italiener verhielten sich so, und es gibt Geschichten von Täuschung, Denunziation und Verrat. Die italienische Menschlichkeit war selektiv. Vom Regime wurden Juden oft außerordentlich schlecht behandelt. Mussolini förderte die Verbreitung antisemitischer Propaganda und machte Fanatiker wie Telesio Interlandi, Herausgeber einer Zeitung namens *La Difesa della Razza* (»Die Verteidigung der Rasse«), zu angesehenen Persönlichkeiten. Institute veröffentlichten rassistische Studien, und Professoren, die es besser gewußt haben sollten, hielten Vorlesungen. Italien war nicht frei von Antisemitismus, weder dem klerikalen noch dem rassistischen, aber irgendwie erfaßte er nie die Vorstellungswelt des italienischen Volkes.

Keine Erklärung der italienischen Haltung gegenüber den Juden von 1938 bis 1945 kann jemals befriedigen. Die meisten enden damit, daß sie Aspekte dessen anführen, was wir locker den Nationalcharakter nennen. Einen Nationalcharakter gibt es sicher. Die reichhaltige Mischung von Sprache, Gewohnheiten, Überlieferung, Architektur, Gesellschaftsstruktur, Recht, Geschichte, Klima und Geographie, die einem Ort seine Besonderheit gibt, ist zweifellos wirklich vorhanden. Jeder Reisende spürt solche Unterschiede, wie sie sich in den Einzelheiten des täglichen Lebens zeigen – von der Größe der Eßlöffel bis zu den Geräuschen auf den Straßen.

Die Juden in Deutschland waren, wie ihre italienischen Glaubensbrüder, bis weit ins 19. Jahrhundert keine vollgültigen Bürger ihrer Staaten gewesen. Die preußische Gesellschaft duldete sie, mochte sie aber nicht. Ende des 18. Jahrhunderts hatten Preußen, Österreich und Rußland Polen unter sich aufgeteilt, und Friedrich der Große hatte mit seinen neuen Gebieten eine große Zahl polnischer Juden geerbt. Er war nicht begeistert. Er hatte Juden immer gehaßt. In seinem Testament schrieb er 1768:

> »Wir haben zu viel Juden in den Städten. An der polnischen Grenze sind sie nötig; denn der Handel liegt in Polen ganz in den Händen der Juden. Sobald eine Stadt aber von der polnischen Grenze entfernt ist, werden die Juden zu Schädlingen durch den Wucher, den sie treiben, den Schmuggel, der durch ihre Hände geht, und tausend Schurkereien, die zum Schaden der Bürger und der christlichen Kaufleute ausschlagen. Weder Juden noch sonst jemand habe ich je verfolgt, trotzdem halte ich es für klug, darüber zu wachen, daß sie sich nicht zu stark vermehren.«[180]

Preußen und seine landbesitzende Klasse überlebten bis ins 20. Jahrhundert, und mit ihnen die Einstellung Friedrichs des Großen. Für die »Junker«-Gesellschaft, so aufgeklärt sie auch sein mochte, standen manche Dinge fest. Ein Jude konnte nicht Offizier werden. Das war völlig klar. Dasselbe galt für die andere Säule des preußischen Staates, den Beamtenstand. Da Universitäts- und Schullehrer damals wie heute Beamte waren, waren ihnen die Lehrberufe ebenfalls verschlossen. Ludwig Philippson beklagte sich 1853: »Man gestattet uns Juden in gewerblicher Beziehung das volle Recht, aber versagt uns Juden jede öffentliche Wirksamkeit in einem öffentlichen Amte.«[181]

Selbst als ihnen im Deutschen Reich nach 1871 und in der Weimarer Republik 1919 volle Bürgerrechte endlich zugestanden wurden, zögerten Juden, hohe öffentliche Ämter anzunehmen. Der Bankier Max Warburg lehnte in den zwanziger Jahren das Finanzministerium ab, denn »schon damals wäre ein Jude nicht in Frage gekommen«.[182] Es gab keine jüdischen Generäle oder Stabsoffiziere, und ein jüdischer Kriegsminister wäre eine *Contradictio in adjecto* gewesen. Warum? Es gibt viele mögliche Antworten, aber eine, die mir besonders einleuchtet, ist die allgemeine Schwäche des Liberalismus. Das geht so: Der Liberalismus war schwach; die Stellung der Juden war von der Stärke des Liberalismus abhängig. Daher führte die Schwäche des Liberalismus zu einer schwachen Position der Juden.

Die deutschen Staaten des 18. und frühen 19. Jahrhunderts ließen dem Wachstum des politischen Liberalismus wenig Raum. In Preußen hatte der Staat Vorrang vor den Menschen. Liberalismus als Ideologie der Mittelklasse gründete sich auf eine gesellschaftliche Gruppe, die sowohl in Deutschland als auch in Österreich nie zu großer Macht kam. Die österreichische Bourgeoisie baute wunderbare Universitätsgebäude, ein klassizistisches Parlament und eine prächtige Oper, die sie am Ring aufreihte, der die Altstadt Wiens umgibt. Die Symbole der griechischen Demokratie, auch wenn sie aus Marmor waren, konnten die Realität nicht verbergen, daß die Macht in Österreich da blieb, wo sie immer gewesen war: in der Hofburg, in den Händen den Kaisers und seiner Großen. Nach 1862 lenkte Bismarck Deutschland, und während er eine Schwäche für clevere Juden hatte, einen jüdischen Hausarzt beschäftigte, einen jüdischen Bankier und einen jüdischen Makler, verlor er doch die Vorurteile seiner Klasse und Kultur nie. Kein Jude hatte zu seiner Zeit ein hohes Amt inne.

Der Liberalismus hatte einen unruhigen Verlauf genommen in den deutschen Staaten. Der freie Handel wurde von einer unfreien Bürokratie eingeführt, und Rede- und Versammlungsfreiheit waren vorsichtige Konzessionen der Behörden, keine Rechte. Es gab keine radikal republikanische Tradition wie in Frankreich, nicht die *Risorgimento*-Version des Liberalismus wie in Italien oder die Tradition der Whigs in England oder das Erbe des Naturrechts wie in den amerikanischen Kolonien. Sicher gab es die aufgeklärte Philosophie Immanuel Kants, aber Kant hatte unter Friedrich dem Großen gelebt. Wie er in seinem Aufsatz *Was ist Aufklärung* erklärt, findet freies Denken am sichersten in einem wohlgeordneten Staate statt, unter dem Motto: »Nur ein einziger Herr in der Welt sagt: *räsoniert* so viel ihr wollt und worüber ihr wollt, aber *gehorcht!*«[183]

Der Liberalismus in Deutschland litt unter zwei Beeinträchtigungen, paradoxerweise beides Hinterlassenschaften der großen kulturellen Errungenschaften. Zum einen hinterließ der Einfluß Goethes und der deutschen Romantik als Erbe die Vorstellung, daß es Erfüllung nur im Inneren geben könne. Sie verwarf die Öffentlichkeit zugunsten des Privaten. Sie erhob das Seelenleben auf Kosten des äußeren Lebens und verachtete damit das offene Forum, dessen der Liberalismus bedurfte. Das andere Erbteil, das in meinen Augen buchstäblich fatale Folgen für die Juden hatte, war der Einfluß Hegels. Zwei Merkmale der Hegelschen Philosophie spielen hier eine Rolle. Das erste war seine Geschichtsauffassung.

Geschichte war nicht, wie für Gibbon, »wenig mehr als der Katalog der Verbrechen, Narrheiten und Mißgeschicke der Menschheit«, sondern ein tief befriedigendes Schauspiel, der Marsch in die Freiheit. Der Weltgeist bewegt sich in stetigem Fortschritt zu seiner eigenen kosmischen Form von Bildung. Wir wissen, wie das funktioniert: durch den Fortschritt der Selbstreflexion oder durch Aussöhnung von Gegensätzen. Die Dinge sind nicht einfach da, sondern sie arbeiten in ständigem Gegensatz zueinander. Der Kosmos bewegt sich durch Widerspruch, durch das, was Hegel als Dreiecksentwicklung von These, Antithese und Synthese ansah. Die Synthese ihrerseits trägt in sich neue Thesen und Antithesen. Realität und Philosophie schreiten miteinander fort, wenn der Weltgeist sich durch Geschichte zu erkennen beginnt.

Der Hegelianismus vergiftete eine ganze Generation; er lieferte alle Antworten. Selbst heute sollte niemand Hegel auf nüchternen Magen lesen. Der Hegelianismus formte die deutsche Kultur und schob sie in eine bestimmte Richtung. Zum einen gab Hegel der Geschichte einen Zweck und innerhalb dessen eine spezielle Rolle für die Deutschen und den preußischen Staat. Zum anderen verwandelte er die Erforschung der Geschichte »von einem verdammten Ereignis zum nächsten« in eine tiefere Form der Philosophie mit einer Richtung und einem Ziel. Die Völker – und das ist jetzt wirklich von Bedeutung – wurden nicht um ihrer selbst willen, zur Unterhaltung, Belehrung oder melancholischen Reflexion untersucht, wie im 18. Jahrhundert, sondern als Verkörperungen von Stufen in den Denkprozessen des Weltgeistes. Und schließlich lagen die Gesetze der Geschichte *innerhalb* der Realität, durch Philosophie erkennbar, aber nicht durch Beweise zu widerlegen. Es gibt keine Möglichkeit, ein Handeln des Weltgeistes als falsch zu beweisen oder zu leugnen, daß die Griechen irgendein Prinzip verkörpern.

Wenn man natürlich nicht an die Existenz des Weltgeistes glaubt, bricht das ganze Gebäude zusammen wie eine gotische Fassade aus Gips. Wenn andererseits etwas Wissenschaftliches, »Reales« und Nichtmetaphysisches das Wirken des Weltgeistes ersetzen könnte, würde das System weiter funktionieren, aber ohne die Notwendigkeit für einen fiktiven Geist, es zu denken.

In dieses System führten die Deutschen beinahe unbewußt die Biologie ein. Darwin hatte die »Gesetze« von der Entwicklung der Arten entdeckt. Es war doch offensichtlich, nicht wahr, daß sich diese Gesetze auf die menschliche Spezies, auf Völker und Rassen anwenden ließen? Nur zu offensichtlich. Eine Übersetzung von Darwins Ideen fuhr im letzten Drittel des 19. Jahrhunderts über Deutschland hinweg und wurde zu dem, was der Sozialist Karl Kautsky den »Marxismus der Mittelklasse« nannte. Die Darwinschen Gedanken erklärten alles: warum Schwarze arm und rückständig waren und warum also die Europäer sie regieren mußten; warum germanische Völker freiheitliche Institutionen hatten und Asiaten nicht; warum die Völker des Nordens wagemutiger waren als die romanischen, und so weiter.

Hitlers Tischgespräche und seine Ansichten über das »Judenproblem« fügen sich hier nahtlos ein. Für Geister, die es gewohnt waren, die Geschichte auf Hegels Art zu betrachten, waren die Gesetze des Rassenkampfes unwiderstehlich, und tatsächlich gab es keinen Widerstand. Von der Ermordung der geistig Behinderten durch die sogenannte »Euthanasie« 1940 bis zum Umgang der deutschen Armee mit den Minderheiten auf dem Balkan läßt sich das fatale Hegelsche Vermächtnis verfolgen.

In Hegels System mußte der Weltgeist durch Völker wirken, die er in abstrakte, Prinzipien verkörpernde Gebilde verwandelte. Diese Gewohnheit hatte böse Folgen für die Juden. Es wurde leicht, ja, philosophisch unvermeidlich, nicht mehr von *den Juden* zu sprechen, sondern vom *Judentum*. Hegelianismus und das »Judenproblem« trafen sich in einem der antisemitischsten Essays des 19. Jahrhunderts, in dem Aufsatz *Zur Judenfrage* von Karl Marx. Der Sachverhalt war dieser: 1843 hatte Bruno Bauer, ein prominenter linker Hegel-Schüler (Hegel konnte man von links nach rechts oder umgekehrt lesen), ein Buch mit dem Titel *Die Judenfrage* veröffentlicht. Bauer vertrat den allgemeinen progressiven Standpunkt: Die Juden müßten von ihrer mittelalterlichen Religion emanzipiert werden, und die Demokratie müßte in den deutschen Staaten eingeführt werden, dann wäre das »Judenproblem« gelöst.

Marx mochte das Buch nicht, und in seiner Antwort arbeitete der 26jährige Philosoph einige der ersten Stufen seines wissenschaftlichen Sozialismus heraus. Er begann damit, daß er Bauers Glauben an die Demokratie zurückwies. Dazu betrachtete er eingehend die Politik der amerikanischen Bundesstaaten New Hampshire und Pennsylvania und schloß, daß die Demokratie von sich aus die Krankheiten der Gesellschaft nie heilen könne. Wenn sie überhaupt etwas bewirke, dann machte die Demokratie durch die Öffnung der bürgerlichen Gesellschaft für die persönliche Initiative den Sieg von Habsucht und Egoismus unausweichlich.

Als guter Hegelianer fragt er, »welches besondre gesellschaftliche Element zu überwinden sei, um das Judentum aufzuheben«, das heißt, welches Prinzip das Judentum verkörpere.

> »Betrachten wir den wirklichen weltlichen Juden, nicht den *Sabbathsjuden,* wie Bauer es tut, sondern den *Alltagsjuden.* Suchen wir das Geheimnis des Juden nicht in seiner Religion, sondern suchen wir das Geheimnis der Religion im wirklichen Juden. Welches ist der weltliche Grund des Judenthums? Das *praktische* Bedürfnis, der *Eigennutz.* Welches ist der weltliche Kultus des Juden? Der *Schacher.* Welches ist sein weltlicher Gott? Das *Geld...* Wir erkennen also im Judenthum ein allgemeines *gegenwärtiges antisociales* Element... Die *Judenemancipation* in ihrer letzten Bedeutung ist die Emancipation der Menschheit vom *Judenthum* [Hervorhebungen im Original].«[184]

Hitler hätte es nicht besser sagen können als der junge jüdische Doktor der Philosophie aus Trier, aber ich möchte die Form, nicht die Gesinnung untersuchen. Man bemerke zunächst das Hegelianische Spiel mit den Gegensätzen. Marx geht so vor, daß er jedes Subjekt und Prädikat umdreht. Alles wird zum Gegenteil. Bei näherer Untersuchung ahnt man, daß durch diesen Kunstgriff jeder Unsinn tiefsinnig klingt. Um das zu illustrieren, hier ein Absatz des Hegelianischen Unsinns, den ich konstruiert habe:

> »Der Kontakt mit der Realität muß umgewandelt werden durch die Realität des Kontakts. Alle Objekte der sinnlichen Wahrnehmung werden zum Sinn wahrgenommener Objekte. Die Autorität des Wissens wird damit zum Wissen der Autorität.«

Diese kleine Übung im Dot-it-yourself-Hegel zeigt die Gefahren des Hegelianismus. Jeder Scharlatan kann tiefsinnig klingenden Quatsch schreiben. Schlimmer, der Scharlatan kann es für ernsthafte Philosophie halten. Schopenhauer drückte das sehr schön aus:

> »Jedoch die größte Frechheit im Auftischen baren Unsinns, im Zusammenschmieren sinnleerer, rasender Wortgeflechte, wie man sie bis dahin nur in Tollhäusern vernommen hatte, trat endlich im *Hegel* auf und wurde das Werkzeug der plumpesten allgemeinen Mystifikation, die je gewesen…«[185]

Marx benutzte Hegelsche Kategorien, große Abstraktionen, die mit dem bestimmten Artikel beginnen. Er schrieb »das Judentum« und ignorierte wie alle guten Hegelianer die Vielfalt der einzelnen. Hegel machte es für die Deutschen unmöglich »einige«, »manche«, »vielleicht nicht alle« zu sagen. Die Sprache der »Endlösung« ist in diesem Sinne hegelianisch, denn sie wirft alle Juden in »das Judentum« und stellt ihm »das Germanentum« gegenüber oder »das Ariertum« oder ähnliche Phrasen, wie sie in Dolf Sternbergers *Wörterbuch des Unmenschen* untersucht werden.

Dies ist kein weit hergeholter akademischer Unsinn. Die dualistische Form des Denkens fand ihren beständigen Ausdruck in Hitlers *alles oder nichts,* in der Unerbittlichkeit des Unterscheidens bei der SS, in den Befehlen von Generälen oder Obersten und in den Köpfen der Menschen. Außerdem schien der politische Fortschritt als solcher, das in der liberalen Theorie so beliebte Geben und Nehmen, den von hegelianischen Absoluta, aristokratischen Werten und autoritären Gewohnheiten durchdrungenen Geistern entwürdigend. Die Politik war ein Kuhhandel, genau die Art niedriger Tätigkeit, mit der sich Juden beschäftigten.

So befand sich die liberale Intelligenz in Deutschland und Öster-reich in einem Dilemma. Kultur war eine Sache der Seele und mußte vor der gemeinen Masse geschützt werden. Politik war erniedrigend und nicht »idealistisch«. Die Macht blieb in den Händen der vorindu-striellen Aristokratie, der Kaiser und der Grafen. Selbst Männer wie Freud oder Max Weber fürchteten die Massen und mißtrauten ihnen. Einer der Gründe dafür, daß Freud Alfred Adler 1911 aus seinem inneren Kreis der Psychoanalyse verstieß, war, daß Adler darauf bestand, Sozial-demokratie zu praktizieren. Die Tragödie des deutschen Liberalismus entstand deshalb, weil er auf halbem Weg stehenblieb, für die aristokra-tische Elite nicht akzeptabel war und voller Angst und Verachtung gegenüber dem, was er als die Massen ansah. 1932 waren die beiden gro-ßen deutschen Parteien des Liberalismus, die Mitbegründer des Deut-schen Reiches, auf je gut ein Prozent der Wählerstimmen geschrumpft. Das Verschwinden des deutschen Liberalismus machte den Weg frei für die Beseitigung der Juden.

Der Theorie nach kennt der Liberalismus weder Rassen noch Haut-farben. Der Handelnde hat im traditionellen liberalen Modell keine Individualität. »Wir halten diese Wahrheiten für selbstverständlich«, schrieb Jefferson, »daß alle Menschen gleich geschaffen sind« – alle Men-schen, wer sie auch immer seien. Die Juden stellten ein Problem dar, weil ihre Identität störrisch kollektiv blieb. Jude zu sein bedeutete, daß man Teil einer durch Religion und Tradition sanktionierten Gemeinde war und durch Kleidung, Eßgewohnheiten, Religionsausübung und Sprache auffiel. Aufgeklärte preußische Bürokraten, die sowohl von Kant als auch von Adam Smith beeinflußt waren, konnten sich nicht vor-stellen, wie Juden als Ganzes absorbiert werden sollten. Freiherr von Schrötter, ein angesehener, aufgeklärter und fortschrittlicher preußi-scher Beamter, formulierte: »Der Zweck müsse sein: Ihre Nationalität zu untergraben und sie dazu zu bringen, keinen Staat im Staate zu bil-den...«[186]

Daran war nichts besonders Preußisches. Alle aufgeklärten Refor-mer auf dem europäischen Kontinent nahmen an, daß das »Judenpro-blem« nur durch das Verschwinden der Juden als religiöser Gemein-schaft gelöst werden könne. Derselbe Rationalismus, der sie die Kirche als Bollwerk des Aberglaubens angreifen ließ, ließ sie annehmen, daß auch der traditionelle Judaismus in finstere Zeitalter gehörte.

Assimilation schien die Lösung zu sein. Juden würden wie Deutsche werden, ihre Bärte abschneiden und den Sabbat vergessen. Das Problem war, daß Juden auch als Deutsche nie typisch deutsch werden konnten. Ihre Geschichte hatte ihnen besondere Fertigkeiten und eine besondere gesellschaftliche Struktur gegeben. Zu ihnen gehörten keine Bauern oder Großgrundbesitzer. Sie waren urban, sie waren Geschäftsleute, und sie waren ungewöhnlich gebildet. 1871 gab es rund 500 000 Juden in Bismarcks Reich. Zwei Drittel lebten in Preußen, ein Viertel in Berlin. 60 Prozent aller Juden (verglichen mit 20 Prozent der Nichtjuden) lebten in Städten. 1926 lebten die meisten der 564 000 Juden in Deutschland (unter ein Prozent der Bevölkerung) in Großstädten und waren im Handel und in den freien Berufen weit überrepräsentiert. Sie stellten 13 Prozent aller Ärzte, 16 Prozent der Juristen und 40 Prozent der Schrotthändler. Juden gehörten ein Fünftel der Privatbanken und vier Fünftel aller Warenhäuser.[187]

Sie fielen auf durch ihren Reichtum. Werner Mosse hat die Entwicklung der jüdischen Wirtschaftselite vom Beginn des 19. Jahrhunderts bis 1935 verfolgt und herausgearbeitet: Während der gesamten Zeit war grob gerechnet ein Fünftel der Unternehmerelite jüdisch. Die Entwicklung moderner Korporationen wirkte sich kaum aus. Juden (natürlich nicht immer dieselben Leute) machten den Wechsel vom Kontor zum Sitzungssaal einer Korporation etwa im gleichen Verhältnis mit. 1908 waren von den 29 Familien mit einem Gesamtvermögen von 50 Millionen Mark oder mehr neun (31 Prozent) jüdisch. Die Rothschilds (einschließlich der Goldschmidts) standen an zweiter Stelle, die Speyers an sechster und die Mendelssohns (einschließlich der Mendelssohn-Bartholdys) an achter.[188]

Juden zeichneten sich auf besonders »modernen« Gebieten der Wirtschaft aus. Sie führten moderne Handelsmethoden durch das Warenhaus ein, und dieser Sektor erregte besondere Ressentiments unter kleinen Kaufleuten und Ladenbesitzern. Es ist kein Zufall, daß die kleinen Händler unter den Wählern der NSDAP überrepräsentiert waren. Thomas Childers hat gezeigt, daß die NSDAP-Wähler von 1930, ungefähr 18 Prozent, in den zwanziger Jahren schon bereitstanden, sie verteilten sich auf die kleinen »christlichen« Protestparteien oder Interessenverbände und brauchten nur mobilisiert zu werden.[189]

Das Verlagswesen und das, was wir heute als Massenmedien bezeichnen, schienen von Juden dominiert zu sein. Obwohl der größte Filmproduzent, Alfred Hugenberg, ein Rechter und eindeutig kein Jude war, veröffentlichte die Kulturabteilung der NSDAP lautstark Statistiken, nach denen 70 Prozent aller Filmgesellschaften Juden gehörten und sie zwei Drittel aller Filme finanzierten.[190] Die zwei wichtigsten liberalen Zeitungen, das *Berliner Tageblatt* und die *Frankfurter Zeitung,* waren »jüdische« Zeitungen, und im Verlagswesen waren Juden führend. Man denke an die Bedeutung von Fischer und Ullstein.

Paranoiker gibt es in allen Gesellschaften. Man findet sie in jeder Nervenklinik, und an jeder Straßenecke kann man Leuten begegnen, die einem sagen, daß die Juden oder die Freimaurer oder die Katholiken ihre Ehe zu zerstören versuchten. Der Einfluß, den solche Spinnereien haben, ist abhängig von der allgemeinen Gesundheit der Gesellschaft und der Haltung der Führungsschicht. Im Fall Deutschlands arbeiteten beide gegen die Integration der deutschen Juden, egal wie gute deutsche Patrioten die Juden waren.

Auf politischem und sozialem Gebiet teilten die Juden, auch assimilierte Juden, das Schicksal der deutschen Mittelklasse insgesamt. Wie nichtjüdische Angehörige der Bourgeoisie konnten sie, auch nach Bismarck, nicht in Eliteregimenter oder die richtigen Clubs eintreten. Selbst die Krupps, Thyssens und Haniels, die alle nicht jüdisch waren, konnten nicht in die aristokratischen Kreise eindringen, die den Thron umgaben und seine Werte wahrten. Ralf Dahrendorf hat die deutsche Gesellschaft im späten 19. Jahrhundert mit einer geologischen Schichtung verglichen.[191] Es war eine viel starrere, weniger durchlässige Gesellschaft als im spätviktorianischen oder edwardianischen England. Am Vorabend des Ersten Weltkrieges hatte England eine liberale Regierung, deren Mitglieder zum Teil dem Hochadel entstammten, wie Churchill, und zum Teil sich aus eigener Kraft emporgearbeitet hatten, wie Lloyd George oder Viscount Morley. In deutschen Kabinetten fand man solche Persönlichkeiten nicht, außerdem hätte man ohnehin nicht behaupten können, daß sie das Land regierten.

Juden gehörten der Mittelklasse an, sie waren liberal und vor allem waren sie jüdisch. Das Mißtrauen und der Haß auf liberale Institutionen und Bräuche betraf sie doppelt. Im November 1907 berichtete der bayerische Militärattaché in Berlin seinem Kriegsminister, daß er mit dem preußischen Kriegsminister über die Frage gesprochen habe, ob man Juden als Offiziere der Reserve, dieser »gewiß sehr demokratischen Einrichtung«, zulassen solle. Der preußische Minister hatte mitgeteilt, daß »sich alle befragten Stellen einstimmig dagegen ausgesprochen hätten«.[192]

Der Erste Weltkrieg trieb Deutschland in den Wahnsinn. Wolfgang von Tirpitz, Sohn des Admirals, erzählte mir eine bezeichnende Geschichte. In der ersten großen Seeschlacht des Krieges, am 28. August 1914, ging er mit seinem Schiff unter, überlebte aber und wurde gefangengenommen. Herr von Tirpitz verbrachte drei Jahre in sehr vornehmer Gefangenschaft in einem Landhaus an der walisischen Grenze, samt Burschen und guten Zigarren. 1917 wurde er gegen einen englischen Gefangenen ausgetauscht und kehrte in ein Deutschland zurück, das er nicht wiedererkannte. Die Brutalität des Krieges hatte es, so sagte er, in ein »Tollhaus« verwandelt.

Die preußische Führungsschicht, die sich für den Krieg entschieden hatte, sah sich vor einem schrecklichen Dilemma. Um ihn zu gewinnen, mußte sie die Massen mobilisieren, sie buchstäblich physisch und psychisch auf die Beine bringen, aber das, ohne den Massen irgendwelche Rechte zuzugestehen. Als 1917 Reichskanzler Bethmann Hollweg vorsichtig vorschlug, das preußische Wahlsystem demokratischer zu machen, als Zeichen guten Willens gegenüber den in den Schützengräben Sterbenden, schrieb General Wild von Hohenborn an seine Frau: »Wenn das kaiserliche Heer zum Parlamentsheer herabzusinken drohen sollte, dann kann nur noch ein neuer Bismarck und ein neuer Roon helfen. Hoffentlich sehe ich zu schwarz.«[193]

1917 gab es dann sowieso keine kaiserliche Armee mehr. Die Vorstellung, daß der Kaiser seine Truppen befehligte wie weiland Friedrich der Große, war vergessen, und von 1916 bis 1918 wurde Deutschland von einer Militärdiktatur unter Hindenburg und Ludendorff regiert. Das Amt des Kanzlers, das Bismarck für sich selbst entworfen hatte, gab es noch, und Theobald von Bethmann Hollweg hatte es inne wie seit 1909. Das Parlament wurde geräuschvoller und weniger unterwürfig. Die Armee mußte seine Macht brechen und den Kanzler vernichten. Oberstleutnant Max Bauer, Chef der Operationsabteilung der Obersten Heeresleitung, war ganz sicher: »Die Gunst der staatserhaltenden Parteien hat Herr von Bethmann Hollweg schon lange verscherzt … durch seine Liebedienerei gegenüber den ein starkes Königtum bekämpfenden Parteien (jüdischer Liberalismus und Sozialdemokratie) … «[194]

Je länger der Krieg dauerte, desto mehr betrachtete die Oberschicht die Juden als Symbol all der verhaßten liberalen Forderungen, die die Hegemonie der alten preußischen Elite bedrohten. Im Juli 1918 schrieb Oberstleutnant Bauer ein langatmiges Memorandum über die Folgen, die eine Änderung der Innenpolitik für die Armee haben würde. Der Kronprinz war so beeindruckt, daß er dem Kaiser und Ludendorff eine Kopie schickte. Und dies war Bauers Ansicht von der Position der Juden:

»Eine ganz ungeheure Wut herrscht endlich auf die Juden, und auch da mit Recht. Wenn man in Berlin ist, durch die Wirtschaftsämter geht oder die Tauentzienstraße kommt, kann man durchaus glauben, daß man in Jerusalem wäre. Vorne an der Front sieht man dagegen kaum einen Juden. Fast jeder denkende Mensch ist empört über diese geringe Heranziehung der Juden, aber gebessert wird nichts, denn an die Juden, das heißt das Kapital, das wieder Presse und Parlament in der Hand hat, anzugehen, ist ja unmöglich.«[195]

Die Paranoia hatte von den Nervenkliniken auf den Generalstab und den Thronsaal übergegriffen. Juden, oder vielmehr »das Judentum« bedrohte den preußischen Status quo. Es stand für Liberalismus, Kapital, Presse, Sozialdemokratie und Parlament, eben die Kräfte, die die Junker 1815 und 1848 bezwungen hatten. Als Bauer sein Memorandum verfaßte, steckte der deutsche Generalstab inmitten seiner letzten Alles-oder-nichts-Operation an der Westfront, der berüchtigten Ludendorff-Offensive, bei der mehr Menschen sterben sollten als bei Verdun. Am 29. September 1918 bekannte General Ludendorff, daß die Oberste Heeresleitung und das deutsche Heer »am Ende« seien, aber doch nicht so am Ende, daß Ludendorff die Verantwortung dafür übernommen hätte. Beim Abschied erklärte er seinem Stab, »daß ›jetzt auch diejenigen Kreise an die Regierung‹ zu bringen seien, ›denen wir es in der Hauptsache zu danken haben, daß wir so weit gekommen sind … Sie sollen die Suppe jetzt essen, die sie uns eingebrockt haben.‹«[196]

Einen Monat später stellte Heinrich Claß, Vorsitzender des rechtsextremen Alldeutschen Verbandes, im Vorstand der Organisation klar, wie genau das zu geschehen hätte. Die Verantwortung sollte auf andere geschoben werden; außerdem sollte »die Lage zu Fanfaren gegen das Judentum und die Juden als Blitzableiter für alles Unrecht« benutzt werden.[197]

Kaiser Wilhelm II. wußte in seinem bitteren Exil, wer am Ende der Hohenzollern-Dynastie schuld war. Am 2. Dezember 1919, wenige Wochen nach seiner Abdankung und Flucht, schrieb er einen privaten Brief an Feldmarschall August von Mackensen, in dem er seinem Haß auf die Juden Luft machte:

»Die tiefste, gemeinste Schande, die je ein Volk in der Geschichte fertiggebracht, die Deutschen haben sie verübt an sich selbst. Angehetzt und verführt durch den ihnen verhaßten Stamm Juda, der Gastrecht bei ihnen genoß! Das war sein Dank! Kein Deutscher vergesse je, und ruhe nicht, bis diese Schmarotzer vom Deutschen Boden vertilgt und ausgerottet sind! Dieser Giftpilz am Deutschen Eichbaum!«[198]

Die in Deutschland herrschende Klasse fiel 1918–1919 über die Juden her und schob ihnen die Schuld an ihrem eigenen Versagen zu. »Der Jude« stand für Modernität, Fortschritt, Demokratie und schließlich den Bankrott ihres reaktionären Regimes. Hitler brauchte die »Dolchstoßlegende« nicht mehr zu erfinden. Der Kaiser, der deutsche Generalstab und ihre Anhänger lieferten sie ihm auf einem silbernen Tablett. Er war auch nicht der erste, der »Die Juden sind an allem schuld« rief. Die Sprache Wilhelms II. mit ihren Bildern aus der Biologie und den Ausrottungsdrohungen lag in der Luft, lange bevor Hitler sich zum ersten Mal im Hofbräuhaus zu Wort meldete.

Die Deutschen, die das glaubten, waren nicht dumm oder brutal, nur erschüttert. Woher sollten sie wissen, wie es wirklich war? 1918 gab es noch keine Radiogeräte in privaten Haushalten. Ja, in der Heimat gab es Entbehrungen, Unruhe und Streikdrohungen. Aber immerhin schienen die Deutschen 1918 den Krieg im Osten doch gewonnen zu haben. Die deutsche Armee hatte das zaristische Rußland zerschlagen und große Gebiete Rußlands besetzt. Niemand, nicht einmal die Mitglieder des Parlaments, war auf den Zusammenbruch des deutschen Kaiserreichs vorbereitet. Plötzlich gab es keinen Kaiser mehr, und Deutschland hatte einen Waffenstillstand angenommen. In Berlin ergriffen die Sozialisten die Macht, und einer von ihnen rief in einem Augenblick der Euphorie vom Balkon des Reichstags die Republik aus. Es mußte einen Schuldigen geben.

Es war leicht, den Juden die Schuld zuzuschieben. 1917 hatten in Rußland die Bolschewiken die Macht ergriffen. Trotzki, Kamenew, Sinowjew, Radek und zahllose andere russische Bolschewiken waren Juden. Soweit der entsetzte deutsche Bürger wußte, Lenin bestimmt auch. Die internationale jüdisch-kapitalistisch-kommunistische Verschwörung hatte in St. Petersburg die Macht übernommen und schien jetzt nach Berlin greifen zu wollen. Für die von den Brutalitäten des Grabenkriegs zermürbten, vom Hunger und dem Tod geliebter Menschen aus dem Gleichgewicht gebrachten Seelen war das nicht uneinleuchtend. Damit waren die Fundamente gelegt für den ideologischen Konsens, den Christian Streit und Theo Schulte an der Ostfront ausgemacht haben und den ich auf dem Balkan gefunden habe. Die Gleichung Jude = Bolschewik = Feind machte es deutschen Offizieren im Zweiten Weltkrieg schwer, so zu handeln, wie es ihre italienischen Kollegen taten, oder auch nur ihre Motive zu begreifen.

Nicht alle Deutschen vertraten solche Ansichten. Die NSDAP erreichte nie mehr als ein Drittel der Stimmen bei freien Wahlen. Und Deutschland (einschließlich Österreichs) war auch nicht antisemitischer als andere Gebiete Europas. Weit gefehlt. Polen, Rumänien und die Ukraine, wirtschaftlich rückständige Gebiete mit bäuerlicher Landwirtschaft, entwickelten einen sehr populären Antisemitismus von schrecklicher, mörderischer Grausamkeit. Die Historiker haben wenige Beweise dafür entdeckt, daß die Verfolgung der Juden zwischen 1933 und 1945 viel Unterstützung in Deutschland gefunden hätte. Noch im Oktober 1941 berichtete die US-Botschaft in Berlin nach Washington:

»Das Wiederaufleben der Judenfrage durch das vorgeschriebene Tragen des Davidsterns ist auf die fast einhellige Mißbilligung der Berliner gestoßen, in einigen Fällen mit erstaunlichen Kundgebungen der Sympathie für die Juden in der Öffentlichkeit. Die Reaktion wird allen Beobachtern immer deutlicher… Die Partei hat jetzt begonnen, Flugblätter an alle Haushalte zu verteilen, in denen die Menschen ermahnt werden, jeden Kontakt mit Juden zu vermeiden und dem Davidstern mit Verachtung auszuweichen, wenn sie ihm auf der Straße begegnen.«[199]

Albert Speer erinnerte sich an das gleiche Phänomen:

»Ein Erlebnis, das ich Ende 1941 hatte, zeigt das ziemlich anschaulich. Damals nahm ich an einem der langweiligen und sich ewig hinziehenden Mittagessen in der Reichskanzlei teil. Im Verlauf der Unterhaltung begann Goebbels plötzlich, sich bei Hitler über die Berliner zu beklagen: ›Die Einführung des Judensterns hat genau das Gegenteil von dem bewirkt, was erreicht werden sollte, mein Führer! Wir wollten die Juden aus der Volksgemeinschaft ausschließen. Aber die einfachen Menschen meiden sie nicht, im Gegenteil! Sie zeigen überall Sympathie für sie. Dieses Volk ist einfach noch nicht reif und steckt voller Gefühlsduseleien!‹ Verlegenheit. Hitler rührte stumm in seiner Suppe. Wir, die wir da um den großen, runden Tisch saßen und lieber von dem Vormarsch im Osten hörten, waren in der Mehrzahl gar keine

Antisemiten. Auch Dönitz und Raeder ja eigentlich nicht. Aber wir gingen damals darüber hinweg.«[200]

Michael Marrus faßt in seiner Untersuchung der neueren Veröffentlichungen zum Thema »Holocaust« die gegenwärtige Übereinstimmung der Historiker so zusammen:

> »Kenntnisreiche Theorien über die Zentralität des Antisemitismus im Nationalsozialismus verlassen sich nicht auf die Annahme, daß die antijüdische Ideologie ein vorherrschend deutscher Grundsatz oder die ständige Hauptbeschäftigung der Führer des Dritten Reichs gewesen wäre. Forschungen zum Hintergrund des Holocaust legen tatsächlich das Gegenteil nahe.«[201]

Juden in Deutschland waren sicher auf eine Weise verwundbar, wie es Juden in Italien nicht waren. Sie waren prominent, zahlreich, erkennbar und an einigen Orten konzentriert. Für italienische Juden galt fast genau das Gegenteil. Die Deutschen hatten eine Reihe von Haltungen und Wertvorstellungen, die den fiktiven Unterschied zwischen Nichtjuden und Juden betonten; die Einstellungen der Italiener verringerten ihn. Deutsche verachteten Handel und Geschäft und politische Einflußnahme als »Kuhhandel«, Tätigkeiten, bei denen sich die Italiener auszeichneten. Deutschland hatte nur wenig Erfahrungen mit der konstitutionellen Demokratie; Italien hatte eine tiefreichende liberale Tradition, so korrupt und deformiert sie auch sein mochte. Die deutsche Aristokratie hatte gesellschaftliche und wirtschaftliche Macht, wie sie vor allem in den Junkern und Großgrundbesitzern Ostelbiens verkörpert war. Schließlich war es einer von ihnen, Paul Ludwig Hans Anton von Beneckendorff und von Hindenburg, Präsident des Deutschen Reichs, der Adolf Hitler – den »böhmischen Gefreiten«, wie er ihn geringschätzig nannte – 1933 zum Kanzler berief. Die italienische Aristokratie zerfiel in lokale Gruppen, denen es an Homogenität mangelte, und die durch die Auseinandersetzungen zwischen Kirche und Staat uneins waren. Die deutschen höheren Gesellschaftsschichten schlossen Juden aus, die italienischen nicht. Schließlich war die wichtigste, höchst typische Institution in der Geschichte Preußen-Deutschlands die Armee gewesen. Wie Georg Heinrich von Behrenhorst es im 18. Jahrhundert ausgedrückt hatte: »Die preußische Monarchie ist nicht ein Land, das eine Armee, sondern eine Armee, die ein Land hat, in welchem sie gleichsam nur einquartiert steht.«[202] Die wichtigste, höchst typische Institution in Italien war die Kirche.

Die kleinere Frage – warum weigerten sich italienische Offiziere und Diplomaten, bei der Vernichtung der Juden mitzuarbeiten, während ihre deutschen Pendants dazu bereit waren – kann, hoffe ich, jetzt beantwortet werden. An diesem Punkt laufen die zwei Stränge der Argumentation, die »Ereignisse«, wie sie sich entwickelten, und die »Erklärungen«, in denen Strukturen, Verhaltensweisen und Überzeugungen miteinander verglichen werden, zusammen. Italienische Offiziere verhielten sich so wie sie sich verhielten, weil sie in einer traditionellen, monarchistischen, liberalen, gebildeten, freimaurerischen, philosemitischen und antifaschistischen Armee dienten. Die Berufsdiplomaten, auch wenn sie aus der faschistischen Bewegung kamen, teilten ihre Wertvorstellungen, und außerdem stand im Hintergrund immer noch die Kirche. Je schlimmer der Krieg wurde, desto mehr verteidigten sie diese Werte der *Civiltà italiana* gegenüber den monströsen Forderungen ihrer Achsen-Partner. Deutsche Offiziere handelten so wie sie handelten, weil die Tradition des Gehorsams und die Starrheit des Denkens jedes andere Handeln undenkbar machte, weil 1941–1942 Hitlers Ideologie mit ihren eigenen Vorurteilen und Meinungen verschmolzen war, weil ihre Kultur einen geradezu manichäischen Dualismus enthielt, der Juden und andere »Untermenschen« von der menschlichen Rasse ausschloß, weil das NS-Regime einen finsteren Apparat der Unterdrückung und des Terrors unterhielt, wovon sich niemand, nicht einmal ein Vier-Sterne-General, ausgenommen fühlen durfte. Botschafter Guelfo Zamboni erzählte mir, daß in Saloniki sogar Generaloberst Löhr, der Oberbefehlshaber Südost, zitterte, wenn die SS kam.[203] Italienische Offiziere und Diplomaten konnten sich verschwören, weil die Risiken geringer waren (in Italien gehorchte ja sowieso niemand), weil Mussolini auch am Ende noch immer eine menschliche Stimme hören und darauf reagieren konnte, weil sie wußten, daß ihre Verschwörung auf nationaler Ebene sinnvoll war.

Deutsche Gegner Hitlers sahen sich mit dem entgegengesetzten Problem konfrontiert. Die Risiken standen fest, die Aussichten auf Erfolg waren schwach. NS-Deutschland war ein ernsthaft totalitärer Staat, das faschistische Italien eine Fassade. Hitler hatte in seinem kranken Hirn verbogene, monströse, aber immer noch erkennbare Wertvorstellungen, die ihm die deutsche Kultur überliefert hatte. Je mehr er dem Wahnsinn verfiel, desto giftiger wirkten sie. Mussolini glaubte an nichts; seine Verachtung für die Menschheit und ihr Lärmen machten ihn blind für moralische Probleme, aber er konnte doch immer noch die

Wirklichkeit erkennen. Hitler verbrachte seine letzten Tage damit, sich über wagnerianische Pläne für Traumstädte der Zukunft zu beugen und Carlyles *Friedrich II. von Preußen* zu lesen, während Bomben seine Hauptstadt in Schutt und Asche legten und sogar seinen unterirdischen Bunker erschütterten, in dem er schließlich starb. Diese und viele andere Elemente tragen dazu bei, zu erklären, warum ein paar gute Männer in einer bösen Zeit willens und in der Lage waren, etwas Gutes zu tun. Und wenn meine Erklärungen nicht überzeugen, so kann ich doch wenigstens geltend machen, daß ich ihre Geschichte erzählt habe.

Berlinbesucher pflegten auf der Westseite der Mauer Aussichtsplattformen zu besteigen und in den Ostteil von Hitlers geteilter Hauptstadt zu schauen. Die Mauer, oder die zwei von einem Streifen Niemandsland getrennten Mauern, wurden von Wachtürmen aus überwacht. Der Streifen Land zwischen den Mauern wirkte unheimlich wie ein Konzentrationslager, als ob ein Stück Auschwitz der »Reichshauptstadt« ins Gesicht gekratzt wäre. Von der Plattform in der Nähe des ehemaligen Potsdamer Platzes aus konnte man den Bunker sehen, in dem Hitler starb. Seine massiven Betonplatten hatten den Sprengungsversuchen nach dem Krieg widerstanden, und riesige Betonbrocken hatten den Boden zu großen Wällen zusammengeschoben. Es war etwas sehr Angemessenes an der Isolierung dieses Bunkers; ein Symbol, das der Fall der Mauer versehentlich beseitigt hat. Hitlers letztes Monument lag an einem Ort, den niemand aufsuchte. Sein Grab war von allem Menschlichen abgeschnitten, umgeben von den Symbolen der Angst und Unterdrückung, die sein Regime den Menschen gebracht hatte, ein Trümmerhaufen auf einem leeren Feld.

Hitler hat mehr Elend über seine Zeitgenossen gebracht als sonst jemand in der Geschichte der Menschheit. Vielleicht war er nicht schlechter als einige andere große Übeltäter der Vergangenheit, aber ihm standen schrecklichere Mittel zur Verfügung. Es ist jedoch, wie ich zu zeigen versucht habe, mehr als naiv, es ist gefährlich, Hitler als einzig Schuldigen zu betrachten. Er war zwar zweifellos wahnsinnig, aber dieser Wahnsinn trat in einer Form auf, die ihn attraktiv aussehen ließ und Millionen seiner Landsleute richtig erschien. Hitlers Ressentiments waren die ihren, seine Vorurteile und Vorlieben den ihren gleich. Er benutzte die Maschinerie des neuzeitlichen Staates, um Millionen zu ermorden und Millionen zu versklaven; diese Maschinerie funktionierte bis zum Schluß reibungslos. In den SS-Akten fand ich Gehaltsstreifen, komplett mit korrekten Abzügen und Rentenzahlungen, mit dem Datum 30. April 1945. Der SS-Staat lief im Leerlauf weiter, bis es keine Schreibmaschinen mehr gab und kein Gas mehr für die Gaskammern.

Irgend etwas ist in Deutschland schrecklich schiefgegangen, und Historiker haben lange über den Überbleibseln gegrübelt, um herauszubringen, wo, wann und wie. Gleich nach dem Krieg schrieben sie Bücher über Deutschlands Seele, in denen sie Deutschland als seit der Zeit Luthers vom »Westen« getrennt betrachteten. Andere entdeckten die entscheidenden Momente im Aufstieg Preußens, der Regierung Friedrich Wilhelms I. oder Friedrichs des Großen. In den sechziger Jahren entwickelte sich eine Theorie in Deutschland, die den Wendepunkt im Ersten Weltkrieg sah. Dann folgte eine Schule, die den Zeitpunkt zurückverlegte in die Zeit Bismarcks, und neuerdings, in unserem schwerfälligen, konservativen Zeitalter, gibt es welche, die behaupten, es sei sowieso alles die Schuld der Bolschewiken gewesen, und Deutschland habe nur auf den vorhergehenden sowjetischen Terror reagiert, beziehungsweise einen Präventivkrieg gegen die Sowjetunion geführt, bevor diese ihrerseits angriff.

Irgend etwas ist auch in Italien schrecklich schiefgegangen, und der Aufstieg des Faschismus ging ja in Wirklichkeit dem des Nationalsozialismus voraus. Hitler hat immer anerkannt, daß er in Mussolinis Schuld stünde, und das zu Recht. Mussolini erfand die Massenbewegung der Rechten. Er übernahm seine Technik von Lenin und entnahm seine Ideologie dem Schutthaufen des Irrationalismus, Voluntarismus, Futurismus und Antimodernismus in all ihren verderblichen Varianten. Das faschistische Regime hatte seine Macht gesichert, seine Feinde eingesperrt und begonnen, seine großen römischen Monumente zu errichten, als Hitlers Partei noch im Schatten der Weimarer Republik auf der Lauer lag und nicht mehr als drei Prozent der Stimmen auf sich vereinigen konnte.

Die beiden Regime hatten viel gemeinsam. Die Achse war weniger »unnatürlich«, als viele Italiener gern glauben wollten. Sie unterschieden sich weniger in der Struktur als in der Gründlichkeit und Zielbewußtheit. Hitler wankte nie in seiner Entschlossenheit, die Juden zu vernichten. Mussolini widmete einer Sache seine Aufmerksamkeit nie über eine längere Zeit. Hitlers politische Überzeugungen blieben dieselben, von 1920 bis zu seinen letzten Tagen im Bunker; Mussolini änderte seine Richtung mit jedem Windhauch. Für Mussolini war die Macht selbst das Ziel; für Hitler war sie nur Mittel zum Zweck.

Die große Frage kann ich nicht beantworten: Wie war der »Holocaust« möglich? Aber ich kann abschließend zwei Überlegungen anbieten, die dieses Buch nahelegt. Die Schrecken des Faschismus und des Nationalsozialismus wurden möglich, als ein Mensch über einen anderen schreiben konnte:

»Mit dem Führer werden wir immer siegen, er vereint in sich alle Tugenden des großen Soldaten: Mut, Klugheit, Umsicht, Elastizität, Opfersinn und eine souveräne Verachtung der Bequemlichkeit. Unter ihm zu kämpfen kann nur eine Ehre sein ... Der Führer ist tief religiös, aber ganz antichristlich. Er sieht im Christentum ein Verfallssymptom. Mit Recht. Es ist eine Abzweigung der jüdischen Rasse. Man sieht das auch an der Ähnlichkeit religiöser Riten. Beide haben gar kein Verhältnis zum Tier und werden daran letztlich zugrunde gehen. Der Führer ist überzeugter Vegetarier und zwar aus Grundsatz. Seinen Argumenten kann man nichts Ernsthaftes entgegensetzen. Sie sind durchschlagend.«[1]

So Joseph Goebbels 1939 in seinem Tagebuch – und er meinte das ernst! Er starb auch in dem Bunker. Eine Welt ohne Hitler hatte für ihn keinen Sinn. Er vergiftete sich und seine Frau und ihre sechs Kinder, deren Namen alle mit H begannen. Die Bunkerruinen sind auch Goebbels' Ruinen, treu bis übers Grab hinaus. Aber wem oder was? Einem anderen Menschen. Goebbels, Bottai und all die anderen hypnotisierten Anhänger der zwei großen Diktatoren vergaßen die tiefe Wahrheit im Gesetz Moses':

»Du sollst keine anderen Götter haben vor mir ... Du sollst sie nicht anbeten noch ihnen dienen. Denn ich, der Herr, dein Gott, bin ein eifriger Gott, der die Missetat der Väter heimsucht über die Kinder ins dritte und vierte Glied, die mich hassen.« (5. Mose 5,7–9)

Man muß nicht religiös sein, um zu sehen, was schiefging. Die fanatischen Anhänger Hitlers und Mussolinis machten Menschen zu Göttern und litten dafür. Niemand hat immer recht. Kein Argument ist »unwiderlegbar«.

Wie Bottai in seinem »Sühnebrief« an seinen Sohn[2] zugab, waren er und seine Generation allzu stolz auf ihren Willen gewesen. Sie spotteten über Vernunft und Erfahrung. Rationalität war kalt, leblos, veraltet. Sie waren jung, vital, stark, männlich. 1944, als er in den Fünfzigern war, sah Bottai die Folgen. In seinem großen Werk »Die Zerstörung der Vernunft« schrieb Georg Lukacs: »Hitler und Rosenberg tragen alles, was über den irrationalen Pessimismus von Nietzsche und Dilthey bis Heidegger und Jaspers auf den Lehrstühlen, in den intellektuellen Salons und Cafés gesprochen wurde, auf die Straße.«[3]

Unvernunft kennt keine Grenzen. Sie kann nicht Gewinn gegen Verlust abwägen oder die Mittel und die Ziele bewerten. Sie weist die Freiheit des Denkens von sich und bedroht die Person des Denkenden. Sie kann die freie Rede nicht dulden, keine blasphemischen Bücher, Satiren und Respektlosigkeiten. Sie mobilisiert die wirren Energien, Emotionen und Wünsche in uns allen und schleudert sie gegen die Grenzen der *Condition humaine*. Dabei zerstört sie sich selbst und verwüstet ihre Umwelt. Hinter den martialischen Fassaden des Faschismus und des Nationalsozialismus hatten ihre Diener Angst. Sie fürchteten das Urteil der Vernunft und versuchten ihm auszuweichen. Europa in Ruinen und Berge von Leichen waren das Ergebnis.

Wie Edward Gibbon vor zweihundert Jahren schrieb, sollte der Mensch, der über uns regiert, seine Aufgabe mit heiliger Scheu angehen:

»Der Mann, der zu regieren wagt, sollte nach Vollkommenheit der göttlichen Natur streben; er sollte seine Seele von ihrem sterblichen und irdischen Teil reinigen; er sollte seine Begierden auslöschen, seinen Verstand erleuchten, seine Leidenschaft regulieren und das wilde Tier bezwingen, das, der lebendigen Metapher des Aristoteles zufolge, es selten versäumt, den Thron des Despoten zu besteigen.«[4]

Das Problem

1 »Estratti dal diario del Conte Luca Pietromarchi« in Joseph Rochlitz: *The Righteous Enemy. The Italians and the Jews in Occupied Europe 1941–43,* eine Sammlung von Notizen und Dokumenten für den Dokumentarfilm (Rom 1988), S.7, 13. September 1942.

2 »Appunto per il Duce«, 21. August 1942, Ministero degli Affari Esteri (MEA), Archivio Storico Diplomatico (ASD) Gab AP 35, »Croazia«. Vgl. Daniel Carpi: »The Rescue of Jews in the Italian Zone of Occupied Croatia« in *Rescue Attempts During the Holocaust,* proceedings of the second Yad Vashem international conference, Jerusalem 1977, S. 474 f. und S. 512; »Verax« (Roberto Ducci, Leiter des Kroatien-Büros im MEA): Italiani ed ebrei in Jugoslavia«. *Politica estera,* Bd. 1, Nr. 9 (Rom 1944), S. 23.

3 »Appunto per il Duce«, 21. August 1942, MEA ASD Gab AP 35, »Croazia«.

4 »Appunto-Visto dal Duce«, MEA ASD GAB AP 35, »Croazia«, 4. November 1942.

5 Pirelli, Alberto: *Taccuini 1922–1943* (Bologna 1984), S. 365.

6 Zoppi an Ministero degli Affari Esteri (MEA), Paris, 14. Januar 1943, MEA, Archivio Storico Diplomatico (ASD), »Francia Affari Generali«, B 80 (1943), F. 8 »Sionismo«.

7 Guerri, Giordano Bruno: *Galeazzo Ciano. Una Vita 1903–1944* (Rom 1979), S. 536.

8 Interview mit Imre Rochlitz, Cambridge, 11. Februar 1988.

9 Hermann Schossberger, Slavko Herak, Dr. Vladimir Vranic, Ingenieur Arthur Lothe und Milan Singer als Unterzeichner, Porto Re, 28. November 1942, MEA ASD »Jugoslavia (Croazia)« B. 138 (1943) F. 8. »Deportazione degli Ebrei« (1942–43).

10 Interview mit Imre Rochlitz, 11. Februar 1988.

11 Hilberg, Raul: *Die Vernichtung der europäischen Juden.* Durchgesehene und erweiterte Ausgabe. 3 Bde. (Frankfurt/M. 1990), S. 758.

12 Gilbert, Martin: *The Holocaust. The Jewish Tragedy* (London 1986), S. 410.

13 RAM von Ribbentrop an von Mackensen, den deutschen Botschafter in Rom, 9. März 1943, und Mackensen an Ribbentrop, 17. März 1943. *Akten zur deutschen auswärtigen Politik 1918–1945* (ADAP) Serie E: 1941–45 Bd. V., 1. Januar 1943–30. April 1943, Nr. 189, S. 368, und Nr. 215, S. 243. Ebenso Telegramm von Mackensen vom 20. März 1943, Bundesarchiv, Koblenz, NS 19, Nr. 37669 (das Dr. Gerhard Schreiber, Militärgeschichtliches Forschungsamt, Freiburg/Brsg., mir freundlicherweise zukommen ließ).

14 Schneerson, Isaac: »Avant-Propos« zu L. Poliakov: *La Condition des Juifs en France sous l'occupation italienne* (Paris 1946), S. 10.

15 In Israel hat Daniel Carpi außer dem Artikel über die Juden Kroatiens (s. o. Anm. 2) einen wichtigen Artikel auf italienisch veröffentlicht: »Nuovi documenti per la storia dell'Olocausto in Grecia. L'Atteggiamento degli Italiani (1941–43)«, *Michael on the History of the Jews in the Diaspora,* Bd. VII, Tel Aviv 1981, und auf hebräisch »Die italienische Regierung und die Juden Tunesiens im Zweiten Weltkrieg (Juni 1940–Mai 1943)«, *Zion. A Quarterly for Research in Jewish History,* Bd. LII (1987), Nr. 1. Menahem Shelach hat auf hebräisch einen lebendigen und lesenswerten Bericht über die Rettung der Juden Kroatiens geschrieben in seinem *Heshbon Damim (Blood Account)* (Tel Aviv 1986). Meir Michaelis behandelt in *Mussolini and the Jews: German-Italian Relations and the Jewish Question in Italy, 1922–1945* (Oxford 1978) das Problem als Teil einer größeren Untersu-

chung; ebenso Renzo de Felice in *Storia degli ebrei italiani sotto il fascismo* (Turin 1972), dem immer noch maßgeblichen Buch über die italienischen Juden während des Faschismus. Joseph Rochlitz hat einen außergewöhnlichen Fernseh-Dokumentarfilm hergestellt, *The Righteous Enemy,* der die Geschichte der Juden unter italienischer Protektion erforscht und Interviews mit vielen der wichtigen italienischen Diplomaten enthält, die daran beteiligt waren; und zusammen mit Menahem Shelach hat er Auszüge aus den Tagebüchern des Capitano Lucillo Merci veröffentlicht, der Verbindungsoffizier zu den deutschen Streitkräften in Saloniki und Augenzeuge der jüdischen Tragödie dort war, vgl.: Joseph Rochlitz, mit Einführung von Menahem Shelach: »Excerpts from the Salonika Diary of Lucillo Merci (February–August 1943)«, *Yad Vashem Studies,* XVII, Jerusalem 1987. Serge Klarsfeld, der in dem Film von Joseph Rochlitz seine eigenen Erfahrungen als junger Mann unter italienischem Schutz in Südfrankreich schildert, hat mehrere wichtige Sammlungen von Dokumenten veröffentlicht, die Beweise zu dieser Frage beitragen, vgl. sein *Vichy–Auschwitz: Die Zusammenarbeit der deutschen und französischen Behörden bei der »Endlösung der Judenfrage«in Frankreich* (Nördlingen 1989) und die außerordentlich wichtige Sammlung von Dokumenten, *Die Endlösung der Judenfrage in Frankreich. Deutsche Dokumente 1941–1944,* die er 1977 auf eigene Kosten veröffentlichte, um zu versuchen, einige der überlebenden Massenmörder vor Gericht zu bringen. Er lieferte Adressen und Telefonnummern von ehemaligen SS- und SD-Offizieren in Frankreich, die jetzt in Deutschland oder woanders leben. Eine kurze Behandlung der Frage findet sich auch in Giuseppe Mayda: *Ebrei sotto Salò: la persecuzione antisemita 1943–45* (Mailand 1978).

16 Zuccotti, Susan: *The Italians and the Holocaust. Persecution, Rescue and Survival* (New York und London 1987), S. 99. Ihr Kapitel fünf, »Italians and Jews in the Occupied Territories« ist ein sehr lesenswerter Bericht darüber, was Juden unter dem Schutz der italienischen Armee erlebten.

17 *Actes et Documents du Saint Siège relatifs à la Seconde Guerre Mondiale* (ADSS) Bd. 9: »Le Saint Siège et les Victimes de la Guerre, Janvier–Décembre 1943«. Hrsg. Pierre Blet, Robert A. Graham, Angelo Martini, Burkhart Schneider (Libreria Editrice Vaticana 1975), S. 34.

18 Deakin, F.W.: *Die brutale Freundschaft. Hitler, Mussolini und der Untergang des italienischen Faschismus* (Köln und Berlin 1964).

19 Arendt, Hannah: *Eichmann in Jerusalem. Ein Bericht von der Banalität des Bösen* (Reinbek 1978), S. 220.

20 *Akten zur deutschen auswärtigen Politik,* Serie E, 1941–1945, Bd. 1, Nr. 230, S. 405: Vortragsnotiz des Unterstaatssekretärs Luther, 11. Februar 1942.

21 Braham, Randolph L.: »The Destruction of the Jews of Carpatho-Ruthenia« in ders.: *Hungarian-Jewish Studies* (New York 1966), S. 231.

22 Picciotto Fargion, Liliana: »Gli ebrei in Italia tra persecuzione e sterminio 1943–1945«, *Notiziario dell'Istituto Storico della Resistenza in Cuneo e Provincia,* Nr. 28, 2. Semester 1985, S. 33.

23 Levi, Primo: *Ist das ein Mensch? Die Atempause* (München 1988), S. 115–121. Deutsch von H. Riedt.

24 Auden, W. H.: »In memory of W. B. Yeats«, (deutsch von Ernst Jandl) in W. H. Auden: *Gedichte. Poems* (Wien 1973).

314

1 Rochat, Giorgio, und Massobrio, Giulio: *Breve storia dell'Esercito italiano dal 1861 al 1943* (Turin 1978), S. 271.

2 Minniti, Fortunato: »Dalla 'non belligerenza' alla 'guerra parallela'«, *Storia Contemporanea,* Anno XVIII, Nr. 6 (Dezember 1987), S. 1143.

3 Pieri, Piero, und Rochat, Giorgio: *Pietro Badoglio* (Turin 1974), S. 731 f.

4 Ciano, Galeazzo Graf: *Tagebücher 1939–1943,* dt. v. W. J. Guggenheim und R. König (Bern 1946), S. 82 f., 29. April 1939.

5 Quirino Armellino, *Diario,* zitiert nach Pieri und Rochat: *Pietro Badoglio,* S. 746.

6 Minniti, Fortunato: »Dalla 'non belligerenza'«, S. 1131.

7 Ebd., S. 1159 und 1164.

8 Riunione, 29. Mai 1940, *Documenti diplomatici italiani* (abgekürzt *DDI*), Serie 9, 1939–43 (Rom 1960), Nr. 642, S. 495.

9 De Felice, Renzo: *Mussolini il Duce. Lo stato totalitario 1936–1940* (Turin 1981), S. 835.

10 »Der Mittelmeerraum und Südosteuropa«, von Gerhard Schreiber, Bernd Stegemann und Detlef Vogel. *Das Deutsche Reich und der Zweite Weltkrieg,* Bd. 3. Militärgeschichtliches Forschungsamt (abgekürzt *MGFA*) (Stuttgart 1984), S. 223.

11 Rochat, Giorgio, und Massobrio, Giulio: *Breve storia,* S. 273.

12 Ciano, Galeazzo Graf: *Tagebücher 1939–1943,* 16. Juli 1940.

13 *MGFA* Bd. 3, S. 368 ff.

14 Verbale, *DDI,* Serie 9, Bd. V, Nr. 677, S. 655; *MGFA* Bd. 3, S. 201.

15 *MGFA* Bd. 3, S. 372.

16 Riunione, 15. Oktober 1940, *DDI,* Serie 9, V, Nr. 728, S. 699.

17 SME US (Stato Maggiore dell'Esercito. Ufficio storico): *Grecia* T. 2. Dok. 157, S. 465.

18 *MGFA* Bd. 3, S. 408.

19 Salvatorelli, L., und Mira, G.: *Storia d'Italia nel periodo fasista,* 2 Bde., Gli Oscar (Mailand 1972) (Cambridge, 1951), II, S. 487.

20 *MGFA* Bd. 3, S. 205, 374, 381.

21 Hinsley, F. H.: *Hitlers Strategie* (Stuttgart 1952), S. 144.

22 *Die Tagebücher von Joseph Goebbels. Sämtliche Fragmente.* Hrsg. v. Elke Fröhlich. (München, New York, London, Paris, 1987), Bd. 4, S. 410, 26. November 1940.

23 Rintelen, Enno von: »The German-Italian Cooperation During World War II«, *World War II German Military Studies,* Bd. 14 (New York 1979), S. 15.

24 Ebd., S. 33.

25 Löhr, Alexander: *Protokoll,* S. 6.

26 *MGFA* Bd. 4, S. 233 ff.

27 BAMA OKW/Wfüst RW 4/588 »Weisung Nr. 20: Unternehmen Marita«, Führerhauptquartier, 13. Dezember 1940.

28 Rintelen, Enno von: *Mussolini als Bundesgenosse. Erinnerungen des deutschen Militärattachés in Rom 1936–1943* (Tübingen und Stuttgart 1951), S. 120.

29 *MGFA* Bd. 3, S. 599 ff.; Rintelen, *Mussolini als Bundesgenosse,* S. 120.

30 Knox, Macgregor: *Mussolini Unleashed 1939–1941. Politics and Strategy in Fascist Italy's Last War* (Cambridge 1982), S. 261.

31 SME US *Grecia.* T. 2. Dok. Nr. 297, S. 836–842.

32 Ciano, Galeazzo Graf: *Tagebücher 1939–1943,* S. 309, 17. Januar 1941.

33 ACS SPD CR B. 86 w/R1 f.2 »Guzzoni, Alfredo, generale«, 25. Januar 1942.

34 Rintelen, Enno von: *Mussolini als Bundesgenosse,* S. 124.

35 Ciano, Galeazzo Graf: *Tagebücher 1939–1943,* S. 309 f., 19.–21. Januar 1941.

36 *Hitlers Tischgespräche im Führerhauptquartier,* hrsg. v. Henry Picker (Stuttgart 1976), S. 57, 21. Juli 1941.

37 *MGFA* Bd. 3, S. 597 f.

38 SME US *L'esercito italiano,* S. 240.

39 Goebbels, Joseph, *Tagebücher 1939–1941,* S. 501.

40 Caviglia, Enrico: *Diario 1925–1945* (Rom 1952), S. 326, 14. April 1941.

41 *MGFA,* Bd. 3, S. 459 ff.; *Kriegstagebuch des Oberkommandos der Wehrmacht (Wehrmachtsführungsstab)* von Helmuth Greiner und Percy Ernst Schramm, Bd. 1, 1. August 1940–31. Dezember 1941 (Frankfurt/Main 1965), S. 1200 ff.

42 *MGFA,* Bd. 3, S. 473 ff.

43 Ebd., S. 483.

44 BAMA OKW/Wfüst RW 4/588, Chef d Wfüst an Chef L, 12. Mai 1941 enthält die Befehle des Führers von der Sitzung am 10. Mai.

45 Goebbels, Joseph: *Tagebücher 1939–1941,* S. 613, 29. April 1941.

46 Roatta, Mario: *Otto Milioni di Baionette. L'esercito italiano in guerra dal 1940 al 1944* (Mailand 1946), S. 166 f.

47 Pirelli, Alberto: *Taccuini,* S. 299.

48 Tagebucheintragung in Peter Broucek: *Ein General im Zwielicht. Die Erinnerungen Edmund Glaises von Horstenau.* 3 Bde. (Wien, Köln, Graz 1980 ff.), Bd. 2, S. 696.

49 Glaise an OKW, 18. Mai 1941, BAMA »bev. dt. General in Agram« RH 31 III/1.

50 Hassell, Ulrich von: *Die Hassell-Tagebücher. Aufzeichnungen vom Andern Deutschland.* Nach der Handschrift revidierte und erweiterte Ausgabe (Berlin 1988), S. 253.

51 Ambrosio an alle Einheiten, 13.05 Uhr, 19. Mai 1941, SME US DS »Comando 9 Btg Auton CCRR« B. 446, allegato 23.

52 Ortona, Egidio: »Diario sul Governo della Dalmazia (1941–1943)«; *Storia Contemporanea,* Anno XVIII, Nr. 6 (Dezember 1987), S. 1367, 14. Juni 1941.

53 Glaise an OKW (Telegramm), BAMA »Bev. dt. General in Agram« RH 31 III/1.

54 Hilberg, Raul: *Die Vernichtung der europäischen Juden.* Durchgesehene und erweiterte Ausgabe (Frankfurt/M. 1990), S. 756–762.

55 *Kriegstagebuch* Bd. 1, S. 393, 6. Juni 1941. BAMA »Bev. dt. General in Agram«, RH 31 III/1 Glaise an OKW, 6. Juni, meldet, daß der Besuch »für die Kroaten höchst befriedigend verlaufen« sei.

56 SME US DS »Comando 9 Btg Auton CCRR« B. 446, Split, 4. Juni 1941.

57 BAMA »Bev. dt. General in Agram« RH 31 III/1, Glaise an OKW, 28. Juni 1941.

58 MEA ASD Jugoslavia (Croazia) AAPP B. 138 (1943) »Note relative all'occupazione italiana in Jugoslavia« enthält 50 Seiten so entsetzlicher Fotos, daß sie sich mir tief in die Erinnerung eingeprägt haben. Es geht nicht nur um Greuel der *Ustascha;* es gibt auch serbische Vergeltungsmaßnahmen, von Tschetniks an Partisanen begangene Greueltaten und gräßliche Bilder von verstümmelten und entstellten italienischen Leichen. Gefangene wurden oft entmannt, mußten ihre Genitalien essen und wurden dann zu Tode gefoltert. In Menahem Shelachs *Heshbon Damim. Hatzalath Yehudi Kroatiah al yiday Ha-italkim 1941–43* (Tel Aviv 1986), S. 35–37, gibt es einen Bericht über die *Ustascha*-Massaker an den überwiegend jüdischen Insassen der Konzentrationslager Metajna und Slano auf der Insel Pag im Sommer 1941. Als die Italiener die Exhumierung der in Massengräber geworfenen Leichen befahlen, fanden sie 791 Leichen, darunter die von

91 Kindern, von denen das jüngste fünf Monate alt war. Viele waren erschossen worden, aber viele waren auch mit Äxten und Messern buchstäblich gemetzelt worden. Shelach vermutet, daß die offiziellen Berichte darüber an den höchsten Stellen der italienischen Gesellschaft bekannt wurden, und zeigt, daß einer den Herzog von Spoleto erreichte, der als möglicher König des neuen kroatischen Staates nominiert worden war, sich aber klugerweise nie auch nur in seine Nähe begab.

59 MEA ASD Jugoslavia (Croazia) AAPP B. 138(1943) »Note relative all'occupazione italiana«, S. 46.

60 Shelach, Menahem: *Heshbon Damim,* S. 30.

61 Ebd., S. 31, Anmerkung.

62 Stoianovich, Traian: »The Social Foundations of Balkan Politics, 1750–1941«, in *The Balkans in Transition. Essays on the Development of Balkan Life and Politics since the eighteenth Century,* hrsg. v. Charles und Barbara Jelavich (Berkeley und Los Angeles/Cal., 1963), S. 334 f.

63 BAMA »bev. dt. General in Agram« RH 31 III/1, Glaise an OKW Abteilung Ausland, 7. Juli 1941.

64 Ebd., Glaise an OKW, 10. Juli 1941.

65 Ebd., Glaise an OKW, 19. Juli 1941.

66 ACS MI DGPS AAGGRR. Bd. 17 f. 84 Croazia, Casertano an Außenministerium (Kopie an Innenministerium), 10. Juni 1941.

67 SME US DS 32 Regg. ftr. »Div. Marche« B. 258.

68 Ebd., allegato 24, 28. Juni 1941.

69 SME US *Dalmazia. Una Cronaca per la storia (1941),* von Oddone Talpa (Rom 1985), allegato Nr. 7, S. 477–479.

70 Jäckel, Eberhard, und Rohwer, Jürgen (Hrsg.): *Der Mord an den Juden im Zweiten Weltkrieg* (Stuttgart 1986), S. 16.

71 Gilbert, Martin: *The Holocaust. The Jewish Tragedy* (London 1986), S. 173 f. (Rückübersetzung aus dem Englischen.)

72 BAMA »Kdr Gen. u Befh Serbien« RH 40/79 Aktenvermerk, 24.11.1942.

73 Hassell, Ulrich von: *Aufzeichnungen vom Andern Deutschland,* S. 263.

74 Ebd., S. 257.

75 Scotti, Giacomo, und Viazzi, Luciano: *Le Aquile delle Montagne Nere. Storia dell'occupazione e della guerra italiana in Montenegro (1941–43)* (Mailand 1987), S. 93.

76 SME US *Dalmazia,* S. 503.

77 Ebd., S. 504.

78 Ebd., S. 506, Pietromarchi an Casertano, privat, 29. Juli 1941.

79 Browning, Christopher: »Wehrmacht Reprisal Policy and the Mass Murder of Jews in Serbia«, *Militärgeschichtliche Mitteilungen,* Bd. 33, Nr. 1 (1983), S. 32.

80 Ebd., S. 33.

81 Ebd., S. 34.

82 SME US DS »Notiziario Vario 2a Armata« B. 1361, Roatta an SMRE il Capo di SM: »Oggetto: Ispezione eseguita in Slovenia e Dalmazia«, 10. Januar 1942.

83 Browning, Christopher: »Wehrmacht Reprisal Policy«, S. 35.

84 Scotti, Giacomo, und Viazzi, Luciano: *Le Aquile,* S. 139.

85 Potočnik, Franc: *Il Campo di sterminio fascista: L'isola di Rab* (Turin 1979), »Verbale della riunione a Kočevje il 2 agosto 1942«, S. 47.

86 Ebd., S. 48.

87 Ebd., S. 49.

88 SME US »CCFFAA Grecia (11a Armata)« B. 966, »oggetto: op. controllo del banditismo«, 22. Juli 1942.

89 SME US DS »Comando 1/XXIII Btg Guardia alla frontiera« B. 783, allegato 21, Comando XI Corpo d'Armata, 21. Juli 1942.

90 BAMA »bev. dt. General in Agram« RH 31 III/1 »Aufzeichnung für den deutschen Gesandten«, 9. Dezember 1941.

91 *Trials of War Criminals, Nuremberg Trials under Control Council Law Nr. 10,* Case No. 7, »The Hostages Case«, S. 766.

92 Browning, Christopher: »Wehrmacht Reprisal Policy«, S. 38.

93 BDC SSO »Hildebrandt, Richard«, Turner an Hildebrandt, 17. Oktober 1941. Zitiert nach Hilberg, Raul: *Die Vernichtung der europäischen Juden,* S. 733.

94 BDC SSO, »Turner, Harald«, Turner an Wolff, 11. April 1942.

95 Löhr, Alexander, *Protokoll,* S. 9.

96 BAMA »W Bfh Südost (AOK 12) 1a« RH 20-12/150 »Zusätze zum Führerbefehl 003830/42 18.10.1942«.

97 Salvatores, Umberto: *Bersaglieri sul Don,* 3. Aufl. (Bologna 1965), S. 19.

98 Ebd., S. 21.

99 Interview mit Professor Salvatore Loi, 26. März 1988; vgl. auch Salvatores, Umberto: *Bersaglieri,* S. 19 f.

100 Interview mit Professor Loi.

101 Ortona, Egidio: »Diario«, S. 1371, 10. August 1941.

102 Ebd., S. 1372, 11. August 1941.

103 SME US *Le Operazioni delle Unità italiane in Jugoslavia (1941–43)* von Salvatore Loi (Rom 1978), S. 177 f.

104 Scotti, Giacomo: *»Bono Taliano«: Gli italiani in Jugoslavia (1941–1943)* (Mailand 1977), S. 116, Kardelje an Tito, 14. Dezember 1942.

105 SME US *Le Operazioni* S. 191 f.; SME US *Dalmazia,* S. 888.

106 SME US DS »Comando 55 Rgt ftr 'Marche'«, B. 783, allegato Nr. 9, »Relazione sulle operazioni di rastrellamento effettuato dal reggimento nei giorni 8–12 giugno«, 16. Juni 1942.

107 Caviglia, Enrico: *Diario* S. 356, 20. Januar 1942.

108 Plehwe, Friedrich Karl von: *Als die Achse zerbrach. Das Ende des deutsch-italienischen Bündnisses im Zweiten Weltkrieg* (Wiesbaden/München 1980), S. 39 und 170 f.

109 BAMA »bev. dt General in Agram« RH 31 III/12, Glaise an Löhr, 13. Januar 1943.

110 ACS SPD CR 1922–1945, B. 73, f. 525, 12. Februar 1942.

111 Steinberg, Lucien: *La Révolte des Justes. Les Juifs contre Hitler* (Paris 1970), S. 103.

112 BAMA »bev. dt. General in Agram« RH 31 III/3 »zur Lage in Kroatien«, 6. März 1942.

113 SME US DS. B. 1361, »Notiziario vario 2a Armata«, »Oggetto: ispezione eseguita in Slovenia e Dalmazia«, 10. Januar 1943, S. 3.

114 Ebd., S. 4.

115 Ebd., S. 7.

116 BAMA »bev. dt. General in Agram« RH 31 III/3 »Bericht über die Lage in Kroatien. 2. Hälfte Februar 1942«, 25. Februar 1942, S. 10 f.

117 Scotti, Giacomo, und Viazzi, Luciano: *Le Aquile,* S. 79 f.

118 SME US DS B. 1361 »Notiziario vario 2a Armata«, Ambrosio an Comando Supremo, 4. Februar 1942.

119 SME US DS »Divisione 'Pusteria'« B. 82 Comando Div. 'Pusteria' an CT Montenegro, 12. Juni 1942.

120 SME US DS »Supersloda« B. 1222, »Sunto degli argomenti trattati nel convegno di Zagabria del 19. settembre 1942«.

121 Cavallero, Ugo: *Comando Supremo. Diario 1941–1943 del capo di S.M.G.* (Rocca S. Casciano 1948), S. 421, 20. Dezember 1942.

122 Deakin, F.W.: *Die brutale Freundschaft. Mussolini, Hitler und der Untergang des italienischen Faschismus* (Köln und Berlin 1964), S. 220 und 228.

123 BAMA »Gen Kdo XV (Geb.) AK« RH 24 – 15/3, OB Südost an Befh Kroatien, 26. Juni 1943.

124 Cavallero, Ugo: *Comando Supremo,* S. 429, 3. Januar 1943.

125 SME US *Le operazioni delle unità italiane in Jugoslavia (1941–1943)* »Proclama alla Popolazione« 7. September 1941, Dok. Nr. 66, S. 394.

126 NA T-821 R. 405 It 5283a »Comando 2a Armata« Ufficio Affari Civili, 26. Oktober 1942.

127 BAMA »bev. dt. General in Agram« RH 31 III/1, Glaise an OKW Wfüst. Abt. L, 9. August 1941.

128 Siegfried Kasche war Obergruppenführer der SA, ein wütender Antisemit und Gegner der Italiener, der wegen seiner Parteiverbindungen den Ruf hatte, allmächtig zu sein. Die SS haßte und fürchtete ihn, weil er, wie SS-Obergruppenführer Berger vom Hauptquartier der SS in einem Brief an Himmler schrieb, »zu denen gehört, die den 30. Juni 1934 (die 'Nacht der langen Messer', in der die SS achtundachtzig höchste SA-Führer ermordete) nicht vergessen können«. Ein SS-Beobachter nannte Kasche »kalt, berechnend und undurchsichtig«. (BDC SS – HO 1642, Berger an Himmler, 13.7.1943, und BDC SA »Kasche«)

129 BAMA »bev. dt. General in Agram« RH 31 III/8 »Vermerk über Gespräch mit Bürgermeister Dr. Deak aus Karlovac«, 22. August 1941.

130 Ebd., »Bericht des Professor Dr. von Loesch, Leiter des Instituts für Grenz- und Auslandskunde in Berlin«, 30. September 1941.

131 Ebd., »Mitteilung des deutschen Oberleutnants Weiss, Sachbearbeiter des Deutschen Wehrwirtschaftsoffiziers Agram für Tabakfragen in Dubrovnik«, 22. Dezember 1941.

132 BAMA »bev. dt. General in Agram« RH 31 III/8 »Bericht des Polizeiattachés bei der deutschen Gesandtschaft in Zagreb«, 30. Mai 1942.

133 Ebd., »Schreiben des Ministerialrats Schnell im Reichsministerium für Bewaffnung und Munition an das Auswärtige Amt«, 18. Juli 1942. Menahem Shelach zeigt den vollständigen deutschen Text von Schnells Bericht in *Heshbon Damim,* S. 58.

134 Interview mit Imre Rochlitz, 5. Februar 1988.

135 NA T-821, R. 405 »Comando 2a Armata« Ufficio Affari Civili, »Situazione ebrei«, 27. August 1942.

136 Ebd., S. 2.

137 SME US, *Le Operazioni,* S. 192; und Glaise an OKW, 16. Dezember 1942, BAMA »bev. dt. General in Agram«, RH 31 III/1.

138 Cavallero, Ugo: *Comando Supremo,* S. 227; BAMA »bev. dt. General in Agram« RH 31 III/2 »Verbalnote«, 13. März 1942: *Bericht der Internationalen Historikerkommission (Waldheim Commission)* (Wien, 15. Februar 1988), S. 27: Liste der Teilnehmer an dem Treffen vom 3. März 1942.

139 SME US *Le Operazioni,* S. 204–08; *Bericht der Internationalen Historikerkommission,* S. 27 f.

140 BAMA »bev. dt. General in Agram« RH 31 III/3 Glaise an OKW Abt. Ausland (FS), 26. April 1942.

141 Raul Hilberg: *Die Vernichtung der europäischen Juden,* S. 421–425; zur Beurteilung ihrer Bedeutung vgl. Lucy Davidowicz: *The War Against the Jews 1933–1945* (London 1975), S. 168 ff.; Gerald Fleming: *Hitler und die Endlösung* (Wiesbaden und München 1982), S. 104–107; Eberhard Jäckel: *Der Mord an den Juden* (Stuttgart 1985), S. 179, eine lebhafte Podiumsdiskussion über die Vorstufen, die zur Wannsee-Konferenz führten. Den vollständigen Text findet man in ADAP, Serie E, Bd. 1, Nr. 150, S. 267–275.

DIE EREIGNISSE: Phase 2

1 Fleming, Gerald: *Hitler und die Endlösung* (Wiesbaden und München 1982), S. 35.

2 Goebbels, Joseph: *Tagebücher aus den Jahren 1942–1943,* hrsg. von Louis P. Lochner (Zürich 1948), S. 142 f.

3 Interview mit Dr. Evi Eller, Rom, 4. April 1988.

4 Zuccotti, Susan: *The Italians and the Holocaust. Persecution, Rescue and Survival* (New York und London 1987), S. 158.

5 Roatta an Comando Supremo, 22. September 1942, Entwurf des Dokuments auf dem Papier des Ufficio Collocamento, vermutlich eine Arbeit Castellanis, der sich mit der Planung der Reaktion der 2. Armee auf die »Judenfrage« beschäftigte. NA T-821 R. 405 It 5283a »Comando 2a Armata«.

6 Mündliche Mitteilung des Herrn Wolfgang von Tirpitz, Irschehausen, April 1965.

7 Browning, Christopher: *The final Solution and the German Foreign Office. A Study of Referat D III of Abteilung Deutschland 1940–43* (London und New York 1978), Anhang S. 218.

8 Hilberg, Raul: *Die Vernichtung der europäischen Juden,* durchgesehene und erweiterte Ausgabe (Frankfurt/M. 1990), S. 514.

9 MEA ASD Gab. AP 3 B. 64 Francia (1942) f. 8 Sionismo, Buti an Außenministerium, 30. Mai 1942.

10 ACS MI DGPS GG RR B. 5 f. Razzismo, Bastianini an Presidenza Consiglio Ministri, 15. Mai 1942.

11 MEA ASD Gab AP – 42 AG Croazia 35, B. 133 (1942) f. 8 »Sionismo«, Ciano an Bastianini, 1. Juni 1942.

12 Ortona, Egidio: »Diario«, 24. Mai 1942, S. 1375.

13 MEA ASD Gab AP – 42 AG Croazia 35, B. 133 (1942) f. 8. »Sionismo«, Bastianini an Außenministerium, 1. Juni 1942.

14 Ebd. Roattas Antwort vollständig in Bastianini an MEA, 16. Juni 1942.

15 Ebd., »Appunto«, 23. Juni 1942.

16 Ebd., Castellani an MEA, 24. Juni 1942.

17 Die italienische Regierung erfuhr von den »dreißig Silberlingen« erstmals aus ebd. Casertano an MEA, 22. August 1942. Vgl. ADAP, E, Bd. IV, Nr. 49, S. 83, Kasche an Außenamt, 14. Oktober 1942.

18 NA T-821 R. 405 It 5283a »Comando 2a Armata«, Bastianini an Roatta, 7. Juli 1942.

19 Ortona, Egidio: »Diario sul Governo della Dalmazia (1941–1943)«, *Storia Contemporanea,* Anno XVIII, Nr. 6 (Dezember 1987) S. 1382, 15. Juli 1942.

20 SME US DS B. 1358 »Notiziario Supersloda A.C.« 17. Juni 1942 und 31. Juli 1942.

21 Cavallero, Ugo: *Comando Supremo. Diario 1940–1943 del Capo di S.M.G.* (Rocca S. Casciano 1948), S. 287 f.

22 SME US DS »SMRE SIE« B. 1048, »Notiziario Mensile Stati Esteri« Nr. 7, 31. Juli 1942, S. 96 f. Der »Specchio di distribuzione mensile«, die Liste derjenigen, die das Dokument bekamen, zeigt, daß es in einer Auflage von über 150 Exemplaren herauskam und an den König und die königliche Familie und alle höheren Offiziere ging.

23 MEA ASD Gab AP – 42 AG Croazia 35, Bastianini an MEA, 19. August 1942.

24 Hassell, Ulrich von: *Die Hassell-Tagebücher. Aufzeichnungen vom Andern Deutschland.* Nach der Handschrift revidierte und erweiterte Ausgabe (Berlin 1988), S. 219.

25 Dollmann, Eugen: *Roma Nazista* (Mailand 1949), S. 370, berichtet, wie Reinhard Heydrich 1939 Rom besuchte und wütend war, daß Otto von Bismarck, ein Halbjude, Deutschland in der ewigen Stadt vertrat. Seine Mutter, die Frau von Herbert von Bismarck, war in erster Ehe mit Graf Hoyos, einem ungarischen Granden, verheiratet gewesen, war aber schlichter als Tochter einer Triester Jüdin geboren worden. Heydrich versuchte offensichtlich, Bismack abberufen zu lassen, aber Arturo Bocchini, Chef der italienischen Geheimpolizei, sagte ihm, der Führer selbst hätte angeordnet, daß Bismarcks »Achillesferse« nicht erwähnt werden solle.

26 »Verax«: »Italiani ed ebrei in Jugoslavia«, *Politica estera,* Anno 1, Nr. 9 (1944), S. 25. »Verax« war das Pseudonym von Roberto Ducci, dem Chef der Abteilung Kroatien im italienischen Außenministerium unter Graf Pietromarchi.

27 MEA ASD Gab Ap – 42 AG Croazia 35, Appunto, 18. August 1942, mit einer Randbemerkung in Bleistift »neu tippen außer für Chef des Kabinetts, der abzeichnen wird«, mit den Initialen V und D, für Luigi Vidau, Chef des »Ufficio IV« für »vertrauliche [geheime] Angelegenheiten«, und Roberto Ducci, den Leiter der Abteilung Kroatien.

28 Ebd.

29 Pietromarchi, Luca: »Estratti del diario privato« in Joseph Rochlitz: *The Righteous Enemy. The Italians and Jews in Occupied Europe 1941–1943.* Eine Sammlung von Aufzeichnungen und Materialien zu dem Dokumentarfilm (Rom 1988), S. 7, 20. August 1942.

30 MEA ASD Gab Ap – 42 AG Croazia 35, Generalkonsul Sarajevo an MEA, 24. August 1942.

31 Ebd., »Appunto per il Duce«, 21. August 1942 (vgl. das Dokument auf Seite 17).

32 Pietromarchi, Luca: »Estratti del diario«, S. 7, 24. August 1942.

33 MEA ASD Gab AP – 42 AG Croazia 35, Casertano an MEA, 22. August 1942, am 24. August im Ministerium eingetroffen.

34 NA T-821 R. 405 It 5283a »Comando 2a Armata«, Capo Gabinetto Lanza d'Ajeta an Comando Supremo, 28. August 1942.

35 SME US DS B. 1359 »Notiziario vario 2a Armata«, 31. August 1942.

36 ADAP, Serie E, Bd. III, Nr. 266, S. 454. »Aufzeichnung des Legationsrats Rademacher«, 4. September 1942.

37 Pietromarchi, Luca: »Estratti del Diario«, S. 8, 28. August 1942.

38 NA T-821 R, 405 It 5238e »Comando 2a Armata«, VI Corpo d'Armata, Ufficio Affari Civili, »Situazione ebrei«, 27. August 1942.

39 MEA ASD Gab – 42 AP Croazia 35, Anlage zu Castellani an Pietromarchi, 11. September 1942.

40 Ebd., Castellani an Pietromarchi, 11. September 1942.

41 NA T-821 R. 406 It 5283e »Comando 2a Armata«, Consul Mammalella an General Clemente Primieri, 20. Januar 1943.

42 Pietromarchi, Luca: »Estratti del Diario«, S. 7, 13. September 1942.

43 SME US DS B. 1442 Comando Supremo, 13. September 1942.

44 SME US DS B. 993 Supersloda, Roatta an Comando Supremo, 18. September 1942.

45 Fleischer, Hagen: *Im Kreuzschatten der Mächte. Griechenland 1941–1944.* 2 Bde (Frankfurt/M., Bern, New York 1986), S. 48 ff. und 134 ff.; vgl. auch John L. Hondros, »The Greek Resistance 1941–1944: A Re-evaluation«, in: Iatrides, John O. (Hrsg.): *Greece in the 1940s. A Nation in Crisis* (Hanover und London 1981).

46 SME US DS B. 1054 CCFFAA Grecia (11a Armata), Tagebucheintragung 19. September 1942.

47 Ebd. Tagebucheintragung 22. September 1942, Anlage.

48 Ortona, Egidio: »Diario«, S. 1382, 10. Juli 1942.

49 Pirelli, Alberto: *Taccuini 1922–1942* (Bologna 1984), S. 347, 10.–11. September 1942.

50 Deakin, F.W.: *Die brutale Freundschaft. Hitler, Mussolini und der Untergang des italienischen Faschismus.* Übers. von Karl Römer. (Köln und Berlin 1964), S. 49.

51 Bottai, Giuseppe: *Diario,* S. 327, 7. Oktober 1942.

52 Ortona, Egidio, »Diario«, S. 1387, 8. Oktober 1942.

53 Ebd. S. 1387, 10. Oktober 1942.

54 Deakin, F.W.: *Die brutale Freundschaft,* S. 59.

55 NA T-821 R. 405 It 5283e »Comando 2a Armata«, Roatta an Comando Supremo, 22. September 1942.

56 MEA ASD AP – 42, AG Croazia 35, Castellani an Pietromarchi, 24. September 1942.

57 Ciano mochte besonders Cavalleros »servile Haltung« gegenüber den Deutschen nicht und hielt ihn für einen Mann, der »ein Lügner ist, sich mit den Fremden einläßt und stiehlt, soviel er kann«, Ciano: *Tagebücher 1941–1943,* (Bern 1946), S. 496 f. und 514. Ebenso Guerri, G. B.: *Galeazzo Ciano. Una vita, 1903–1944* (Mailand 1979), S. 497–499. Zu seinen Kontakten zur Industrie vgl. Pirelli, Alberto: *Taccuini,* S. 297, und das *Dizionario biografico degli Italiani,* Bd. 22, S. 702. – Cavallero war zwischen den Kriegen Direktor bei Pirelli und Ansaldo gewesen und war in einen Beschaffungsskandal verwickelt gewesen, der ihn zum Rücktritt gezwungen hatte. Vgl. auch: Rocca, Gianni: *Fucilate gli ammiragli. La tragedia della Marina Italiana nella seconda guerra mondiale* (Mailand 1987), S. 274.

58 Rintelen, Enno von: *Mussolini als Bundesgenosse. Erinnerungen des deutschen Militärattachés in Rom 1936–1943* (Tübingen und Stuttgart 1951), S. 190 f.

59 Dollmann, Eugen: *Roma nazista,* S. 139.

60 SME US DS B. 1442 Comando Supremo 1.–15. Dezember 1942. Das Kriegstagebuch zeigt, daß Kesselring in der ersten Hälfte des Monats täglich außer am Mittwoch, dem 2. Dezember, mit Cavallero zusammentraf, meist am späten Nachmittag. Kesselring nahm an internen Diskussionen unter den Stabschefs der drei Waffengattungen und mit den Befehlshabern der Marineoperationen teil, vor allem, wenn es um Dinge im Zusammenhang mit Konvois nach Afrika ging.

61 Eine lebendige Schilderung von Cavalleros letztem Tag findet sich in Paolo Monelli: *Roma 1943* (Rom 1946), S. 192 f. Monelli neigt zu der Ansicht, daß Cavallero ermordet wurde. Der Sohn des Marschalls bestreitet das in seiner Einleitung zu den Tagebüchern seines Vaters in Cavallero, Ugo: *Comando Supremo,* S. XVII ff.

62 SME US DS B. 1443 Comando Supremo, Tagebucheintragung 26. Januar 1943. Es ist interessant, daß er General Vercellino anrief, der die italienische 4. Armee in Frankreich kommandierte, denn am 21. Januar hatte *The Times* einen Artikel über den italienischen Schutz der Juden in Südfrankreich veröffentlicht. Die Deutschen hatten, wie wir noch sehen werden, kräftig Druck ausgeübt, um die Juden dort in die Hände zu bekommen. Was beschäftigte Cavallero? Die Loyalität gegenüber der Achse oder die Erkenntnis, daß die Welt inzwischen von der »Endlösung« erfahren hatte? In letzterem Fall könnte er Vercellino angerufen haben, um ihn zu ermutigen, im ersteren, um ihn zu entmutigen.

63 Caviglia, Enrico: *Diario 1925–1945* (Rom 1952), S. 341.

64 Deakin, F.W.: *Die brutale Freundschaft,* S. 147.

65 Ebd., S. 73.

66 Pirelli, Alberto: *Taccuini,* S. 372, 5. November 1942.

67 ACS MI DG »Demorazza«, B. 9, f. 38 Padre Tacchi Venturi an Exzellenz Guido Buffarini Guidi, Unterstaatssekretär des Inneren, 12. Juli 1943, dem er noch einmal einen
Brief von Kardinal Maglione vom 8. Juni 1942 beifügt, in dem dieser dagegen protestiert, daß Juden in »Mischehen« in die Zwangsarbeitsmaßnahmen einbezogen werden,
und sich über die »Langsamkeit des Innenministeriums« und über »absolut absurde«
Vorschriften beklagt.

68 BAMA RH III/7, Gesandter Kasche an Botschafter Ritter, 20. Januar 1943, Anlage,
18.1.1943, »Besprechung mit Generaloberst Löhr, Agram, Hotel Esplanade«.

69 BAMA RH 20–12/149 AOK 12, »Aktennotiz über Reise OB nach Belgrad und Agram«,
28. August – 1. September 1942, S. 2 f. und S. 9.

70 BAMA RH 20 – 12/150 W Bfh Südost (AOK 12) KTB 1a Geh. Kdosache, »Betr.:
Unstimmigkeiten mit Italienern vom 1.8.–22.9.«.

71 ADAP Serie E, Bd. III, Nr. 310, »Aufzeichnung über die Unterredung zwischen dem
Führer und dem Poglavnik«, 25. September 1942, S. 532 und 536 f.

72 BAMA RH 31 III/7 »Aufzeichnung für den Führer«, Zagreb, 1. Oktober 1942, S. 6.

73 MEA ASD Gab AP – 42 AG Croazia 35, Appunto, Rom, 3. Oktober 1942.

74 Carpi, Daniel: »The Rescue of Jews in the Italian Zone of Occupied Croatia«, in: *Rescue
Attempts during the Holocaust* (Jerusalem 1977), S. 480.

75 Ebd., S. 480.

76 Ebd., S. 481.

77 ADAP Serie E, Bd. IV, Nr. 91, »Niederschrift über meinen Empfang beim Duce Benito
Mussolini am Sonntag, dem 11.10.1942, in Rom, im Palazzo Venezia, 17 Uhr«, S. 150.

78 Pietromarchi, Luca: »Estratti del Diario«, S. 2, 14. Oktober 1942.

79 ADAP Serie E, Bd. IV, Nr. 38, S. 67, von Mackensen an Außenamt, 11. Oktober 1942.

80 Ebd., Nr. 66, S. 110, Ribbentrop an Kasche, 17. Oktober 1942.

81 Ebd., Nr. 70, S. 117, »Aufzeichnung des Unterstaatssekretärs Luther: Grundsätze und
Richtlinien für die deutsche Italienpropaganda«, 10. Oktober 1942.

82 Ebd., Nr. 89, S. 144, »Aufzeichnung des Unterstaatssekretärs Luther. Betrifft: Italien
und die Judenfrage«, 22. Oktober 1942.

83 Browning, Christopher: *The Final Solution and the German Foreign Office. A Study of Referat
DIII of Abteilung Deutschland* (London und New York 1978), S. 137.

84 Dorian, Emil: *The Quality of Witness. A. Romanian Diary 1937–1944.* Hrsg. von Marguerite Dorian (Philadelphia, Pa, 1982) S. 235, 14. Oktober 1942.

85 Malaparte, Curzio: *Kaputt* (Frankfurt 1979), S. 56.

86 ADAP Serie E, Bd. I, Nr. 230, S. 405, »Vortragsnotiz des Unterstaatssekretärs Luther«,
11. Februar 1942.

87 BAMA RH 31 III/12 »bev. dt. General Agram«, Glaise an Löhr, 2. März 1943.

88 Browning, Christopher: *The Foreign Office,* S. 135.

89 MEA ASD Gab AP – 42, AG Croazia 35, »Appunto«, 20. Oktober 1942.

90 Ebd., Appunto, S. 2, 23. Oktober 1942.

91 Ebd., S. 2. Der Text lautet: »Einer vertraulichen persönlichen Mitteilung des Rates
[Perić] zufolge würde eine solche 'Zusammenarbeit' so gut wie sicher in der totalen 'Eliminierung' solcher jüdischen Gruppen bestehen.«

92 Ebd., Appunto 28. Oktober 1942. Ducci schreibt: »Eine entsprechende Mitteilung hat
der Chef des Kabinetts dem Gesandten Bismarck gemacht, 28./X.«

93 ADAP Serie E, Bd. IV, Nr. 110, S. 196 f., von Mackensen an Außenamt, 28. Oktober
1942, 21.10 Uhr.

94 NA T-821 R. 407 It 5283m Comando 2a Armata, Comando Supremo an Supersloda, 28. Oktober 1942.

95 Ebd., »Questione ebrei«, 24. Oktober 1942. Gezeichnet Primieri.

96 Ebd., »Aspetto morale«, 26. Oktober 1942.

97 Ebd., Telescritto, 29. Oktober 1942.

98 *Relazione sull' opera svolta dal Ministero degli Affari Esteri per la tutela delle comunità ebraiche (1938–1943),* riservato (Rom 1946), S. 20; »Verax« (d. i. Roberto Ducci): »Italieni ed ebrei in Jugoslavia«, *Politica estera,* Anno 1, Nr. 9 (1944), S. 26; vgl. auch das Interview, das Ducci Nicola Caracciolo gab, in: Caracciolo, Nicola: *Gli ebrei e l'Italia durante la guerra 1940–1945* (Rom 1986), S. 114 ff. Darin behauptet Ducci, daß alle Beamten im Außenministerium sich darin einig gewesen wären, daß die Politik der *Consegna* sabotiert werden müsse. Er sagt auch, »nicht um Mussolini zu verteidigen, sondern um zu erklären, was da geschah … daß 'nulla osta' die italienische Art ist zu sagen: 'Ich meinerseits habe nichts dagegen'; mit anderen Worten, es war kein Befehl zur Auslieferung der Juden im engeren Sinn«. Vgl. Rochlitz, Joseph: *The Righteous Enemy,* Fernseh-Dokumentarfilm; er enthält ein Interview mit Ducci, in dem er ähnliche Erklärungen abgibt. Diese Aussagen widerlegen Duccis Absichten nicht; sie zeigen nur, wie uns das Gedächtnis oft narrt, besonders bei Dingen, die wir ohnehin gern glauben wollen.

99 Carpi, Daniel: *The Rescue,* S. 488.

100 MEA ASD Gab AP – 42 AG Croazia 35, il Comando, Bataglione Mitraglieri Autocarro di Corpo d'Armata, 6. November 1942.

101 Ebd., Anlage zu einem Brief von Castellani an das Außenministerium, 18. November 1942.

102 SME US DS B. 1442 Comando Supremo, 29. September 1942, und ebd. B. 1443, 14. Januar 1943, wo Cavallero, Scuero (Unterstaatssekretär im Kriegsministerium) und General Ambrosio zusammentrafen, um über »einen neuen Kommandanten für die 'Arma' der Carabinieri zu beraten. Kandidaten: General Hazon und General Pièche.« Hazon bekam die Stelle, starb aber am 19. Juli. Sein Nachfolger war dann nicht Pièche, sondern General Angelo Cerica von der Forstmiliz (vgl. Deakin, F.W.: *Die brutale Freundschaft,* S. 502).

103 Interview mit General Carlo Casarico, Rom 7. April 1988.

104 NA T-821, R. 405 It 5283a Comando 2a Armata »Relazione sulla Croazia«, 1. November 1942. Der Bericht findet sich in den Akten des Büros für Zivilangelegenheiten beim Hauptquartier der 2. Armee, zusammen mit dem Bericht vom 14. November. Beide Unterschriften sind mit »Unleserlich« bezeichnet, aber über der vom 14. steht »Pièche«. Da die Unterschrift die gleiche ist, muß also auch die erste von Pièche sein.

105 Ebd., S. 4.

106 Ebd., S. 5.

107 MEA ASD Gab Ap – 42 AG Croazia 35 »Appunto«, 4. November 1942.

108 NA T-821, R 405 It 5283a Comando 2a Armata, Pièche an MEA, 14. November 1942.

109 Pirelli, Alberto: *Taccuini,* S. 365.

110 Interview mit Imre Rochlitz, 5. Februar 1988.

111 SME US DA B. 1001 Comando Div. »Murge« Sezione U.I.S., Allegato 156, 9. November 1942.

112 Ebd., Allegato 169, 22. November 1942, und Allegato 170, 23. November 1942.

113 Ebd., Allegato 169, 22. November 1942.

114 MEA ASD Gab AP – 42 AG Croazia 35, Guariglia an Ciano, 5. November 1942.

115 BAMA RH 20-12/150 W Bfh Südost (AOK 12) »Chefbesprechung«, 24. September 1942.

116 BAMA RH 31 III/5 »bev. dt. Gen. in Agram«, Fliegermajor Josef Donegani an Glaise, 7. Oktober 1942.

117 BAMA RH 31 III/12 »bev. dt. Gen. in Agram« Glaise an Löhr, 2. März 1943.

118 Capogreco, Carlo Spartaco: *Ferramonti. La vita e gli uomini del più grande campo d'internamento fascista (1940–1945)* (Florenz 1987), S. 80 f. und S. 173. Die Besuche fanden am 22. Mai 1941 und am 27. Mai 1943 statt.

119 *Actes et Documents du Saint Siège relatifs à la seconde guerre mondiale*, Bd. 9, »Le Saint Siège et les victimes de la Guerre Janvier–Décembre« (Vatikan 1975), Nr. 49, S. 124, Maglione an Borgoncini Duca, 13. Februar 1943. Bastianini, Giuseppe: *Uomini, cose, fatti* (Mailand 1959), S. 89, und Guariglia, Raffaele: *Ricordi 1922–1946* (Neapel 1950), S. 535 f., der sich erinnert, wie sich der Kardinalstaatssekretär im Februar 1943 darüber beklagt hätte, daß, obwohl der Nuntius bei der italienischen Regierung, Borgoncini Duca, seit 1929 im Amt gewesen sei, die Botschafter Italiens beim Heiligen Stuhl ständig wechselten, was mit »dem Ernst und der Bedeutung dieser Aufgabe« nicht vereinbar sei.

120 Hoffmann, Peter: »Roncalli in the Second World War: Peace Initiatives, the Greek Famine and the Persecution of the Jews«, *The Journal of Ecclesiastical History*, Bd. 40, Nr. 1 (1989).

121 *Actes et Documents*, Bd. 9, S. 34.

122 Chadwick, W. O.: *Britain and the Vatican during the Second World War* (Cambridge 1986), gibt eine lebendige Beschreibung vom gefährlichen Leben der Diplomaten der Alliierten, die während des Krieges im Vatikan eingepfercht waren.

123 Kitchen, Martin: *A Military History of Germany from the Eighteenth Century to the Present Day* (London 1975), S. 320 f.

124 SME US DS B. 1442 Comando Supremo, 4. November 1942, 19.15 Uhr.

125 Deakin, F. W.: *Die brutale Freundschaft*, S. 86.

126 SME US DS B. 1442 Comando Supremo, 8. November 1942.

127 BAMA RH 19 VII/7 OB Südost/Okdo Heeresgruppe E KTB 1 (a) Chefbesprechung, 31. Mai 1943.

128 SME US DS B. 1442 Comando Supremo, 1. September 1942.

129 Ebd., B. 1099 Comando 4a Armata, 10. November 1942.

130 Cavallero, Ugo: *Comando Supremo*, S. 386, 11. November 1942.

131 Cohen, Richard I.: *The Burden of Conscience, French Jewry's Response to the Holocaust* (Bloomington, Ind., 1987), S. 40.

132 Ortona, Egidio: »Diario«, S. 139, 10. November 1942.

133 BAMA RH 20-12/153 W BfH Südost (AOK 12) Löhr an OKW, 21. November 1942; vgl. auch SME US DS B. 1442 Comando Supremo, 18. und 19. November 1942. Roatta blieb bis zum 21. November in Rom. Bei einem Treffen mit Cavallero wiederholte er, was er zu Löhr gesagt hatte, daß es sinnlos sei, große Operationen gegen die Partisanen zu unternehmen. Erfolg könne nur temporär sein, »wie wenn Wasser von einem Boot geteilt wird«.

134 MEA ASD Gab AP – 42 AG Croazia 35 »Appunto per il Gabinetto AP«, gezeichnet Vittorio Castellani, 3. Dezember 1942.

135 SME US DS B. 1001 Allegato 150 F/E Comando Div. »Murge« Sez. U.I.S., 3. November 1942.

136 MEA ASD Gab Ap – 42, AG Croazia 35, Schossberger und andere an Roatta, Porto Re, 28. November 1942.

137 Jean-Claude Favez hat festgestellt, daß im Herbst 1942 das Internationale Komitee vom Roten Kreuz in Genf unwiderlegliche Beweise dafür bekam, daß Juden in spezi-

ellen Lagern ermordet wurden. Am 14. Oktober 1942 trat das Komitee zusammen, um über einen internationalen Aufruf gegen den nationalsozialistischen Völkermord zu beraten, beschloß aber unter dem Einfluß der Schweizer Regierung zu schweigen. Vgl. Jean-Claude Favez: *Une Mission Impossible? Le CICR, les déportations et les camps de concentration nazis* (Lausanne 1988), S. 160–164 zu den Einzelheiten der Diskussion.

DIE EREIGNISSE: Phase 3

1 Pietromarchi, Luca: »Estratti del diario privato« in Joseph Rochlitz: *The Righteous Enemy. The Italians and the Jews in Occupied Europe* (Rom 1988), S. 8, 27. November 1942.

2 Pirelli, Alberto: *Taccuini, 1941–43* (Bologna 1984), S. 377, 4. Dezember 1942.

3 Pietromarchi, Luca: »Estratti del diario«, 10. Dezember 1942, in J. Rochlitz: *The Righteous Enemy,* S. 8.

4 Malaparte suchte Pietromarchi auf, um ihm zu berichten, was er gesehen hatte, und Pietromarchi hielt ein oder zwei besonders grausame Vorfälle in seiner Eintragung vom 27. November fest.

5 Deakin, F.W.: *Die brutale Freundschaft. Hitler, Mussolini und der Untergang des italienischen Faschismus* (Köln u. Berlin 1964), S. 372.

6 SME US Cartella Nr. 1393 Geloso, Carlo: »Due Anni in Grecia al comando dell' 11a Armata«, 2. Juli 1943, S. 174 f. Die *Relazione* war, wie üblich, wenn ein höherer Offizier seinen Standort verließ, ziemlich umfangreich, denn Geloso war verabschiedet worden. Sie stellt eine Art Verteidigung dar. Es besteht die Möglichkeit, daß Löhr seinen Vorschlag vor den Deportationen gemacht hat, denn von all den ans Kriegstagebuch des Oberkommandos der 11. Armee angefügten Dokumenten fehlt eine Akte – die für den 4. Dezember 1942. Unter diesem Datum vermerkt das Tagebuch selbst, General Geloso sei »nach Saloniki gefahren, um sich mit Generaloberst Löhr zu einem Gedankenaustausch... über Fragen der Lokalpolitik zu treffen«. (SME US DS B. 1098 CS FFAA Grecia (11a Armata), 4. Dezember 1942). Es ist quälend, daß diese Akte fehlt und man nicht feststellen kann, welche »Fragen der Lokalpolitik« diskutiert wurden.

7 Roatta, Mario: *Otto Milioni di Baionette* (Mailand 1946), S. 176.

8 Deakin, F.W.: *Die brutale Freundschaft* (Köln u. Berlin 1964), S. 116.

9 Goebbels, Joseph: *Tagebücher aus den Jahren 1942–43.* Hrsg. v. Louis P. Lochner (Zürich 1948), S. 222, 13. Dezember 1942.

10 Cavallero, Ugo: *Comando Supremo. Diario 1941–1943 del Capo di S.M.G.* (Rocca S. Casciano 1948), S. 404, 1. Dezember 1942.

11 SME US DS B. 1442 Comando Supremo, 6. Dezember 1942.

12 Bottai, Giuseppe: *Diario 1935–1944,* a cura di Giordano Bruno Guerri (Mailand 1982), S. 342, 6. Dezember 1942.

13 Ebd., S. 343.

14 Bracher, Karl Dietrich: *Die deutsche Diktatur.* (Köln 1969, Frankfurt/M. 1976), S. 458 f.

15 BAMA RH 31 XIV/7 »Deutscher Verbindungsstab beim ital. 2. AOK« Oblt Salazer, »Gefechtsbericht über Division 'Cosseria' für die Zeit vom 9. bis 18. Dezember 1942«.

16 Ebd., S. 4.

17 Ebd., Oblt Otto Joos, »Rückzugskämpfe der ital. Division 'Sforzesca' vom Don. Mitte Dezember 1942 bis Anfang Januar 1943«, 19. November 1943, S. 3.

18 BAMA RH 31 XIV/8 Deutscher Verbindungsstab, KTB, S. 6, 21.1.1943. Es gibt eine sehr lebendige Beschreibung des Rückzugs vom Don von einer italienischen Armeekrankenschwester (ursprünglich unter ihrer Registriernummer, nicht unter ihrem

Namen), die in einem Lazarettzug arbeitete und Tagebuch führte. Sie berichtete nicht nur die Schrecken der Schlacht, sondern erwähnte auch die Konzentrationslager. Sie schrieb Tagebuch, als der Zug in der Nähe eines Konzentrationslagers hielt, und der Militärgeistliche sagte zu ihr: »Sehen Sie genau hin, Schwester, und schreiben Sie!« Und dann, in demselben harschen und bitteren Ton: »Es ist ein erbauliches Schauspiel!« Marini, Margherita (Matricola CRI 15408): *Treno Ospedale 34* (Mailand 1982), S. 26.

19 Ebd., »Auszug und Schlußfolgerungen aus den Gefechtsberichten der verschiedenen deutschen Verbindungskommandos bei den ital. Div. 'Celere', 'Torino', 'Pasubio', 'Ravenna', 'Cosseria'. XXIX deutsches A.K., XXXV. ital. A.K., ital. Alpini und deutsches XXIX. Pz.Korps, Alpini Div. 'Julia', 12. April 1943.«

20 Ciano, Galeazzo Graf: *Tagebücher 1939–1943,* (Bern 1946), S. 500, 16. Dezember 1942.

21 Ebd., S. 500 f., 18. Dezember 1942.

22 SME US DS B. 1481 Comando Supremo 1.–20. Dezember 1942, Allegati, 18. Dezember 1942, 12 Uhr mittags.

23 Ebd., B. 1442, 19. Dezember 1942, 9.30 Uhr.

24 Ebd., 18.30 Uhr.

25 Ebd., 20. Dezember 1942, 9.00 Uhr.

26 SME US DS B. 1442 Comando Supremo, 22. Dezember 1942, 11.35 Uhr.

27 Ebd., 23. Dezember 1942, 18.00 Uhr.

28 SME US DS B. 1443 Comando Supremo, 6. Januar 1943.

29 Fest, Joachim C.: *Hitler* (Frankfurt, Berlin, Wien 1973), S. 909.

30 Ebd., S. 909.

31 Ebd., S. 927.

32 Jäckel, Eberhard: *Hitlers Herrschaft* (Stuttgart 1986), S. 119 f.

33 Ebd., S. 122.

34 Fleischer, Hagen: *Im Kreuzschatten der Mächte. Griechenland 1941–1944,* 2 Bde., S. 179.

35 SME US DS B. 1443 Comando Supremo, 20. Januar 1943, 9.45 Uhr.

36 Bastianini, Giuseppe: *Uomini, cose, fatti* (Mailand 1959), S. 88.

37 Pietromarchi, Luca: »Estratti del diario«, 2. Februar 1943, in J. Rochlitz: *The Righteous Enemy,* S. 9.

38 Ciano, Galeazzo Graf: *Tagebücher,* S. 517 f., 31. Januar 1943.

39 Ortona, Egidio: »Diario sul Governo della Dalmazia (1941–43)«, *Storia Contemporanea,* Anno XVIII, Nr. 6 (Dezember 1987), S. 1402, 2. Februar 1943.

40 Ciano, Galeazzo Graf: *Tagebücher,* 5. Februar 1943.

41 »THRAKIEN« von Stephen Bowman, *Encyclopedia of the Holocaust* (Yad Vashem 1990).

42 Tamir, Vicky: *Bulgaria and her Jews. The History of a Dubious Symbiosis* (New York 1979), S. 189, Beckerle an Außenministerium, 22. Januar 1943.

43 Ebd., S. 200–202.

44 Eine gute Einführung in die Zeit des Krieges bietet: Fleischer, Hagen: *Im Kreuzschatten der Mächte,* S. 37 ff.

45 ACS MI DG PS AA GG RR (1942) b. 8 f. 63 Grecia. R. Console in Saloniki an Außenministerium, 2. Dezember 1941.

46 Fleischer, Hagen: *Im Kreuzschatten der Mächte,* S. 117 f.

47 Thomadakis, Stavros B.: »Black Markets, Inflation and Force in the Economy of Occupied Greece«, in: Iatrides, J.O. (Hrsg.): *Greece in the 1940s. A Nation in Crisis* (Hanover, N.H., und London 1981), Tafeln 1–3, S. 67 und 71 f.

48 ADAP Serie E, Bd. III, Nr. 122, S. 213. Mussolini an Hitler, 22. Juli 1942.

49 »SALONIKI (THESSALONIKI)« von Stephen Bowman, *Encyclopedia of the Holocaust.*

50 Bowman, Stephen: »Greek Jews and Christians During World War II«, *Remembering the Future. Jews and Christians During and After the Holocaust,* Oxford Conference, Theme 1 (1988), S. 219.

51 Ebd., S. 218 f.

52 Eine vollständige Serie wöchentlicher Berichte über die Lage in Saloniki 1942–1943 ist enthalten in den wöchentlichen Bulletins des Konsuls Zamboni in J. Rochlitz: *The Righteous Enemy,* S. 110–228.

53 ADAP, Serie E, Bd. III, Nr. 136, S. 232 f., Altenburg an das Auswärtige Amt, 27. Juli 1942.

54 BAMA RH 23/112 Korpsrück Afrika A.O. III »Betr. Verhältnis des Juden- und Arabertums zu den italienischen Behörden in Tripolis«, 7. Februar 1942, S. 2.

55 Ebd., S. 4.

56 MEA ASD AAPP Francia B. 8 (1943) f. 8 Sionismo, Levi Vittoria an Außenministerium.

57 »SALONIKI (THESSALONIKI)« von Stephen Bowman, *Encyclopedia of the Holocaust;* Carpi, Daniel: »Nuovi documenti per la storia dell'Olocausto in Grecia. L'attegiamento degli italiani«, *Michael on the History of the Jews in the Diaspora,* Bd. VII (Tel Aviv 1981), S. 138–140.

58 MEA ASD AAPP Grecia B. 20 (1942), Außenministerium an Botschaft, Athen, 24. November 1942.

59 Interview mit Botschafter Guelfo Zamboni, Lido dei Pini, 9. April 1988. Botschafter Zamboni, der zur Zeit des Interviews 92 Jahre alt war, grüßte Joseph Rochlitz und mich, als wir fertig waren, teilte mit, daß es jetzt Zeit für sein Training sei, schwang sich auf ein Fahrrad und verschwand in der Ferne.

60 Interview mit Salvatore Loi, 26. März 1988.

61 »Excerpts from the Salonika Diary of Lucillo Merci (February–August 1943)«, compiled by Joseph Rochlitz with introduction by Menahem Shelach. *Yad Vashem Studies,* Bd. XVII (Jerusalem 1987).

62 Ebd., S. 299–301, 19. Februar 1943.

63 Ebd., S. 301.

64 Ebd., S. 304, 30. März 1943.

65 Carpi, Daniel: »Nuovi documenti«, S. 142.

66 Excerpts from the Salonika Diary of Lucillo Merci, S. 303, 10. März 1943 (Übersetzung).

67 Berlin Document Centre, SS—Offiziere, »Meyszner, August«, Himmler an Meyszner, 9. Mai 1942.

68 BAMA RH 20-12/445 WB Südost (AOK 12) Geh. Feldpolizei 611, »Bericht«, 19. August 1941.

69 SME US B. 1393A Geloso, General Carlo: »Due Anni in Grecia«, S. 164–171.

70 Interview mit Dr. G. C. Garaguso, Rom, 26. März 1988. Garaguso war nicht nur zwei Jahre lang Hauptmann in Gelosos Stab, sondern auch sein Nachbar in Rom. Seine Eltern und die Gelosos waren alte Freunde, und der General spielte eine Art militärischen Protektor für den jungen Offizier.

71 SME US DS B. 1443, Comando Supremo, 24. Januar 1943.

72 Interview mit Dr. Garaguso.

73 SME US B. 1393A Geloso, General Carlo, »Due Anni«, S. 42.

74 BAMA RH 19 VII/53 OB Südost/Okdo Heeresgruppe E »Betr.: Italienische Säuberungsmaßnahmen in Griechenland«, 21. Mai 1943, S. 3.

75 Eine gute Beschreibung dieses »Krachs« findet sich in Fleischer, Hagen: *Im Kreuzschatten der Mächte,* S. 174 ff., und in Thomadakis, Stavros B.: »Black Markets, Inflation and Force in the Economy of Occupied Greece«, S. 74–76.

76 Heller, Joseph: *Catch 22* (Frankfurt 1971 u. 1989), S. 124.

77 Dragoni, Ugo: *Fiaschi in Jugoslavia, Ricordi polemici della campagna di guerra 1941–43* (Alexandria 1983), S. 175.

78 Heller, Joseph: *Catch 22,* S. 125.

79 SME US DS B. 1054 CSFFAA Grecia (11a Armata) Geloso an Ambrosio, 19. Oktober 1942.

80 Die deutsche Reaktion findet sich in BAMA RH 20 – 12/154 WBfh Südost (AOK 12) »Tätigkeitsbericht 1a« vom 15. Dezember 1942, in dem der Stabschef, Generalmajor Hermann Foertsch, die »Heranziehung der Bevölkerung für die Sicherung und Begehung der Bahnstrecken in *kurzfristigen* Abständen« vorschlug. »Bei Hochgehen einer Mine, Lösen von Schienen usw. den vorher patrouillierenden Zivilisten zur Rechenschaft ziehen, u. U. erschießen. Bei einem Überfall die in der Nähe der Überfallstelle liegenden Dörfer strafen! Geiseln festsetzen! Ortsfremde festnehmen! Weitergehende rücksichtslose Heranziehung der Zivilbevölkerung zum Stellungsanbau.« Zur britischen Rolle bei der Zerstörung der Gorgopotamos-Brücke vgl. Clogg, Richard: »The Special Operations Executive in Greece« in Iatrides, J. O.: *Greece in the 1940s,* S. 116; Woodhouse, C. M.: *The Struggle for Greece, 1941–1949* (London 1976), S. 26.

81 Pirelli, Alberto: *Taccuini,* S. 352, Giovanni Pirelli an Alberto Pirelli, 12. Oktober 1942.

82 Deakin, F. W.: *Die brutale Freundschaft.* (Köln u. Berlin 1964), S. 109.

83 Roskill, S. W.: *Der Seekrieg im Wandel der Zeiten.* (Tübingen 1964), Deutsch v. Dietrich Niebuhr. S. 143 f.

84 Rocca, Giovanni: *Fucilate gli ammiragli. La tragedia della Marina italiana durante la seconda guerra mondiale* (Mailand 1987).

85 Bennett, Ralph: *Ultra and Mediterranean Strategy, 1941–1945* (London 1989), S. 148.

86 Serge Klarsfeld (Hrsg.): *Die Endlösung der Judenfrage in Frankreich. Deutsche Dokumente 1941–1944* (Paris 1977). Die Gesamtzahlen sind am Fuß der Dokumente genannt; vgl. auch S. 11 f.

87 BAMA RW 40/79 Kdr Gen u Befh Serbien, Führerbefehl Nr. 383/42, 9. März 1942.

88 BAMA RW 4v/752 OKW/WfüStab »Besondere Anordnung Nr. 1 für das neubesetzte franz. Gebiet«, 16. November 1942.

89 BDC SS HO 2471 Oberg an Himmler, 16. November 1942.

90 SME US SP 59/13 Comando 4a Armata, S. M. Ufficio Informazioni, 1. Dezember 1942.

91 SME US DS Comando Supremo S.I.M. Allegato 6, Nr. 5357/CS »Promemoria«, 2. Januar 1943.

92 MEA ASD AAPP Francia B. 80 (1943) f. 8 Sionismo, Ciano an italienischen Botschafter in Vichy, 5. Dezember 1942; Kopien an *Comando Supremo.*

93 Ebd., Barranco an Calisse, 6. Januar 1943.

94 BDC SSO »Knochen, Helmut«: »Beurteilungsnotizen über die Führer beim Stab des HSS PoF, 2. Juni 1943«; Obergs Akte enthält eine ganz anders geartete Beurteilung: »Nicht ganz offener Charakter, versucht seine Person in den Vordergrund zu stellen: Wille: zielbewußt, in seinem Wesen egoistisch, muß stets eine feste Führung haben. Findet nicht immer den richtigen Ton gegenüber Untergebenen.« (BDC SSO »Oberg«).

95 Klarsfeld, Serge: *Die Endlösung,* S. 168, Knochen an Müller, 13. Januar 1943.

96 ME ASD AAGG »Francia« B. 80 (1943) f. 8 Sionismo, Zoppi an Außenministerium, 14. Januar 1943.

97 SME US DS B. 1099 Comando 4a Armata »Dislocazione«, 13. November 1942.

98 BAMA RH 31 VII/7b »Deutscher General beim OB West in Vichy«, Bericht über die Reise 22.–30. März 1943.

99 Neubronn, Alexander von: »Ein Soldat blickt zurück«, S. 102 (Typoskript 1949) in BAMA RH 31/VII/30.

100 Ebd., S. 102.

101 BAMA RH 31/VII/5 »Deutscher General beim OB West in Vichy«, »Besprechung des Herrn Inspekteurs in Bourges«, 18. November 1942.

102 SME US DS B. 1442 Comando Supremo, 12. November 1942. Cavallero berichtete dem Duce über eine Unterhaltung mit Vacca Maggiolini. Den Ausdruck »langes Gesicht« benutzte Maggiolini.

103 BAMA RW 4/v. 752 »OKW WfüSt«, »Besprechung über Fragen des neubesetzten franz. Gebietes«, 23. Dezember 1942, S. 13. Es war eine große Konferenz mit zweiundzwanzig Teilnehmern, die das Oberkommando, das Außenministerium, die Waffenstillstandskommission, die Propagandaabteilung der Wehrmacht, die Abwehr usw. vertraten. Den Vorsitz hatte Warlimont. Interessanterweise war die SS nicht vertreten.

104 BAMA RH 31 VII/12 »Deutscher General des OB West in Vichy«, Deutscher Verbindungsoffizier bei der italienischen Kontroll-Delegation in Toulon, 2. Mai 1943.

105 MEA ASD AAPP Francia B. 68 (1943) Francia, f. 3, Generalkonsul, Marseille, an Chef der Polizei, 5. Februar 1943.

106 BAMA RH 31 VII/8 »Deutscher General des OB West in Vichy«, »Lagebericht Stand: Anfang Februar 1943«, Oberst von Rost, S. 2.

107 BAMA RH 31 VII/24 »Deutscher General des OB West in Vichy«, 5. Juni 1943.

108 SME US B. 1127 Comando 4a Armata. Allegato 23, Comando Supremo an General Herzog von Avarna, 16. Januar 1943.

109 *The Times,* London, 21. Januar 1943. »From our special correspondent, French frontier, January 20.«

110 Hinsley, F. H., und E. E. Thomas, C. F. G. Ransom, R. C. Knight: *British Intelligence in the Second World War* (London, Her Majesty's Stationary Office, 1979–88), Bd. III, T.1, S. 147. Churchill hatte eine Zusammenfassung zum Konflikt zwischen Deutschen und Italienern erhalten. Er wußte außerdem von »Enigma«, daß die Deutschen die Funksprüche der *Tschetniks* entschlüsselten, die zeigten, daß Mihailović beabsichtigte, die italienischen Truppen gegen die Deutschen aufzuhetzen. Dazu kannte er den Text von Löhrs Briefen vom 5. und 10. März 1943, in denen Löhr erklärte, er werde gemäß seinen Befehlen aus Berlin die *Tschetniks* als Feinde betrachten.

111 SME US B. 1443 Comando Supremo, 26. Januar 1943.

112 Klarsfeld, Serge: *Die Endlösung,* S. 171 (Dok. XXVa–267), Achenbach an Röthke, 11. Februar 1943.

113 ME ASD AAPP Francia B. 68 (1943) f. 3, Generalkonsul Marseille an Außenministerium, 6. Februar 1943.

114 SME US DS B. 1100 Comando I Corpo d'Armata, 14. Februar 1943.

115 Interview mit Mr. Albert Sharon, J. Rochlitz: *The Righteous Enemy.*

116 SME US DS B. 110 Comando I Corpo d'Armata, Allegato 39, 14. Februar 1943.

117 SME US SP 59/13 sowie SME US DS B. 1127, Comando 4a Armata, Allegato 56, 22. Februar 1943.

118 ME ASD AAPP Francia B. 68 (1943) C.I.A.F., 28. Februar 1943.

119 Ebd., B. 80 (1943) F. 8 Sionismo, Cremese an Außenministerium, 1. März 1943.

120 Ebd., gleiches Datum. Vgl. auch SME US SP 59/13, Telegramm Comando Supremo

an Comando 4a Armata, 1. März 1943, in dem die Absicht, in Vichy Schritte zu unternehmen, kundgetan wird. Das Telegramm schließt mit den Worten: »Ich bitte Sie, Festnahme von Präfekten in der Zwischenzeit zu verschieben.«

121 SME US SP 59/13 »Stralcio dal DS del CS.« B. 1443, Allegato 14.

122 BAMA RH 31 VII/7a »Deutscher General beim OB West«, von Neubronn an OB West, 4. März 1943.

123 Klarsfeld, Serge: *Die Endlösung,* S. 173–175 (Dok. I–38), Knochen an Müller, 12. Februar 1943.

124 ADAP, Serie E, Bd. V, Nr. 155, S. 283 f., Gesandter 1. Klasse Bergmann an den Sonderzug »Westfalen«, 24. Februar 1943.

125 Ebd., Nr. 158, S. 286 ff., »Aufzeichnung des Gesandten 1. Klasse Schmidt«, Rom, 27. Februar 1943. Das Zitat findet sich auf S. 296 f.

126 Pietromarchi, Luca: »Estratti del diario«, 1. März 1943, in: J. Rochlitz: *The Righteous Enemy,* S. 9.

127 Bastianini, Giuseppe: *Uomini, cose, fatti,* S. 86.

128 Guerri, G. B.: *Galeazzo Ciano, Una vita, 1903–1944* (Mailand 1979), S. 536.

129 Bottai, Giuseppe: *Diario,* S. 363, 1. März 1943.

130 Pietromarchi, Luca: »Estratti del diario«, S. 4, 11. März 1943.

131 *Actes et Documents du Saint Siège,* Bd. 9, Nr. 82, S. 170, Berliner Bischof von Preysing an Papst Pius XII., Berlin, 6. März 1943.

132 Ebd., Nr. 85, S. 175–177, der Geschäftsträger in Preßburg, Monsignore Burzio, an Kardinal Maglione, 7. März 1943.

133 Ebd., Nr. 86, S. 178 f., Notizen des Staatssekretariats, 8. März 1943.

134 Chadwick, W. O.: *Britain and the Vatican during the Second World War* (Cambridge 1986), S. 220.

135 Ebd., S. 216.

136 Goebbels, Joseph: *Tagebücher aus den Jahren 1942–1943,* hrsg. v. Louis P. Lochner (Zürich 1948), S. 237 f., 2. März 1943.

137 Hassell, Ulrich von: *Vom Andern Deutschland,* S. 269, 20. August 1941.

138 ADAP, Serie E, Bd. V, Nr. 181, S. 347 f., von Mackensen an Außenamt, 5. März 1943.

139 Ebd., Nr. 189, S. 368 ff., Reichsaußenminister von Ribbentrop an die Botschaft in Rom, 9. März 1943.

140 Goebbels, Joseph: *Tagebücher aus den Jahren 1942–1943,* S. 256 f.

141 Poliakov, L., und Sabille, J.: *Jews under the Italian Occupation* (Paris 1955), S. 147 f.

142 MEA ASD Gab AP – 42 Croazia 35 »Appunto«, 9. März 1943, und ebd., AG. IV (Kopie) »Appunto«, 9. März 1943.

143 Zitiert in Plehwe, Karl-Friedrich von: *Als die Achse zerbrach* (Wiesbaden u. München 1980), S. 20.

144 *Actes et Documents du Saint Siège,* Bd. 9, S. 183, »Notes du Cardinal Maglione«, 13. März 1943.

145 Ebd., Nr. 104, Nr. 195, Kardinal Maglione an Pater Tacchi Venturi, 17. März 1943.

146 Ebd., Nr. 105, S. 196, »Notes de Monsignore Montini«, 18. März 1943.

147 Selbst Hauptmann Merci wußte, daß in Rom über das Schicksal der Juden entschieden wurde. »Inzwischen sind Verhandlungen zwischen Rom und Berlin im Gang, und eine Einigung steht noch aus.« (Vgl. »The Salonika Diary«, S. 304, 21. März 1943).

148 ADAP, Serie E, Bd. V, Nr. 215, S. 413 f., »Der Botschafter in Rom von Mackensen an das Auswärtige Amt«, Telegramm, 18. März 1943, 9.25 Uhr.

149 Rintelen, Enno von: *Mussolini als Bundesgenosse,* S. 138.

150 Pirelli, Alberto: *Taccuini,* S. 402.

151 Caviglia, Enrico: *Diario,* S. 395.

152 Bastianini, Giuseppe: *Uomini, cose, fatti,* S. 88.

153 Senise, Carmen: *Quando ero capo della polizia* (Rom 1946), S. 62. Ein lebendiges Porträt des Kleinbürgers Senise, wie er allabendlich in seinem schwarzen Anzug zum Abendessen mit der Familie nach Hause geht, findet sich in Dollmann, Eugen: *Roma nazista,* S. 76 ff.

154 Pietromarchi, Luca: »Estratti del diario«, 31. März 1943, in J. Rochlitz: *The Righteous Enemy, S. 10.*

155 Bastianini, Giuseppe: *Uomini, cose, fatti,* S. 88 f.

156 *Actes et Documents du Saint Siège Relatifs à la seconde guerre mondiale,* Le Saint-Siège et les victimes de la guerre Janvier–Décembre 1943 (Libreria Editrice Vaticana 1975), Bd. 9, Nr. 105, S. 196, Note 3, 19. März 1943. Pietromarchi berichtet in seinem Tagebuch, der Nuntius habe Bastianini, als er hörte, daß die Italiener dem deutschen Druck nicht nachgegeben hätten, gesagt, der Heilige Vater würde die italienische Regierung segnen, und hinzugefügt, daß die Russen italienischen Kriegsgefangenen nach Hause zu schreiben erlaubt hätten, weil die italienische Regierung die Juden human behandelte. (Vgl. Pietromarchi, Luca: »Estratti del diario«, 31. März 1943, in J. Rochlitz: *The Righteous Enemy,* S. 10).

157 MEA ASD *Relazione sull'opera svolta,* S. 30.

158 Pietromarchi, Luca: »Estratti del diario«, 31. März 1943, in J. Rochlitz: *The Righteous enemy,* S. 10.

159 Nachgedruckt in J. Rochlitz, ebd., S. 49.

160 Bundesarchiv Koblenz NS 19 Aktenbestand 3766, Botschafter in Rom an Außenamt, 20. März 1943. (Dieses Dokument fand Kapitän Dr. Gerhard Schreiber vom Militärgeschichtlichen Forschungsamt in Freiburg im Breisgau bei seinen eigenen Recherchen, und er ließ mir freundlicherweise eine Kopie zukommen. Es ist eigenartigerweise nicht in den offiziellen ADAP, Serie E, Band V, enthalten.)

161 Dollmann, Eugen: *Roma nazista* (Mailand 1949), S. 361.

162 Zuccotti, Susan: *The Italians and the Holocaust. Persecution, Rescue and Survival* (New York und London 1987), S. 86.

163 ACS MI DG Demorazza B. 9, f. 38. Sowohl *Il Giornale d'Italia* als auch *Il Messagero* versahen ihre Berichte mit Bildern von den 132 an den Ufern des Flusses bei Castel Sant'Angelo arbeitenden Juden. Der *Messaggero* bot in einem Leitartikel einen besonders gehässigen Kommentar, daß »Juden körperliche Arbeit immer verachtet und als niedrige Beschäftigung für die unteren Klassen und Ausländer angesehen« hätten. Die Geschichte der *Precettazione civile al lavoro* (zivile Einberufung zur Arbeit) von 1942 dürfte eine interessante und notwendige Fußnote zur Geschichte der italienischen Juden abgeben. Susan Zuccotti benutzt Emanuele Artoms Tagebuch, um zu beschreiben, wie man sich als Zwangsarbeiter in Turin fühlte (Zuccotti, Susan: *The Italians,* S. 61–64), aber ehe der letzte Band von De Felice nicht erschienen ist, werden wir wohl nicht wissen, wer diese Schritte genehmigte und warum. Die »Demorazza«-Akten sind eine interessante Lektüre. Es steht fest, daß die überwiegende Mehrheit der Präfekten die Maßnahme absurd oder kontraproduktiv oder beides fand. 78 antworteten, daß »die Notwendigkeit, Juden Zwangsarbeit leisten zu lassen, nicht erwiesen« sei. Soviel ich weiß, wurden nur in Turin und Rom ernsthaft Anstrengungen unternommen, eine nennenswerte Zahl von Juden zur Zwangsarbeit einzuziehen und sie einzusetzen. In den Akten von Dr. Dante Almansi, Ritter des Großkreuzes und ehemals Vizechef der Polizei, gibt es ein unterwürfiges Telegramm, in dem er als Haupt der Union jüdischer Gemeinden dem Duce dankt, daß er Juden eingezogen habe, und hinzufügt, die Juden seien »glücklich, daß man sie gerufen hat, ihre Arbeitskraft zu geben, während alle Kräfte der Nation für den Sieg kämpfen. Ich möchte

Ihnen, Duce, unsere tiefste Dankbarkeit für die angekündigte zivile Einberufung zur Arbeit ausdrücken.« Kommentar überflüssig.

164 Lospinoso in J. Rochlitz: *The Righteous Enemy,* S. 51. Lospinoso wies beim Eichmann-Prozeß entschieden die Behauptung zurück, daß sich Mussolini ihm tatsächlich anvertraut hätte: »Die Vorstellung ist grotesk, daß sich Mussolini von seinem Thron herabgelassen hätte, um sich einem Abhängigen anzuvertrauen und eine so unwürdige Unterhaltung zu führen, als ob zwei Gleichgestellte einen dritten auszutricksen planten.« (Ebd., S. 55).

165 Zuccotti, Susan: *The Italians,* S. 86.

166 Klarsfeld, Serge: *Die Endlösung,* S. 199 (Dok. I–50), Moritz an Kommandeur der Sicherheitspolizei, 26. Mai 1943.

167 NA T 821 R. 405 Comando 2a Armata, Ufficio Affari Civili, »Sistemazione ebrei«, 18. Februar 1943.

168 Ebd., Die Ältesten von Kraljevice an Exzellenz Roatta, 4. Februar 1943.

169 Ebd., Senise an Präfekten, 18. Mai 1943.

170 Ebd., Petition, 13. April 1943, genehmigt von General Primieri, 28. April 1943.

171 SME US DS B. 446, Comando XII Btg CCRR, 23. Oktober 1942.

172 NA T-821 R. 405 Comando XI. Corpo d'Armata, »Relazione mensile«, 18. Februar 1943.

173 Potočnik, Franc: *Il Campo di sterminio fascista. L'isola di Rab* (Turin 1977), S. 41, Rundschreiben Nr. 36, Comando 2a Armata, 1. März 1942.

174 SME US DS B. 446 »23 Btg CCRR Mobilitato«, 23. Februar 1942.

175 Potočnik, Franc: *Il Campo,* S. 95, Comando del 14 Btg RRCC, 17. Januar 1943.

176 Ebd., S. 23.

177 Ebd., S. 119.

178 NA T-821 R. 407, It 5238L Comando 2a Armata, »Situazione internati civili alla Data del 1 luglio 1943«.

179 Ebd., Ufficio Affari Civili »Trattamento degli ebrei nel campo di Arbe«, 10. Juli 1943.

180 *Actes et Documents du Saint Siège,* Bd. 9, Nr. 122, S. 213, Notes de la Secrétairerie d'Etat, 30. März 1943. Kardinal Maglione bat um weitere Informationen, um diese Versicherung rechtfertigen zu können, und Monsignore Montini antwortete am 1. April, daß sie von einem Armeegeistlichen stammten, Pater Ottorino Marcolini, der von der Ostfront zurückgekehrt sei; der habe »ein Gerücht gehört von einer Quelle, die er für glaubwürdig hielt, aber im übrigen sei es unbewiesen«. Vgl. auch oben Anm. 156 zu Bastianinis Version.

DIE EREIGNISSE: Der letzte Akt

1 Goebbels, Joseph: *Tagebücher aus den Jahren 1942–1943,* hrsg. v. Louis P. Lochner (Zürich 1948), S. 269, 9. März 1943.

2 Deakin, F.W. *Die brutale Freundschaft. Hitler, Mussolini und der Untergang des italienischen Faschismus* (Köln 1964), S. 323.

3 Bastianini, Giuseppe: *Uomini, cose, fatti* (Mailand 1959), S. 92.

4 Ebd., S. 96.

5 Dollmann, Eugen: *Roma nazista* (Mailand 1949), S. 161.

6 Bastianini, Giuseppe: *Uomini, cose, fatti,* S. 99.

7 Dollmann, Eugen: *Roma nazista,* S. 164.

8 Senise, Carmen: *Quando ero capo della polizia* (Rom 1946), S. 110 und 113.

9 Goebbels, Joseph: *Tagebücher aus den Jahren 1942–1943,* S. 319, 7. Mai 1943.

10 ACS SPD CR 1922–45 B. 73, und Deakin, F. W.: *Die brutale Freundschaft,* S. 369. Scorza gehörte zu der Generation von Bastianini, Farinacci, Suardo und Bottai. Als armer Kalabrier war er durch die Brutalität der *Squadre* aufgestiegen und Chef der Provinz Lucca geworden. Da hatte er sich an dem Kampf aller gegen alle beteiligt, der typisch war für den Faschismus in der Provinz, und hatte auf der falschen Seite geendet. Wie viele frühe Faschisten war er auch Journalist gewesen. Seine Ernennung markierte die Rückkehr zur älteren Generation und war ein weiteres Anzeichen für den Bankrott der Bewegung.

11 Deakin, F. W.: *Die brutale Freundschaft,* S. 311.

12 ADAP, Serie E, Bd. V, Nr. 336, S. 676, von Mackensen an Außenamt, 22. April 1943.

13 BAMA RW 40/131 WB Südost (Okdo H Gr E) 1C/AO »Politische Lage«, gezeichnet Speidel, 19. April 1943, S. 6 f.

14 BAMA Rh 19 VII/23b OB Südost/H Gr E, Der Bevollmächtigte des Reiches für Griechenland, Athen, 3. Mai 1943.

15 ACS SPD CR »Bollettini e Informazioni« (bb 148–341). Com. Gen dei RRCC B. 174, 1942–43 »Promemoria per il Duce: Relazione sullo spirito delle truppe«, 13. Mai 1943, S. 1 f.

16 BAMA RH 31 III/12 »bev. deutscher General in Agram«, »Persönliches«, Glaise an Chef OKW, 6. Mai 1943.

17 Ebd., Glaise an Löhr, 26. Mai 1943.

18 Deakin, F. W.: *Die brutale Freundschaft,* S. 394.

19 Ebd., S. 394.

20 BAMA RH 31 VI/3. Der deutsche General beim Hauptquartier der ital. Wehrmacht, Hauptmann Beck, »Gedanken zum Einsatz Sizilien«, 25. Mai 1943.

21 Plehwe, Friedrich-Karl von: *Als die Achse zerbrach. Das Ende des deutsch-italienischen Bündnisses im Zweiten Weltkrieg* (Wiesbaden und München 1980), S. 62–65.

22 Bottai, Giuseppe: *Diario 1935–1944,* a cura di Giordano Bruno Guerri (Mailand 1982), S. 400 f., 19. Juli 1943.

23 Rintelen, Enno von: *Mussolini als Bundesgenosse. Erinnerungen des deutschen Militärattachés in Rom 1936–1943* (Tübingen und Stuttgart 1951), S. 204 ff., Alfieri, Dino: *Dictators Face to Face* (London und New York 1954), S. 234 und 237 f.; ADAP Serie E, Bd. VI; Nr. 146, S. 246, Mackensen an Außenamt, 13. Juli 1943; ebd., Nr. 155, S. 260 f.; Dollmann, Eugen: »Aufzeichnung für Herrn Botschafter H. G. von Mackensen«, 18. Juli 1943.

24 Alfieri, Dino: *Dictators,* S. 234.

25 Rintelen, Enno von: *Mussolini als Bundesgenosse,* S. 212.

26 Ortona, Egidio: »Il 1943 a Palazzo Chigi. Note di Diario«, *Storia Contemporanea,* Anno XIV, Nr. 6 (Dezember 1983), S. 1126.

27 Alfieri, Dino: *Dictators,* S. 238.

28 Ortona, Egidio: »Il 1943«, S. 1126 f.

29 Mussolini, Benito: *Memoirs 1942–43* (London 1949), S. 50 f.

30 Ortona, Egidio: »Il 1943«, S. 1127.

31 Alfieri, Dino. *Dictators,* S. 246.

32 Caviglia, Enrico: *Diario 1925–1945* (Rom 1952), S. 399, 18. Februar 1943.

33 BAMA RH 31 X/1. Deutscher Generalstab beim 11. ital. AOK, Kriegstagebuch Nr. 1, 19. Juli 1943. Das Kriegstagebuch wurde vom 19. 7. 1943 bis zum 21. 8. 1943 von Oberleutnant Waldheim geführt.

34 BAMA RH 19/9 OB Südost/Okdo HGrE KTB Führungsabteilung (Arsakli) »Befehls-regelung im Südostraum«, 22. Juli 1943.

35 Bottai, Giuseppe: *Diario,* S. 401, 10. Juli 1943.

36 Grandi, Dino: »Pagine di diario del 1943«, *Storia Contemporanea,* Anno XIV, Nr. 6 (Dezember 1983), S. 1039, 25. März 1943.

37 Ebd., S. 1062, 21. Juli 1943.

38 Ebd., S. 1063, 22. Juli 1943.

39 Ortona, Egidio: »Il 1943«, S. 1129, 21. Juli 1943.

40 ADAP, Serie E, Bd 6, Nr. 166, S. 287, von Mackensen an Ribbentrop, Telegramm, 22. Juli 1943.

41 Bottai, Giuseppe: *Diario,* S. 404, 23. Juli 1943.

42 Grandi, Dino: »Pagine«, S. 1064, 23. Juli 1943.

43 Alfieri, Dino: *Dictators,* S. 280.

44 Grandi, Dino: »Pagine«, S. 1065, 24. Juli 1943.

45 Bottai, Giuseppe, *Diario,* S. 405, 24. Juli 1943.

46 Ebd., S. 405 f., 24. Juli 1943.

47 Deakin, F. W.: *Die brutale Freundschaft,* S. 522 f.

48 Mack Smith, Denis: *Mussolini* (München/Wien 1983), S. 438.

49 Alfieri, Dino: *Dictators,* S. 282 f.

50 Ebd., S. 286.

51 Deakin, F. W.: *Die brutale Freundschaft,* S. 514.

52 Ebd., S. 521.

53 Grandi, Dino: »Pagine«, S. 1067, 25. Juli 1943.

54 Mack Smith, Denis: *Mussolini,* S. 298.

55 Ortona, Egidio: »Il 1943«, S. 1132, 25. Juli 1943.

56 Grandi, Dino: »Pagine«, S. 1067, 25. Juli 1943.

57 Ebd., S. 1069, 26. Juli 1943.

58 Fest, Joachim C.: *Hitler* (Frankfurt/M., Berlin, Wien 1973), S. 946 f.

59 BAMA RH 19 VII/9 OB Südost/Okdo HGrE KTB Führungsabteilung, 25. Juli 1943, 23.15 Uhr.

60 Ebd., 26. Juli 1943, 3.45 Uhr.

61 BAMA RH 31 X/1. Deutscher Generalstab beim 11. ital. AOK, KTB, 26. Juli 1943 und 27. Juli 1943.

62 BAMA RH 19 VII/1 OB Südost/HGrE »Chefbesprechung«, 26. Juli 1943, 9.00 Uhr.

63 Monelli, Paolo: *Roma 1943* (Rom 1946), S. 220.

64 Ortona, Egidio: »Il 1943«, S. 1142, 14. August 1943.

65 BAMA RH 31 X/1. Deutscher Generalstab beim 11. ital. AOK, KTB, 1. August 1943.

66 BAMA RH 24 – 15/5 Gen Kdo XV(Geb)AK Chefsachen, FS 3. August 1943.

67 Monelli, Paolo: *Roma 1943,* S. 156.

68 ADAP, Serie E, Bd. VI, Nr. 195, S. 339, Botschaft in Rom an Außenamt, 29. Juli 1943.

69 Monelli, Paolo: *Roma 1943,* S. 157.

70 Ebd., S. 158.

71 Mayda, Giuseppe: *Gli ebrei sotto Salò. La persecuzione antisemita 1943–45* (Mailand 1978), S. 51.

72 Ebd., S. 52.

73 Ortona, Egidio: »Il 1943«, S. 1135, 31. Juli 1943.

74 Guariglia, Raffaele: *Ricordi 1922–1946* (Neapel 1950), S. 587 ff.; Monelli, Paolo: *Roma 1943*, S. 220 ff.; Salvatorelli, L., und Mira, G.: *Storia d'Italia nel periodo fascista*, 2 Bde., Gli Oscar (Mailand 1972), Bd. 2, S. 539.

75 Guariglia, Raffaele: *Ricordi*, S. 617.

76 Ortona, Egidio: »Il 1943«, S. 1137, 5. August 1943.

77 »Excerpts from the Salonika Diary of Captain Merci (February–August 1943)«, compiled by Joseph Rochlitz, with introduction by Menachem Shelach. *Yad Vashem Studies*, Bd. XVIII (Jerusalem 1987), S. 323, 30. Juli 1943.

78 MEA ASD AAPP Francia B. 80 (1943) f. 8 Sionismo, Generalkonsul in Nizza, Spechel, an Außenministerium, 31. Juli 1943.

79 Ebd., Senise, Innenministerium, an Außenministerium, A.G. IV, 4. August 1943.

80 MEA ASD Gab. A.P. – 42, AG Croazia 35 B. 138 (1943) f. 8, »Deportazione degli ebrei«, Gesandtschaft Stockholm an Außenministerium, 3. August 1943.

81 Klarsfeld, Serge (Hrsg.): *Die Endlösung der Judenfrage in Frankreich. Deutsche Dokumente 1941–1944* (Paris 1977), S. 209, Hagen an HSSPF, Dok. XXVII–35 v. 11. August 1943.

82 Ebd., S. 214, Hagen an HSSPF, Dok. XXVa–311 v. 18. August 1943.

83 MEA ASD AAPP Francia B. 80 (1943) f. 8. Sionismo, Generalkonsul Nizza an Außenministerium, 7. August 1943; Vidau an königlichen Gesandten für die Repatriierung, 10. August 1943, in dem Vidau ein »nulla osta« für die Repatriierung gibt, ohne »vorbeugende Autorisierung« durch das Innenministerium. Vgl. auch Ghigi an Ministerium, 13. August 1943, in Carpi, Daniel: »Nuovi Documenti«, Nr. 26, S. 200.

84 MEA ASD Gab. A.P. – 42, AG Croazia 35 B. 138 (1943) Rosso an Ufficio Collegamento des Comando Supremo, 19. August 1943. Den ersten Absatz veröffentlichte Roberto Ducci 1944 unter dem Pseudonym »Verax« in *Politica estera*, Bd. 1, Nr. 9 (1944), S. 28.

85 MEA ASD AAPP Francia B. 80 (1943) f. 8 Sionismo, Gen di Brigata Bartiromo an Außenministerium, 25. August 1943.

86 Ebd., »Promemoria su accordi presi in riunione mattino 28. agosto fra rappresentanti Ministero Esteri, Ministero Interni (presente il Capo Polizia) e Stato Maggiore«, und Rosso an *Comando Supremo*, 6. September 1943.

87 Zuccotti, Susan: *The Italians and the Holocaust. Persecution, Rescue and Survival* (New York und London 1987), S. 88 f.

88 Salvatorelli, L., und Mira, G.: *Storia d'Italia*, Bd. 2, S. 539 f.; Monelli, Paolo: *Roma 1943*, S. 210 f.

89 Ebd., S. 222.

90 Salvatorelli, L., und Mira, G.: *Storia d'Italia*, Bd. 2, S. 541, und Monelli, Paolo: *Roma 1943*, S. 214 f.

91 Guariglia, Raffaele: *Ricordi*, S. 652.

92 Ebd., S. 704.

93 Salvatorelli, L., und Mira, G.: *Storia d'Italia*, Bd. 2, S. 541 f.

94 Pirelli, Alberto: *Taccuini 1922–1943* (Bologna 1984), S. 476.

95 Monelli, Paolo: *Roma 1943*, S. 224.

96 SME US DS B. 1222 Comando 2a Armata, »Relazioni degli avvenimenti successivi all'armistizio nella penisola balcanica« von Gen A. Mariotti, 2. Dezember 1943.

97 SME US DS B. 1253, Allegato Nr. 7 Comando Div. fant. »Lupi di Toscana«, 8. September 1943.

98 Ebd., 10. September 18.55 Uhr. Wie angenehm, sich zu erinnern, daß die Offiziere beide von den Deutschen freigelassen wurden, obwohl anderswo Offiziere, die den

Truppen Widerstand befohlen hatten, bedenkenlos erschossen wurden. Der deutsche Kommandeur fand, daß die Lupi »una bella divisione« seien.

99 Dragoni, Ugo: *Fiaschi in Jugoslavia. Ricordo polemico della campagna di guerra, 1941–43,* (Alessandria 1983), S. 190.

100 BAMA RH 19 VII/10 OB Südost/HGrE, Kriegstagebuch 1 (a), 8. September 1943, 20.05 Uhr.

101 Ebd., 8. September 1943, 23.35 Uhr.

102 TWC NMT CC 10, Bd. XI, »The hostages case«. (Fall Nr. 7/3 j), »am oder um den 24. September 1943 gab der Kommandeur des XXII. Gebirgsjäger-Korps (Lanz) [Befehl], den gefangenen italienischen General Gandin und alle Offiziere seines Stabes hinzurichten«.

103 BAMA RH 19 VII/10 OB Südost/HGrE, Kriegstagebuch 1(a), 8. September 1943, 21.55 Uhr.

104 BAMA RH 21 – 2/v. 590 Pz AOK 2, Kriegstagebuch Nr. 4, 11. September 1943.

105 Dragoni, Ugo: *Fiaschi in Jugoslavia,* S. 201.

106 Hassell, Ulrich von: *Vom Andern Deutschland* (Frankfurt/M. 1964), S. 187.

107 Protokoll über das Verhör des kriegsgefangenen deutschen Generals Alexander Löhr, verfaßt am 24. Mai 1945 in der Kanzlei des Lagers Banjica, Belgrad, S. 9 (freundlicherweise zur Verfügung gestellt von Richard Mitten, Wien).

108 Interview mit Botschafter Guelfo Zamboni, Lido dei Pini, 9. April 1988; Unterhaltung mit Richard Mitten, Cambridge, 18. April 1988.

109 Guariglia, Raffaele: *Ricordi,* S. 699.

110 Zuccotti, Susan: *The Italians,* S. 89.

111 Guariglia, Raffaele: *Ricordi,* S. 714–718.

112 Caracciolo, Nicola: *Gli ebrei e l'Italia durante la guerra 1940–45* (Rom 1986), S. 122.

TEIL 2 – ERKLÄRUNGEN

1 Guerri, Giordano Bruno: *Galeazzo Ciano. Una vita, 1903–1944* (Mailand 1979), S. 690/91; Mack Smith, Denis: *Mussolini* (München, 1983), S. 449 ff.

2 »Verax« (d.i. Roberto Ducci): »Italiani ed ebrei in Jugoslavia«, *Politica estera,* Bd. 1, Nr. 9 (1944).

3 Zitiert in Michaelis, Meir: *Mussolini and the Jews: German-Italien Relations and the Jewish Question in Italy 1922–1945* (Oxford 1978), S. 140.

4 Arendt, Hannah: *Eichmann in Jerusalem. Ein Bericht von der Banalität des Bösen* (Reinbek 1964), S. 220.

5 Vgl. Anm. 179 auf S. 333.

6 SME US DS Comando Supremo B. 1443, 14. Januar 1943.

7 BAMA RW 40/29 »Kdr Gen. u. Befh. Serbien KTB 1a«, 20. Dezember 1941.

8 Sternberger, Dolf, Gerhard Storz und W. E. Süskind: *Aus dem Wörterbuch des Unmenschen* (München 1962).

9 BAMA RH 31/III/12 »bev. dt. Gen. in Agram – Persönliches«, Glaise an Löhr, 2. März 1943.

10 BAMA RH 24 – 22/23 Oberst Jäger an Gen. Kdo XXII (Geb) A.K., 14. Mai 1944.

11 Bowman, Stephen: »Could the Dodekanesi Jews Have Been Saved?«, The Jewish Museum of Greece *Newsletter,* Nr. 26, Winter 1989, S. 2.

12 Tucholsky, Kurt: »Das Menschliche«, in *Panter, Tiger & Co* (Hamburg 1954), S. 174 f.

13 Ebd., S. 175.

14 Poggi, Gianfranco: *The Development of the Modern State. A Sociological Introduction* (London 1978), S. 101.

15 Nietzsche, Friedrich: *Vom Nutzen und Nachteil der Historie,* Werke in drei Bänden, hrsg. von Karl Schlechta (München 1954), Bd. 1, S. 242 und 219–221.

16 Hesse, Kurt: *Der Feldherr Psychologos* (Berlin 1922). Zitiert in Wilhelm Deist: »Die Reichswehr und der Krieg der Zukunft, Tagungsbeitrag zu »Kontinuität und Wandel«, Hamburg, 18.–19. März 1988, S. 4 f.

17 Heine, Heinrich: *Zur Geschichte der Religion und Philosophie in Deutschland* (1834), in: Heines Werke in fünfzehn Teilen (Berlin, Leipzig, Wien, Stuttgart o.J.) Neunter Teil, S. 276.

18 Oberst Gandin, inzwischen General und Kommandeur der Division »Acqui«, starb am 24. September 1943 bei dem Massaker an Offizieren und Mannschaften, die der deutschen Forderung widerstanden hatten, nach dem italienischen Waffenstillstand mit den Alliierten die Insel Kephalonia aufzugeben. Dieser Mord an dem kommandierenden Offizier und seinen Leuten spielte eine Rolle im sogenannten »Geiselprozeß« gegen deutsche Generäle in Nürnberg.

19 Zitiert in Pieri, Piero, und Rochat, Giorgio: *Pietro Badoglio* (Turin 1974), S. 733.

20 SME US DS B. 1443 Comando Supremo, 20. Januar 1943, 9.45 Uhr.

21 Goethe, J. W. von: *Die Wahlverwandtschaften* (Frankfurt/M. 1978), S. 166.

22 Tasca, A.: *Nascita e avvento del fascismo,* 2 Bde. 5. Aufl. (Bari 1974), S. 588.

23 Hibbert, Christopher: *Mussolini* (Frankfurt/M. und Bonn 1963), S. 19 f.

24 Ebd., S. 38.

25 Mack Smith, Denis: *Mussolini* (München 1983), S. 20.

26 Spinosa, Antonio: *Starace* (Mailand 1981), S. 40.

27 Mack Smith, Denis: *Mussolini,* S. 47.

28 Goebbels, Joseph: *Tagebücher 1942–1943,* hrsg. v. Louis P. Lochner (Zürich 1948), 25. April 1942, S. 174.

29 Monelli, Paolo: *Roma 1943* (Rom 1946), S. 34 f.

30 Picker, Henry: *Hitlers Tischgespräche im Führerhauptquartier 1941–1942* (Stuttgart 1976), S. 57–59.

31 Caviglia, Enrico: *Diario 1925–1945* (Rom 1952), S. 336.

32 Ebd., S. 350.

33 Valeri, Nino: *Da Giolitti a Mussolini. Momenti della crisi del liberalismo* (Florenz 1956), S. 21.

34 Hibbert, Christopher: *Mussolini,* S. 30.

35 Serpieri, Arrigo: *La guerra e le classe rurali italiane* (Bari 1930), S. 41 f. und 51.

36 Salvatorelli, L., und Mira, G.: *Storia d'Italia nel periodo fascista,* 2 Bde., 4. Aufl. (Mailand 1972), Bd. 1, S. 56.

37 Tasca, Angelo: *Glauben, gehorchen, kämpfen. Aufstieg des Faschismus* (Wien, Frankfurt, Zürich 1969), S. 168.

38 Ebd., S. 372.

39 Spinosa, A.: *Starace* (Mailand 1981), S. 63.

40 Mack Smith, Denis: *Mussolini,* S. 20.

41 PS Report, 4. Januar 1942, ACS SPD CR 1922–45 B. 93 f w/r Sf 2 »Soddu, Ubaldo«.

42 PS Report, 10. Januar 1942, ACS SPD CR 1922–45 B. 67 f. 390/R »Cavallero, Ugo«.

43 PS Report, ACS SPD CR B. 92 f W/R Sf. 2, 20. Januar 1942.

44 Deakin, F. W.: *Die brutale Freundschaft. Hitler, Mussolini und der Untergang des italienischen Faschismus* (Köln/Berlin 1964), S. 533 f.

45 Bottai, Giuseppe: *Diario 1935–1944,* hrsg. von Giordano Bruno Guerri (Mailand 1982), S. 10, 27. August 1936.

46 Mack Smith, Denis: *Mussolini,* S. 202 f.

47 Monelli, Paolo: *Roma 1943* (Rom 1946), S. 32.

48 Zitiert in: Spinosa, A.: *Starace,* S. 199.

49 Bottai, Giuseppe: *Diario,* 2. Dezember 1942, S. 340.

50 Ciocca, Pierluigi: »L'Italia nell'economia mondiale«, in: *L'Economia italiana nel periodo fascista, Quaderni Storici,* 29–30 (Mai–Dezember 1975), Tabelle 2, S. 363.

51 Montovani, Enrico: Dall'economia di guerra alla ricostruzione«, ebd., S. 654.

52 Toniolo, Gianni: *L'Economia dell'Italia Fascista* (Rom und Bari 1980), Tabelle 1.2, S. 8.

53 Ebd., Tabelle 1.5, S. 15.

54 Knox, Macgregor: *Mussolini Unleashed 1939–1941. Politics and Strategy in Fascist Italy's Last War* (Cambridge 1982), S. 70.

55 Geloso an Ambrosio, 19. Oktober 1942, SME US DS »Comando Superiore Forze Armate Grecia (11a Armata)« B. 1054 Allegato 6.

56 »Oggetto: Assunzione di Incarico (Capo die SME)« Vittorio Ambrosio. SME US DS, ebd. B. 635, Allegato 5.

57 Bottai, Giuseppe: *Diario,* S. 526.

58 Sylos Labini, Paolo: *Saggio sulle classi sociali* (Bari 1976), S. 157.

59 Hildebrand, George H.: *Growth and Structure in the Economy of Modern Italy* (Cambridge, Mass., 1965), S. 115.

60 Ebd., S. 117.

61 Pirandello, Luigi: *I vecchi e i giovani* (Verona, Gli Oscar, 1973), S. 267.

62 SME US DS Comando Supremo B. 1442. Es mag skeptische Leser geben, die diese kleine Episode nicht glauben. Hier der vollständige Text des KTB:

> »Ore 9.45 riceve il General von Horstig
> *Offerta del nuovo carro »Pantera« tedesco*
> Informa que noi abbiamo il P 40 ch'è in programma di costruzione. Aggiunge che si dichiara per l'unità di armamento e, in quanto all M 15 è previsto di diminuire la sua produzione man mano subentra il P 40.
>
> Ore 10.45 riceve l'Ecc. Ago. Argomenti:
> *Offerta del carro Pantera da parte dei Tedeschi*
> – sua richiesta di avere l'attrezzatura per costruirlo e guadagnare tempo
> – Ecc. Ago informa che in realtà il P 40 non esiste ancora e che sono da esaminare ancora tutti i problemi inerenti alla trasformazione del motore a benzina e dell'adattamento del motore T4 al carro.«

63 Plehwe, Friedrich-Karl von: *Als die Achse zerbrach. Das Ende des deutsch-italienischen Bündnisses im Zweiten Weltkrieg.* (Wiesbaden u. München 1980), S. 40.

64 Bottai, Giuseppe: *Diario,* 2. Dezember 1942, S. 340.

65 Hitler, Adolf: *Mein Kampf* (München 1933), S. 18.

66 Fest, Joachim C.: *Hitler* (Frankfurt/M. 1974), S. 43.

67 Rozenblitt, Marsha: *The Jews of Vienna 1867–1914. Assimilation and Identity* (Albany, N.Y., 1983), S. 17.

68 Rabinbach, Anson G.: »The Migration of Galician Jews to Vienna 1857–1880«, *Austrian History Yearbook* 11 (1975), S. 48. In einigen der östlichen Städte der kuk-Monarchie, wie

Krakau, Lemberg und Tschernowitz, machten Juden 21,3, 27,8 und 32,8 Prozent der Bevölkerung aus, und in dem kleinen Marktflecken Brody mehr als zwei Drittel (vgl. Rabinbach, Tabelle III, S. 46).

69 Cohen, Gary B.: »Jews in German Liberal Politics: Prague, 1860–1914«, *Jewish History,* Bd. 1, Nr. 1 (Frühjahr 1986), S. 58.

70 Hitler, Adolf: *Mein Kampf,* S. 60 f.

71 Picker, Henry: *Hitlers Tischgespräche,* S. 25.

72 Ebd., S. 23.

73 Jäckel, Eberhard: *Hitlers Herrschaft* (Stuttgart 1968), S. 120.

74 Goebbels, Joseph: *Tagebücher 1942–1943,* 13. Mai 1943, S. 344.

75 Haffner, Sebastian: *Anmerkungen zu Hitler* (Frankfurt/M. 1981), S. 8/9.

76 Zitiert bei Hinsley, F. H.: *Hitlers Strategie* (Stuttgart 1952), S. 308.

77 Jäckel, Eberhard: *Hitlers Herrschaft,* S. 166, Anm. 25.

78 Hinsley, F. H.: *Hitlers Strategie,* S. 175.

79 Below, Nicolaus von: *Als Hitlers Adjutant 1937–1945* (Mainz 1980), S. 417.

80 Ciano, Galeazzo: *Tagebücher 1937/38* (Hamburg 1949), 21. November 1937, S. 48 f.

81 Ciano, Galeazzo: *Tagebücher 1939–1943* (Bern 1946), 21. September 1940, S. 273.

82 Ebd., 18. Dezember 1942, S. 500.

83 Bottai, Giuseppe: *Diario,* 9. Dezember 1942, S. 344.

84 Oberst Umberto Fabbri an Comando Superiore 2a Armata, 29. Januar 1942, SME US DS B. 1361, »Notiziario Vario 2a Armata«, in dem Fabbri, der italienische Verbindungsoffizier bei der Kampfgruppe Bader, über eine Unterhaltung mit dem deutschen Kommandeur General Paul Bader bei Tisch berichtet.

85 Neubronn, Generalleutnant a.D. Alexander Freiherr von: *Ein Soldat blickt zurück. Erinnerungen aus den Jahren 1939–1945.* (Typoskript, 1949), in BAMA RH 31/VII/30, S. 65 f.

86 Colville, John: *The Fringes of Power. Downing Street Diaries,* 2 Bde., Bd. 2, 1941–April 1955 (London 1987), S. 154 f., 6. Oktober 1944.

87 Neubronn, Alexander von: *Ein Soldat blickt zurück,* S. 66.

88 Gruppenführer August Meyszner an Gruppenführer Harald Turner, 28. April 1942, BAMA Kdr. Gen. u. Befh. in Serbien, RW 40/79.

89 Below, Nicolaus von: *Als Adjutant,* S. 291.

90 Fleming, Gerald: *Hitler und die Endlösung* (Wiesbaden und München 1982), S. 32.

91 Ebd., S. 22.

92 Loewenberg, Peter: »Nixon, Hitler and Power: An Ego Psychological Study«, *Psychoanalytic Inquiry* Bd. 6, Nr. 1 (1986), S. 45.

93 Speer, Albert: *Spandauer Tagebücher* (Frankfurt/M., Berlin, Wien 1975), S. 633 f.

94 Picker, Henry: *Hitlers Tischgespräche,* S. 57–59.

95 Dollmann, Eugen: *Roma nazista* (Mailand 1949), S. 106.

96 Monelli, Paolo: *Roma 1943,* S. 39 f.

97 Hassell, Ulrich von: *Vom Andern Deutschland* (Berlin 1988), S. 49.

98 BAMA RH 31 III/9 »Audienz beim Führer«, 23. 11. 1943.

99 Cavallero, Ugo: *Comando Supremo, Diario 1940–1943 del Capo di S.M.G.* (Rocca S. Casciano 1949), S. 417.

100 Goebbels, Joseph: *Tagebücher 1942–1943* (Zürich 1948), 20. März 1942, S. 131.

101 Rintelen, Enno von: *Mussolini als Bundesgenosse,* S. 228 f.

102 Caviglia, Enrico: *Diario 1925–1945* (Rom 1952), S. 395.

103 ADAP, Serie E, Bd. IV, Nr. 70, S. 117, »Aufzeichnung des Unterstaatssekretärs Martin Luther«, 10. Oktober 1942.

104 BDC SSO, »Akte Meyszner«, Himmler an Meyszner, 9. Mai 1942.

105 Rintelen, Enno von: »The German-Italian Connection«, S. 4.

106 Knox, Macgregor: *Mussolini Unleashed 1939–1941. Politics and Strategy in Fascist Italy's Last War* (Cambridge 1982), S. 16.

107 Zusammengestellt aus Nikolaus von Preredovich: *Die militärische und soziale Herkunft der Generalität des deutschen Heeres 1. Mai 1944* (Osnabrück 1978), und Ministero della Guerra, Gabinetto: *Ruolo degli Ufficiali Generali del R. Esercito in s.p.e. e fuori quadro,* 5. Oktober 1937.

108 Pirelli, Alberto: *Taccuini,* 30. August 1939, S. 227.

109 SME US DS Comando Supremo B. 1443, 16. Januar 1943.

110 Knox, Macgregor: *Mussolini Unleashed,* S. 154.

111 Gen. Carlo Geloso »Oggetto: Addestramento«, 25. März 1942, SME US DS B. 736.

112 »KTB des deutschen Generals beim ital. AOK 8.«, 17. 9. 1942, S. 30, BAMA RH 31 IX – 1.

113 Ebd., 14. Oktober 1942.

114 AO III, »Betr. Verhältnis des Juden- und Arabertums zu den italienischen Behörden in Tripolis«, 7. 2. 1942. BAMA RH 23/112 »Korpsrück Afrika«.

115 Vicerè al Capo di Governo, 17. März 1941, in SME US *L'esercito italiano,* S. 247.

116 »Elenco degli ufficiali, funzionari ed agenti antifascisti divisi per ministri« (ohne Datum, aber innerhalb einer Folge von Ende 1938? bis Anfang 1939) ACS SPD CR 1922–1945 B. 62, f. 364. sf. 8.

117 Rintelen, Enno von: *Mussolini als Bundesgenosse. Erinnerungen des deutschen Militärattachés in Rom 1936–1943* (Tübingen 1951), S. 66.

118 Plehwe, Friedrich-Karl von: *Als die Achse zerbrach,* S. 40.

119 Interview mit Dr. Giacomo Cristiano Garaguso, Rom, 26. März 1988.

120 Seton-Watson, Christopher: *Italy from Liberalism to Fascism 1870–1925* (London 1967), S. 632 f.

121 Lyttleton, Adrian: *The Fascist Seizure of Power. Fascism in Italy 1919–1929* (London 1973), S. 280–282, beschreibt lebendig die Verflechtung von Freimaurerei und Zwistigkeiten und Prinzipien in der faschistischen Bewegung Mitte der zwanziger Jahre.

122 ACS SPD Cart. Ris. B. 37, f. 2, Mussolini an Farinacci, 10. Juli 1926.

123 Mack Smith, Denis: *Mussolini,* S. 249.

124 Segre, Dan Vittorio: *Memoirs of a Fortunate Jew. An Italian Story* (London 1987), S. 61 f.

125 Goebbels, Joseph: *Tagebücher 1942–1943,* S. 324 f., 8. Mai 1943.

126 »Elenco di ufficiali ebrei«, 15. Februar 1938 und »Cognomi di razza ebraica di Generali, Colonelli, Ten. Colonelli (compresi nel quadro d'avanzamento)«, 25. Februar 1938, ACS SPD CR 1922–1945 480 R B. 145 f. 390 Sf. 9; siehe auch »Censimento personale di razza ebraica«, 6. September 1938, die eine Notiz von Mussolini an seinen Privatsekretär Sebastianini enthält: »Was gedenkt Pariani [zu der Zeit Unterstaatssekretär im Kriegsministerium] wegen der jüdischen Offiziere zu unternehmen?« Ebd.

127 Ebd.

128 Herzstein, R. E.: *Waldheim. The Missing Years* (London 1988), S. 113 f. Vgl. *Der Bericht der internationalen Historikerkommission* (Waldheim Report) in *Profil,* Wien, Nr. 7, 15. Februar 1988, S. 8–12; dort steht ein detaillierter Bericht über die Arbeitsweise des Stabes der Heeresgruppe E.

129 »Chefbesprechung am 30.11.1942«, BAMA RH 20 – 12/158 »Beilagen zum Tätigkeitsbericht November 1942 1a«.

130 »Vierteljahres-Belehrung des Offz.-Korps des Stabes über OKW-Befehle betr.
Lebensführung des Offz.-Korps und Bekanntgabe kriegsgerichtlicher Urteile«.
BAMA RH 24 – 15/7 Gen Kdo XV(Geb.) AK KTB 26.8.1943 – 31. 12. 1943.

131 Oberkommando des Heeres, Heerespersonalamt, Berlin, 31. Oktober 1942, BAMA
RH 15/186.

132 BAMA RH 24 – 22/9 »Korpsbefehl Nr. 1 für das Unternehmen 'Margarete'«, K.H.
Qu. 16.3.1944, gezeichnet »L«.

133 Geloso, Carlo, Generale d'Armata: »Due Anni in Grecia al Commando dell'11a
Armata, 23. aprile 1941 – 3. maggio 1943«, 2. Juli 1943, Stato Maggiore dell'Esercito,
Ufficio Storico (SME US) Cartella Nr. 1393b. Die von Geloso genannten Gründe für
Konflikte waren die Bildung der griechischen Regierung, Polizeidienste, Geiselnah-
men und Geiselerschießungen, das Problem des griechischen Besitzes von Rundfunk-
geräten, Zwangsarbeit und die Judenfrage. S. 162–177.

134 BAMA RH 24 – 22/23 Gruppe Geheime Feldpolizei 621, Bericht betr. Evakuierung
der Juden aus Joannina, Unteroffizier Bergmayer, 27.3.1944.

135 BAMA RH 19/VII/1 OB Südost/Hr. Gr E KTB. Der Militärbefehlshaber Griechenland an OB Südost, 8.1.1944.

136 Ebd., Chefbesprechung, 9. – 10. Dezember 1943.

137 TWC NMT CC 10, S. 831, Neubacher an von Weichs; vgl. Herzstein: Waldheim Bericht,
S. 44.

138 TWC NMT CC 10, S. 833.

139 Streit, Christian: Keine Kameraden. Die Wehrmacht und die soujetischen Kriegsgefangenen
1941–1945 (Stuttgart 1978), S. 57.

140 Ebd., S. 128.

141 Kogon, Eugen et. al.: Nationalsozialistische Massentötungen durch Giftgas. Eine Dokumentation (Frankfurt 1983), S. 84 und Anhang mit einer Kopie des Dokuments.

142 Bartov, Omer: The Eastern Front 1941–45, German Troops and the Barbarization of Warfare
(Basingstoke und London 1985), S. 152.

143 Schulte, Theo: The German Army and Nazi Policies in Occupied Russia (Oxford, New York,
München 1989), S. 146.

144 Ebd., S. 230.

145 Milano, Attilio: Storia degli ebrei in Italia (Turin 1963), S. 9.

146 Ebd., S. 336.

147 Zitiert in Maud Tyler: The Forgotten Solution: Some Interpretations of Federalism in Piedmont
and Lombardy before 1850 (Unveröffentlichte Dissertation, University of Cambridge
1985), S. 3.

148 della Peruta, Franco: »Quando in Italia c'erano i ghetti«, Storia illustrata Nr. 339 (Mailand, Februar 1986), S. 85.

149 Ebd.

150 Momigliano, Armando Dante: »The Many Worlds of Vito Volterra«, Vorlesung, gehalten an der Brandeis-Universität am 30. April 1984, S. 8 (die Kopie des Typoskripts hat
mir der Autor überlassen).

151 de Felice, Renzo: Storia degli ebrei italiani sotto il fascismo (Turin 1972), S. 13.

152 Momigliano, A. D.: »The Many Worlds«, S. 3.

153 Levi, Primo: Die Untergegangenen und die Geretteten (München 1990), S. 100 f.

154 Segre, Dan Vittorio: The Memoirs, S. 27–29.

155 Zitiert in Renzo de Felice: *Storia,* S. 89.

156 Ebd., S. 17.

157 Hughes, H. Stuart: *Prisoners of Hope. The Silver Age of the Italian Jews 1924–1974* (Cambridge, Mass., 1983) bes. S. 9 ff., wo Hughes die Frage stellt: »Was ist von der Identität übrig, wenn Sprache und Religion dahin sind?«

158 Morris, Jonathan: *The Political Economy of Shopkeeping in Milan 1885–1905* (unveröffentlichte Dissertation, University of Cambridge 1988).

159 Ciano, Galeazzo: *Tagebücher 1937/38,* 3. Dezember 1937, S. 56.

160 Ebd.

161 »Informazione Diplomatica«, Nr. 14, 14. Februar 1938, in Meir Michaelis: *Mussolini,* S. 141.

162 Ebd., S. 158.

163 Bottai, Giuseppe: *Diario,* S. 129, 10. August 1938.

164 De Bono, E.: »Diario« in Renzo de Felice: *Storia,* S. 240.

165 Bottai, Giuseppe: *Diario,* S. 136, 6. Oktober 1938.

166 Mayda, Giuseppe: *Ebrei sotto Salò. La persecuzione antisemita 1943–45* (Mailand 1978), S. 17.

167 Katzburg, Nathaniel: *Hungary and the Jews 1920–1943* (Ramat-Gan 1981), S. 101–104, und Randolph L. Braham: *The Politics of Genocide. The Holocaust in Hungary,* 2 Bde. (New York 1981), Bd. 1, S. 122–127.

168 Der vollständige Bericht über die Rassengesetze von 1938 findet sich in Renzo de Felices *Storia degli Ebrei sotto il fascismo,* das im Anhang die wichtigsten Dokumente enthält. Susan Zuccotti in *The Italians and the Holocaust* bietet einen ausgezeichneten und lesenswerten Bericht über die Gesetze und ihre Anwendung in Kapitel 3, S. 28–51.

169 Guido, Segre, ammiraglio di squadra, 2. November 1938, ACS SPD CR 1922–45 480 R B. 144, f. 315.

170 Valfredo, Segre, an S. E. Valle, 5. September 1938, mit Mussolinis Randbemerkungen. Ebd.

171 Zuccotti, Susan: *The Italians,* S. 27.

172 Boitani, Camillo, Interview, Rom, 2. April 1988. Vgl. auch Paolo Monelli: *Roma 1943;* S. 23 ff. steht ein unterhaltsamer Bericht über den Schwindel mit der Parteimitgliedschaft.

173 Segre, Dan Vittorio: *Memoirs,* S. 79.

174 Ebd., S. 81.

175 de Felice, Renzo: *Storia,* S. 454.

176 Eller, Evi, Interview, Rom, 4. April 1988.

177 Caracciolo, Nicola: *Gli ebrei e l'Italia durante la guerra 1940–45* (Rom 1986), S. 42 f.

178 Bandler, Paul, Interview, Rom, 28. März 1988; vgl. auch den faszinierenden Bericht über das Konzentrationslager in Kalabrien von Carlo Spartaco Capogreco: *Ferramonti. La vita e gli uomini del più grande campo d'internamento fascista (1940–1945)* (Florenz 1987). Dr. Capogreco, der Kalabrier ist und kein Jude, war von den Überbleibseln des Lagers fasziniert und beschloß, dieses vergessene Kapitel der Geschichte Kalabriens zu rekonstruieren. Es ist ein schönes, menschliches und bewegendes Werk.

179 Absalom, Roger: »Ex prigionieri alleati e assistenza popolare nella zona della linea gotica 1943–44«, in *La Linea Gotica 1944. Esercito, popolazioni, partigiani,* hrsg. v. G. Rochat, E. Santarelli, P. Sorcinelli, Istituto pesarese per la storia del movimento di liberazione (Mailand 1986), S. 453–456 und Anm. S. 467 f. Ebd.: *A Strange Alliance.*

Aspects of Escape and Survival in Italy 1943–45. Accademia Toscana di Scienze e Lettere. »Studi« CXX (Florenz 1991), S. 34.

180 Friedrich der Große: *Die politischen Testamente* (Berlin 1922), S. 141. Testament von 1768.

181 Holeczek, Heinz: »Die Judenemanzipation in Preußen«, in *Die Juden als Minderheit in der Geschichte,* hrsg. v. Bernd Martin und Ernst Schulin (München 1981), S. 154.

182 Warburg, Max M.: *Aus meinen Aufzeichnungen,* Privatdruck (New York 1952), S. 122.

183 Kant, Immanuel: *Was ist Aufklärung. Aufsätze zur Geschichte und Philosophie* (Göttingen 1985), S. 61.

184 Marx, Karl: »Zur Judenfrage« (1843), *Marx-Engels-Gesamtausgabe* (MEGA) (Berlin 1982), Abt. I, Bd. 2, S. 141 ff.

185 Schopenhauer, Arthur: *Die Welt als Wille und Vorstellung* (Leipzig 1905, Großherzog Wilhelm Ernst Ausgabe), S. 558 f.

186 Holeczek, Heinz: »Die Judenemanzipation«, S. 147.

187 Zmarzlik, Hans-Günter: »Antisemitismus im Deutschen Kaiserreich 1871–1918«, in: *Die Juden als Minderheit in der Geschichte,* S. 251 f.; vgl. auch Thomas Nipperdey: *Deutsche Geschichte,* S. 248 ff., zur Statistik des schnellen Wachsens des Wohlstands unter deutschen Juden.

188 Mosse, W. E.: *Jews in the German Economy. The German-Jewish Economic Elite 1820–1935* (Oxford 1987), S. 202 f.

189 Childers, Thomas: *The Nazi Voter. The Social Foundations of Fascism in Germany, 1919–33* (Chapel Hill, N.C., und London 1983), S. 142 ff. und S. 211 ff.; sowie ders.: »Interest and Ideology: Anti-System Politics in the Era of Stabilization 1924–1928«, in: Gerald D. Feldman (Hrsg.): *Die Nachwirkungen der Inflation auf die deutsche Geschichte 1924–1933* (München 1985), S. 1–20. Childers legt auch dar, wie das plötzliche Ende der Hyper-Inflation kleine Geschäftsleute und Händler entfremdete. Diesen Leuten konnte es die Weimarer Republik nicht recht machen.

190 Manuel, A. R. und Frankel H.: *The German Cinema* (London 1971), S. 68.

191 Dahrendorf, Ralf: *Gesellschaft und Demokratie in Deutschland* (München 1968), S. 72 ff.

192 Gen. d. K. Ludwig Frhr. von Gebsattel an Bayerisches Kriegsministerium, 14. Januar 1907, in: Wilhelm Deist: *Militär und Innenpolitik im Weltkrieg 1914–1918,* in: Quellen zur Geschichte des Parlamentarismus und der politischen Parteien, 2 Bde. (Düsseldorf 1970), S. XVI/XVII, Anm. 11.

193 Generalleutnant Wild von Hohenborn an seine Frau, Dokument 283, 13. April 1917, in: Wilhelm Deist: *Militär und Innenpolitik,* Bd. 2, S. 713. Vgl. auch Konrad Jarausch: *The Enigmatic Chancellor. Bethmann Hollweg and the Hybris of Imperial Germany* (New Haven und London 1973), S. 357 ff. und Gerhard Ritter: *Staatskunst und Kriegshandwerk. Das Problem des »Militarismus« in Deutschland,* Bd. 3, »Die Tragödie der Staatskunst Bethmann Hollwegs als Kriegskanzler (1914–1917)« (München 1964), S. 546 ff.

194 Deist, Wilhelm: *Militär und Innenpolitik* II, S. 673, Dok. 258.

195 Ebd., Bd. 2, Dok. 464, S. 1243.

196 Deist, Wilhelm: »Der militärische Zusammenbruch des Kaiserreichs. Zur Realität der 'Dolchstoßlegende'«, in: Ursula Büttner (Hrsg.): *Das Unrechtsregime. Internationale Forschung über den Nationalsozialismus* (Hamburg 1986), S. 121.

197 Ebd., S. 121 f.

198 Röhl, J. C. G.: *Kaiser, Hof und Staat, Wilhelm II. und die deutsche Politik* (München 1987), S. 22.

199 US-Botschaft an Department of State, 14. Oktober 1941, in: *The Holocaust. Selected*

Documents in Eighteen Volumes, hrsg. v. John Mendelssohn (New York 1982), Bd. 8, »Deportation of the Jews to the East«, Dokument Nr. 7, S. 19.

200 Speer, Albert: *Spandauer Tagebücher* (Frankfurt/M. 1975), S. 400 f.

201 Marrus, Michael R.: *The Holocaust in History* (Hanover, N.H., 1987), S. 9.

202 Zitiert in Christian Graf von Krockow: *Warnung vor Preußen* (Berlin 1981), S. 105, Anm. 5.

203 Interview mit Botschafter Guelfo Zamboni, Lido dei Pini, 9. April 1988.

SCHLUSS

1 Goebbels, Joseph: *Tagebücher* Bd. 3, S. 607, 12. Oktober 1939.

2 Bottai, Giuseppe: *Diario 1939–1944,* a cura di Giordano Bruno Guerri, S. 526. Vgl. Anm. 56 auf Seite 191.

3 Lukacs, Georg: *Die Zerstörung der Vernunft. Der Weg des Irrationalismus von Schelling zu Hitler* (Darmstadt und Neuwied 1962 und 1973), Bd. I, S. 78.

4 Gibbon, Edward: *The Decline and Fall of the Roman Empire,* 7 Bde., hrsg. v. J. B. Bury (London 1909), Bd. II, S. 442.

1. Mündliche Quellen

Paul Bandler, 28. März 1988, Rom
Avv. Camillo Boitani, 2. April 1988, Rom
Gen. Carlo Casarico, 7. April 1988, Rom
Evi Eller, 4. April 1988, Rom
Dott. Giacomo Cristiano Garaguso, 26. März 1988, Rom
Professor Salvatore Loi, 26. März 1988, Rom
Seine Exzellenz, Botschafter Guelfo Zamboni, 9. April 1988, Lido dei Pini

2. Unveröffentliche Quellen und Primärquellen

Deutsche Quellen

BERLIN DOCUMENT CENTER

Personalakten von
Abetz, Otto, Botschafter, *SS-Brigadeführer*
Dollmann, Eugen, *SS-Obersturmbannführer*
Glaise von Horstenau, Edmund, Generalleutnant, *SS-Brigadeführer*
Hildebrandt, Richard, *SS-Obergruppenführer*
Kasche, Siegfried, Botschafter, *SA-Obergruppenführer*
Knochen, Helmut, *SS-Standartenführer*
Meyszner, August, *SS-Gruppenführer*
Oberg, Carl Albrecht, *SS-Gruppenführer*
Rintelen, Enno von, *General der Infanterie*
Schimana, Walter, *SS-Gruppenführer*
Turner, Harald, *SS-Gruppenführer*
Wolff, Karl, *SS-Obergefreiter*

Weitere Akten:
SS HO 649
SS HO 1478
SS HO 1479
SS HO 1642
SS HO 2471
SS HO 4410

Archiv-Serien-Nr.	Name der Serie	Aktennummer
RH 1/v. 58	Oberkommando der Wehrmacht: Politische Einzelfälle	
RH 31 III	Bevollmächtigter deutscher General in Agram	1–13
RH 31 VI	Deutscher General beim Hauptquartier der ital. Wehrmacht	1, 2.3. 4k
RH 31 VII	Deutscher General des OB West in Vichy	1–15, 24, 28, 30
RH 31 IX	Deutscher General beim ital. Armeeoberkommando 8	1, 9, 10, 20, 26, 35, 36, 37
RH 31 X	Deutscher Generalstab beim ital. Armeeoberkommando 11	1–5
RH 21 2	Panzerarmeekommando 2	590–592, 614–616
RH 23	Kommando des rückwärtigen Armeegebiets 559 Gruppe/Afrika	112, 128–131
RH 24 15	Generalkommando XV (Gebirgs-)Armeekorps	5–7, 8, 11–12, 44–48
RH 24 22	Generalkommando XX(Gebirgs-)Armeekorps	23
RH 26 392	392.(Kroat)Inf.Div.	1–4
RH 28 1	1. Gebirgs-Division	107–111, 117–119
RW 4	Oberkommando der Wehrmacht/ Wehrmachtsführungsstab	508, 573, 574, 587–588, 662, 682, 744–745, 749, 752, 757
	Kommandierender General und Befehlshaber in Serbien	11–12, 23, 79, 79
	Militärbefehlshaber Griechenland	127–127, 128–131, 146–149

Protokoll über das Verhör des kriegsgefangenen deutschen Generals Alexander LÖHR, verfaßt am 24. Mai 1945 in der Kanzlei des Lagers Banjica-Belgrad. Anwesend: Bojović Radosav, Dr. Albert Weiss, Nada Bogićević.

Italienische Quellen
ARCHIVIO CENTRALE DELLO STATO, ROM
Segretaria Particolare del Duce, Carteggio Riservata

B. 191:	Bolletini giornalieri f. 103–104 1.3.1943. – 31.4.1943 Comando Supremo, Stato Maggiore Generale Ufficio Operazioni: messaggi in arrivo
f. 290	30.3.1943 – 3.4.1943
f. 291	4.4.1943 – 6.4.1943
B. 144 f. 144	Ebrei: Segrè, Guido Ammiraglio
B. 145 f. 39	Ministero della Guerra
B. 1 f. 10	Pariani, Alberto
B 23 f. 223	Cavagnari, Domenico Ammiraglio
B. 34 f. 242	Riunioni del Direttorio del Partito Nazionale Fascista: 1942–1943
B. 44 f. 242	Badoglio, Pietro, Maresciallo d'Italia

B. 60 f. 278   Pricolo, Francesco

B. 61 f. 349   Favagrossa, Carlo

B. 62 f. 364   Antifascismo: Sf.   5 Ministero degli Esteri
                                   Sf.   8 Ministero della Guerra
                                   Sf. 11 Ministero della Marina

B. 67 f. 389   Badoglio, Pietro
      f. 390   Cavallero, Ugo

B. 71 f. 461   Pavelić e Regno di Croazia

B 73 f. 463   Gambara, Gastone
      f. 489   Mackensen, Hans Georg von
      f. 525   Roatta, Mario

B. 86 W/R 1   Guzzoni, Alfredo

B. 92 W/R   Russo, Luigi

B. 93 W/R   Soddu, Ubaldo
                   Sorice, Antonio

Ministero dell'Interno. Direzione Generale Pubblica Sicurezza: Affari Generali

B. 7 f. 27   Ovra Zona IX (Dalmazia) 1941–1943
                   Ufficio Rapporti Germania:

B. 5 f. 28   richieste dalla Gestapo – razzismo 1938

B. 5 f. 53   richieste dalla Gestapo 1941

B. 44 f. C11/48   Germania – Polizia

Ministero dell'Interno Direzione Generale Demografia e Razza

B 2 f. 10   Francia occupata durante la guerra

B. 3 f. 12   Francia occupata durante la guerra

B. 4 f. 15–17   Affari Generali (discriminazioni ecc)

B. 5 f. 24   Israeliti militari

B. 9 f. 38   Precettazione civile per lavoro

B. 11 f. 41   Mobilitazione totale degli ebrei

B. 13 f. 43   Censimento e situazione ebraica

Ministero dell'Interno Direzione Generale Pubblica Sicurezza. Affari Generali Categoria
GI Associazioni

B. 329 f. 1439   Legione Dalmatica 1942–1943

Ministero dell'Interno Direzione Generale Pubblica Sicurezza. Affari Generali Riservati

B. 1 A5   Notizie dall'estero 1942: Croazia

B. 56 J4   Movimento sovversivo all'estero

B. 3   Notizie all'estero 1943:
      f. 3   Croazia
      f. 16   Francia
      f. 49   dissidi fra soldati italiani e tedeschi nel fronte Russo
      f. 50   situazione della Slovenia tedesca
      f. 63   Grecia
      f. 64   Polonia
      f. 65   Francia

B. 17   Notizie dall'estero:
      f. 84   Croazia

Ministero dell'Interno Direzione Generale Pubblica Sicurezza. Affari Generali Riservati Gtg A5G II Guerra Mondiale

B. 19   Attività degli ebrei
B. 412   Propaganda disfattista fra le truppe
B. 415   Croazia
B. 423   Ebrei mobilitazione civile

Ministero dell'Interno Divisione Polizia Politica:

B. 329 f. 350   Unione Israelitica Italiana

MINISTERO DEGLI AFFARI ESTERI-ARCHIVIO STORICO DIPLOMATICO

Francia: 1940–1943

B. 50 f. 11   Sionismo (1941)
B. 55   Rapporti politici (1942)
B. 64 f. 8   Sionismo (1942)
B. 68   Rapporti politici (1943)
B. 77   Notizie militari (1943)
B. 80   Rapporti politici (1943)

Grecia

B. 22   Rapporti politici

Jugoslavia (Croazia)

B. 114 f. 4   Sionismo (1941)
B. 133 f. 8   Sionismo (1942)
B. 138 f. 8   Deportazione degli ebrei croati (1942–1943)

Jugoslavia (Montenegro)

B. 122 f. 5   Sionismo (1941)

Santa Sede

B. 65   Rapporti (1943)

Relazione sull'opera svolta dal Ministero degli Affari Esteri per la tutela delle communità ebraiche (1938–1943), 43854, riservato, settembre, 1946

STATO MAGGIORE DELL'ESERCITO V REPARTO UFFICIO STORICO

Comando Supremo Regio Esercito

B. 1442   Diario Storico settembre–dicembre 1942
B. 1443   Diario Storico gennaio–aprile 1943
B. 1481   Diario Storico: Allegati 1–20 dicembre 1942
B. 1048   Servizio Informazioni Esteri agosto 1942
B. 1356   Novità operative del SMRE Ufficio Operazione I
                  ottobre–novembre 1942

Comando Superiore Slovenia Dalmatia (»Supersloda«) Seconda Armata

B.	993	Frontiera Orientale 1942
B.	1222	Frontiera Orientale ottobre–novembre 1942
B.	1358	»Notiziario vario« maggio–giugno 1942
B.	1359	»Notiziario vario« luglio–agosto 1942
B.	1360	»Notiziario vario« settembre 1942 – febbraio 1943
B.	1363	»Operazioni« 1943
B.	1371	»Bosnia: Situazione« gennaio–giugno 1942
B.	1372	»Montenegro: Situazione« gennaio–giugno 1942
B.	736	»Albania« marzo–aprile 1942
B.	1393 A	Diario Storico: Grecia-Relazioni Varie
		1) »Due anni du guerra al comando dalla 11a Armata«
		Generale Carlo Geloso;
		2) Relazione Generale Umberto Broccoli

Comando Forze Armate Grecia (11a Armata)

B.	634	Diario Storico gennaio 1942
B.	635	Diario Storico febbraio 1942
B.	737	Diario Storico marzo–aprile 1942
B.	839	Diario Storico maggio 1942
B.	840	Diario Storico giugno 1942
B.	966	Diario Storico luglio 1942
B.	1054	Diario Storico settembre–ottobre 1942
B.	1098	Diario Storico novembre–dicembre 1942
B.	1226	Diario Storico gennaio 1943

Comando Quarta Armata (Francia)

B.	741	Diario Storico giugno–luglio 1942
B.	813	Diario Storico agosto–settembre 1942
B.	1099	Diario Storico ottobre–novembre 1942
B.	1127	Diario Storico gennaio–febbraio 1943

Corpi d'Armata

B.	1100	I Cd'A (Francia) gennaio–febbraio 1943
B.	1186	I Cd'A (Francia) marzo–aprile 1943
B.	1312	I Cd'A (Francia) maggio–giugno 1943
B.	1083	XV Cd'A (Francia) gennaio–febbraio 1943
B.	1101	XX Cd'A (Francia) ottobre–dicembre 1942
B.	1102	XX Cd'A (Francia) gennaio–febbraio 1943
B.	1217	XX Cd'A (Francia) marzo–aprile 1943
B.	1249	XX Cd'A (Francia) maggio-giugno 1943

Divisionen, Regimenter, Bataillone

B.	258	32 Div. Ftr »Marche« luglio–agosto 1941
B.	706	Div. Alpini »Pusteria« aprile–maggio 1942
B.	821	Div. Alpini »Pusteria« giugno–luglio 1942

B. 989	2. Div. Celere »Emanuele Filiberto Testa di Ferro« novembre–febbraio 1942–1943
B. 1186	2. Div. Celere »Emanuele Filiberto Testa di Ferro« marzo–aprile 1943
B. 1253	2. Div. Celere »Emanuele Filiberto Testa di Ferro« maggio–giugno 1943
B. 2225	Div. Ftr. »Lupi di Toscana« gennaio–settembre 1943
B. 783	55 Regt. Ftr. Div. »Marche« giugno–luglio 1942
B. 859	154 Regt. Ftr. Div. »Murge« agosto–ottobre 1942
	259 Regt. Ftr. Div. luglio–agosto 1942
	260 Regt. Ftr. Div. luglio–agosto 1942

Carabinieri reali

B. 446	Sussak: 23 Btg CCRR Mobilitato 1942
	Spalato 9 Btg CCRR Autonomo 1942
	Knin 16 Btg CCRR Autonomo 1942
B. 824	Reparti CCRR maggio–dicembre 1942

Verschiedenes

SP 58/36	Elenco diplomatici e militari italiani che hanno aiutati ebrei durante la 2a Guerra Mondiale
SP 59/13	Problemi ebrei francesi nei territori occupati dalla 4a Armata (Francia)

NATIONAL ARCHIVES WASHINGTON, DC

Comando 2a Armata

T-821	Item: 5283a–d Microfilm Roll 405
	5283e–m Microfilm Roll 406
	5283n Microfilm Roll 407

3. Gedruckte Primärquellen

Actes et Documents du Saint Siège Relatifs à la seconde guerre mondiale, »Le Saint Siège et les victimes de la Guerre Janvier–Décembre 1943« (Libreria Editrice Vaticana 1975)

ADAP: *Akten zur Deutschen Auswärtigen Politik,* Serie E, 1941–1945
Bd. 1 12. Dezember 1941 – 28. September 1942 (Göttingen 1969)
Bd. 2 1. März 1942 – 15. Juni 1942 (Göttingen 1972)
Bd. 3 16. Juni 1942 – 30. September 1942 (Göttingen 1972)
Bd. 4 1. Oktober 1942 – 31. Dezember 1942 (Göttingen 1975)
Bd. 5 1. Januar 1943 – 30. April 1943 (Göttingen 1977)
Bd. 6 1. Mai 1943 – 30. September 1943 (Göttingen 1979)

Alfieri, Dino: *Dictators Face to Face* (London u. New York 1954)
Anfuso, Filippo: *Roma Berlino Salò* (Carnusca sul Naviglio 1950)
Artom, Emanuele: *Diario: Gennaio 1940 – Febbraio 1944,* Centro di documentazione ebraica contemporaneo (Mailand 1966)
Below, Nicolaus von: *Als Hitlers Adjutant 1937–1945* (Mainz 1980)
Bottai, Giuseppe: *Diario 1935–1944,* hrsg. v. Giordano Bruno Guerri (Mailand 1982)

Carpi, Daniel: »Nuovi documenti per la storia dell'Olocausto in Grecia. L'atteggiamento degli italiani«, *Michael on the History of the Jews in the Diaspora,* Bd. VII (Tel Aviv 1981)

Cavallero, Ugo: *Comando Supremo. Diario 1940–1943 del Capo di S.M.G.* (Rocca S. Casciano 1948)

Caviglia, Enrico: *Diario 1925–1945* (Rom 1952)

Ciano, Galeazzo Graf: *Tagebücher 1937/38,* dt. v. H. Mollier und M. Wiesel (Hamburg 1949).

Ciano, Galeazzo Graf: *Tagebücher 1939–1943,* dt. v. W. J. Guggenheim und René König (Bern 1946)

Documenti diplomatici italiani, Nona Serie, 1939–43, Bd. IV, 9. aprile 1940–10. giugno 1940 (Rom 1960)

Dorian, Emil: *The Quality of Witness. A Romanian Diary, 1937–1944,* hrsg. v. Marguerite Dorian (Philadelphia, Pa, 1982)

Ebrei in Italia: Deportazione, Resistenza, Centro di documentazione ebraica contemporaneo (Florenz 1974)

Die Endlösung der Judenfrage in Frankreich, Deutsche Dokumente 1941–1944, hrsg. v. Serge Klarsfeld (Paris 1977)

Goebbels, Joseph: *Tagebücher aus den Jahren 1942–1943,* hrsg. v. Louis P. Lochner (Zürich 1948)

Goebbels, Joseph: *Die Tagebücher von Joseph Goebbels. Sämtliche Fragmente,* hrsg. v. Elke Fröhlich (München 1987)

Grandi, Dino: »Pagine di diario del 1943«, *Storia Contemporanea* anno XIV, Nr. 6 (Dezember 1983)

Guariglia, Raffaele: *Ricordi 1922–1946* (Neapel 1950)

Hassell, Ulrich von: *Die Hassell-Tagebücher. Aufzeichnungen vom Andern Deutschland.* Nach der Handschrift revidierte und erweiterte Ausgabe (Berlin 1988)

Hitlers Tischgespräche im Führerhauptquartier, hrsg. v. Henry Picker (Stuttgart 1976)

The Holocaust. Selected Documents in eighteen volumes, hrsg. v. John Mendelsohn (New York 1982)

Das Kriegstagebuch des Oberkommandos der Wehrmacht, hrsg. v. P. E. Schramm et al. (Frankfurt/M. 1961 ff.)

Merci, Lucillo: »Excerpts from the Salonica Diary of Lucillo Merci (February–August 1943)«, compiled by Joseph Rochlitz with introduction by Menahem Shelach. *Yad Vashem Studies,* Bd. XVIII (Jerusalem 1987)

Mussolini, Benito: *Memoirs 1942–1943* (London 1949)

Ortona, Egidio: »Il 1943 da Palazzo Chigi. Note di Diario«, *Storia Contemporanea,* anno XIV, Nr. 6 (Dezember 1983)

Ortona, Egidio: »Diario sul Governo della Dalmazia (1941–43)«, *Storia Contemporanea,* anno XVIII, Nr. 6 (Dezember 1987)

Pietromarchi, Luca: »Extracts from the Private Diary of Count Luca Pietromarchi« from *The Righteous Enemy. The Italians and the Jews in Occupied Europe 1941–43.* An collection of notes and research materials for the documentary film by Joseph Rochlitz (Rom 1988)

Pirelli, Alberto: *Taccuini 1922–1943* (Bologna 1984)

Poliakov, Leon: *La condition des Juifs sous l'occupation italienne,* Centre de Documentation Juive Contemporaine. Serie »Documents« Nr. 3 (Paris 1946)

Poliakov, Leon, und Jacques Sabille: *Jews under the Italian Occupation* (Paris 1955)

Reichsführer! Briefe an und von Heinrich Himmler, hrsg. v. Helmut Heiber (Stuttgart 1968)

Rinser, Luise: *Gefängnistagebuch* (Frankfurt/M. 1946 und 1973)

Speer, Albert: *Spandauer Tagebücher* (Frankfurt/M. 1975)

Stato Maggiore dell'Esercito, Ufficio Storico:
La campagna di Grecia, 3 Bde. Von Mario Montanari (Rom 1980)
Dalmazia. Una Cronaca per la storia. Von Oddone Talpo (Rom 1985)
Le operazioni delle unità italiane in Jugoslavia (1941–43). Von Salvatore Loi (Rom 1978)

Topographie des Terrors. Gestapo, SS und Reichssicherheitshauptamt auf dem »Prinz-Albrecht-Gelände«. Eine Dokumentation. Hrsg. v. Reinhard Rürup (8. Aufl. Berlin 1991)

Trials of War Criminals before the Nuremberg Military Tribunal under Control Council Law Nr. 10, Nuremberg, October 1946 – April 1949,15 Bde. (Washington, DC, US Government Printing Office, 1951–52).
Bd. XI: »The High Command Case«
»The Hostages Case«

Verbände und Truppen der Deutschen Wehrmacht im Zweiten Weltkrieg, Georg Tessin (Osnabrück 1972–79)

World War II German Military Studies. A Collection of 213 special reports on the Second World War prepared by former officers of the *Wehrmacht* for the United States Army, hrsg. v. Donald S. Detweiler, Charles B. Burdick, Jürgen Rohwer, 24 Bde. (New York 1979)

4. SEKUNDÄRQUELLEN

Absalom, Roger: »Ex prigionieri alleati e assistenza popolare nella zona della linea gotica 1943–44«, in *La Linea Gotica 1944. Esercito, popolazioni, partigiani,* hrsg. v. G. Rochat, E. Santarelli, P. Sorcinelli, Istituto pesarese per la storia del movimento di liberazione (Mailand 1986)

Adler, Jacques: *The Jews of Paris and the Final Solution. Communal Response and Internal Conflicts 1940–44* (Oxford 1987)

Alvaro, Corrado: »Prefazione«, Pirandello, Luigi: *Novelle per un anno,* 2 Bde., 5. Aufl. (Mailand 1964)

Amé, Cesare: *Guerra segreta in Italia 1940–43* (Rom 1946)

Arendt, Hannah: *Eichmann in Jerusalem. Ein Bericht von der Banalität des Bösen* (Reinbek 1978)

Ascarelli, Attilio: *Le Fosse Ardeatine* (Bologna 1964)

Auden, W. H.: »In memory of W. B. Yeats«, in: W. H. Auden: *The Collected Poems* (London 1976)

Baccino, Renzi: *Fossoli* (Modena 1961)

Baranowski, Shelly: »Consent and Dissent: The Confessing Church and Conservative Opposition to Hitler«, *Journal of Modern History* Bd. 59, Nr. 1 (1987)

Barbagli, Marzio: *Educating for Unemployment. Politics, Labor Markets and the School System, Italy 1958–1973* (New York 1982)

Bartov, Omer: *The Eastern Front 1941–1945, German Troops and the Barbarization of Warfare* (Basingstoke u. London 1985)

Bassi, Michele: *Cotignolo: un approdo di Salvezza per gli ebrei e per i perseguitati politici durante la guerra (1943–45)* (Faenza 1985)

Bastianini, Giuseppe: *Uomini, cose, fatti* (Mailand 1959)

Behrens, C. B. A: *Society, Government and the Enlightenment. The Experiences of Eighteenth-century France and Prussia* (London 1985)

Bennett, Ralph: *Ultra and Mediterranean Strategy 1941–1945* (London 1989)

Berend, I. T., und Ranki, G.: *Economic Development in East Central Europe in the nineteenth and twentieth centuries* (New York 1974)

Bericht der Internationalen Historikerkommission (Waldheim Commission), *Profil,* Nr. 7 (Wien, 15.Februar 1988)

Bertoldi, Silvio: *Badoglio* (Mailand 1982)

Bethel, Nicholas (Lord): *The War Hitler Won. September 1939* (London 1972)

Bonjour, Edgar: »Die Schweizer Juden in Frankreich 1942/43«, *Schweizerische Zeitschrift für Geschichte,* Bd. 33, Nr. 2 (1983)

Bosworth, R. J. B.: *Italy. The Least of the Great Powers: Italian Foreign Policy before the First World War* (Cambridge 1979)

Bowman, Steven: »Greek Jews and Christians During World War II«, *Remembering the Future: Jews and Christians During and After the Holocaust,* Oxford Conference, Theme 1 (1988)

Bowman, Steven: »Could the Dodecanisi Jews Have Been Saved?« in: The Jewish Museum of Greece *Newsletter,* Nr. 26 (Winter 1989)

Bracher, Karl Dietrich: *Die deutsche Diktatur* (Köln 1969)

Braham, Randolph L.: »The Destruction of the Jews of Carpatho-Ruthenia« in: R. L. Braham: *Hungarian-Jewish Studies* (New York 1966)

Braham, Randolph L. (Hrsg.): *Hungarian Jews in Modern Times* (New York 1966)

Braham, Randolph L.: *The Politics of Genocide. The Holocaust in Hungary,* 2 Bde. (New York 1980)

Brett-Smith, Richard: *Hitler's Generals* (London 1976)

Brichetti, Giuseppe Gerose: *Il generale Vincenzo Cesare Dapino* (Mignano di Montelugo 1982)

Broucek, Peter: *Ein General im Zwielicht. Die Erinnerungen Edmund Glaises von Horstenau.* 3 Bde. (Wien, Köln, Graz 1980/1983)

Browning, Christopher R.: *The Final Solution and the German Foreign Office. Study of Referat D III of Abteilung Deutschland 1940–43* (London u. New York 1978)

Browning, Christopher R.: »Wehrmacht Reprisal Policy and the Mass Murder of the Jews of Serbia«, *Militärgeschichtliche Mitteilungen,* Bd. 33, Nr. 1 (1983)

Browning, Christopher R.: *Fateful Months. Essays on the Emergence of the Final Solution* (New York/London 1985)

Caffaz, Ugo: *L'antisemitismo italiano sotto il fascismo* (Florenz 1975)

Campbell, John, und Sherrard, Philip: *Modern Greece* (London 1968)

Capogreco, Carlo Spartaco: *Ferramonti. La vita e gli uomini del più grande campo d'internamento fascista (1940–1945)* (Florenz 1987)

Caracciolo, Nicola: *Gli ebrei e l'Italia durante la guerra 1940–1945* (Rom 1986)

Caracciolo, Nicola: *Tutti gli uomini del Duce* (Mailand 1982)

Carpi, Daniel: »The Rescue of Jews in the Italian Zone of Occupied Croatia« in: *Rescue Attempts During the Holocaust,* Second Yad Vashem International Conference (Jerusalem 1977)

Carpi, Daniel (auf hebräisch): »Die italienische Regierung und die Juden Tunesiens im Zweiten Weltkrieg (Juni 1940–Mai 1943)«. *Zion. A Quarterly for Research in Jewish History,* Bd. LII, Nr. 1 (1987)

Carsten, F. L.: *The Reichswehr and Politics 1918–1933* (Oxford 1966)

Chadwick, W. O.: »Weizsäcker, the Vatican and the Jews of Rome«, *Journal of Ecclesiastical History,* Bd. 28, Nr. 2 (April 1977)

Chadwick, W. O.: *Britain and the Vatican during the Second World War* (Cambridge 1986)

Childers, Thomas: *The Nazi Voter. The Social Foundations of Fascism in Germany 1919–1933* (Chapel Hill, N.C., u. London 1983)

Ciocca, Pierluigi: »L'Italia nell'economia mondiale« in: *L'Economia italiana nel periodo fascista, Quaderni Storici* 29–30 (Mai–Dezember 1975)

Clausen, Detlev: *Grenzen der Aufklärung. Zur gesellschaftlichen Geschichte des modernen Antisemitismus* (Frankfurt/M. 1987)

Cohen, Gary B.: »Jews in Liberal Politics: Prague, 1860–1914«, *Jewish History,* Bd. 1, Nr. 1 (Frühj. 1988)

Cohen, Richard: *The Burden of Conscience. French Jewry's Response to the Holocaust* (Bloomington, Ind., 1987)

Colville, John: *The Fringes of Power: Downing Street Diaries,* 2 Bde. (London 1987)

Conot, Robert: *Justice at Nuremberg* (London 1983)

Conway, John S.: »How shall the Nations Repent? The Stuttgart Declaration of Guilt, October, 1945«, *The Journal of Ecclesiastical History,* Bd. 38, Nr. 4 (1987)

Craig, Gordon: *The Politics of the Prussian Army 1640–1945* (Oxford 1955)

Craig, Gordon: *Germany 1866–1945* (Oxford/New York 1978)

Crampton, R. J.: *A Short History of Modern Bulgaria* (Cambridge 1987)

Dahrendorf, Ralf: *Gesellschaft und Demokratie in Deutschland* (München 1968)

Davidowicz, Lucy: *The War Against the Jews 1933–1945* (London 1975)

Deakin, F. W.: *Die brutale Freundschaft. Hitler, Mussolini und der Untergang des italienischen Faschismus,* deutsch von Karl Römer (Köln u. Berlin 1964)

De Felice, Renzo: *Storia degli ebrei italiani sotto il fascismo* (Turin 1972)

De Felice, Renzo: *Mussolini il Duce. Lo stato totalitario 1936–1940* (Turin 1981)

De Felice, Renzo, und Goglia, Luigi: *Mussolini. Il Mito* (Bari 1983)

Deist, Wilhelm: *Militär und Innenpolitik im Weltkrieg 1914–1918,* Quellen zur Geschichte des Parlamentarismus und der politischen Parteien, 2 Bde. (Düsseldorf 1970)

Deist, Wilhelm: »Der militärische Zusammenbruch des Kaiserreichs: Zur Realität der Dolchstoßlegende«, in Büttner, Ursula (Hrsg.): *Das Unrechtsregime. Internationale Forschung über den Nationalsozialismus.* Festschrift für Werner Jochmann (Hamburg 1986)

Deist, Wilhelm: »Die Reichswehr und der Krieg der Zukunft«, Beitrag zur Konferenz »Kontinuität und Wandel« (Hamburg, 18.–19. März 1988)

Della Peruta, Franco: »Quando in Italia c'erano i ghetti«, *Storia illustrata,* Nr. 339 (Mailand, Februar 1986)

De Mauro, Tullio: *Storia linguistica dell'Italia unita* (Bari 1972)

Das Deutsche Reich und der Zweite Weltkrieg:
  Bd. 1: *Ursachen und Voraussetzungen der deutschen Kriegspolitik,* von Wilhelm Deist, Manfred Messerschmidt, Hans-Erich Volkmann, Wolfram Wette (Stuttgart 1979)
  Bd. 2: *Die Errichtung der Hegemonie auf dem europäischen Kontinent,* von Klaus A. Meier, Horst Rohde, Bernd Stegmann, Hans Umbreit (Stuttgart 1984)
  Bd. 3: *Der Mittelmeerraum und Südosteuropa,* von Gerhard Schreiber, Bernd Stegmann, Detlef Vogel (Stuttgart 1984)
  Bd. 4: *Der Angriff auf die Sowjetunion,* von Horst Boog, Jürgen Förster, Joachim Hoffmann, Ernst Klink, Rolf-Dieter Müller, Gerd R. Überschär (Stuttgart 1983)

Djilas, Milovan: *Der Krieg der Partisanen.* Memoiren 1941–1945, dt. v. Branko Pejakovic (Wien/München/Zürich/Innsbruck 1978)

Dollmann, Eugen: *Roma nazista* (Mailand 1949)

Dragoni, Ugo: *Fiaschi in Jugoslavia. Ricordi polemici della campagna di guerra 1941–43* (Alessandria 1983)

Ebrei a Torino, Ricerche per il centenario della sinagoga 1884–1984 (Chieri–Turin 1984)

»L'Economia italiana nel periodo fascista«, *Quaderni Storici* Nr. 29–30 (Ancona, Mai–Dezember 1975)

Epstein, Adam: »Primo Levi and the Language of Atrocity«, *Bulletin of the Society for Italian Studies,* Nr. 20 (1987)

Evans, Richard J.: »The New Nationalism and the Old History. Perspectives on the West German 'Historikerstreit'«, *The Journal of Modern History,* Bd. 59, Nr. 4 (1987)

Favez, Jean-Claude: *Une Mission Impossible? Le CICR, les déportations et les camps de concentration nazis* (Lausanne 1988)

Fest, Joachim C.: *Hitler* (Frankfurt/Berlin 1973)

Fleischer, Hagen: *Im Kreuzschatten der Mächte. Griechenland 1941–1944,* 2 Bde. (Frankfurt/M., Bern, New York 1986)

Fleming, Gerald: *Hitler und die Endlösung* (Wiesbaden u. München 1982)

Foot, M.R.D.: *S.O.E. in France. An Account of the Work of the British Special Operations Executive in France 1940–44* (London 1966)

Galli de' Paratesi, Nora: *Le brutte parole. Semantica del eufemismo* (Mailand 1969)

Gestro, Stefano: *La divisione italiana partigiana 'Garibaldi'. Montenegro 1943–45* (Mailand 1981)

Gilbert, Martin: *The Holocaust. The Jewish Tragedy* (London 1986)

Goethe, J.W. v.: *Die Wahlverwandtschaften* (Frankfurt 1978)

Guerri, Giordano Bruno: *Galeazzo Ciano. Una Vita 1903–1944* (Mailand 1979)

Haffner, Sebastian: *Anmerkungen zu Hitler* (München 1979)

Heine, Heinrich: *Zur Geschichte der Religion und Philosophie in Deutschland* (1834) in: »Heines Werke in fünfzehn Teilen« (Berlin, Leipzig, Wien o.J.)

Heller, Joseph: *Catch 22,* dt. v. I. und G. Danehl (Frankfurt 1971, 1989)

Herzstein, Robert Edwin: *Waldheim. The Missing Years* (London 1988)

Hibbert, Christopher: *Mussolini,* dt. von Hans Steinsdorff (Frankfurt/M. u. Bonn 1963)

Hilberg, Raoul: *Die Vernichtung der europäischen Juden.* Durchgesehene und erweiterte Ausgabe, 3 Bde. (Frankfurt/M. 1990)

Hildebrand, George H.: *Growth and Structure in the Economy of Modern Italy* (Cambridge, Mass., 1965)

Hildebrand, Klaus: *The Foreign Policy of the Third Reich* (London 1973)

Hinsley, F. H., Thomas, E. E., Ransom, C. F. G. und Knight, R. C.: *British Intelligence in the Second World War* (London, Her Majesty's Stationery Office, 1979–88)

Hinsley, F. H.: *Hitlers Strategie.* Dt. v. Maria v. Schweinitz (Stuttgart 1952)

Hitler, Adolf: *Mein Kampf* (München 1933)

Hoffman, Peter: »Roncalli in the Second World War: Peace Initiatives, the Greek Famine and the Persecution of the Jews«, *The Journal of Ecclesiastical History,* Bd. 40, Nr. 1 (1989)

Holborn, Hajo: *A History of Germany,* 3 Bde. (London 1965)

Hoppe, Hans-Joachim: *Bulgarien. Hitlers eigenwilliger Verbündeter. Eine Fallstudie zur nationalsozialistischen Südosteuropapolitik* (Stuttgart 1979)

Hughes, H. Stuart: *Prisoners of Hope. The Silver Age of the Italian Jews 1924–1974* (Cambridge, Mass., 1983)

Iatrides, J. O. (Hrsg.): *Greece in the 1940s. A Nation in Crisis* (Hanover, N.H., und London 1981)

Irico, N., und Municelli, A.: »Vittime della Speranza. Gli ebrei a Saluzzo dal 1938 al 1945«, *Notiziario dell'Istituto Storico della Resistenza in Cuneo e Provincia,* Nr. 28 (1985)

Jäckel, Eberhard: *Hitlers Herrschaft* (Stuttgart 1986)

Jäckel, Eberhard und Rohwer, Jürgen (Hrsg.): *Der Mord an den Juden im Zweiten Weltkrieg* (Stuttgart 1985)

Jarausch, Konrad: *The Enigmatic Chancellor. Bethmann Hollweg and the Hybris of Imperial Germany* (New Haven u. London 1973)

Jeserum, Stefano: *Essere Ebrei in Italia nella testimonianza di ventuno protagonisti* (Mailand 1987)

Kant, Immanuel: *Was ist Aufklärung? Aufsätze zur Geschichte und Philosophie* (Göttingen 1985)

Katzburg, Nathaniel: *Hungary and the Jews, 1920–1943* (Ramat Gan 1981)

Kent, Peter: »A Tale of Two Popes: Pius XI and Pius XII and the Rome–Berlin Axis«, *Journal of Contemporary History,* Bd. 23, Nr. 4 (Oktober 1988)

Kitchen, Martin: *A Military History of Germany from the Eighteenth Century to the Present Day* (London 1975)

Kitchen, Martin: »Winston Churchill and the Soviet Union during the Second World War«, *The Historical Journal* Bd. 30, Nr. 2 (1987)

Klarsfeld, Serge: *Vichy – Auschwitz. Die Zusammenarbeit der deutschen und französischen Behörden bei der »Endlösung der Judenfrage« in Frankreich* (Nördlingen 1989)

Knox, Macgregor: *Mussolini Unleashed 1939–1941. Politics and Strategy in Fascist Italy's Last War* (Cambridge 1982)

Koelbing, H. M.: »Zur Befreiung des Konzentrationslagers Buchenwald. Ein Dokument«, *Schweizerische Zeitschrift für Geschichte* Bd. 35, Nr. 4 (1985)

Kogon, Eugen, Langbein, Hermann, Rückerl, Adalbert et al.: *Nationalsozialistische Massentötungen durch Giftgas* (Frankfurt 1983)

Kolossa, Tibor: »Statistische Untersuchung der sozialen Struktur der Agrarbevölkerung in den Ländern der österreichisch-ungarischen Monarchie« in: *Die Agrarfrage in der österreichisch-ungarischen Monarchie* (Bukarest 1965)

Komlos, John: *The Habsburg Monarchy as a Customs Union: Economic Development in Austria-Hungary in the Nineteenth Century* (Princeton 1983)

Landes, David: *The Unbound Prometheus, Technological Change and Industrial Development in Western Europe from 1750 to the Present* (Cambridge 1969)

Levi, Carlo: *Christus kam nur bis Eboli* (Stuttgart 1967)

Levi, Primo: *Ist das ein Mensch? Die Atempause* (München 1988)

Levi, Primo: *Die Untergegangenen und die Geretteten* (München 1990)

Loewenberg, Peter: *Decoding the Past. The Psychohistorical Approach* (Berkeley 1985)

Loewenberg, Peter: »Nixon, Hitler and Power: An Ego Psychological Study«, *Psychoanalytic Inquiry,* Bd. 6, Nr. 1 (1986)

Lukacs, Georg: *Die Zerstörung der Vernunft. Der Weg des Irrationalismus von Schelling zu Hitler* (Berlin 1955)

Lyttleton, Adrian: *The Fascist Seizure of Power. Fascism in Italy 1919–1929* (London 1973)

Mack Smith, Denis: *Mussolini* (München u. Wien 1983)

Malaparte, Curzio: *Kaputt* (Frankfurt/M. 1979)

Manuel, A. R., und Frankel, H.: *The German Cinema* (London 1971)

Marini, Margherita: *Treno Ospedale 34* (Modena 1976)

Marrus, M. R.: *The Holocaust in History* (Hanover, N.H., u. London 1987)

Martin, B., und Schulin, E.: *Die Juden als Minderheit in der Geschichte* (München 1981)

Martini, Lucifero: *I protagonisti raccontano. Diari, ricordi e testimonianze di combattenti italiani nella lotta popolare di liberazione della Jugoslavia* (Fiume/Pola 1983)

Marx, Karl: »Zur Judenfrage«, Marx-Engels-Gesamtausgabe (MEGA) Abt. I, Bd. 2 (Berlin 1982)

Mayda, Giuseppe: *Ebrei sotto Salò: La persecuzione antisemita 1943–45* (Mailand 1978)

Meinecke, Friedrich: *Die deutsche Katastrophe. Betrachtungen und Erinnerungen* (Wiesbaden 1965)

Mendelsohn, E.: *The Jews of East Central Europe Between the Wars* (Bloomington, Ind., 1983)

Meyer-Zollitsch, Almuth: *Nationalsozialismus und Evangelische Kirche in Bremen,* Verlag des Staatsarchivs der Freien Hansestadt Bremen, Bd. 51 (Bremen 1985)

Michaelis, Meir: *Mussolini and the Jews: German-Italian Relations and the Jewish Question in Italy 1922–45* (Oxford 1978)

Milano, Attilio: *Storia degli ebrei in Italia* (Turin 1963)

Milward, A. S.: *The German Economy at War* (London 1965)

Minniti, Fortunato: »Dalla 'non belligerenza' alla 'guerra parallela'«, *Storia Contemporanea,* Anno XVIII, Nr. 6 (Dezember 1987)

Momigliano, Arnaldo Dante: »The Many Worlds of Vito Volterra«, Vortrag, Brandeis University, 30. April 1984

Monelli, Paolo: *Roma 1943* (Rom 1946)

Montovani, Enrico: »Dall'economia di guerra alla ricostruzione«, in *L'Economia italiana nel periodo fascista, Quaderni Storici* Nr. 29–30 (Mai–Dezember 1975)

Morris, Jonathan: *The Political Economy of Shopkeeping in Milan 1885–1905* (unveröff. Diss., Univ. Cambridge 1988)

Müller, Klaus-Jürgen: *The Army, Politics and Society in Germany 1933–45* (Manchester 1987)

Namier, Lewis B.: *Conflicts. Studies in Contemporary History* (New York 1943)

Palumbo, Michael: *The Waldheim Files. Myth and Reality* (London/Boston 1988)

Pandolfi, Paola: »Ebrei a Firenze nel 1943. Persecuzione e Deportazione«, *Argomenti storici,* Quaderno V (Florenz 1980)

Paris, Edmond: *Genocido nella Croazia satellite* (Mailand 1976)

Passerini, Luisa: *Fascism in Popular Memory. The Cultural Experience of the Turin Working Class* (Cambridge 1987)

Pastorelli, Pietro: »I Documenti Diplomatici Italiani«, *Affari Esteri* XVIII, Nr. 70 (Frühj. 1986)

Pavlowitch, Stevan K.: *Yugoslavia* (London 1971)

Peukert, Detlev J. K.: *Inside Nazi Germany. Conformity, Opposition and Racism in Everyday Life* (New Haven/London 1987)

Picciotto Fargion, Liliana: »Gli ebrei in Italia tra persecuzione e sterminio 1943–1945«, *Notiziario dell'Istituto Storico della Resistenza in Cuneo e Provincia,* Nr. 28, 2. Semester (1985)

Pieri, Piero, und Rochat, Giorgio: *Pietro Badoglio* (Turin 1974)

Pirandello, Luigi: *I vecchi e i giovani* (1909, Verona, Gli Oscar 1973)

Plehwe, Friedrich-Karl von: *Als die Achse zerbrach. Das Ende des deutsch-italienischen Bündnisses im Zweiten Weltkrieg* (Wiesbaden und München 1980)

Poggi, Gianfranco: *The Development of the Modern State. A Sociological Introduction* (London 1978)

Potočnik, Franc: *Il Campo di sterminio fascista: L'Isola di Rab* (Turin 1979)

Prato, David: *Dal Pergamo della comunità di roma* (Rom 1950)

Preradovich, Nikolaus von: *Die militärische und soziale Herkunft der Generalität des deutschen Heeres* (Osnabrück 1979)

Rabinbach, Ansen G.: »The Migration of Galician Jews to Vienna 1857–1880«, *Austrian History Yearbook, 11 (1975)*

Rasero, Aldo: *Tridentina Avanti. Storia di una divisione alpina* (Mailand 1982)

Rintelen, Enno von: »The German-Italian Cooperation During World War II«, *World War II German Military Studies,* Bd. 14 (New York 1979)

Rintelen, Enno von: *Mussolini als Bundesgenosse. Erinnerungen des deutschen Militärattachés in Rom 1936–1943* (Tübingen und Stuttgart 1951)

Ritter, Gerhard: *Staatskunst und Kriegshandwerk. Das Problem des 'Militarismus' in Deutschland,* Bd. 3: »Die Tragödie der Staatskunst. Bethmann Hollweg als Kriegskanzler (1914–1917)«, (München 1964)

Roatta, Mario: *Otto Milioni di Baionette. L'esercito italiano in guerra dal 1940 al 1944* (Mailand 1946)

Rocca, Gianni: *Fucilate gli ammiragli. La tragedia della Marina italiana nella seconda guerra mondiale* (Mailand 1987)

Rochat, Giorgio, and Massobrio, Giulio: *Breve storia dell'Esercito italiano dal 1861 al 1943* (Turin 1978)

Röhl, J. C. G.: *Kaiser Wilhelm II. 'Eine Studie über Cäsarenwahnsinn',* Schriften des Historischen Kollegs: Vorträge 19 (München 1989)

Roskill, S. W.: *Der Seekrieg im Wandel der Zeiten.* Dt. v. Dietrich Niebuhr (Tübingen 1964)

Rozenblitt, Marsha L.: *The Jews in Vienna 1867–1914. Assimilation and Identity* (Albany, NY, 1983)

Sala, Teodoro: »Guerriglia e controguerriglia in Jugoslavia nella propaganda per le truppe occupanti italiane (1941–1943)«, *Il Movimento di Liberazione in Italia,* (Juli–September 1972)

Salvatorelli, Luigi, und Mira, Giovanni: *Storia d'Italia nel periodo fascista,* 2 Bde., Gli Oscar (Mailand 1972)

Salvatores, Umberto: *Bersaglieri sul Don,* 3. Aufl., (Bologna 1965)

Schopenhauer, Arthur: *Die Welt als Wille und Vorstellung* (Leipzig 1905)

Schreiber, Gerhard: »Italien im machtpolitischen Kalkül der deutschen Marineführung 1919 bis 1945«, *Quellen und Forschungen aus italienischen Archiven und Bibliotheken,* hrsg. v. Deutschen Historischen Institut Rom, Nr. 60 (1982)

Schreiber, Gerhard: »Sul teatro mediterraneo nella seconda guerra mondiale«, *Rivista marittima* (März 1987)

Schröder, Josef: *Italiens Kriegsaustritt 1943. Die deutschen Gegenmaßnahmen im italienischen Raum: »Fall Alarich« und »Fall Achse«* (Zürich/Frankfurt am Main 1969)

Schulte, Theo J.: *The German Army and Nazi Policies in Occupied Russia* (Oxford/New York/München 1989)

Scotti, Giacomo: *»Bono Taliano«: Gli italiani in Jugoslavia (1941–43)* (Mailand 1987)

Scotti, Giacomo, und Viazzi, Luciano: *Le Aquile delle Montagne Nere. Storia dell'occupazione e della guerra italiana in Montenegro (1941–1943)* (Mailand 1987)

Segre, Dan Vittorio: *Memoirs of a Fortunate Jew. An Italian Story* (London 1987)

Senise, Carmen: *Quando ero capo della polizia* (Rom 1946)

Serpieri, Arrigo: *La guerra e le classi rurali italiane* (Bari 1930)

Serra, Enrico: *La diplomazia italiana e la ripresa dei rapporti con la Francia, 1943–45* (Rom 1984)

Seton-Watson, Christopher: *Italy from Liberalism to Fascism 1870–1925* (London 1967)

Shelach, Menahem (auf hebräisch): *Heshbon Damim. Hatzlat Yehudi Croatiah al yiday ha-italkim 1941–43* (Blutzoll. Die Rettung kroatischer Juden durch die Italiener), (Tel Aviv 1986)

Shirer, William L.: *Aufstieg und Fall des Dritten Reiches,* dt. v. W. u. M. Pferdekamp (Köln/Berlin 1961)

Sorrani, Settimo: *L'Assistenza ai profughi ebrei in Italia 1933–1941* (Tel Aviv 1986)

Speer, Albert: *Spandauer Tagebücher* (Frankfurt am Main/Berlin/Wien 1975)

Spinosa, Antonio: *Starace* (Mailand 1981)

Spurber, Nicholas: »Changes in the Economic Structures of the Balkans 1860–1960«, in: *The Balkans in Transition. Essays on the Development of Balkan Life and Politics since the eighteenth century,* hrsg. v. Charles u. Barbara Jelavich (Berkeley u. Los Angeles 1963)

Steinberg, Jonathan: »Fascism in the Italian South: the Case of Calabria«, in: David Forgacs (Hrsg.): *Rethinking Italian Fascism, Capitalism, Populism and Culture* (London 1986)

Steinberg, Lucien: *The Jews against Hitler (Not as a Lamb)* (Glasgow 1978)

Sternberger, Dolf, Storz, Gerhard u. Süskind, W. E.: *Aus dem Wörterbuch des Unmenschen,* 2. Aufl. (Hamburg 1957)

Stoianovich, Traian: »The Social Foundations of Balkan Politics 1750–1941«, in: *The Balkans in Transition. Essays on the Development of Balkan Life and Politics since the eighteenth century,* hrsg. v. Charles u. Barbara Jelavich (Berkeley u. Los Angeles 1963)

Streit, Christian: *Keine Kameraden. Die Wehrmacht und die sowjetischen Kriegsgefangenen 1941–1945* (Stuttgart 1978)

Sweets, John F.: *The Politics of the Resistance in France 1940–1944* (DeKalb, Illinois, 1976)

Sweet-Escot, Bickham: *Greece. A Political and Economic Survey 1939–1953* (London 1954)

Sylos Labini, Paolo: *Saggio sulle classi sociali,* 6. Aufl. (Bari 1976)

Tamaro, Attilio: *Due Anni di Storia,* 3 Bde. (Rom 1948)

Tamir, Vicky: *Bulgaria and her Jews. The History of a Dubious Symbiosis* (New York 1979)

Tasca, Angelo: *Nascita e avvento del fascismo,* 2 Bde. 5. Aufl. (Bari 1974)

Toniolo, Gianni: *L'Economia dell'Italia fascista* (Rom u. Bari 1980)

Toscano, Mario: »Gli ebrei in Italia dall'emancipazione alle persecuzioni«, *Storia Contemporanea,* Anno XVII, Nr. 5 (Oktober 1986)

Tucholsky, Kurt: »Das Menschliche« (1928), in: *Panter, Tiger & Co* (Hamburg 1954)

Tyler, Maud: *The Forgotten Solution: Some Interpretations of Federalism in Piedmont and Lombardy before 1850* (unveröff. Diss., Univ. Cambridge 1985)

Uffreduzzi, Marcello: *Il Viale dei Giusti. Solidarietà verso gli ebrei e persecuzione nazista* (Rom 1985)

Valeri, Nino: *Da Giolitti a Mussolini. Momenti della crisi del liberalismo* (Florenz 1956)

»Verax« (d. i. Roberto Ducci): Italiani ed ebrei in Jugoslavia«. *Politica estera,* Bd. 1, Nr. 9 (Rom 1944)

Warburg, Max M.: *Aus meinen Aufzeichnungen,* Privatdruck (New York 1952)

Weinberg, Gerhard L.: *World in the Balance: Behind the Scenes of World War II* (Hanover, N.H./London 1981)

Woodhouse, C. M.: *Apple of Discord. A Survey of Recent Greek Politics in their International Setting* (London 1948)

Woodhouse, C. M.: *The Story of Modern Greece* (London 1968)

Woodhouse, C. M.: *The Struggle for Greece 1941–49* (London 1976)

Wuescht, Johann: *Jugoslawien und das Dritte Reich. Eine dokumentierte Geschichte der deutsch-jugoslawischen Beziehungen 1933–1945* (Stuttgart 1969)

Yahil, Leni: *The Rescue of Danish Jewry. Test of a Democracy* (Philadelphia, Pa., 1969)

Zeman, Z. A. B.: *Nazi Propaganda* (Oxford 1964)

Zuccotti, Susan: *The Italians and the Holocaust. Persecution, Rescue and Survival* (New York und London 1987)

Chronologie des »Holocaust«
Entwicklung der politischen Linie
vom 30. Januar 1939 bis zum 8. September 1943

1939

30. Januar 1939: Adolf Hitler verkündet im Deutschen Reichstag, daß ein Krieg die Vernichtung der jüdischen Rasse in Europa bedeuten würde (E. Kogon et al., *Nationalsozialistische Massentötungen,* S. 326).

1. September 1939: DEUTSCHE TRUPPEN MARSCHIEREN IN POLEN EIN.

1. September 1939: Hitler gibt Auftrag zur »Aktion T 4«, dem »Euthanasie«-Programm (K. A. Scheunes in Jäckel, *Der Mord an den Juden,* S. 70 ff.).

21. September 1939: Vermerk Heydrichs, nach dem die Juden aus den eingegliederten Gebieten des Großdeutschen Reiches zu vertreiben sind (Browning, »Appendix« in: *The Final Solution and the German Foreign Office,* S. 214).

12. Oktober 1939: Erste Deportationen ins »Reservat« bei Lublin (Browning, Appendix, S. 214).

1940

15. Februar 1940: Deportation der Juden aus Stettin (Browning, Appendix, S. 214).

3. März 1940: Himmler erklärt: »Ich tue nichts, was der Führer nicht weiß.« (Jäckel, *Herrschaft,* S. 106)

12. März 1940: Deportation aus Schneidemühl (Browning, Appendix, S. 214).

23. März 1940: Göring verbietet weitere Deportationen ins »Generalgouvernement« (Polen) (Browning, Appendix, S. 214).

18. Juni 1940: Hitler und Ribbentrop erwähnen Mussolini und Ciano gegenüber Madagaskar-Plan (Browning, Appendix, S. 215).

16. Juli 1940: Die Juden aus Colmar im Elsaß werden ins unbesetzte Frankreich »abgeschoben« (R. Hilberg, *Die Vernichtung,* S. 647).

27. September 1940: General von Stülpnagel unterzeichnet Verordnung, wonach sich alle französischen Juden in der von Deutschen besetzten Zone registrieren lassen müssen (R. Hilberg, *Die Vernichtung,* S. 649).

15. November 1940: Das Warschauer Ghetto wird verschlossen (Browning, Appendix, S. 215).

20. November 1940: Hitler und Pal Teleki diskutieren anläßlich der ungarischen Unterzeichnung des Antikomintern-Pakts in Berlin die »Judenfrage«. H. schwebt französischer Kolonialbesitz vor (Text in N. Katzburg, *Hungary and the Jews,* S. 217).

1941

21. Januar 1941: Eiserne Garde entfesselt Pogrom gegen die Juden von Bukarest (Dorian, *Quality of Witness,* S. 137–139, Tagebucheintragung v. 24. Januar 1941).

21. Januar 1941: »Gesetz zum Schutz der Nation« in Bulgarien verbietet Ehen zwischen Juden und Nichtjuden sowie ungenehmigte Reisen für Juden und unterwirft sie weiteren Beschränkungen (Hilberg, *Die Vernichtung,* S. 798).

13. März 1941: OKW gibt »Richtlinien auf Sondergebieten zur Weisung 'Barbarossa'« heraus; die SS bekommt »Sonderaufgaben« in den im zukünftigen Rußlandfeldzug eroberten Gebieten (Krausnick in E. Jäckel, *Mord,* S. 88 f.).

29. März 1941: Vichy-Regierung richtet Generalkommissariat für Judenfragen unter Xavier Vallat ein (Hilberg, *Die Vernichtung,* S. 643).

2. Mai 1941: Rosenberg ist entsetzt über das, was er vom »Führer« gehört hat, »was ich heute nicht niederschreiben will, aber nie vergessen werde« (Jäckel, *Herrschaft,* S. 108).

6. Juni 1941: »Kommissarbefehl«: OKW befiehlt, kriegsgefangene Kommissare der Roten Armee nach dem Einmarsch in Rußland zu »erledigen« (Klaus Hildebrand, *Deutsche Außenpolitik 1933–1945,* Stuttgart 1980, S. 111).

17. Juni 1941: Heydrich gibt in Berlin Leitern der SS-»Einsatzgruppen« Anweisungen (Krausnick in Jäckel, *Mord,* S. 92).

22. Juni 1941: DEUTSCHLAND ÜBERFÄLLT DIE SOWJETUNION.

2. Juli 1941: Heydrich gibt SS im Osten Anweisung, wer alles sofort zu erschießen ist (Krausnick in Jäckel, *Mord,* S. 90).

31. Juli 1941: Göring bestellt Heydrich zum »Beauftragten für die Vorbereitung der Endlösung der europäischen Judenfrage« in den neu eroberten Gebieten. Die Staatsanwaltschaft Mannheim meint 1970, das seien »lediglich ... die organisatorische Bewältigung betreffende Anordnungen, die ... auf dem früher erteilten grundlegenden Befehl beruhten« (Krausnick in Jäckel, *Mord,* S. 201).

3. August 1941: Kardinal Graf Galen predigt gegen das »Euthanasie«-Programm; es wird am 24. August eingestellt (Scheunes in Jäckel, *Mord,* s. 75 ff.).

14. August 1941: Benzler bittet erstmals um Deportation der serbischen Juden (Browning, Appendix, S. 216).

24. August 1941: Hitler befiehlt, »Aktion T 4« (»Euthanasie«) zu stoppen. 70 273 Menschen sind ihr bis dahin zum Opfer gefallen (Kogon et al., *Nationalsozialistische Massentötungen,* S. 328)

30. August 1941: General Hauffe und der rumänische Chef des Stabes General Tataranu unterzeichnen »Abkommen von Tighina«: Es sollen keine Juden vom rumänisch besetzten »Transnistrien« über den Bug in deutsches Einsatzgruppen-Operationsgebiet abgeschoben werden (R. Hilberg, *Die Vernichtung,* S. 825).

1. September 1941: Die Juden in Deutschland werden gezwungen, den gelben Stern zu tragen (R. Hilberg, *Die Vernichtung,* S. 187 f.).

3. September 1941: Erste Probe-Vergasung mit Zyklon B in Auschwitz (Kogon et al., *Nationalsozialistische Massentötungen,* S. 328).

9. Oktober 1941: Die Wehrmacht beginnt serbische Juden zu töten (R. Hilberg, *Die Vernichtung,* S. 731).

11. November 1941: Das deutsche Auswärtige Amt bekommt die Berichte 1–5 von den Massakern der »Einsatzgruppen« (Browning, Appendix, S. 217).

25. November 1941: *Elfte Verordnung zum Reichsbürgergesetz vom 15. September 1935* erkennt im Ausland lebenden deutschen Juden die deutsche Staatsbürgerschaft ab (Reichsgesetzblatt T. 1, Nr. 133, S. 722).

25. November 1941: Das Auswärtige Amt bekommt den 6. Einsatzgruppenbericht (Browning, Appendix, S. 217).

5. Dezember 1941: Erste Judentransporte erreichen Vernichtungslager Kulmhof (Chelmno), wo Gaswagen stationiert wurden (Kogon et al., *Nationalsozialistische Massentötungen,* S. 328).

16. Dezember 1941: Hans Frank teilt hohen Funktionären im Generalgouvernement mit, daß die Juden »vernichtet« werden würden (Hilberg, *Die Vernichtung,* S. 505 ff.).

30. Dezember 1941: Unterstaatssekretär Martin Luther vom Außenministerium äußert, »mindestens die im Antikomintern-Pakt vereinigten europäischen Staaten (müßten) dazu gebracht werden… eine der deutschen angepaßte Judengesetzgebung bei sich einzuführen« (ADAP, E, Bd. I, Nr. 72, S. 132).

1942

6. Januar 1942: Deutscher Gesandter in Kopenhagen berichtet, daß Dänemark wenig Neigung zu antijüdischen Maßnahmen zeige (ADAP, E, Bd. I, Nr. 100, S. 185 f.).

10. Januar 1942: Luther teilt Eichmann mit, daß sich die Regierungen Rumäniens, Kroatiens und der Slowakei einverstanden erklärt haben, daß ihre in Deutschland lebenden Juden gemeinsam mit den deutschen Juden deportiert werden (ADAP, E, Bd. I, Nr. 108, S. 198 f.).

20. Januar 1942: Wannsee-Konferenz beschließt »Endlösung der Judenfrage« (ADAP, E, Bd. I, Nr. 150, S. 267–275).

10. Februar 1942: Legationsrat Franz Rademacher schreibt an Gesandten Harald Bielfeld, der Krieg habe »andere Territorien für die Endlösung zur Verfügung« gestellt, und der »Führer« habe entschieden, »daß die Juden nicht nach Madagaskar, sondern nach dem Osten abgeschoben werden sollen« (ADAP, E, Bd. I, Nr. 227, S. 403).

11. Februar 1942: Luther beklagt sich über die »wilden Judenabschiebungen« Rumäniens nach Transnistrien; sie sollten »auf dem ordnungsgemäßen Wege« über das Außenamt mit Deutschland abgesprochen werden (ADAP, E, Bd. I, Nr. 230, S. 405).

14. Februar 1942: Goebbels berichtet über ein Gespräch mit Hitler: »Der Führer gibt noch einmal seiner Meinung Ausdruck, daß er entschlossen ist, rücksichtslos mit den Juden aufzuräumen. Hier darf man keinerlei sentimentale Anwandlungen haben… Das betont der Führer ausdrücklich, auch nachher noch einmal im Kreise von Offizieren« (Goebbels, *Tagebücher 1942–1943*, hrsg. v. L. P. Lochner, S. 86).

6. März 1942: Unter Vorsitz Eichmanns findet zweite »Endlösungskonferenz« über Zwangssterilisierung von Halbjuden statt (Hilberg, *Die Vernichtung*, S. 439–441).

7. März 1942: Goebbels bekommt »eine ausführliche Denkschrift des SD und der Polizei über die Endlösung der Judenfrage… Es gibt in Europa noch über 11 Millionen Juden. Sie müssen später einmal zuerst im Osten konzentriert werden; eventuell kann man ihnen nach dem Kriege eine Insel, etwa Madagaskar, zuweisen« (Goebbels, *Tagebücher 1942–1943*, S. 115 f.).

17. März 1942: Beginn der Deportation der Lubliner Juden in das Vernichtungslager Belzec (Kogon et al., *Nationalsozialistische Massentötungen*, S. 328).

20. März 1942: Außenministerium beantwortet Eichmanns Brief vom 9. März über den Abtransport von 1000 Juden aus Frankreich nach Auschwitz (11. März auf 6000 erhöht): es werde »kein Einwand erhoben« (ADAP, E, Bd. II, Nr. 56, S. 97).

26. März 1942: Beginn der Deportationen slowakischer Juden (Browning, Appendix, S. 218).

27. März 1942: Goebbels notiert: »Aus dem Generalgouvernement werden jetzt, bei Lublin beginnend, die Juden nach dem Osten abgeschoben. Es wird hier ein ziemlich barbarisches und nicht näher zu beschreibendes Verfahren angewandt, und von den Juden selbst bleibt nicht mehr viel übrig… Keine andere Regierung und kein anderes Regime konnte die Kraft aufbringen, diese Frage generell zu lösen. Auch hier ist der Führer der unentwegte Vorkämpfer und Wortführer einer radikalen Lösung, die nach Lage der Dinge geboten ist und deshalb unausweichlich erscheint. Gottseidank haben wir jetzt während des Krieges eine ganze Reihe von Möglichkeiten, die uns im Frieden verwehrt wären.« (Goebbels, *Tagebücher 1942–1943*, S. 142 f.).

28. März 1942: Aus Frankreich gehen die ersten Deportationszüge nach Auschwitz ab (Browning, Appendix, S. 218).

17.–20. April 1942: Das Lubliner Ghetto wird von Juden geräumt und anschließend zerstört (R. Hilberg, *Die Vernichtung,* S. 514).

6. Juni 1942: General Roatta macht Anspielung auf *note consequenze* einer Auslieferung der Juden (vgl. S. 320, Anm. 14).

22. Juni 1942: Anfrage der SS, ob im Außenministerium Bedenken gegen die Deportation von 40 000 Juden aus dem besetzten französischen Gebiet, 40 000 aus den Niederlanden und 10 000 aus Belgien bestehen (ADAP, E, Bd. III, Nr. 26, S. 43 f.).

11. Juli 1942: SS-Sturmbannführer F. Suhr vom Reichssicherheitshauptamt, Referat IV B 4 (Eichmanns Abteilung) drängt deutsches Außenministerium, die Italiener zu Maßnahmen gegen die Juden in Griechenland ähnlich den von den Deutschen ergriffenen zu überreden, besonders zur Kennzeichnung aller Juden mit dem gelben Stern (D. Carpi, *Nuovi Documenti,* Dok. Nr. 2, S. 172–174).

11. Juli 1942: Generalleutnant von Krenzki versammelt 6 000 bis 7 000 jüdische Männer zwischen 18 und 45 Jahren auf dem Freiheitsplatz in Saloniki zur Zwangsarbeit (R. Hilberg, *Die Vernichtung,* S. 738; D. Carpi, *Nuovi Documenti,* S. 127 und Anm. 17).

15. Juli 1942: Die ersten Züge mit deportierten Juden verlassen Holland (R. Hilberg, *Die Vernichtung,* S. 615).

22. Juli 1942: Die ersten Züge mit Juden aus Warschau fahren nach Treblinka (Hilberg, *Die Vernichtung,* S. 527).

24. Juli 1942: Unterstaatssekretär Luther berichtet, daß man »in Kroatien... mit der Aussiedlung der Juden grundsätzlich einverstanden« sei, daß aber von italienischer Seite Schwierigkeiten zu erwarten seien. Spricht sich dafür aus, mit der Aussiedlung im gesamten Staatsgebiet zu beginnen und es darauf ankommen zu lassen, ob sich in der italienischen Zone Schwierigkeiten ergeben (ADAP, E, Bd. III, Nr. 131, S. 224).

11. August 1942: Französische Regierung stimmt der Deportation von 30 000 staatenlosen Juden aus der unbesetzten Zone zu (ADAP, E, Bd. III, Nr. 178, S. 301).

13. August 1942: Zug DA 60/1 bringt 1 300 Juden von Zagreb nach Auschwitz (Hilberg, *Die Vernichtung,* S. 761).

13. August 1942: Der AA-Vertreter in den Niederlanden berichtet dem Außenministerium, daß »die Judenschaft dahinter gekommen ist und weiß, was bei dem Abtransport bzw. bei dem Arbeitseinsatz gespielt wird... Die Abwanderung über die belgische Grenze ist in vollem Gange...« (ADAP, E, Bd. III, Nr. 188, S. 315 f.).

18. August 1942: Fürst Bismarck deutet Ciano gegenüber an, daß das Schicksal deportierter Juden die *Eliminazione* sei (vgl. S. 321, Anm. 27).

21. August 1942: Mussolini schreibt »nulla osta« und befiehlt damit die Auslieferung der Juden (vgl. Dok. 1).

4. September 1942: Legationsrat Rademacher meldet die Bedenken des italienischen Bevollmächtigten in Athen gegen die gewünschte Kennzeichnung der Juden in Griechenland an (ADAP, E, Bd. III, Nr. 266, S. 454).

11. September 1942: Ciano weist italienischen Gesandten in Bulgarien an, die Juden italienischer Staatsbürgerschaft zu schützen, »nicht so sehr als Juden, sondern weil sie italienische Interessen im Ausland vertreten« (Carpi, *Nuovi Documenti,* Dok. 3, S. 175).

24. September 1942: Ribbentrop befiehlt, die Evakuierung der Juden aus Europa zu beschleunigen, und weist Diplomaten an, mit diesem Ziel an die bulgarische, die ungarische und die dänische Regierung heranzutreten (ADAP, E, Bd. III, Nr. 307, S. 526).

10. Oktober 1942: György Ottlik, Herausgeber des *Pester Lloyd,* meldet, Baron Sztojay, ungarischer Botschafter in Berlin, habe erklärt, »Umsiedlung« der Juden bedeute Vernichtung (Katzburg, *Hungary,* S. 220 f., Nr. 20).

12. Oktober 1942: Luther unterrichtet türkische Regierung »aus Gründen der Courtoisie«, sie habe bis Jahresende Gelegenheit, Juden türkischer Staatsangehörigkeit in Gebieten unter deutscher Besetzung zurückzuziehen. Danach würden sie deportiert. (ADAP, E, Bd. III, Nr. 42, S. 72 f.).

13. Oktober 1942: Rumänische Regierung stoppt Deportationen und entläßt Bukarester Juden aus der Internierung (Dorian, *The Quality*, S. 234 f.).

14. Oktober 1942: Der Botschafter in Kroatien informiert das deutsche Außenministerium, die kroatische Regierung habe sich bereit erklärt, dem Deutschen Reich für jeden deportierten Juden RM 30,– zu zahlen (ADAP, E, Bd. IV, Nr. 49, S. 83).

20. Oktober 1942: Perić, kroatischer Botschafter in Rom, deutet Ciano gegenüber an, daß deportierte Juden getötet würden (vgl. S. 323, Anm. 89).

20. Oktober 1942: Der deutsche Gesandte in Kroatien meldet, die Italiener hätten der kroatischen Regierung angeboten, Juden aus der zweiten Zone zu übernehmen (ADAP, E, Bd. IV, Nr. 72, S. 120).

23. Oktober 1942: Das italienische Außenministerium ist sich über die *Eliminazione* der Juden im klaren (S. 323, vgl. Anm. 91).

26. Oktober 1942: Die norwegische Geheimpolizei beginnt jüdische Männer von 15 bis 65 Jahren abzuholen (Hilberg, *Die Vernichtung*, S. 583).

3. November 1942: Die italienische 2. Armee weiß, was den Juden geschieht (vgl. S. 324, Anm. 101).

4. November 1942: General Pièche berichtet, daß deportierte kroatische Juden in Eisenbahnwaggons vergast würden. Stempel *Visto dal Duce* und Anmerkung Vidaus: *Evidenze* (vgl. S. 107, Dok. 2).

8. November 1942: AMERIKANISCHE UND BRITISCHE STREITKRÄFTE LANDEN IN NORDAFRIKA.

11.–12. November 1942: DEUTSCHE UND ITALIENISCHE TRUPPEN BESETZEN DAS UNBESETZTE FRANKREICH.

14. November 1942: General Pièche bezeichnet Deportation der Juden als *equivalente alla condanna a morte* (vgl. S. 324, Anm. 108).

20. November 1942: Der deutsche Botschafter in Kroatien meldet, daß die Italiener die Juden in Lagern zusammenfassen und jegliche Einmischung von außen ablehnen (ADAP, E. Bd. IV, Nr. 204, S. 280).

2. Dezember 1942: Ungarische Regierung weist deutsche Forderung nach Deportation der Juden zurück mit der Begründung, es gebe technische Schwierigkeiten (Katzburg, *Hungary*, S. 221).

13. Dezember 1942: Goebbels notiert: »Die Italiener (sind) in der Behandlung der Judenfrage außerordentlich lax. Sie nehmen die italienischen Juden sowohl in Tunis wie im besetzten Frankreich in Schutz und dulden durchaus nicht, daß sie zur Arbeit eingesetzt oder zum Tragen eines Judensterns gezwungen werden. Man kann hier wieder einmal sehen, daß der Faschismus doch nicht so recht in die Tiefe zu gehen wagt…« (Goebbels, *Tagebücher 1942–1943*, S. 222 f.).

21. Dezember: Himmler schickt Hitler den *Bericht Nr. 51*, der über die Operationen der Einsatzgruppen auf Sowjetgebiet von August bis November 1942 informiert: Sie haben 336211 Juden ermordet (Jäckel, *Mord*, S. 37).

1943

6. Februar – 14. März 1943: SD in Saloniki isoliert Juden in Ghettos, zwingt sie, den gelben Stern zu tragen und erlegt ihnen Ausgehverbot usw. auf (Carpi, *Nuovi Documenti*, S.141).

2. März 1943: Goebbels notiert: »Wir schaffen nun die Juden endgültig aus Berlin hinaus. Sie sind am vergangenen Samstag schlagartig zusammengefaßt worden und werden nun in kürzester Frist nach dem Osten abgeschoben.« Mit Abscheu merkt er an, daß durch vorzeitigen Verrat »uns eine ganze Menge von Juden durch die Hände gewischt sind« (Goebbels, *Tagebücher 1942–1943,* S. 237 f.).

15. März 1943: Erster Transport verläßt Saloniki mit Ziel Auschwitz. Die Deutschen geben polnische Währung an Juden aus (Carpi, *Nuovi Documenti,* S. 142).

12. April 1943: Hauptmann Merci ist entsetzt über die »Tragödie« der Juden von Saloniki, die zu je sechzig in einen Waggon gepfercht wurden. »Es ist klar, daß diese Menschen ihr Ziel nicht lebend erreichen werden« (Rochlitz und Shelach, *Salonika Diary,* S. 308).

17. April 1943: Hitler sagt zu Horthy, die Juden seien »Parasiten... wie Tuberkelbazillen zu behandeln« und müßten wie Tiere getötet werden (Jäckel, *Mord,* S. 59 f.).

17. April 1943: Mussolini räumt vor dem faschistischen Parteirat ein, im Ausland werde »von scheußlichen Sachen geredet, die sich in Rußland abspielen sollen... Die Partei muß diesem Gerede ein Ende machen« (Deakin, *Die brutale Freundschaft,* S. 372).

19. April 1943: Beginn des Warschauer-Ghetto-Aufstands (Hilberg, *Die Vernichtung,* S. 535).

13. Mai 1943: Hitler erklärt Goebbels, die Juden seien Parasiten. »Es bleibt also den modernen Völkern nichts anderes übrig, als die Juden auszurotten... Der Jude hat auch als Erster die Lüge als Waffe in der Politik eingeführt. Der Urmensch hat, wie der Führer meint, die Lüge nicht gekannt« (Goebbels, *Tagebücher 1942–1943,* S. 377).

16. Mai 1943: General Jürgen Stroop meldet: »Es gibt keinen jüdischen Wohnbezirk in Warschau mehr.« Der Ghetto-Aufstand ist zu Ende (M. Gilbert, *The Holocaust,* S. 566).

26. Mai 1943: Die SS in Marseille berichtet, daß sich Polizeiinspektor Lospinoso mit seinem Stab in der Villa Surany in Nizza eingerichtet habe und daß die Italiener »beabsichtigen, den Küstenstreifen von 60 km Tiefe... judenfrei zu machen« (S. Klarsfeld, *Die Endlösung.* Nr. 122, S. 199).

25. Juni 1943: Der AA-Vertreter in den Niederlanden berichtet, daß 102 000 von den 140 000 holländischen Juden »aus dem Volkskörper entfernt worden« seien *(Topographie des Terrors,* Text 62, S. 151).

2. Juli 1943: SS-Gruppenführer Müller schreibt, die Wiederaufnahme der Deportationen von Juden aus Frankreich sei »sehr erfreulich, zumal der Reichsführer SS... eine Beschleunigung der Arbeiten verlangt« habe (S. Klarsfeld, *Die Endlösung,* Nr. 125, S. 204).

25. Juli 1943: MUSSOLINI ALS MINISTERPRÄSIDENT ABGESETZT UND FESTGENOMMEN; NICHTFASCHISTISCHE REGIERUNG UNTER MARSCHALL BADOGLIO EINGESETZT.

18. August 1943: Die SS in Paris drängt die italienischen Behörden abermals, sich den deutschen Standpunkt in der Judenfrage zu eigen zu machen. Oberleutnant Malfatti von der italienischen Botschaft weist darauf hin, »daß von allen von der faschistischen Regierung erlassenen Gesetzen nur die Judengesetze nicht aufgehoben worden seien« (S. Klarsfeld, *Die Endlösung,* Nr. 130, S. 214).

8. September 1943: GENERAL EISENHOWER GIBT BEKANNT, DASS ITALIEN EINEN WAFFENSTILLSTAND MIT DEN ALLIIERTEN UNTERZEICHNET HABE. KÖNIG UND KÖNIGLICHE REGIERUNG FLIEHEN NACH BRINDISI.

PETER WYDEN

STELLA

Aus dem Englischen von Ilse Strasmann.
420 Seiten, stb 51, DM 19,80

*

Stella Goldschlag war blond, schön und
verführerisch. Sie war vielseitig begabt
und zu einer anderen Zeit, in einem anderen Land, hätte sie wohl eine glänzende
Karriere gemacht. Doch Stella war Jüdin
und lebte in Deutschland. Auf Zwangsarbeit in der Rüstungsindustrie folgte
schließlich das Dasein im Versteck. Die
Katastrophe trat ein, als Stella verhaftet
und wochenlang gefoltert wurde. Um
ihre Eltern vor der Deportation zu be-
wahren, war sie bereit, versteckt lebende
Juden an die Gestapo zu verraten. Ihre
Eltern hat sie nicht retten können. Dennoch hat sie weitergemacht. Hatte sie
eine andere Wahl? Stella lebt heute wieder im Verborgenen. Peter Wyden hat sie
ausfindig gemacht und mit ihr gesprochen. Er hat über seine Klassenkamera-
din von einst ein Buch geschrieben, das
sich wie ein Kriminalroman liest.

Bitte fordern Sie das kostenlose Gesamtverzeichnis an:
Steidl Verlag · Düstere Str. 4 · 37073 Göttingen